Ein Wegweiser durch dieses Buch

Die unterschiedlichen Medien in diesem Buch, Bilder, Karten, Grafiken und unterschiedlich gestaltete Texte, sind beispielhaft für die vielen Wege, über die man etwas über die Vergangenheit erfahren kann und für die Möglichkeiten sich mit ihr zu beschäftigen und das Wissen über sie weiterzugeben. Die folgenden Erklärungen sollen dir helfen mit der Geschichtsvermittlung, wie sie dieses Buch vornimmt, umzugehen.

ADS

Dieses Buch umfasst acht Themeneinheiten. Jede beginnt mit zwei besonders gestalteten Seiten, den *Auftaktdoppelseiten (ADS)*. Bilder und Grafiken der ADS sollen den Spannungsbogen eines Themas aufzeigen und nicht zuletzt dein Interesse wecken. Schon an der Bildkombination lässt sich einiges erkennen.

800 n. Chr. __________
1525 ____________

Einige Kapitel beginnen mit einer *Zeittafel.* Hier findest du die wichtigsten Daten zum Kapitelthema auf einen Blick. Geschichte hat ja etwas mit Zeit zu tun, deshalb braucht man auch Daten, um zu wissen, wie geschichtliche Ereignisse miteinander zusammenhingen, was vorher und was nachher war.

VT

Alle Verfassertexte (VT), die von Schulbuchautoren (meist Lehrerinnen und Lehrern) geschrieben wurden, haben die gleiche Breite (Zeilenlänge) wie der Text auf dieser Seite. Am Rand werden sie durch Marginalien gegliedert und informieren dich zusammenhängend über geschichtliche Sachverhalte. Am unterschiedlichen Stil kannst du auch erkennen, wie verschieden Geschichte dargestellt werden kann.

3

Quellen (z. B. Texte, Urkunden, Bilder) und andere *Materialien* (z. B. Schaubilder, Karten), die von den Autoren zusammengestellt wurden, sind in jedem Kapitel zur besseren Orientierung durchnummeriert (siehe Ziffer am Rand). Wenn im VT oder in Fragen auf Materialien verwiesen wird, sind diese mit „M" abgekürzt. Wie du mit den Materialien umgehst, hast du zum Teil schon gelernt; zum Umgang mit anderen Materialien leitet auch dieses Buch an.

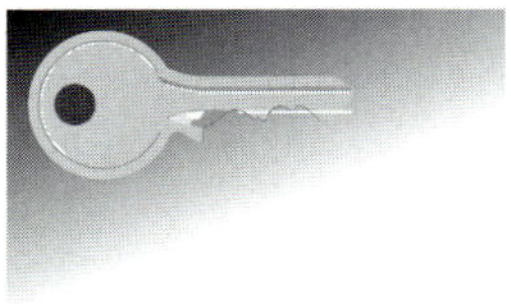

Mit diesem *Schlüssel* sind jene Texte gekennzeichnet, die zeigen, wie man an ein bestimmtes Material (Bilder, Grafiken, Fotos, Statistiken, Denkmäler, Karten, Urkunden) herangehen kann um ihm Informationen zu entlocken. Auch im Inhaltsverzeichnis und im Verzeichnis der Namen, Sachen und Begriffe werden diese Elemente mit einem kleinen Schlüssel hervorgehoben. 

Dieses Zeichen markiert *Fragen und Anregungen* am Ende eines Kapitels. Hier erhältst du Hinweise, wie du dich mit den Materialien des Kapitels auseinander setzen und dich weiter mit dem Thema beschäftigen kannst.

Renaissance:

Besondere *historische Grundbegriffe* sind in einem Kasten am Ende eines Verfassertextes erklärt. Du findest sie auch, indem du am Ende des Buches im Verzeichnis der Personen, Sachen und Begriffe nachschlägst. Dort sind sie in fetten Buchstaben gedruckt und so besonders hervorgehoben.

Verzeichnis der Personen, Sachen und Begriffe

Willst du dich noch mal über *Personen, Sachen und Begriffe* informieren, dann hilft dir ein Verzeichnis am Ende des Buches. Neben den Erläuterungen sind auch die Seiten angegeben, auf denen du ausführlicher darüber nachlesen kannst.

Europa: Welche Traditionen führen in die Zukunft?

Bilder von Europa: links: allegorische Karte aus dem 14. Jahrhundert; unten links: englische Karikatur aus der zweiten Hälfte des 19. Jahrhunderts; rechts: Karikaturen der letzten Jahre aus dem deutschsprachigen Raum (unten rechts: aus dem „Wiener Kurier" von 1990) – Vergleiche unter folgenden Aspekten: Welche Hoffnungen, Wünsche, Befürchtungen und Realitäten werden ins Zentrum gerückt? Wie werden einzelne Länder dargestellt? Warum? Welche Länder werden nicht zu Europa gezählt? Welche Einzelheiten deuten auf eine ganz bestimmte Epoche?

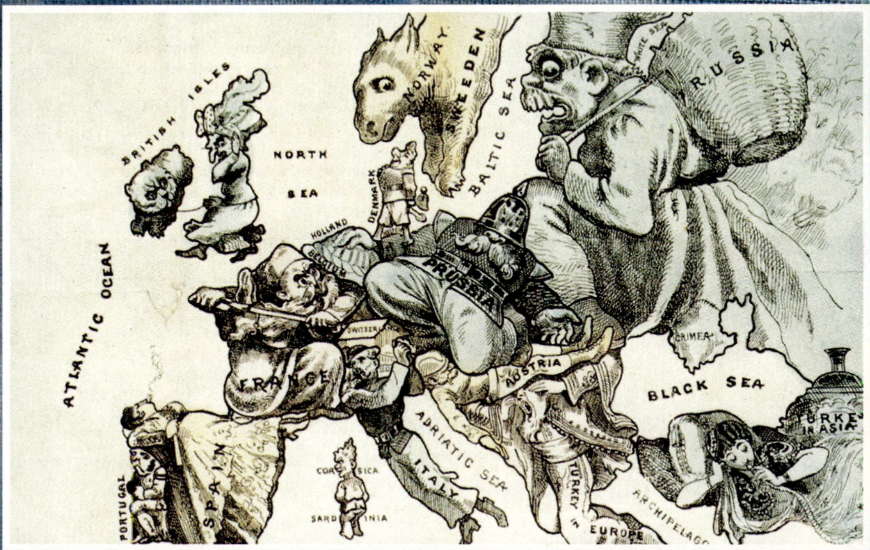

besetzt!
EG
EG

1. Europa – unser Alltag

1 *Familienerfahrungen mit Europa*

In dem folgenden erfundenen Gespräch zwischen Christina Berger und ihrem Großvater wird deutlich, wie unterschiedlich allein die letzten vier Generationen in Deutschland Europa erfahren haben:

Christina: Toll – nächste Woche geht's nach Frankreich. Du weißt ja – Schüleraustausch.

Großvater: Toll, dass der Unterricht ausfällt – oder worauf freust du dich?

Christina: Leider haben wir auch dort Unterricht, aber gespannt bin ich auf meine Gastfamilie, besonders auf Jeanne. Sie hat mir bereits einen Brief geschrieben.

Großvater: Und – hast du ihn verstanden?

Christina: Nicht so ganz. Papa hat mir geholfen.

Großvater: Ja weißt du, ihm haben es diese Sprache und dieses Land angetan, seit er damals als einer der Ersten an einem Schüleraustausch teilgenommen hat. Das hat er de Gaulle und Adenauer zu verdanken.

Christina: de Gaulle und Adenauer?

Großvater: Ja, die beiden Staatsmänner haben 1963 die deutsch-französische Freundschaft und den Schüleraustausch zwischen Frankreich und der Bundesrepublik begründet. Wir hatten damals gemischte Gefühle, als wir deinem Vater die Teilnahme erlaubten.

Christina: Warum?

Großvater: Wir wussten nicht, ob dein Vater und seine Klassenkameraden von den Franzosen abgelehnt würden und so vielleicht negative Erfahrungen machen müssten.

Christina: Ablehnung in Frankreich? Ich habe davon in unserem Urlaub noch nichts gemerkt.

Großvater: Ja, es ist ein Wunder, wie sich die Dinge entwickelt haben. Ich lernte noch, dass Frankreich der Erbfeind war, der Deutschland

2 Europa heute. *Verbreitungsgebiete der Religionsgemeinschaften; Gründungsländer der EWG von 1957 und heutige Mitgliedsländer der EU. Die Staaten sind mit ihren Autokennzeichen abgekürzt.*

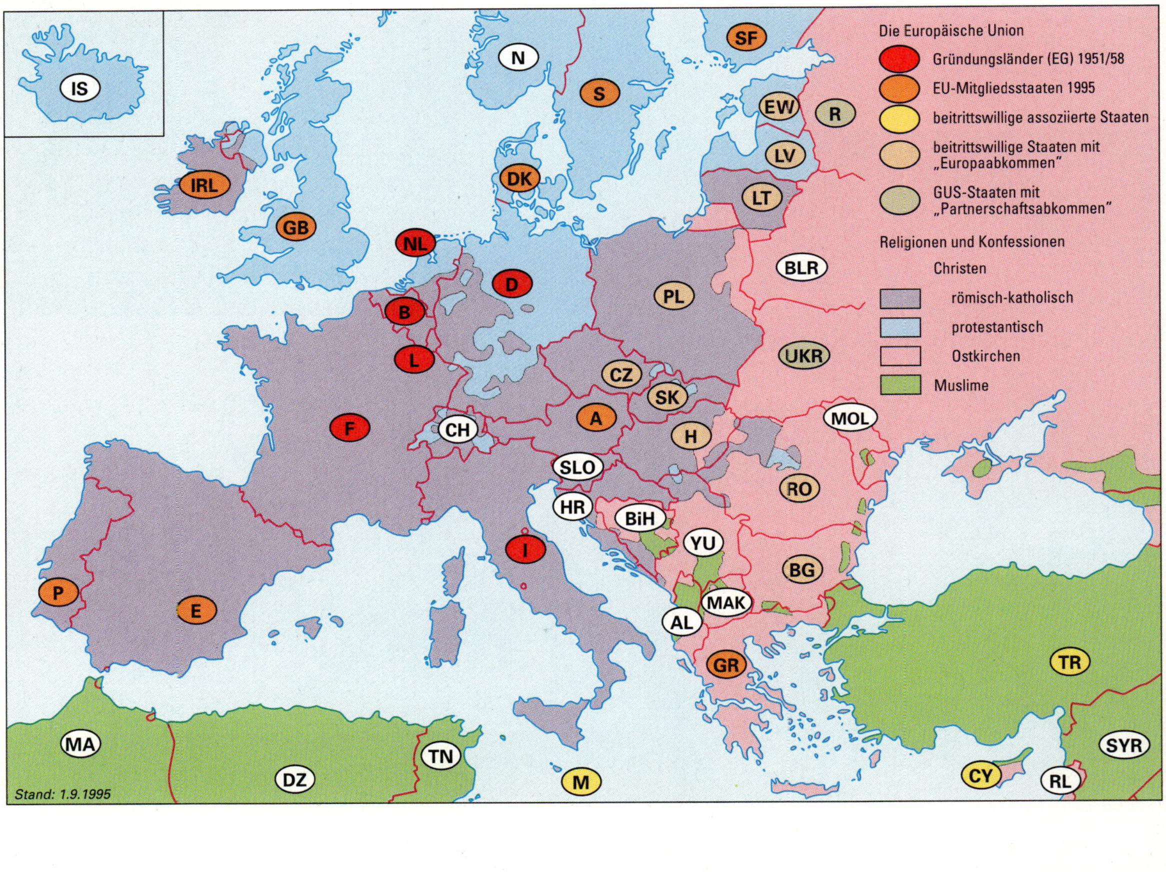

3

„Europabriefmarken" An welche Ereignisse der europäischen Geschichte erinnern sie?

nur Übles wolle. Mein Vater war Soldat an der Westfront im Ersten Weltkrieg. Er war wie die meisten Deutschen davon überzeugt, dass Frankreich und andere europäische Völker die Feinde Deutschlands seien. Nach meiner Schulzeit musste ich als Soldat am Zweiten Weltkrieg teilnehmen. Dadurch bin ich zum ersten Mal über die Grenzen Deutschlands hinausgekommen.

Christina: Das kann ich mir nicht vorstellen. Wir können reisen, wohin wir wollen.

Großvater: Früher konnten sich nur Leute mit viel Geld eine Auslandsreise leisten. Ich kam erst als Soldat 1940/41 nach Frankreich, dann in den Osten, nach Polen und Russland, und 1944 nach Italien. In der Nähe von Florenz bin ich in Gefangenschaft geraten. Erst 20 Jahre später bin ich wieder dorthin in Urlaub gefahren.

Christina: Ich finde das fürchterlich, dass viele Deutsche nur im Krieg in andere Länder kamen.

Großvater: Oh ja! Aber für manche Soldaten war das aufregend und neu. Dass sie als Eroberer und Unterdrücker kamen, wollen einige heute wieder vergessen, vor allem wenn es um das Verhältnis zu Polen, zu Russland und anderen Ländern im Osten geht.

Christine: Unsere Lehrerin hat gesagt, dass wir mit den osteuropäischen Ländern auch einen solchen Austausch bräuchten. Sie will sich um eine Schule in Polen bemühen.

Großvater: Das wird ja dann ein fliegendes Klassenzimmer. Von einem Austausch zum anderen. Aber es ist gut so. Vielleicht der erste Schritt, um in Europa die Teilung in Länder erster und zweiter und dritter Klasse aufzulösen.

Europa: Unser Erdteil ist, rein geographisch betrachtet, eine große, westlich an Asien angegliederte Halbinsel. Ural, Kaspisches Meer, Kaukasus und Schwarzes Meer bilden die östlichen Grenzen. 650 Millionen Menschen leben hier heute in 40 Staaten und sprechen rund 70 Sprachen, die meist zur romanischen, germanischen oder slawischen Sprachfamilie gehören. Aufgrund seiner weit zurückreichenden eigenständigen Geschichte wird Europa als ein selbständiger Kontinent betrachtet. Den Namen erhielt er durch eine griechische Sage. Sie erzählt, wie der Göttervater Zeus sich der Prinzessin Europa aus Phönizien (Libanon) in Gestalt eines Stiers nähert und sie über das Meer nach Kreta entführt, wo sie ihm den Sohn Minos, den späteren König von Kreta, gebiert. Die Griechen übertrugen den Namen der Prinzessin auf unseren Erdteil, ohne jedoch seine nördliche und östliche Grenze zu kennen. Aufgrund der wechselvollen europäischen Geschichte muss man für jede Epoche neu bestimmen, ob und wie der Begriff Europa für sie überhaupt zutrifft. Das hängt davon ab, worin man die Gemeinsamkeiten der Völker sieht, wie weit diese Gemeinsamkeiten territorial reichten und inwieweit sie wirklich verbindend wirkten. Solche Gemeinsamkeiten sind z.B. die christliche Religion, Kunststile, Herrschaftsformen. Ebenso ist im Rückblick auf die Geschichte unser Europabegriff vom Selbstverständnis der Menschen in der jeweiligen Epoche deutlich zu unterscheiden.

a) Erkundige dich in deiner Familie, wann und wie deine Eltern und Großeltern Europa kennengelernt haben. Stelle Dokumente davon zusammen. Welche Veränderungen gibt es?

b) Informiere dich über die Partnerschulen deiner Schule, die Partnerschaften deines Heimatortes. Berichte über Aktivitäten und Erfahrungen.

c) Über welche Ereignisse der europäischen Geschichte hat Herr Berger erzählt? Lest in einem Geschichtsbuch nach, befragt Lehrer und Eltern.

d) Sammelt Fotos aus euren Ferienorten und klebt sie auf einer großen Europakarte auf, die ihr selbst malt und auf einer Stellwand befestigt.

2. Ein Kaiser durchwandert seine Welt

Europa und der Erdkreis

Der Grieche Strabon aus Kleinasien (60 v. Chr. bis 20 n. Chr.) ließ sich 29 v. Chr. in der Stadt Rom nieder und verfasste wichtige Schriften zur Geographie und Geschichte. Er unterschied wie bereits 400 Jahre vor ihm der Grieche Herodot drei Kontinente: Asien, Afrika und Europa. „Ich muss mit Europa beginnen, weil es vielgestaltig und für die Vervollkommnung der Menschen und Staatsformen am gedeihlichsten ist", schrieb er. Die Donau teilte für ihn Europa in zwei Hälften: Die „Römer besitzen fast ganz Europa, außer dem Gebiet jenseits der unteren Donau und der Küstenregion des Ozeans zwischen Rhein und Don". Von Ost- und Nordeuropa hatte Strabon nur sehr vage Vorstellungen. Umso mehr lobte er die ihm bekannte zivilisierte Welt der Römer. „Die Römer haben nicht nur diese (unterworfenen Völker) miteinander bekannt gemacht, sondern ihnen, selbst den wildesten, auch beigebracht nach den Gesetzen der Regierung zu leben." Das trifft auch auf Hadrian, den späteren römischen Kaiser (76 bis 136 n. Chr.) zu (links: Porträtkopf um 138 n. Chr. aus der Engelsburg, Rom, Vatikan).

„Europäische" Karriere

Publius Aelius Hadrianus wurde in der südspanischen Stadt Italica als der Sohn eines Praetors (gehobener römischer Beamter) geboren. Als Hadrian 10 Jahre alt war, übernahm sein Onkel M. Ulpius Traianus die Vormundschaft. Damit begann der Aufstieg Hadrians, der ihn in verschiedenen Ämtern durch das weite Reich und schließlich an die Spitze der römischen „res publica" führte: als Offizier kam er in die Grenzprovinzen Niedermösien (untere Donau, Bulgarien) und Obergermanien (Elsass, Rheinland-Pfalz), seinen Onkel Trajan, der inzwischen Kaiser geworden war, begleitete er während der Eroberungsfeldzüge in Dakien (Rumänien); er wurde Statthalter in Pannonien (Ungarn), nahm als Vertrauter des Kaisers an den Eroberungskriegen gegen die Parther (Irak) teil und wurde Statthalter in Syrien. Um 100 heiratete Hadrian die Großnichte Trajans, der ihn adoptierte. Nach Trajans Tod wurde Hadrian zum neuen Kaiser ausgerufen. Sein Grundsatz – „Der Kaiser muss für Frieden sorgen, nicht für Krieg" – führte zum sofortigen Verzicht auf die neu eroberten Provinzen im Irak.

Der Reisekaiser

Um den Frieden zu sichern und die Verwaltung des Römischen Reiches zu ordnen verbrachte Hadrian lange Jahre in den Provinzen des Reiches und nicht in der Hauptstadt Rom. Seine weiten Reisen, die er oft in beschwerlichen Fußmärschen zurücklegte, ermöglichte das ausgezeichnete römische Straßennetz.

Die erste Reise, kurz nachdem er zum Kaiser ausgerufen worden war, führte ihn in den Vorderen Orient, danach über Kleinasien nach Europa, entlang der Grenzanlagen an der Donau, dann über Drakien nach Rom.

Bei der zweiten Reise (121 bis 126) kann man folgende Route und Etappen ausmachen: Rom, Gallien, Provinzen Rätien und Noricum an der oberen Donau, Provinz Germania am Rhein, Britannien, Gallien, Spanien, Mauretanien in Nordafrika, per Schiff nach Kleinasien. Athen und Sizilien (im Winter) waren die letzten Etappen vor der Rückkehr nach Rom.

Die dritte Reise 128 beschränkte sich auf die afrikanischen Provinzen. Die Etappen der vierten Reise (128 bis 134) waren: Athen, Kleinasien, Syrien, Palmyra, Palästina, Ägypten, Athen, Mittelgriechenland, Makedonien, Moesien (Ungarn), Dakien (Rumänien), Athen, Palästina (Niederschlagung des jüdischen Aufstandes), Rom. Seine letzten Regierungsjahre verbrachte Hadrian in der Kaiservilla bei Tivoli in der Nähe von Rom, das er mit Großbauten schmückte.

Romanisierung zur Herrschaftssicherung

Obwohl es Hadrian in erster Linie darum ging, die Verwaltung seines riesigen Reiches neu zu ordnen und vor allem die Grenzen zu sichern, interessierte er sich überall für die Sehenswürdigkeiten im jeweiligen Reichsteil und besichtigte sie. In Obergermanien und an der Grenze zu Schottland verstärkte er die Grenzbefestigungen durch feste Mauern, um zu verhindern, dass die „Barbaren", also Kelten und Germanen, weiter in das Reich eindrangen. Fast 100 Jahre erfüllte der rätische und obergermanische Limes im heutigen Deutschland diese Funktion. Die Bevölkerung Nordafrikas verband Hadrian stärker mit dem Römischen Reich, indem er dort vielen Städten das italische Stadtrecht übertrug. In anderen Provinzen sollten römische Großbauwerke eine Identifikation der Bevölkerung mit dem römischen Staat fördern. In Nimes, in Südfrankreich, erinnert noch heute ein mächtiger römischer Tempel, „maison carrée", an den Kaiser.

Der Griechenfreund

Der Überlieferung nach interessierte sich Hadrian für die Sitten und Religionen der unterworfenen Völker. Besonders die griechische Kultur schätzte er sehr. Griechische Philosophen und Schriftsteller gehörten zu seiner bevorzugten Lektüre. Deshalb war es ihm ein Anliegen, Athen, die Heimat vieler bekannter Philosophen, besonders zu fördern: im Norden der Stadt, die unter Perikles (um 490 bis 429 v. Chr.) ihre politische und kulturelle Blüte erlebte, errichtete er ein großes Gymnasium und vollendete den schon 600 Jahre währenden Bau des Riesentempels für den griechischen Göttervater Zeus. In Rom gründete er eine Hochschule nach altem Athener Vorbild, in der griechische Literatur und Wissenschaft vermittelt werden sollten. Die Demokratie, wie sie 600 Jahre vorher in Athen bestanden hatte, wieder einzuführen, lag dem römischen Kaiser, der sich mit dem Philosophenbart schmückte, jedoch sehr fern.

Die jüdische Geschichte – ein Teil der europäischen Geschichte

Jerusalem, das bereits im Jahre 71 n. Chr. von den Römern zerstört worden war, sollte ebenso wie die anderen Provinzstädte romanisiert werden. An der Stelle des Salomontempels wollte Hadrian einen Jupitertempel errichten lassen. Gegen diese Entweihung erhoben sich die Juden in Palästina unter ihrem Anführer Bar Kochba. Nach einem grausam geführten Krieg wurden die Juden besiegt und vertrieben. In Palästina lebten anschließend kaum noch Juden. Sie verbreiteten sich vorrangig im Gebiet des Römischen Reichs und gründeten in vielen Städten neue jüdische Gemeinden.

1 *Hadrianswall*
Noch heute ist die 117 km lange römische Grenzmauer zwischen England und Schottland streckenweise gut erhalten. Kaiser Hadrian „errichtete so eine Markscheide zwischen uns und den Barbaren" (Historia Augusta). – Verfolge den Verlauf der Grenze durch Europa. Kennst du ähnliche aus der jüngsten Vergangenheit?

2 ***„Engelsburg", Mausoleum Hadrians.*** *Als der Kaiser starb, war der Bau noch nicht fertig. Erst die Nachfolger Hadrians ließen sich hier bestatten. Seit 275 diente der Bau als Festung gegen einfallende Germanenstämme. Im Mittelalter ging er in den Besitz der Päpste über und schützte den Vatikan. Papst Gregor der Große soll in einer Vision den Erzengel Michael auf ihren Zinnen erblickt haben, daher heißt der Bau seit 590 n. Chr. Engelsburg.*

3 ***Das Pantheon (Tempel für alle Götter) in Rom*** *ließ Kaiser Hadrian nach einem Brand wieder aufbauen. Die Kuppel (39,5 m Durchmesser), eine Spitzenleistung römischer Baukunst, wurde Jahrhunderte später für Generationen von europäischen Architekten zum Vorbild und Maßstab.*

a) Verfolge auf einer Karte die Reisen Hadrians (VT) und schreibe auf, durch welche heutigen Länder sie ihn führten. Welche Rolle spielte Europa in den Plänen und der Politik Hadrians?

b) Die Wurzeln Europas reichen in die griechische und römische Antike. Erläutere anhand von M2, M3 und an selbst ausgewählten Bildbeispielen. Welchen Anteil hatte Hadrian am Fortbestehen der antiken Kultur (VT)?

c) Auch die Geschichte der Juden gehört zur europäischen Geschichte. Erläutere diese Entwicklung für die römische Antike (VT) und wiederhole, was du von der Geschichte der Juden in der Epoche des Mittelalters weißt.

3. Karl der Große – der „Vater Europas"?

800: Frankenkönig tritt in die Nachfolge der römischen Kaiser

Nachdem Karl der Große 800 in Rom vom Papst zum neuen „römischen" Kaiser gekrönt worden war, gab es drei Gewalten innerhalb des christlichen Kulturkreises. Jede davon beanspruchte für sich universale, d. h. umfassende Macht: der oströmische Kaiser in Konstantinopel, der sich als Nachfolger der römischen Kaiser und höchsten christlichen Herrscher ansah, aber nur auf dem Balkan und in Kleinasien seine Herrschaft hatte durchsetzen können; der Papst in Rom, der als geistliches Oberhaupt aller Christen über den christlichen Herrschern und anderen Patriarchen stehen wollte; und der neue fränkische Kaiser, der sich als Schutzherr der (westlichen) Christenheit und des Papsttums verstand.

Ein christliches Großreich in Europa

Zum Schutz des Papsttums hatte Papst Leo III. keinen geeigneteren Herrscher als den Frankenkönig Karl finden können. Das fränkische Reich umfasste große Teile West- und Mitteleuropas. In vielen Kriegen hatte Karl mit seinen Panzerreitern und Fußsoldaten das Königreich der Langobarden in Norditalien, das Stammesgebiet der Sachsen und den Herrschaftsbereich der Awaren im heutigen Ungarn erobert. Der christliche Glaube wurde in den neu eroberten „heidnischen" Gebieten zum Teil mit brutaler Gewalt und Unterdrückung durchgesetzt. Das konnte den fränkischen Priester Angilbert jedoch nicht davon abhalten Karl kurz vor der Kaiserkrönung als „ehrwürdigen Leuchtturm Europas", gar als „Vater Europas" zu bezeichnen. Der Geschichtsschreiber Nithard (gestorben 845) ergänzte: „Karl, von allen Völkern der große Kaiser genannt, hat ganz Europa mit seiner Gunst überhäuft."

1 ***Karlsschrein*** *von 1210 (links Frontseite, rechts ein Ausschnitt einer Deckelplatte). Kaiser Friedrich Barbarossa veranlasste, dass Karl der Große 1163 heilig gesprochen und der Schrein für die Gebeine Karls in Aachen hergestellt wurde. Zwölf christliche Kaiser sind nebeneinander als Reliefs dargestellt. Die Frontseite zeigt Karl den Großen. Tausende von Menschen pilgerten jährlich zu den Reliquien Kaiser Karls nach Aachen. Die Pfalzkapelle reichte für einen solchen Andrang nicht mehr aus und so erweiterte man sie im 14. Jahrhundert durch einen lichtdurchfluteten gotischen Anbau. – Vergleiche die Darstellung der Herrschaftslegitimation Karls auf dem Karlsschrein mit M2.*

Das Christentum als Brücke zur Antike

Solche Lobeshymnen bezogen sich auch auf die kulturellen Leistungen des neuen Kaisers, für den die christliche Religion ein wichtiges Fundament seines Reiches bedeutete. Diese Religion bildete für ihn zugleich die Brücke zum römischen Kaiserreich, das er unter fränkischer Oberhoheit wieder erneuern wollte.

Karl bemüht sich um die antike Kultur

Den Untergang des weströmischen Reiches hatten vorwiegend nur jene Teile der römischen Kultur überdauert, die von der christlichen Kirche weiter gepflegt und tradiert worden waren, wie die lateinische Sprache und Kenntnisse der Bautechnik. Die Klöster als neue christliche Gemeinschaften entwickelten sich zu wichtigen kulturellen Zentren. Doch in den unruhigen Jahrhunderten nach dem Ende des weströmischen Reiches hatten auch hier die Fähigkeiten im Lesen und Schreiben stark nachgelassen. Zur Zeit Karls des Großen lebten viele Mönche und Nonnen nicht mehr nach den Klosterregeln des Benedikt von Nursia. Beim Abschreiben der Bibel – nur so konnten damals neue Bücher hergestellt werden – entstanden viele Fehler und Missverständnisse. Diejenigen, die den Glauben pflegen und ihn vermitteln sollten, wussten über ihn also gar nicht mehr richtig Bescheid. Das änderte Karl der Große mit einer umfassenden Kulturreform. An seine Hofschule in Aachen holte er die gebildetsten Männer, meist Mönche, aus England, Spanien, Italien und Irland. Sie sollten ihn dabei unterstützen. Eine neue, klarere Schrift wurde überall verbindlich eingeführt. Die Klöster hatten wieder ihre alten Aufgaben zu erfüllen („ora et labora“) und eigene Schulen einzurichten. Gelehrte an den Schulen sollten sich um das richtige Latein bemühen und deshalb die Bücher römischer Schriftsteller studieren.

Wen verbindet die christliche Religion?

Es dauerte allerdings noch lange, bis der christliche Glaube in der einfachen Bevölkerung Fuß fasste. Nicht immer stimmte der Glaube der Gebildeten, von denen wir in erster Linie aus dieser Zeit wissen, mit dem Glauben der einfachen Menschen überein. Mit der weiteren, zum Teil gewaltsamen Verbreitung des christlichen Kulturkreises nach Osten und Norden wurde der christliche Glaube für Jahrhunderte zu einem einigenden Band zwischen den Völkern, obwohl auch diese Gemeinsamkeit bald litt, weil man um den rechten Glauben stritt.

2

Leo III. krönt Karl den Großen zum Kaiser
(französische Miniatur des 15. Jh.)
Solche Buchmalereien wurden im Mittelalter vor allem in den Klöstern als wichtigen Bildungs- und Kulturzentren angefertigt. Als es in den Jahrhunderten nach Karl dem Großen zum Konflikt zwischen der weltlichen Gewalt und der geistlichen Gewalt kam, Kaiser und Papst um die Vorrangstellung stritten, gingen von Klöstern entscheidende kirchliche Reformbestrebungen aus. Sie wollten die Kirche von jeglicher weltlichen Bevormundung befreien und durch eine Rückbesinnung auf ihren Ursprung erneuern. Nachdem das Papsttum selbst zu einem Machtfaktor im christlichen Europa geworden war, geriet es ebenfalls in die Kritik neuer Ordensgemeinschaften, der Bettelorden. Diese mittelalterliche Kritik der Kirche mündete schließlich in die Reformation. –
Wie wird auf dem Bild das Verhältnis von Kaiser und Papst dargestellt?

3 ***Die Kaiserkrönung Karls des Großen***

a) *Der Franke Einhard berichtet Anfang des 9. Jahrhundert in seiner Biographie Karls:*

Karls letzte Reise nach Rom wurde auch dadurch veranlasst, dass Papst Leo durch die vielen Misshandlungen, die er von seiten der Römer erlitten hatte, indem sie ihm nämlich die Augen ausrissen und die Zunge abschnitten, sich genötigt sah, den König um Schutz anzuflehen. (Dieser) kam also nach Rom und brauchte dort den ganzen Winter, um die Kirche aus der übergroßen Zerrüttung, in die sie verfallen war, zu reißen. Damals empfing er die Benennung Kaiser und Augustus; das war ihm zuerst so zuwider, dass er versicherte, er würde an jenem Tag, obwohl es ein hohes Fest (Weihnachten) war, die Kirche nicht betreten haben, wenn er des Papstes Absicht hätte vorherwissen können. Der Hass der römischen Kaiser (Ostrom), die ihm die Annahme des Kaisertitels sehr verübelten, trug er mit großer Gelassenheit und Hochsinnigkeit, in der er ... weit über ihnen stand, wusste er ihren Trotz zu besiegen, indem er häufig durch Gesandtschaften mit ihnen verkehrte und sie in seinen Briefen als Brüder anredete.

Einhard, Vita Caroli Magni, cap. 27, 28, 30, Übers. v. R. Rau.

b) *Der byzantinische Geschichtsschreiber Theophanes, ein Zeitgenosse Einhards, berichtete über das gleiche Ereignis:*

In diesem Jahr machten in Rom die Verwandten des seligen Papstes Hadrian eine Verschwörung und wiegelten das Volk gegen den Papst Leo auf. Sie überfielen und blendeten ihn. Sie konnten ihm jedoch das Augenlicht nicht völlig nehmen, denn die, die ihn blenden sollten, zeigten Erbarmen und schonten ihn. Der Papst aber floh zu Karl, dem König der Franken. Dieser rächte ihn schwer an seinen Feinden und setzte ihn wieder auf seinen Thron. Zu der Zeit geriet Rom unter die Herrschaft der Franken. Als Gegenleistung krönte der Papst Karl zum Kaiser der Römer in der Kirche des heiligen Apostels Petrus, indem er ihn von Kopf bis Fuß mit Öl salbte und mit einem kaiserlichen Gewand und einer Krone antat.

Der Papst war für die Oströmer nicht mehr als ein Bischof. Sie erkannten ihn nicht als Oberhaupt der Christenheit an. Die vorgenommene Zeremonie zur Kaiserkrönung Karls in Rom glich der letzten Ölung, wie sie in Konstantinopel Sterbenden gespendet wurde.

Zit. nach: Peter Classen, Rom und Byzanz von Diokletian bis zu Karl dem Großen, Quellen- und Arbeitshefte zur Geschichte und Politik, Stuttgart 1976, S. 52.

Heiliges Römisches Reich Deutscher Nation: Dieser Begriff bezeichnet den Herrschaftsbereich des mittelalterlichen Kaisertums. Karl der Große stellte sich bewusst als erster Kaiser in Westeuropa nach dem Untergang des weströmischen Reiches in die Tradition des römisch-christlichen Kaiserreiches, das unter fränkischer Herrschaft neu erstehen sollte. Seit der Kaiserkrönung Karls war die Erlangung der Kaiserwürde eng mit dem Papsttum in Rom verbunden. Daraus entwickelte sich später im Investiturstreit ein Konflikt zwischen beiden Gewalten. Um den eigenen Machtbereich klarer von der „Heiligen Römischen Kirche" zu trennen und gleichzeitig auf den göttlichen Ursprung zu verweisen, bezeichneten die Kaiser ihr Reich ab dem 12. Jh. als heilig. Die Kaiserwürde und der mit ihr verbundene universale Machtanspruch ging nach Karl dem Großen auf das ostfränkische Reich über und verband sich seit Otto I. (962) mit der deutschen Königskrone. Seit Karl IV. (Mitte 14. Jh.) erschien daher der Zusatz „deutscher Nation". In der Auseinandersetzung mit dem Papsttum und den Fürsten verloren die Kaiser immer mehr an Einfluss. Unter napoleonischer Herrschaft löste sich das Kaiserreich 1806 auf.

a) Wiederhole die wesentlichen Veränderungen im Mittelmeerraum und in anderen Teilen Europas zwischen 475 und 800 n. Chr.

b) Vergleiche die beiden Darstellungen der Kaiserkrönung von 800 im Hinblick auf die Hintergründe, den Hergang und die Bewertung (M3a, b).

c) Karl hat sich auf verschiedene Weise für die Verbreitung der christlichen Religion eingesetzt (VT, M3a). Erläutere und bewerte die Maßnahmen.

d) Mit welchem Recht hat man damals Karl den Großen als „Vater Europas" bezeichnet? Kann man ihn auch heute noch so nennen? In welchen Teilen Europas wird man Karl keine so große Bedeutung beimessen?

4. Byzanz und das „Dritte Rom"

Eine purpurgeborene Prinzessin für die Barbaren

Um 1000 regierte Kaiser Basileios II. in Konstantinopel, der Hauptstadt des byzantinischen Reiches. Er war ein kriegerischer Herrscher, der sein Reich über den Balkan nach Süditalien, die heutige Türkei, Syrien und Jerusalem ausdehnte. Während der langen und grausamen Kriege gegen die christlichen Bulgaren bat er 988 den russischen Fürsten Wladimir von Kiew um Hilfe. Als Gegenleistung sollte er die Schwester des Kaisers, Anna, zur Frau bekommen. Doch um eine nach byzantinischem Recht gültige Ehe zu schließen, musste der russische Fürst zunächst Christ werden und sich taufen lassen. So geschah es auch. Doch nach der Hochzeit versuchte Basileios zu verhindern, dass die Prinzessin den „Heiligen Palast" zu Konstantinopel verlassen musste. Man wollte den Fürsten nicht als ebenbürtig anerkennen. Wladimir aber fühlte sich betrogen und bedrohte Byzanz mit seinem Heer. Basileios gab nach und musste Anna nach Kiew schicken. Damit begann ein nachhaltiger und lange dauernder Einfluss der Byzantiner auf die russische Kultur.

Ein griechisches Reich ...

Basileios II., offiziell römischer Kaiser, sah sich auch in der Nachfolge der Cäsaren, aber schon lange war aus der Osthälfte des alten Römerreiches ein griechischer Staat geworden. Griechisch war offizielle Amts- und Kirchensprache. Gelehrte und Mönche setzten die lange Tradition der griechischen Kultur fort und sahen in den anderen Völkern Barbaren. Die byzantinischen Kaiser betrachteten sich auch als geistliches Oberhaupt ihres Staates, standen der gesamten Kirche ihres Machtbereiches unmittelbar vor und lehnten den universellen Herrschaftsanspruch des Bischofs von Rom, des Papstes, ab. 1054 erfolgte der endgültige Bruch zwischen der katholischen und der griechisch-orthodoxen Kirche. Ihre herausragende politische und religiöse Stellung brachten die Kaiser in Byzanz durch ein prunkvolles Zeremoniell zum Ausdruck. Das förderte Unterwürfigkeit und Schmeicheleien der Untertanen und Höflinge, ein Verhalten, das heute noch als „Byzantinismus" bezeichnet wird.

... beeinflusst die Slawen Osteuropas

Griechische Religiosität und Kultur beeinflusste die russischen Fürstentümer und die Völker des Balkans und die südlichen Slawen. Die Missionare Methodios und Kyrill verkündeten den christlichen Glauben bis nach Mähren und gaben der slawischen Sprache Schriftzeichen, die von der griechischen Schrift abgeleitet waren: die kyrillische Schrift, die noch heute in weiten Teilen Osteuropas gepflegt wird. 1453 ging auch das Byzantinische Reich unter, als die Türken Konstantinopel eroberten und unter dem Namen Istanbul zu ihrer Hauptstadt erhoben. Die Nichte des 1453 gefallenen letzten oströmischen Kaisers war mit dem Großfürsten von Moskau verheiratet. Dieser nannte sich Zar (Cäsar, Kaiser), seine Hauptstadt Moskau das „Dritte Rom" und beanspruchte nun für sich die rechtmäßige Nachfolge der oströmischen Kaiser. Bis heute ist der Einfluss der byzantinischen Kultur und Religion in Ost- und Südosteuropa deutlich.

1 ***Münze des Philippikos Bardanes (711–713)***
Im frühen Mittelalter bildeten die oströmischen Münzen mit dem Kaiserbild die beliebteste Handelswährung im Mittelmeerraum. Daran erkennt man die jahrhundertelange wirtschaftliche Vormacht des byzantinischen Reiches.

2 ***Kyrillisch kommt von Kyrill.*** *Das Fresko (13./14. Jh., Berenda, Bulgarien) zeigt den Byzantiner Kyrill (826/7 bis 869) mit der von ihm entwickelten Schrift für die Slawen.*

3 ***Russisch-orthodoxer Gottesdienst.*** *Alexei II., Patriarch von Moskau und Russland, Oberhaupt der russisch-orthodoxen Kirche, feiert während der Osterwoche 1991 eine Messe in der Usbeki-Kirche im Kreml. – Welche Unterschiede zu einem protestantischen Gottesdienst oder einer katholischen Messe erkennst du?*

Byzanz: So lautete der Name für die Stadt Konstantinopel, bevor Kaiser Konstantin 330 n. Chr. sein Herrschaftszentrum dorthin verlegte und die Stadt umbenannte. Nach der römischen Reichsteilung (395) wurde der Name auf das oströmische Reich übertragen, das bis zur Eroberung Konstantinopels durch die Türken (1453) Bestand hatte. Byzanz, dessen Kaiser bewusst an griechische Traditionen anknüpften und wo römische Traditionen (Recht) am nachhaltigsten überdauerten, wurde für Jahrhunderte zum kulturellen Vorbild Mittel- und Westeuropas. Die byzantinischen Kaiser als politisches und religiöses Oberhaupt und die Patriarchen der oströmischen Kirche lehnten den Primat des Papstes ab. Durch dynastische Verbindungen und die griechisch-orthodoxe Mission gelangte die byzantinische Kultur auch nach Osteuropa. Bis heute ist der byzantinisch-slawische Kulturkreis vom westlich-lateinischen unterschieden.

4 ***Auf der Suche nach Schönheit.*** *Aus der Chronik des Mönches Nestor, Anfang 11. Jh.:*

Wir (eine russische Gesandtschaft) gingen zu den Bulgaren. Wir beobachteten, wie sie sich dort im Tempel, d. h. in der Moschee, verneigen und ohne Gürtel dastehen. Wenn einer sich verneigt, setzt er sich hin und blickt hierhin und dorthin wie ein Besessener. Und es ist keine Freude bei ihnen, sondern Missmut und ein starker übler Geruch. Ihr Gesetz ist nicht gut.

Und wir kamen zu den Deutschen und sahen sie in den Kirchen viele Gottesdienste feiern, aber wir sahen keine Schönheit. Und nun kamen wir zu den Griechen und sie führten uns hinein, wo sie ihrem Gott dienen. Und wir wissen nicht, ob wir im Himmel waren oder auf der Erde. Es gibt auf der Erde keinen solchen Anblick und solche Schönheit und wir sind nicht imstande, es zu erzählen. Nur das wissen wir, dass Gott dort mit den Menschen ist. Und ihr Gottesdienst ist besser als der aller Länder, denn wir können diese Schönheit nicht vergessen.

Zit. nach: Das heilige Russland. 1000 Jahre russisch-orthodoxe Kirche, Schriftleitung Ilma Reißner, Freiburg 1987, S. 15.

a) Erläutere anhand von M2 bis M4 den Einfluss Byzanz' auf Osteuropa.

b) Nenne anhand von Beispielen Gemeinsamkeiten und Unterschiede zwischen dem christlich-abendländischen und dem byzantinischen Kulturkreis.

5. Es ging nicht nur um Jerusalem: Eint der Kreuzzug die Christen Europas?

Kriegerische Religion

1095 rief Papst Urban die christlichen Ritter auf, das moslemisch beherrschte Jerusalem zu erobern. Eine religiös-militärische Welle rollte durch Europa: diese so genannten Kreuzzüge waren verbunden mit einem religiösen Fanatismus, der sich gegen Andersgläubige in und außerhalb Europas richtete. In Spanien wurden die Kriege gegen die muslimischen Staaten wiederbelebt, in den Gebieten östlich von Elbe und Oder unterwarfen Deutscher Orden und ostdeutsche Fürsten die Slawen und missionierten sie zum Teil gewaltsam. Judenverfolgungen wurden im Zusammenhang mit den Kreuzzügen zu einem Bestandteil der europäischen Geschichte. Menschen, die an der Lehre der Kirche zweifelten, verfolgten die kirchlichen und staatlichen Behörden als Ketzer. Der erste Kreuzzug westeuropäischer Ritter führte 1099 zur blutigen Eroberung Jerusalems.

Saladin – ein ritterlicher Eroberer

Das neu gegründete christliche Königtum Jerusalem konnte sich im islamischen Umfeld nicht behaupten. Im Oktober 1187 zog Saladin, der islamische Herrscher Syriens und Ägyptens, in Jerusalem ein. Den christlichen Einwohnern gestattete er sich freizukaufen und erließ Teile des Lösegelds, das sie nicht aufbringen konnten. Die abziehenden Bewohner schützte er vor Übergriffen seiner Soldaten. Saladin entsprach damit den Idealen jenes höfischen Rittertums, das sich im Zuge der Kreuzzüge über Frankreich auch im christlichen Europa verbreitete. Für islamische und christliche Ritter galten die gleichen Tugenden: z. B. Tapferkeit, Edelmut, fairer Kampf, Sorge für die Schwachen.

Der Kaiser und die europäischen Könige

1187 riefen Gesandte des Papstes zu einem weiteren Kreuzzug auf, um Jerusalem zurückzuerobern. Als erster war Kaiser Friedrich Barbarossa bereit das Kreuz zu nehmen. Vergeblich versuchte er die Könige von Frankreich und England zu einem gemeinsamen Vorgehen zu bewegen. Als ranghöchster christlicher Herr-

1 Der Felsendom
Dieses älteste Bauwerk der islamischen Welt wurde um 700 in Jerusalem mit Hilfe griechischer Bauleute innerhalb des von Juden und Christen gleichermaßen verehrten heiligen Bezirkes errichtet. Die Christen hielten ihn zunächst für den alten Tempel der Juden. Er ist neben Mekka und Medina das bedeutendste religiöse Zentrum des Islams.

2 ***Arabische Astronomen*** *(links, türk. Miniatur von 1581)* ***und arabischer Mediziner (rechts)*** *bei einer Unterleibsoperation (Miniatur aus dem 15. Jahrhundert)*

scher fühlte sich der Kaiser dazu verpflichtet die christliche Herrschaft auch im Heiligen Land wiederherzustellen. Nachdem Barbarossa 1190 auf dem Kreuzzug überraschend den Tod fand, hofften die europäischen Ritter auf eine Führung durch Richard Löwenherz von England und Philipp August von Frankreich. Beide Könige waren allerdings Gegner, denn der Engländer besaß viele Gebiete in Westfrankreich, für die der französische König die Oberhoheit beanspruchte. Eine Krankheit zwang Philipp August aus Palästina nach Frankreich zurückzukehren. „Mag er sein Königreich mit Schande bedecken", soll Richard geäußert haben und übernahm den Oberbefehl über das Heer französischer, englischer und deutscher Ritter. Die Hafenstadt Akkon, aber nicht Jerusalem wurde erobert. Schließlich beendete man den Kreuzzug durch einen Waffenstillstand. Löwenherz musste verkleidet, mit wenigen Gefährten den Heimweg antreten, denn überall waren christliche Gegner darauf aus, ihn gefangen zu nehmen, was dem österreichischen Herzog schließlich gelang. Er wollte sich dafür rächen, dass Richard zuvor die österreichische Fahne bei der Belagerung von Akkon missachtet hatte. Nur gegen hohes Lösegeld kam Richard frei.

Arabische Kultur

Als eine Folge der Kreuzzüge lernte das christliche Abendland die Vorzüge und Errungenschaften der arabischen Kultur kennen. Adlige übernahmen Teile der arabischen Lebensweise. Ein Teilnehmer des ersten Kreuzzugs schrieb: „Gott hat das Abendland ins Morgenland verwandelt. Denn wir, die wir Abendländer waren, sind nun Orientalen geworden …" Nachhaltig waren besonders die Einflüsse der arabischen Wissenschaftler im Bereich der Mathematik, der Medizin und der Philosophie. Die Ziffer Null ist ebenso wie unsere Zahlen eine arabische Erfindung. Der kulturelle Austausch erfolgte vor allem über Spanien.

Orient und Okzident (lat. „oriens" und „occidens sol", d.h. aufgehende und untergehende Sonne): Mit diesem Begriffspaar bezeichnet man die Begegnung und den Gegensatz der christlich-europäischen (Okzident) und der islamischen Kultur (Orient). Bis 1492 gehörten allerdings auch Teile Spaniens als eigene Königreiche, Teile des Balkans vom 15. bis 19. Jh. im Osmanischen Reich zum islamischen Kulturkreis. Im Mittelalter beeinflusste die arabisch-islamische Kultur die westeuropäische nachhaltig. In der Neuzeit, besonders mit der technisch-industriellen Revolution des 18. und 19. Jh., gewannen die europäischen Länder eine technische und militärische Überlegenheit, die auch zum gewaltsamen Erwerb von Kolonien in Asien und Afrika führte. Gegenwärtig wehren sich islamische Fundamentalisten gegen den westlichen Einfluss und wollen eine alte und strenge Form des Islam zur Grundlage ihrer Staaten machen.

3 Der Krönungsmantel der Kaiser

Araber hatten den Mantel für Roger II., König von Sizilien, angefertigt. Der Sohn Barbarossas, Kaiser Heinrich VI., erbte das Königreich und den Mantel mit dem Bild der zwei Löwen, die ein Kamel reißen.

4 Kreuzzugsvorbereitung

Eine süddeutsche Klosterchronik berichtet für das Jahr 1188:

Im selben Jahr nahmen auch König Philipp und König Richard von England infolge der Predigt des apostolischen Legaten das Kreuz. Der Kaiser entschied nach dem Hoftage von Mainz darüber, wann und wie der Marsch angetreten werden solle … Inzwischen sandte der Kaiser Botschafter an die Könige von Ungarn, Griechenland und an den Sultan von Ikonium um den Zug vorzubereiten und die Verpflegung zu sichern. Alle diese Fürsten ließen ihm durch Boten sagen, sie würden in allen Stücken folgsam sein, außer dem König von Griechenland. Inzwischen gab sich der Kaiser besorgt, ob überhaupt so viele Mannschaften … mit ihm zu ziehen beabsichtigten, denn sein eigener Schwager Ludwig, der Landgraf von Thüringen … und eine große Menge anderer wollten aus einer gewissen Eifersucht nicht mit ihm, sondern über den See mit Schiffen fahren, wie auch fast alle Italiener und Toskaner. Darüber war er also besorgt, dass er sich alle Mühe gab, den König von Frankreich zu gewinnen, mit ihm zu ziehen … Aber der König wagte es nicht mit ihm zu ziehen wegen des Krieges, in den er mit dem König von England verwickelt war, damit dieser nicht sein Land verwüste durch seine feindlichen Einfälle, wenn er selbst abziehe.

Annales Marbacenses, 1188, sprachlich vereinfacht nach Geschichte in Quellen Bd. II, S. 456.

5 Das Fremde als Chance?

Viele Kinder und Enkel von ausländischen Arbeitnehmerinnen und Arbeitnehmern sind in der Bundesrepublik geboren und aufgewachsen und fühlen sich daher oft auch im Herkunftsland ihrer Eltern als Fremde. Lässt sich ihre volle Integration in der Bundesrepublik mit den kulturellen Besonderheiten vereinbaren?

In Nordrhein-Westfalen soll der islamische Religionsunterricht ausgebaut werden … Diese Initiative – eine Reaktion auf die Vorschläge türkischer Eltern – deckt sich mit den Ansichten des katholischen Bischofs von Stuttgart-Rottenburg … Der Bischof sieht zum Dialog mit dem Islam keine Alternative. Allerdings müsse sichergestellt sein, „dass dieser Unterricht von keinen antidemokratischen Kräften missbraucht" werde … Die Entscheidung aus Düsseldorf zeigt politisch die einzig vernünftige Richtung. 2,5 Millionen Muslime (überwiegend Türken) leben in Deutschland. Ihre überwältigende Mehrheit lehnt jede Form des Extremismus ab … Ein qualifizierter islamischer Religionsunterricht fördert nicht den Fundamentalismus, sondern dient ganz im Gegenteil der Integration … Hinter dem Streit um den islamischen Religionsunterricht steht die Frage: Wie halten es die Deutschen mit ihren türkischen Mitbürgern, die mittlerweile in dritter Generation hier leben?

Die Zeit, 20. 01. 1995, S. 15.

a) *„Die Kreuzzüge waren gesamteuropäische Unternehmen!" Überprüfe.*
b) *Vergleiche die politischen Verhältnisse im Bereich des heutigen Europas zur Zeit des 3. Kreuzzuges mit den Verhältnissen um 800 (VT, M4, Kap. 3).*
c) *Worin bestanden die Unterschiede zwischen Abendländern (Europäern) und Orientalen im 12. Jahrhundert? Nenne Beispiele für den Einfluss der arabischen Kultur auf das christliche Abendland (z. B. M1, M2).*
d) *Diskutiert, ausgehend von dem Artikel in „Die ZEIT" (M5), mit Muslimen über ihr Leben in Deutschland. Fragt nach ihren Vorstellungen von Europa.*

6. Erasmus – ein „europäischer" Gelehrter

Die antike Kultur als neues Vorbild

Obwohl auf dem europäischen Kontinent sich am Ende des Mittelalters viele miteinander konkurrierende Einzelstaaten gebildet hatten, gab es nach wie vor das einigende Band der christlichen Religion. Aber die Kirche als Vermittlerin dieser Religion war durch ihre weltlichen Verstrickungen, durch Reichtum und Macht in Misskredit geraten. Kirchenkritik verband sich mit der Frage nach dem richtigen Glauben. Gelehrte suchten ihn in den ursprünglichen Versionen der Heiligen Schriften und diese führten sie zurück zur Antike, zum klassischen Latein und Griechisch. Sie waren davon überzeugt, dass die antike Kultur den Menschen in seinem Wesen und seiner Bestimmung am besten verstanden und dargestellt hatte und alles danach dieses Wissen nur verdunkelt habe. Von Italien aus verbreitete sich diese Sichtweise, Humanismus genannt, in Europa.

Stationen eines „europäischen" Gelehrten

Einer der bedeutendsten Humanisten war der Holländer Erasmus von Rotterdam. „Ein Bürger der Welt zu sein begehre ich, allen gemeinsam oder lieber allen ein Fremdling", war das Motto des früh Verwaisten. Als Kind im Kloster aufgezogen wurde Erasmus Mönch. Sein Streben nach Bildung erfüllte sich aber nicht im Kloster, sondern erst 1496 an der Pariser Universität. Ohne Förderer hätte Erasmus jedoch seine Karriere als Wissenschaftler nie einschlagen können. Seine Bemühungen um persönliche „Forschungsgelder" waren ein Antrieb für seine vielen Reisen durch Europa: nach den Niederlanden, nach England und nach Italien. In England erhoffte er sich von König Heinrich VI. Unterstützung. 1516 ernannte ihn schließlich der katholische Kaiser Karl V. zum königlichen

1 ***Bau eines Palastes.*** *Gemälde von Piero di Cosimo (1462 bis 1521). Die rege Bautätigkeit in Italien im 15. und 16. Jahrhundert wurde ermöglicht durch den Reichtum der norditalienischen Städte, in denen Patrizierfamilien die Stadtpolitik bestimmten. Bildende Kunst und Architektur orientierten sich ebenso wie die Sprachwissenschaft an der antiken Kultur, weshalb diese Epoche als Renaissance, Wiedergeburt (der Antike), bezeichnet wird. – Erkläre anhand des Bildes die Zentralperspektive.*

2 **Links: Studie aus einem Perspektivbuch der späten Renaissancezeit; oben: „Villa Rotonda"**, *erbaut von1568 bis 1571 von Andrea Palladio (1508 bis 1580). Das Gebäude wirkte nachhaltig auf die Architektur des 17. und 18. Jh. – Das neue künstlerische und wissenschaftliche Bewusstsein stellte den schöpferischen Einzelmenschen, das Individuum, in den Mittelpunkt. Die genaue Beobachtung prägte die künstlerische Wahrnehmung und fand in der räumlichen Perspektive und plastischen Darstellung des Menschen Ausdruck. – (1) Zeige die Bezüge der „Villa Rotonda" zur römischen Architektur auf. (2) Erläutere Merkmale des Humanismus mit der Zeichenstudie.*

Rat. Die Einkünfte aus diesem Amt ermöglichten Erasmus endlich ein sorgenfreies Leben für seine Studien.Trotz dieser Abhängigkeiten versuchte er in seinem Werk sein Motto – „Ich liebe meine Freiheit. Ich will keiner Partei dienen." – zu verwirklichen. In England, Mittel- und Westeuropa verbreiteten sich seine zahlreichen lateinisch verfassten Werke dank der Buchdruckerkunst. Latein war noch immer die Sprache der Gelehrten im christlichen Abendland. Mit bedeutenden europäischen Humanisten seiner Zeit stand Erasmus in regem Kontakt. Herausragend war seine Übersetzung des Neuen Testaments aus dem Griechischen in die lateinische Sprache, wobei ihn der humanistische Grundsatz leitete, sich nach Möglichkeit auf die ersten Originalschriften zu stützen. Seine gereinigte lateinische Bibelfassung sollte Grundlage für Übersetzungen in verschiedene Nationalsprachen werden. Martin Luther stütze sich später bei seiner deutschen Bibelübersetzung auf das Werk des Erasmus.

Im Streit der Konfessionen

Die Bibelübersetzung brachte Erasmus in Konflikt mit der Kirche, weil sein Text erheblich von der lateinischen Bibelversion der Kirche abwich. Erasmus seinerseits übte Kritik an Macht und Reichtum der Kirche und forderte eine Kirchenreform. Anders als Luther vermied er jedoch den Bruch mit der Papstkirche und wollte weder für die Reformatoren noch für den Papst aktiv Partei ergreifen. Sein Bemühen in Zeiten wachsender Feindschaft zwischen den Konfessionen galt dem Werben um Toleranz, dem Frieden und der Verständigung und dem Eintreten für Gewissensfreiheit. Vergeblich setzte er sich für eine Erziehung und Bildung der Jugendlichen ein, um diese Werte zu vermitteln. Für seine Freunde war Erasmus das „Licht Europas". Nach seinem Tode 1536 verdunkelten Religions- und Bürgerkriege, Fanatismus und Gewalt die nachfolgenden 100 Jahre.

3 ***Erasmus von Rotterdam*** *(1466 bis 1536), Porträt von Hans Holbein d. J. (1497 bis 1543)*

4 ***Erasmus über seine Zeit:***

a) *Unterschiede europäischer Nationen*

Nun sehe ich aber, dass die Natur nicht bloß dem Einzelnen, seinen Dünkel, sondern auch jeder Nation, um nicht zu sagen jeder Stadt, einen Gesamtdünkel eingepflanzt hat. Darum wollen die Engländer wissen, neben anderm finde man Schönheit, Musik und einen guten Tisch nur bei ihnen. Die Schotten sind stolz auf ihren Adel und auf ihre Verwandtschaft mit dem Königshaus, aber auch auf ihre dialektischen Kniffe. Die Franzosen haben die Höflichkeit gepachtet. Die Pariser maßen sich in der Theologie eine besondere Meisterschaft an und lassen kaum jemand neben sich gelten. Die Italiener haben Literatur und Beredsamkeit an sich gerissen und schmeicheln sich alle, auf der ganzen Welt die einzigen Nichtbarbaren zu sein, zumal die Römer, die noch immer von jenem alten Rom träumen … Die Spanier gönnen keinem den Heldenlorbeer. Die Deutschen trutzen auf ihre Hünengestalt und ihre Kenntnis der Magie.

Das Lob der Torheit, E. v. R. Ausgewählte Werke, hrsg. v. Werner Weizig, Darmstadt 1975, Bd. II, S. 103.

b) *Päpste als weltliche Herrscher*

Erst wenn ein Papst, voll heiligen Eifers für Christus, zum Schutz dieser Güter (Erbe, Ländereien, Städte, Steuern, Zölle und Herrschaftsrechte) mit Feuer und Schwert sich zur Wehr setzt und dabei Christenblut stromweise verspritzt, glaubt er, die Kirche, die Braut Christi, nach rechter Apostelart zu verteidigen; zerschmettern will er ihre Feinde – so lautet der Ausdruck, wie wenn die Kirche schlimmere Feinde hätte als gewissenlose Päpste, deren Schweigen den Heiland der Vergessenheit preisgibt, deren erpresserische Gesetze ihn ausbeuten, deren verdrehte Auslegungen ihn entstellen, deren sündhaftes Leben ihn kreuzigt.

Lob der Torheit, Ausgewählte Werke, Bd. II, S. 169.

5 ***Was Humanisten beschäftigte:***

a) *aus einem Brief des Italieners Petrarca an einen Freund in Konstantinopel (1354):*

Du hast mir den Homer geschenkt, ihn, den Ambrosius trefflich aller göttlichen Erfindungen Quell und Ursprung nennt. Rein und unverfälscht kommt es aus den sprudelnden Wasser der griechischen Sprache selbst, ganz wie es von Anbeginn an jenem göttlichen Genius entströmt ist. Das allerherrlichste Geschenk … ein unschätzbares halte ich in Händen.

Briefe des Petrarca, Übers: H. Nachod und P. Stern, Berlin 1931, S. 184 ff.

b) *G. Manetti schrieb 1451:*

Die Welt ist wohl von Gott geschaffen, aber der Mensch hat sie verwandelt und verbessert. Denn alles, was uns umgibt, ist unser eigenes Werk, das Werk des Menschen; alle Wohnstätten, alle Schlösser, alle Gebäude auf der ganzen Welt … Von uns sind die Gemälde, die Skulpturen; von uns kommen der Handel, die Wissenschaften und philosophischen Systeme. Von uns kommen alle Erfindungen und alle Arten von Sprachen …

Zit. nach: Ghianozzo Manetti im Jahr 1452. In: J. R. Hale, Fürsten, Künstler, Humanisten, Hamburg 1973, S. 26.

a) Fasse zusammen, was die Staaten und die Menschen zur Zeit des Erasmus in Europa trennte und was sie verband (VT, M1, M4, Karte auf der ADS).

b) Wiederhole, welche Erfindungen und Entdeckungen das europäische Weltbild veränderten. Was berechtigt es, Erasmus als einen „europäischen" Menschen zu bezeichnen (VT)?

c) Diskutiert, welche Grundsätze und Werte italienischer Humanisten (VT, M5) sowie des Erasmus (VT, M4) für uns heute noch wichtig sind.

d) Beurteile die Kritik des Erasmus in M4. Was trifft davon noch heute zu?

7. Europäische Bildungsreisen im Zeitalter des Absolutismus

„Kavalierstouren" in Europa

Zur Erziehung europäischer Adliger gehörte im 17. und 18. Jahundert eine Reise durch andere europäische Länder, eine so genannte Kavalierstour, auf der Sprachen, Bildung und Lebenserfahrung erworben werden sollten. Man besichtigte in Brügge oder Utrecht die Kunstwerke der Niederländer, erlebte Amsterdam als die Hauptstadt des Welthandels, bewunderte in den Städten Norditaliens die Renaissance- und Barockkunst und pilgerte in Rom zu den antiken Bauwerken. Paris und Versailles übten jedoch damals die Hauptanziehungskraft auf die jungen Adligen aus. Französische Sprache und Mode waren „in".

Frankreich wird Vorbild

Frankreich war von den Verwüstungen der Religionskriege im 16. und 17. Jahrhundert weitgehend verschont geblieben. Diese günstigen Voraussetzungen nützten die französischen Könige, vor allem Ludwig XIV. (1643 bis 1715), um einen starken Staat zu schaffen, in dem alles auf den Herrscher zugeordnet war und alles von ihm ausging. Ludwig XIV. scheiterte jedoch bei seinem Versuch, durch mehrere Kriege die Vorherrschaft auf dem europäischen Festland zu erringen, am Bündnis französischer Nachbarstaaten. Besonders England war an einem Gleichgewicht der europäischen Mächte gelegen, um seine Seeherrschaft zu sichern. Der Staat und die Politik Ludwigs XIV. waren für die Monarchen und Fürsten in Europa vorbildhaft und so ahmten sie die absolutistische Staatsorganisation, die Verherrlichung der Macht durch Bauwerke und Künste und teilweise auch seine skrupellose Eroberungspolitik nach.

Der reisende Zar betreibt die Europäisierung Russlands

1697/98 unternahm der russische Zar Peter I. (der Große) eine geheime Bildungsfahrt nach Mittel- und Westeuropa. Schon als Junge hatte er gerne in der Ausländervorstadt Moskaus die Werkstätten besucht und dabei zugesehen, wie Geschütze und Eisenprodukte hergestellt wurden, die Uhr und der Webstuhl funktionierten. Ein Schweizer und ein Schotte sollten seine Soldaten besser ausbilden, was sich dann im Krieg gegen die Türken bewährte. Daraufhin warb der Zar verstärkt europäische Berater und Offiziere an, sandte junge russische Adelige zum Studium ins europäische Ausland und nahm selbst als Unteroffizier an einer Gesandtschaft nach „Europa" teil, um technische Kenntnisse, z. B. im Schiffsbau und bei der Kanonenherstellung zu erwerben.

Zar Peter I. in einem Mosaik-Ausschnitt

Ein Aufstand zwang den Zar zur Rückkehr nach Russland. Das gewaltige Vorhaben, sein Reich zu europäisieren, verfolgte er dennoch weiter. An der Ostsee entstand die neue Hauptstadt St. Petersburg über trocken gelegten Sümpfen, geplant und ausgestaltet im barocken Stil von europäischen Architekten und Künstlern. Mode und Sitten, Verwaltung, Armee und Wirtschaft hatten sich nach den Vorbildern im Westen, teilweise auch unter Anwendung von Gewalt, zu „modernisieren". In langen Kriegen gegen Schweden gewann Russland die Vorherrschaft im gesamten Ostseeraum und damit den territorialen Anschluss an Mitteleuropa. Für die breite Masse der Untertanen, die Bauern und unfreien Knechte, verschlechterte sich allerdings die Lage: sie mussten mehr Steuern zahlen und wurden von den adligen Grundbesitzern wie Sklaven gehalten. Obwohl die meisten Russen im Alltag an ihren überkommenen Lebensformen und am orthodoxen Glauben festhielten, hatte sich Russland doch von den Staaten des Westens aus betrachtet zu einer europäischen Macht entwickelt und damit die östliche Grenze Europas bis zum Uralgebirge erweitert.

1 ***Junge englische Lords, unterwegs in Europa*** *(Gemälde von Nathaniel Dauce und James Russel, 1750, London). – In welcher Stadt zeigt das Bild die Adligen?*

2 ***Rechts: „Welladay, is this my SON TOM?"*** *(englische Karikatur aus dem 18. Jh., heute: Britisches Museum). – Welche Befürchtungen verbanden Adlige mit den Reisen ihrer Kinder?*

3 ***Zwei Gesichter Russlands im 18. Jahrhundert***

a) *Europäisierung unter Peter dem Großen*

Dieser Monarch (Peter der Große) hat unser Vaterland auf eine Linie mit den andern gebracht, hat erkennen gelehrt, dass auch wir Menschen sind; mit einem Wort, wohin man in Russland auch blicken mag, alles hat ihn zum Anfang, und was hinfort auch geschehen möge, aus dieser Quelle werden sie es schöpfen!

Der russische Botschafter in Istanbul 1725; zit. nach: W. Kljutschewski, Geschichte Russlands, Bd. 4, Stuttgart 1926, S. 217.

b) *Urteil aus dem 18. Jahrhundert*

Sie haben Matrosen, Ingenieure, Soldaten, Künstler ausgebildet, haben ihnen aber nicht das Grundlegende beigebracht; Bürger zu sein! … Was für eine Ordnung ist es, die von einer Person gehalten wird. Alles ist verloren, wenn das russische Volk immer solche Fürsten brauchen wird.

Zit. nach: G. Mably, 1778, In: D. Tschizewskij, Zwischen West und Ost. Russische Geistesgeschichte II, 18.–20. Jahrhundert, Hamburg 1961, S. 134 f.

4 ***„Wir sind Europäer."*** *Der damalige sowjetische Staatschef Gorbatschow, der mit Reformen in der Sowjetunion ab 1985 das Ende des Ost-West-Konfliktes einleitete und sein Land zum Westen hin öffnen wollte:*

Russlands Handel, seine kulturellen und politischen Beziehungen zu den anderen europäischen Nationen und Staaten sind tief in der Geschichte verwurzelt. Wir sind Europäer. Das alte Russland war mit dem Christentum verbunden. Die Russen, Ukrainer, Weißrussen, Moldauer, Litauer, Letten, Esten, Karelier und andere Volksstämme unseres Landes haben in beträchtlichem Maße zur Entwicklung der europäischen Kultur beigetragen. Deshalb betrachten sie sich nun als deren rechtmäßige Erben … Europa ist unser gemeinsames Haus … aber jede Familie hat darin ihre eigene Wohnung und es gibt auch verschiedene Eingänge …

M. Gorbatschow, Perestroika. Die zweite russische Revolution. 1987, S. 248, 252 f.

a) Welche Zwecke verfolgten europäische Bildungsreisen im 18. Jahrhundert (VT)? Überlege ihre Auswirkungen für ein „europäisches" Bewusstsein.

b) Plane eine moderne Bildungsreise durch Europa, die nicht mehr als acht Orte umfasst. Vergleiche sie mit den Stationen der adligen Bildungsreisen im 18. Jahrhundert (VT) und mit modernem Tourismus.

c) Erläutere die Auswirkungen der Politik Peters des Großen für den Zaren, russische Adlige und Bauern und andere europäische Staaten (VT, M3).

d) Worin sieht Gorbatschow die europäischen Traditionen Russlands (M4)?

8. Ein Europa der Vernunft?

Kultursprache Französisch

Der europäische Kulturraum wurde im 18. Jahrhundert maßgeblich von Frankreich geprägt. Der preußische König Friedrich II. zog französische Künstler und Gelehrte den deutschen vor, schrieb und sprach fließend Französisch und befreundete sich mit Voltaire (1694 bis 1778), dem wichtigsten französischen Philosophen jener Zeit. Der deutsche Schriftsteller Lessing fand dagegen beim Preußenkönig keine besondere Gunst, weil er sich gegen die Vorherrschaft des französischen Vorbildes in allen Fragen der Kunst und der Literatur wandte.

Aufklärung

Lessing zählt dennoch, ebenso wie Voltaire, zu den Aufklärern, jenen Philosophen und Schriftstellern, die einer ganzen Epoche ihren Namen gaben. Ein wesentlicher Grundsatz der Aufklärung ist folgendem Zitat des französischen Philosophen Diderot (1713 bis 1784) zu entnehmen: „Der (echte) Philosoph ist ein Mensch, der die Vorurteile, die Tradition, das Überalterte, (den allgemeinen Brauch), … die Autorität, alles, was das … Denken unterjocht, zu Boden reißt und wagt, selbst zu denken … und nichts zuzulassen, was nicht auf dem Zeugnis der Sinne und der Vernunft beruht." In einem 28-bändigen Universallexikon, der Enzyklopädie, wollte Diderot das ganze Wissen seiner Zeit sammeln, um es allen zugänglich zu machen. Er war überzeugt, dass die Menschen durch Bildung und Wissen auch Tugend und Glück erwerben könnten.

Mittel gegen den Machtmissbrauch in England

Voltaire war diesbezüglich etwas skeptischer. Wegen seiner kritischen Schriften musste er ins Gefängnis und lebte lange Zeit im Ausland. Beeindruckt kehrte er 1726 nach dreijährigem Aufenthalt aus England zurück: in der Mitregierung eines gewählten Parlaments sah er die vernünftige Einschränkung des Herrschers um ihn am Missbrauch der Macht zu hindern. Die englischen Bürger durften frei ihre Meinung äußern und sich aus Zeitungen informieren.

Vernunft und Toleranz

Die Ideen der Aufklärung entsprachen dem neuen naturwissenschaftlichen Denken, dem Rationalismus, wonach alle Erkenntnis nur auf überprüfbarer, im Experiment nachvollziehbarer Erfahrung beruhen solle. Deswegen lehnte Voltaire die Forderungen der christlichen Kirche, ihre Lehre unkritisch als Offenbarung Gottes zu glauben, ab und setzte sich für die Opfer einer intoleranten Religionspoltik ein, wie er sie in Frankreich am Beispiel der protestantischen Hugenotten erlebte. Obwohl Voltaire, wie er betonte, dem Glauben der Hugenotten nicht zustimmen konnte, wollte er sich dennoch sein ganzes Leben dafür einsetzen, dass sie, die Verfolgten, ihren Glauben öffentlich bekennen könnten.

Friedensplan für Europa

Friedrich II. von Preußen und Zarin Katharina von Russland standen mit Voltaire in regem Briefkontakt und ließen sich von manchen der neuen Ideen beeinflussen. Sie erkannten, dass einige davon ihren Staat moderner, effektiver und damit mächtiger machen konnten. Auf ihre uneingeschränkte Herrschaft verzichteten sie nicht. Der französische Aufklärer Rousseau (1712 bis 1778) sah in seinem „Gutachten über den Plan des ewigen Friedens" (1761) in den Fürsten die Ursache europäischer Kriege. Deshalb versuchte er vernunftmäßig zu beweisen, dass der Friede das höchste Interesse der Fürsten sein müsse. Er schlug die Bildung eines europäischen Fürstenbundes vor: Die Monarchen sollten Gesandte zu einem dauerhaften Kongress schicken. Allerdings misstraute Rousseau den Fürsten weiterhin und hoffte auf ein Europa aus demokratischen Staaten.

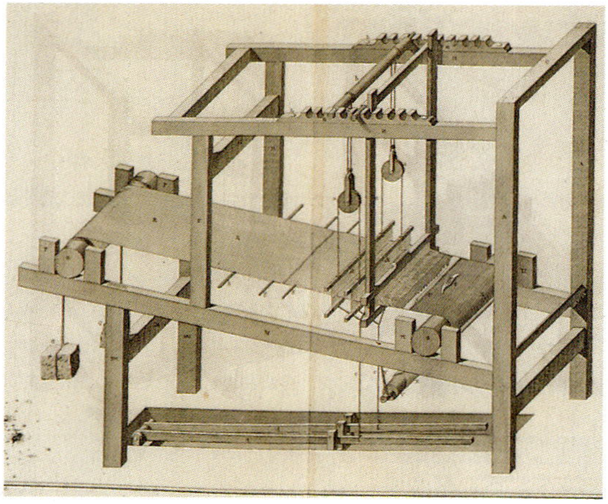

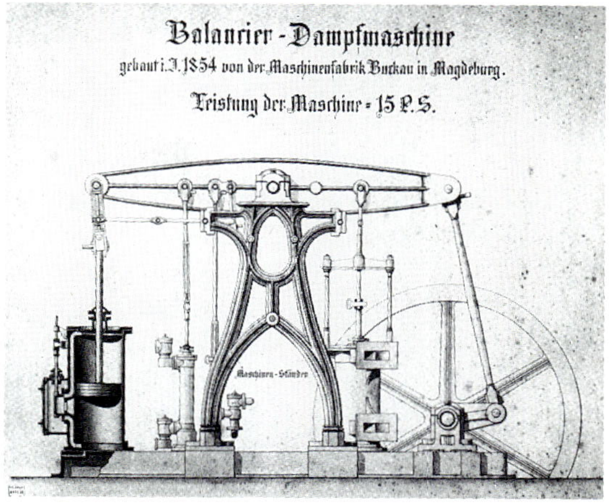

1 *Links:* ***Webstuhldarstellung*** *in der „Enzyklopädie" von Diderot 1751. Rechts:* ***Dampfmaschine*** *aus Magdeburg von 1854. Die Verbreitung technischen Wissens förderte weitere Erfindungen wie die der Dampfmaschine durch den Engländer James Watt 1769. Sie revolutionierte die Entwicklung in Europa und leitete die Industrielle Revolution ein. Die europäischen Großmächte gewannen dadurch die technische, wirtschaftliche und politische Vorherrschaft in der Welt während des 19. Jahrhunderts.*

2 ***König Friedrich II. von Preußen über die Bedeutung der französischen Sprache (1780):***

Unter der Regierung Ludwigs XIV. verbreitete sich das Französische in ganz Europa … Und jetzt ist diese Sprache zum Passepartout (Nachschlüssel) geworden, der einen in alle Häuser und in alle Städte einführt. Man reise von Lissabon nach Petersburg und von Stockholm nach Neapel, überall kann man sich mit Französisch verständlich machen.

Der König, hrsg. v. G. Mendelssohn-Bartholdy, Berlin 1912.

3 ***Voltaire über den Zusammenhang der europäischen Völker:***

Die Völker Europas haben bestimmte Grundsätze der Menschlichkeit gemeinsam, die man in den anderen Teilen der Welt vergeblich sucht; sie sind enger miteinander verbunden, sie haben ähnliche Gesetze; alle ihre Dynastien sind untereinander verschwägert; ihre Untertanen reisen ununterbrochen und knüpfen untereinander Verbindungen. Die christlichen Europäer sind das, was die alten Griechen waren: Sie führen zwar untereinander Krieg, aber sie bewahren doch gewisse Anstandsformen … so dass ein Franzose, ein Engländer oder ein Deutscher aus derselben Stadt zu stammen scheinen, wenn sie sich irgendwo treffen.

Voltaire, Philosophisches Wörterbuch 1764, Stichwort Vaterland, in: Jean Baptiste Duroselle; Europa, die Geschichte seiner Völker, Gütersloh 1990, S. 238.

4 ***Voltaire über die Verbreitung der Vernunft:***

Die „Akademie der schönen Künste" … wurde erst von Nutzen für ein größeres Publikum, seitdem sie … sich der Erforschung des Altertums und einer eingehenden Kritik der Anschauungen und Geschehnisse zuwandte. Sie hat für die Geschichte ungefähr dasselbe getan, was die „Akademie der Wissenschaften" für die Naturkunde tat, das heißt, sie räumte mit Irrtümern auf. Eine prüfende, einsichtsvolle Geistesrichtung, die von einem zum anderen überging und sich verbreitete, beseitigte fast unmerklich eine Masse von Vorurteilen und abergläubischen Vorstellungen.

Voltaire, Le siecle de Louis XIV., Paris 1957, Kap. 31.

a) Welche Gemeinsamkeiten europäischer Kultur im 18. und 19. Jahrhundert werden in diesem Kapitel deutlich? Vergleiche Voltaires Erfahrungen europäischer Gemeinsamkeiten (M3) mit unseren heutigen.

b) Schreibe in deinen eigenen Worten und mit selbst gewählten Beispielen, was die Philosophen im 18. Jahrhundert unter „Aufklärung" verstanden.

c) Welcher Zusammenhang besteht zwischen Aufklärung und Demokratie?

9. Das Elsass – eine Region zwischen zwei Nationen

Von Kehl nach Straßburg

Nach Straßburg fährt man von Kehl aus über die Europabrücke, die 1960 von deutschen und französischen Ingenieuren geplant wurde. Sie versinnbildlicht die Aussöhnung von Franzosen und Deutschen, die 1963 im Freundschaftsvertrag zu einem Kernpunkt der europäischen Einigung wurde. Seit 1995 sind auch jegliche Grenzkontrollen zwischen beiden Staaten aufgehoben. In Straßburg und im Elsass sprechen viele Menschen einen alemannisch-deutschen Dialekt wie in der Schweiz und Baden, wohin enge Verbindungen bestehen.

Deutsche werden Franzosen ...

1681 musste sich die deutsche Reichsstadt Straßburg nach einer Belagerung den Truppen des französischen Königs Ludwig XIV. unterwerfen. Auch die meisten Teile des Elsass unterstanden von da an dem französischen König, der damit sein Ziel, den Rhein als Ostgrenze zu gewinnen, teilweise erreicht hatte. Ein Bündnis Ludwigs mit dem Osmanischen Reich verhinderte eine militärische Reaktion des deutschen Kaisers. Nun lebten also Deutsche unter der Herrschaft der französischen Krone. Letztlich war vielen Elsässern der Herrschaftswechsel wohl gleichgültig, denn die nationale Zugehörigkeit spielte noch keine so wichtige Rolle. 1789 erkämpften sich die Franzosen in einer Revolution die politische Freiheit und Gleichheit: die Vorrechte von Adel und Kirche wurden abgeschafft, die französischen Männer wählten ein Parlament, das die Gesetze machte, die Macht des Königs einschränkte und die Monarchie schließlich beseitigte. Jeder Bürger besaß wichtige Freiheiten: seinen Beruf zu wählen, seine Meinung frei zu äußern, seinen Glauben auszuüben. Die meisten europäischen Könige jedoch

1 Gotisches Münster und Europaratsgebäude *in Straßburg. Ab dem 13. Jahrhundert verbreitete sich der gotische Stil von der Ile de France (Region um Paris) in weiten Teilen Europas. In städtischen Zentren ermöglichte ein allgemeiner wirtschaftlicher Aufschwung und eine neue Frömmigkeit breiter Volksschichten den gigantischen Bau gotischer Kirchen. Das Europaratsgebäude beherbergt das Verwaltungszentrum des Europarates, einer Institution der Europäischen Union (vgl. Kap. 11). Seit 1992 tagt hier auch das Europäische Parlament.*

fürchteten die Ausbreitung der Revolution und bekriegten Frankreich. Nun waren auch die Elsässer bereit, ihre Rechte als Angehörige der französischen Nation zu verteidigen. Zur Nation gehörten für die französischen Revolutionäre eben nicht nur die Menschen mit einer Sprache, einer Kultur oder Geschichte, sondern alle Bürger, die sich für den gemeinsamen Staat einsetzen wollten. Dass die Elsässer deutsch sprachen, war nebensächlich.

… und wollen es bleiben

Obwohl sich bereits in der ersten Hälfte des 19. Jahrhunderts Liberale und Demokraten für einen gemeinsamen deutschen Staat einsetzten, entstand er erst 1871, nachdem Preußen die deutschen Staaten zu einem siegreichen Krieg gegen Frankreich geführt hatte. Als Folge musste Frankreich Elsass-Lothringen an das neue Deutsche Kaiserreich abtreten. Während demokratisch gesinnte Menschen vom neuen deutschen Nationalstaat wegen seiner autoritären Strukturen enttäuscht waren, schwärmten und träumten viele andere von deutscher Größe und Macht in der Welt. Nicht jedoch die Elsässer: Sie wollten in ihrer Mehrheit lieber französisch bleiben, auch deshalb, weil sie einem Staat, in dem Militär und Gehorsam hohes, die Demokratie geringes Ansehen besaßen, misstrauten. Die Revolution von 1789 hatte sie mehrheitlich zu überzeugten französischen Staatsbürgern gemacht. Deshalb misslang es auch sie trotz mancher Anstrengungen zu überzeugten deutschen Nationalisten zu machen, woraufhin viele in Deutschland in ihnen „Reichsfeinde“ erblickten. Frankreich seinerseits fand sich nicht mit dem Gebietsverlust ab, die Feindschaft zwischen Deutschland und Frankreich wurde zu einer schweren Belastung für Europa. In beiden Ländern schürte die Propaganda den Hass auf den „Erbfeind“.

Weltkriege

Im Zuge zweier weiterer verheerender Kriege musste das Elsass noch zweimal die staatliche Zugehörigkeit wechseln: 1919 nach dem Ersten Weltkrieg (1914 bis 1918) wurde es nach der Niederlage des Deutschen Reiches wieder französisch. Hatte Deutschland bis dahin die französische Ausrichtung unterdrückt, so geschah es jetzt umgekehrt mit der deutschen. Im Zweiten Weltkrieg (1939 bis 1945) besetzten deutsche Truppen das Elsass, das der nationalsozialistische Staat als deutsches Gebiet betrachtete. Seit dem Sieg der Alliierten über das faschistische Deutschland ist das Elsass wieder Teil der französischen Republik und wird heute in seinen regionalen Eigenarten nicht mehr beeinträchtigt.

Europa der Nationen: Während der französischen Revolution entstand der Begriff der Nation in seiner Bedeutung als Gemeinschaft aller Staatsbürger, die sich für den (republikanischen) Staat einsetzen. Im Kampf gegen Napoleon und später gegen andere Fremdherrschaften besannen sich die einzelnen Völker Europas immer mehr auf die eigene Geschichte und Sprache und grenzten sich damit zum Teil bewusst von anderen ab. Der Begriff der Nation wurde identisch mit dem Begriff des Volkes, wobei jedes Volk seinen eigenen Staat beanspruchte, was besonders in Vielvölkerstaaten zu Konflikten und Volksaufständen führte. Die gleichzeitige Betonung der Nation und des Volkes mündete in den Nationalismus, der in seiner übersteigerten Form mit der Geringschätzung oder sogar der Eroberung anderer Völker einherging und einhergeht. Der Versuch, Europa nach dem Ersten Weltkrieg nach Nationalstaaten neu zu ordnen, führte in Ost- und Südosteuropa wegen der vielen ethnischen Minderheiten zu großen, heute wieder aufbrechenden Konflikten. Während die nationale Ideologie die Gegensätze zwischen den europäischen Völkern betont, besinnt man sich besonders seit dem Ende des Zweiten Weltkrieges bewusst auf gemeinsame europäische Traditionen, um die verschiedenen Staaten in einer Europäischen Union zu integrieren und neue Kriege auszuschließen.

Europa der Demokratien: Die Staatsform, in der die politische Gewalt vom Volk ausgeht (Demokratie), wurde im antiken Athen im 5. Jh. v. Chr. entwickelt. Alle freien Bürger konnten in der Volksversammlung direkt über die wichtigen Fragen des Gemeinwesens entscheiden. Diese Aufgabe hat in modernen Demokratien weitgehend das von allen Bürgern gewählte Parlament übernommen. Es entstand wie in Großbritannien das Oberhaus (House of Lords) und das Unterhaus (House of Commons) aus den mittelalterlichen Ständeversammlungen. Die Unabhängigkeitserklärung der USA (1776) und die Französische Revolution (1789) haben die Verwirklichung und Wahrung der Menschenrechte als demokratische Ziele gesetzt. Seit dieser Zeit wurde die Demokratie in vielen europäischen Staaten schrittweise und mit vielen Rückschlägen erkämpft. Erst die Niederlage des nationalsozialistischen Deutschlands, der Zusammenbruch der Diktaturen in Spanien, Portugal, Griechenland und in den Ostblockstaaten bot in der zweiten Hälfte des 20. Jh. fast allen europäischen Staaten eine erneute demokratische Chance.

2 ***Plakat von 1794,*** *mit dem in Colmar (Elsass) französische Revolutionäre nach der Abschaffung der Monarchie für ihre Ziele und den Kampf gegen die europäischen Monarchien warben. – Welche ihrer Ziele verfolgten demokratische, welche nationale Ideen?*

3 ***„Was die Nationen unterscheidet"***

1870 antwortete der französische Historiker Fustel de Coulanges, Professor in Straßburg, dem deutschen Historiker Theodor Mommsen:

Was die Nationen unterscheidet, ist weder die Rasse noch die Sprache. Die Menschen fühlen in ihrem Herzen, dass sie ein und dasselbe Volk sind, wenn unter ihnen eine Gemeinsamkeit der Gedanken, Interessen, Neigungen, Erinnerungen und Hoffnungen besteht. Das begründet das Vaterland. Deswegen wollen die Menschen einen gemeinsamen Weg gehen … füreinander leben und sterben. Das Vaterland ist das, was man liebt. Der Rasse und der Sprache nach mag das Elsass deutsch sein; dem National- und Vaterlandsgefühl nach ist es französisch. Und wissen Sie, was es dazu gemacht hat? Nicht Ludwig XIV., sondern unsere Revolution von 1789. Seit dieser Zeit ist das Elsass den gesamten Weg unseres Schicksals gegangen, hat unser Leben gelebt. Alles was wir dachten, dachte es auch; alles, was wir fühlten, fühlte es auch … Mit Euch aber hat es nichts gemein. Frankreich ist ihm Vaterland, Deutschland gilt ihm als Ausland.

Zit. nach: P. Hartig, Die Französische Revolution im Urteil der Zeitgenossen und der Nachwelt. Stuttgart, 2. Aufl. 1981, S. 13 f.

4 ***Der Nachbar im Spiegel von Geschichtsbüchern*** *aus dem ausgehenden 19. Jh.:*

a) *Ein deutsches Geschichtsbuch kommentiert die Eroberung Straßburgs von 1681 …*

In Krieg und Frieden wusste es (Frankreich) sich durch Arglist und Tücke, durch Wortbruch und Gewalt zu bereichern … Auf die Beschwerden des (deutschen) Kaisers hin antwortete der königliche Räuber (Ludwig XIV.) mit dem unverschämtesten Gewaltstreich der neueren Geschichte, dem Raub der Rheinperle Straßburg …

… und den Krieg gegen Frankreich 1870/71:

Darum musste es, das Volk der Friedensliebe und Bescheidenheit (das deutsche Volk), seine vom unruhigen Nachbarn stets bedrohte Westflanke durch die Wiedergewinnung von Elsass-Lothringen … stärken. Diesmal war das Blut der deutschen Krieger nicht vergebens geflossen … Nie hat sich das Wort mehr bewahrheitet als diesmal: „Auch im Kriege wird ein Volk zum Volk".

Illustrierte Weltgeschichte, Bd. 3, o.O u. J., S. 352 und Bd. 4, S. 469.

5 Elsässisches Wahlplakat 1887
Der Vertreter der sozialistischen Arbeiterbewegung warb in Straßburg für seine Wahl in den deutschen Reichstag zweisprachig. Die sozialistischen Parteien vertraten die Interessen der von der Industrialisierung benachteiligten Arbeiter und wandten sich lange gegen den Nationalismus.

Reichstagswahl 21. Febr. 1887.

Arbeiter! Wähler der Stadt Straßburg!

Wählet keinen anderen Kandidaten in den Reichstag, als einen Mann, der Eure Interessen, Interessen der Arbeiter, am besten vertreten kann, und dieser ist Herr

August Hamm

Wagnermeister in Mühlhausen i. E.

Er als ein Elsässer Kind und Handwerker ist am besten in Eure Verhältnisse eingeweiht und weil er ist der Mann, der Euch voll und ganz im Reichstag vertreten kann.

Auf zur Wahl!

Das Arbeiter-Wahlkomitee.

Ouvrier! Electeurs de la ville de Strasbourg!

Ne votez aucun autre candidat pour le Reichstag qu'un homme qui connait vos intérêts et qui sait le mieux apprécier les besoins des ouvriers, le candidat c'est Monsieur

AUGUSTE HAMM

Maître Charron à Mulhouse.

Lui, comme un enfant de l'Alsace et comme artisan est le mieux initié aux besoins des ouvriers et ce pour cette raison qu'il est le seul qui puisse dignement vous représenter au Reichstag.

Serrez vos rangs! Passez à l'urne, ouvriers et artisans de Strasbourg!

LE COMITÉ OUVRIER.

4 b) *Der Deutsch-Französische Krieg von 1870/71 in einem französischen Geschichtsbuch:*

Unglücklicherweise … gibt es zänkische, schlachtensüchtige Nationen. Wir sind es auch gewesen, ein reizbares und streitsüchtiges Volk, aber das Unglück hat uns erleuchtet. Wir verstehen, wie abscheulich der Missbrauch der Gewalt ist. Indem Deutschland die Bevölkerung Elsass-Lothringens trotz ihres Einspruchs annektierte, hat es ein Verbrechen begangen, und seither fühlt sich keine Nation mehr in Sicherheit. Es wird erst an dem Tage Sicherheit geben, an dem anerkannt ist, dass eine Nation heilig ist und dass ein Volk, das sich auf ein anderes stürzt, ohne das Schiedsgericht zu befragen, verbrecherisch ist … Wir stellen in Europa das Recht von morgen dar, das verlangt, dass eine Nation unverletzlich und ein Volk keine Herde ist, über die die Gewalt bestimmt. Deutschland … hat sich noch nicht zu diesen Ideen der Gerechtigkeit erhoben und bleibt für Europa eine Gefahr …

Zit. nach: P. Rühlmann, Die französische Schule und der Weltkrieg, Leipzig 1918, S. 44.

6 Europa 1932. *Ein Gedicht des deutschen Satirikers Kurt Tucholsky (1890 bis 1935)*

Da liegt Europa. Wie sieht es aus?
Wie ein bunt angestrichenes Irrenhaus.
Die Nationen schuften auf Rekord:
Export! Export!
Die andern! Die andern sollen kaufen!
Die andern sollen Schiffe heuern!
Die andern sollen die Kohle verfeuern!
Wir?
Zollhaus, Grenzpfahl und Einfuhrschein:
wir lassen nicht das Geringste herein.
Wir nicht. Wir haben ein Ideal:
Wir hungern, aber streng national.
Fahnen und Hymnen an allen Ecken.
Europa? Europa soll doch verrecken!
Und wenn alles der Pleite entgegentreibt:
dass nur die Nation erhalten bleibt!
Menschen braucht es nicht mehr zu geben.
England! Polen! Italien muss leben! …
Die Nation ist das achte Sakrament!
Gott segne diesen Kontinent.

Kurt Tucholsky, Gesammelte Werke, Bd. 10, Hamburg 1985, S. 15 f.

a) Im Elsass lässt sich heute ein besonderes europäisches Bewusstsein feststellen. Siehst du Zusammenhänge mit der Geschichte dieser Region?

b) Arbeite Wertungen und Sachargumente in den Darstellungen von M4 heraus. Welche Unterschiede im Verständnis von Nation und Volk lassen sich in M3, M4 und M5 erkennen?

c) Vergleicht die Geschichte Schlesiens und Südtirols mit der des Elsass.

d) Diskutiert in der Klasse: Vaterland, Volk, Nation – sind solche Begriffe mit einem vereinten Europa zu vereinbaren?

10. „Die Waffen nieder!" Frauen kämpfen für Frieden in Europa

Europa steuert auf einen Krieg zu

Das Streben nach wirtschaftlicher und militärischer Vorherrschaft in Europa sowie der Kampf um Kolonien und Absatzmärkte in Afrika und Asien hatten die europäischen Großmächte in der zweiten Hälfte des 19. Jahrhunderts in eine gefährliche Konkurrenz getrieben. Frankreich und England standen bereits bei der „Aufteilung" Afrikas kurz vor einem Krieg. Sie gehörten neben Russland zu den zunächst führenden Kolonialmächten, die die Völker anderer Erdteile entweder erobern und direkt beherrschen wollten oder aber durch „ungleiche" Verträge indirekt unter ihren Einfluss zwangen. Die Unterdrückung und Ausbeutung von Menschen mit anderer Hautfarbe und anderen kulturellen Traditionen rechtfertigten sie mit der „natürlichen Überlegenheit der weißen Rasse". Seit 1871 war mit dem Deutschen Kaiserreich eine weitere Großmacht in der Mitte Europas entstanden. Unter Führung Kaiser Wilhelms II. (Regierungszeit 1888 bis 1918) begann das Deutsche Reich zunehmend aggressiv am Wettlauf um koloniale Einflussgebiete teilzunehmen. Bereits gegen Ende des 19. Jahrhunderts und erst recht nach der Jahrhundertwende wurde es immer offensichtlicher: Die Großmächte, die beständig an der Rüstungsspirale drehten, steuerten auf einen Krieg zu. Keine Regierung stellte sich dieser Entwicklung ernsthaft entgegen, obwohl es genügend warnende Stimmen gab.

Ein Roman mit Wirkung

1889 erschien der Roman „Die Waffen nieder!" von Bertha von Suttner (1843 bis 1914, Foto links), einer böhmischen Adligen. Er handelt vom Schicksal einer Frau, die vier Kriege auf so grauenvolle Weise miterlebt, dass sie zur überzeugten Friedenskämpferin wird. Der Roman, in viele europäische Sprachen übersetzt, wurde ein großer Erfolg und mobilisierte viele Menschen, sich der noch jungen Friedensbewegung anzuschließen. Bertha von Suttner warb als führendes Mitglied dieser Bewegung unermüdlich auf Vortragsreisen in der ganzen Welt und in Gespächen mit Politikern für die Verständigung der Völker, um dem Nationalismus und der Kriegstreiberei Einhalt zu gebieten. Zwischenstaatliche Konflikte sollte nur noch ein internationales Schiedsgericht lösen. 1905 erhielt sie für ihr Friedensengagement als erste Frau den Friedensnobelpreis.
Sie selbst hatte den Schwede Alfred Nobel 1882 zur Stiftung dieses Preises angeregt. Nobel, Erfinder des Dynamits, war zunächst überzeugt, dass die Zerstörungskraft der Waffen, wie sie die Industrielle Revolution möglich gemacht hatte, den Frieden durch Abschreckung sichern werde. Er irrte sich. Um seine zerstörerische Erfindung dennoch friedenswirksam zu machen stellte er Teile seiner Gewinne für den Friedenspreis zur Verfügung.

Der Krieg fordert den Einsatz für den Frieden

Bertha von Suttner starb 1914 kurz vor dem Ausbruch des Ersten Weltkriegs. Ihr Einsatz gegen die Kriegsbegeisterung, die 1914 viele Staaten Europas erfasste, schien vergeblich. Je länger der Krieg dauerte, desto offensichtlicher wurden sein Grauen und seine Zerstörungskraft. Deshalb setzten sich Frauen aus allen europäischen Staaten auf der Frauenfriedenskonferenz 1915 in Den Haag für das Kriegsende und die Abrüstung ein. Eine der deutschen Vertreterinnen war Dr. Anita Augspurg (1857–1942). Als erste deutsche Frau hatte sie in Zürich Jura studiert und war bereits durch ihr kämpferisches Engagement für das Frauenwahlrecht in der Öffentlichkeit aufgetreten. Um den Krieg in Europa zu beenden und zukünftig zu verhindern, sollten Abrüstung, Demokratie und eine überstaatliche Einigung verwirklicht werden.

1 **Oben: Kolonialpolitik.** *Karikatur des französischen Zeichners Daumier von 1866.*
Links: „Die Französische Frau während des Krieges". *In vielen Ländern wurden Frauen mit ähnlichen Plakaten zu ihrem „Kriegsdienst" während der beiden Weltkriege aufgefordert.*

Ein neuer Krieg

Diese Idee vermochte sich jedoch auch nach den grauenvollen Materialschlachten des Ersten Weltkriegs und Millionen Toten nicht durchzusetzen. Die Friedensverträge bargen den Keim neuer Konflikte: Nationale Minderheiten in den neuen Staaten Osteuropas provozierten wechselseitige Gebietsansprüche. Diese Region blieb ein Krisenherd. In Deutschland belasteten die harten Friedensbedingungen die junge Demokratie, indem sie antidemokratischer Propaganda Munition lieferten. Nationalisten und Rechtsradikale wollten die angeblich aufgezwungene Demokratie wieder durch einen autoritären Staat ersetzen. Diese Tendenzen kamen den Nationalsozialisten zugute, die durch Unterstützung der Mehrheit der Deutschen eine Gewaltherrschaft errichteten. Ihre erklärten Ziele, Deutschland zur militärischen Großmacht zu führen, um „Lebensraum im Osten" zu erobern, und die europäischen Juden auszurotten, führten in den Zweiten Weltkrieg und zur planmäßigen Ermordung von sechs Millionen Juden.

Europa der Kriege und der Diktaturen: In der Neuzeit gewannen Kriege in Europa an Ausmaß und Auswirkungen. Religiöse Bekenntnisse, politische und nationalistische Überzeugungen wurden wichtige Motive für die Kriegsbereitschaft einer breiteren Bevölkerung. Seit der Französischen Revolution traten Massenheere gegeneinander an. Die Industrielle Revolution zog die Erfindung immer perfekterer Vernichtungswaffen nach sich. Die Gegensätze europäischer Staaten, die um die Vorherrschaft auf dem Kontinent und um den Erwerb von Kolonien in Übersee miteinander konkurrierten, gipfelten schließlich im Ersten Weltkrieg. Die kommunistische Revolution in Russland, die Herrschaft der Faschisten in Italien und der Nationalsozialisten in Deutschland führten zu totalitären Diktaturen. In diesen Diktaturen verfügten alleinherrschende Parteien über den modernen Staatsapparat, um die Bevölkerung völlig zu unterdrücken. Besonders der Kriegswille des nationalsozialistischen Deutschlands führte den Zweiten Weltkrieg herbei. Weite Teile Europas wurden verwüstet und verarmten. 62 Millionen Menschen wurden getötet. Seit 1990 führen verschiedene Volksgruppen im ehemaligen Jugoslawien einen erbitterten Krieg.

2 **Europäische Friedenspalme** *im Satiremagazin „Simplicissimus" vom 27. 5. 1897*

3 ***Bertha von Suttner zu Problemen Europas***

a) ‚Europa' ist schon mehr als ein geographischer Begriff, es ist – man könnte sagen – eine latente Persönlichkeit geworden ... Es besteht ja noch – im politischen Sinne – aus gegnerischen Gruppen, die sich gegenseitig zu balancieren und zu imponieren trachten, wobei jede sich dem politischen Ruin entgegentreibt. ‚Ein geeintes, verbündetes Europa', das hat zukünftig das Losungswort des aufgeklärten Pazifismus zu sein.

b) Die Lösung muss sein: Wir (die Pazifisten) sagen nicht, wo in den schwebenden Konflikten das Recht liegt, wir wollen nur, dass eine Rechtsordnung und ein Tribunal geschaffen werde, wo die Kompetenten und die Machthabenden (das sind wir nicht) die Konflikte ohne Gewalt austragen.

c) ... darauf hinzuarbeiten, dass die beiden Seiten sich besser kennenlernen und dadurch die Vorurteile und die Antipathien überwinden, die noch aus der Zeit stammen, wo drüben der Österreicher als der Prototyp unterdrückender Polizeigewalt und bei uns die Italiener als der Prototyp des tückischen „Katzelmachers" galt. Ferner Veranstaltung von Massenausflügen, Professoren und Kinderaustausch, eine Fahrt des österreichischen Männer-Gesangsvereins nach Rom, ein Besuch italienischer Gelehrter in Wien und dergleichen mehr.

Zit. nach: Brigitte Heimann, Bertha v. Suttner, ein Leben für den Frieden. München 1986, S. 433, 181, 465.

4 ***Ein friedliches Europa nach dem Kriege?***

Anita Augspurg und Gustava Heymann (1868 bis 1943), die beide für die Gleichberechtigung von Mann und Frau kämpften, schrieben 1942 während des Zweiten Weltkriegs im Züricher Exil die Schrift „Tatsachen, Erkenntnis, Hoffnung und Glaube". Darin heißt es:

Totaler Krieg hat der Vernunft eine heilsame Lehre erteilt: Nichts ist unmöglich: Das sei unser rettender Anker in dem Chaos, eine Leuchte zum Aufbau einer besseren Welt. Nach diesem totalen Krieg gilt es, ein wahrhaft geeintes Europa, eine geeinte Welt zu schaffen und Freiheit, Recht und Menschenwürde zur Grundlage allen Seins zu erheben. Ein solches Europa wird überall Beunruhigung bannen, neue Kulturwerte schaffen; in der Welt Achtung gewinnen. Streitigkeiten, gleich welcher Art, sind im Abend- wie im Morgenlande nie wieder mit Waffengewalt oder unter Vergewaltigung der Gesinnung auszutragen. Um Anreiz zur Gewaltanwendung auszuschalten, ist die erste aller Forderungen: alle Völker der Erde rüsten restlos ab.

Zit. nach: Frauen gegen den Krieg. Frankfurt 1980, S. 314 ff.

a) Welche Vorstellungen von Europa und der europäischen Politik entwickelte Bertha von Suttner (M3)? Wie kommentieren dagegen die Karikaturen auf der ADS und M1, M2 die europäische Wirklichkeit ihrer Zeit?

b) Suche Gründe, warum die Pazifisten und Anhänger einer europäischen Einigung bis 1945 scheiterten (VT, Karikatur auf der ADS, M2). Welche Aufgaben stellen sich heute der Friedensbewegung? Nimm dazu Stellung.

c) Diskutiert die Ideen Anita Augspurgs und Gustava Heymanns über eine zukünftige Rolle Europas (M4). Was davon ist heute erreicht?

11. Ein „Gemeinsames Haus Europa"

Neue Hoffnungen für Europa

Während des Zweiten Weltkriegs setzten Widerstandskämpfer aus Frankreich, Polen und Deutschland ihre Hoffnungen auf einen künftigen europäischen Staatenbund. 1946 trafen sich in der Schweiz Gruppen aus 13 Ländern, unter ihnen viele Persönlichkeiten des Widerstandes, und verabschiedeten ein Programm für eine demokratische und bundesstaatlich aufgebaute europäische Völkergemeinschaft, die Glied einer späteren Weltunion werden sollte.

Die Spaltung Europas in Ost und West

Doch so schnell waren solche Ziele nicht zu erreichen, zumal die Zukunft Europas von den beiden neuen Großmächten USA und Sowjetunion abhing. Die weltweite Konfrontation der beiden Mächte teilte auch Europa: Die politische, militärische und wirtschaftliche Grenze, der „Eiserne Vorhang", verlief nach dem Krieg mitten durch Deutschland. Der Westen entschied sich unter der Führung der USA für eine demokratische und marktwirtschaftliche Entwicklung, während sich im Osten unter dem Druck der Sowjetunion kommunistische Staaten bildeten, die für die nächsten Jahrzehnte vom europäischen Einigungsprozess ausgeschlossen blieben.

Europarat, aber noch kein Bundesstaat

Europabegeisterte waren vom 1949 gegründeten Europarat enttäuscht. Die zehn Gründerstaaten – 1951 wurde auch die Bundesrepublik aufgenommen – ließen nur einstimmige Beschlüsse zu. Die Einzelstaaten blieben nach wie vor völlig souverän. Von einem Bundesstaat mit einer übernationalen Regierung war man noch weit entfernt. Immerhin sind im Europarat dann doch die Europäische Menschenrechtskonvention und die Einrichtung des Europäischen Gerichtshofs für Menschenrechte mit Sitz in Straßburg beschlossen worden.

Wirtschaftspolitische Einigung – Motor einer europäischen Integration

Vorangetrieben wurde die Einigung zunächst vor allem auf wirtschaftlicher Ebene. 1951 unterstellten Frankreich, Holland, Belgien, Luxemburg, Italien und die Bundesrepublik in der Montanunion ihre Stahl- und Kohleproduktion einer überstaatlichen Behörde und gaben damit erstmals staatliche Hoheitsrechte ab. Wollte man auf dem Weltmarkt gegenüber den USA und dem aufstrebenden Japan konkurrenzfähig bleiben, musste die gemeinsame Wirtschaftspolitik auf alle Wirtschaftsgüter ausgedehnt werden. Dieser Schritt wurde 1957 mit der Gründung der Europäischen Wirtschaftsgemeinschaft (EWG) und der Europäischen Atomgemeinschaft (EURATOM) vollzogen. Die Länder der Montanunion bildeten damit einen gemeinsamen Markt für Waren, Dienstleistungen und Kapital, in dem es keine Binnenzölle mehr gab und der gegenüber Drittländern gemeinsame Außenzölle vereinbarte. 1967 wurden Montanunion, EWG und EURATOM zur Europäischen Gemeinschaft (EG) vereinigt.

Wer gehört dazu?

Der wirtschaftliche Erfolg der EG führte auch andere europäische Staaten dazu, sich um Aufnahme in die Gemeinschaft zu bemühen. Größere Schwierigkeiten bei den Beitrittsverhandlungen und manche nationale Vorbehalte verzögerten die Einigung. Frankreich fürchtete seine starke Stellung in Europa zu verlieren und wollte nicht zu viel an staatlicher Souveränität an die europäischen Behörden abgeben. Dennoch ist es gelungen, 15 Staaten in der EG, inzwischen „Europäische Union" (EU) genannt, zu vereinen. Bereits 1957 wurde die Direktwahl eines europäischen Parlaments beschlossen, aber erst 1979 durchgeführt. Seitdem wählen die Europäer in jedem Staat der EU alle fünf Jahre ihre Abgeordneten zum Europäischen Parlament. Nicht nur die verschiedenen Sprachen, Parteien und Nationalitäten, sondern auch die begrenzten Rechte erschweren die Arbeit der Abgeordneten: Sie wählen keine Regierung, wie z. B. die Mitglieder des Bundestages, stimmen nicht selbständig über europäische Steuern und Gesetze ab. Kritiker der EU klagen daher noch über erhebliche Demokratiedefizite im derzeitigen Einigungsprozess und fordern entsprechend mehr Einflussmöglichkeiten der Bevölkerung. Ob die Mitgliedsländer der EU bereit sind, empfindlich mehr Souveränität an ein demokratisch gewähltes Parlament mit einer gemeinsamen europäischen Regierung abzugeben, ist derzeit noch offen.

Osteuropa am Scheideweg

Mitte der 80er Jahre überraschte Michail Gorbatschow, damals noch Staatsoberhaupt der Sowjetunion, den Westen mit demokratischen Reformen in seinem Land und weitreichenden Abrüstungsvorschlägen. Damit hoffte er auch, die europäische Teilung zu überwinden und ein „gemeinsames Haus Europa" aufzubauen (vgl. M3 in Kap. 8). In der Folge seiner Politik verloren die kommunistischen Parteien und Regierungen in Osteuropa ihre Macht und das ganze Ausmaß einer katastrophalen Wirtschaftslage in den ehemaligen Ostblockländern wurde offensichtlich. Die deutsche Teilung konnte 1990 überwunden werden. Die Völker, die bis dahin in den kommunistischen Vielvölkerstaaten Jugoslawien und Sowjetunion kaum in Erscheinung getreten waren, streben seit dem Verfall des Sowjetimperiums nach staatlicher Unabhängigkeit. Ukraine, Weißrussland, Litauen, Lettland, Estland, Slowenien, Kroatien, Serbien/Montenegro, Bosnien-Herzegowina, Makedonien entstanden als selbständige Staaten. Gegenseitige Gebietsansprüche, die Stellung der Minderheiten sowie die zunehmende Sorge russischer Militärs und Politiker vor weiteren Machtverlusten haben zu neuen Konflikten und brutalen Kriegen geführt.

Wie wird zukünftig das „gemeinsame Haus Europa" aussehen?

Mehrere Staaten Osteuropas wollen inzwischen auch der EU beitreten. Im reichen Westen herrscht Skepsis darüber, ob die Aufnahme dieser Länder mehr Vorteile oder mehr Nachteile bringt. Soll man nach dem Fall der Mauer eine neue wirtschaftspolitische Mauer errichten? Geht man damit aber nicht auch das Risiko ein, einer demokratischen Entwicklung im Osten das Wasser abzugraben? Das gemeinsame Haus Europa – welchen Umfang und welche Bauweise wird es in Zukunft haben?

1 *So funktioniert die Europäische Union*
Sitz der Kommission ist Brüssel. Die Abstimmung im Ministerrat muss bei bestimmten Entscheidungen einstimmig sein. Der Europäische Rat tritt mindestens zweimal im Jahr in einer Stadt der Union zusammen. – Erkläre mit dem Schema das „Demokratiedefizit" der EU.

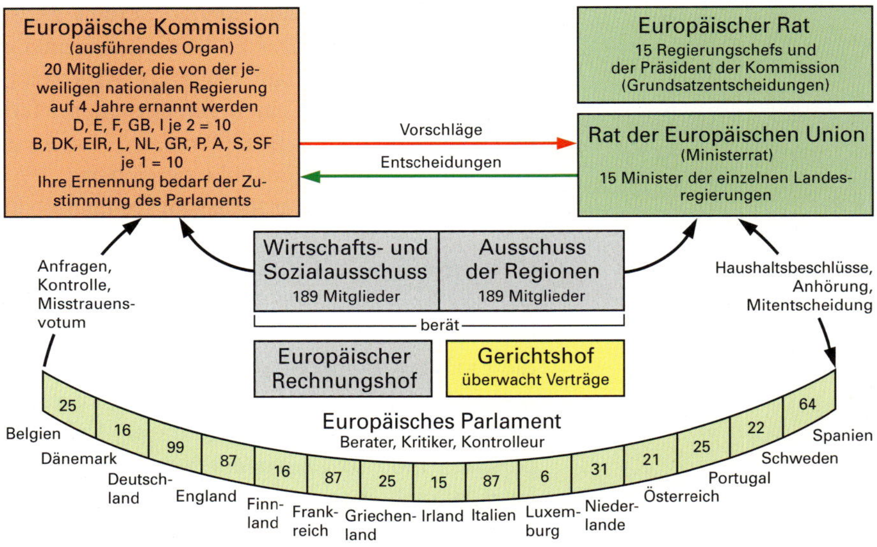

Europäische Integration: Integration meint allgemein die Zusammenführung einzelner Teile zu einem einheitlichen Ganzen. Auf Europa bezogen beschreibt das Wort den Prozess des Zusammenwachsens europäischer Staaten zu einer übernationalen, wirtschaftlichen und politischen Einheit. Vorrangig hat dieser Prozess unter den demokratischen westeuropäischen Staaten stattgefunden und wurde vor allem von Frankreich und der Bundesrepublik seit den 50er Jahren vorangetrieben. In der Europäischen Union sind 1995 15 Staaten zusammengeschlossen, die einen einheitlichen Binnenmarkt, freie Berufswahl und Verkehr für alle Bürger, eine gemeinsame Währung (EURO) aber auch das weitere politische Zusammenwachsen beschlossen haben. Die Bereitschaft der Mitgliederstaaten, staatliche Hoheitsrechte und Souveränität an europäische Organe, z.B. das Europaparlament, zu übertragen, ist sehr unterschiedlich.

2 ***Petition von 22 Jugendlichen aus den Staaten der Europäischen Union,*** *die auf Initiative einer regionalen Essener Tageszeitung vom 21. bis 26. November 1994 zusammenkamen. Anlass war das Treffen des Europäischen Rates (siehe Grafik) am 9./10. Dezember 1994 in Essen (rechts die Übergabe der Petition an den deutschen Bundeskanzler und Gastgeber in Essen, Helmut Kohl).*

In allen unseren Heimatländern brauchen wir Jugendliche dringend ein ausreichendes Angebot an Arbeitsplätzen …

In allen unseren Heimatländern brauchen wir Jugendliche gute und gleiche Ausbildungsbedingungen, um im künftigen Wettbewerb bestehen zu können …

Wir haben hier in Essen eine Woche lang über alle Grenzen und Sprachschwierigkeiten hinweg gemeinsam getagt und zusammengelebt und dabei sind neue Freundschaften entstanden. Diese Freundschaften tragen dazu bei, Fremdenfeindschaft und Nationalismus zu verhindern. Wir wünschen uns, dass von diesem Gipfel Signale ausgehen, Freundschaften konkret zu fördern …

Wir wünschen uns all das in einer lebenswerten Umwelt.

Im Einzelnen bitten wir Sie, folgende Punkte besonders zu berücksichtigen, um den Frieden zu sichern und Kriege zu verhindern:

- gleicher Lebensstandard in allen Europa-Staaten (z.B. Gesundheitsfürsorge, Erziehung und Bildung)
- verschiedene wirtschaftliche Probleme in den einzelnen Ländern
- Hilfsaktionen für ärmere Länder
- Entwicklung und Gebrauch alternativer Energien statt Atomkraft
- strenge Gesetze gegen Umweltverschmutzung
- umweltfreundliches Reisen muss leichter und billiger werden
- mehr direkte Mitbestimmung durch Volksentscheide
- Ausbau der Europäischen Union
- Ausbau freundschaftlicher Beziehungen zu allen Ländern außerhalb der Europäischen Union.

Junger Gipfel, Europa-Tagebuch der WAZ, Essen 1994.

a) Verfolge anhand des VT den Prozess der (west-)europäischen Integration und erläutere seine Erfolge und seine Schwierigkeiten (VT, M1 und ADS).

b) Vergleiche die Entwicklung in Ost- und Westeuropa nach 1945 und die damit verbundenen aktuellen Probleme für ein vereintes Europa (VT, ADS).

c) Welche der Forderungen der Jugendlichen von 1994 hältst du für wichtig, welche Aspekte fehlen (M2)? Schreibe deinem/r Abgeordneten im Europaparlament. Bitte ihn/sie um Auskunft über die Rechte des Parlaments und die Förderung europäischer Jugendlicher.

Herrscher, Staaten und Untertanen:

Das Schloss Versailles. Der Maler Jean Baptiste Martin hat es 1690 mit Blick aus dem königlichen Schlafzimmer gemalt. Links: Schloss Augustusburg in Brühl bei Köln um 1755. Der Kölner Erzbischof und Kurfürst Clemens August ließ das Schloss zu reinen Repräsentationszwecken ab 1725 bauen. Rechts oben: Ausschnitt der Karlsruher Schlossanlage, wie sie der badische Markgraf ab 1717 mitten in einem Waldgebiet errichten ließ. Rechts unten: Schloss Sanssouci bei Potsdam (erbaut 1745 bis 1747). Ausschnitt eines Entwurfes, den Friedrich II. maßgeblich beeinflußt hat.

Der Absolutismus in Europa

1. Wie mächtig ist der König von Frankreich?

1614 — *Die Generalstände werden zum letzten Mal vor 1789 einberufen.*
1624–1661 — *Die Kardinäle Richelieu (bis 1642) und Mazarin bauen als Erste Minister die Macht des Königs weiter aus.*
1648–1653 — *Französische Adlige versuchen im Aufstand der Fronde vergeblich, ihre Entmachtung durch den König zu verhindern.*

Aufstand der Fronde

In der Nacht vom 5. auf den 6. Januar 1649 flüchtet die Königin von Frankreich, Witwe des verstorbenen Ludwigs XIII., heimlich mit ihrem noch minderjährigen Sohn, dem zehnjährigen König Ludwig XIV., aus Paris. Teile des Adels und des städtischen Bürgertums rebellieren gegen den mächtigsten Mann Frankreichs, den verhassten italienischen Kardinal Mazarin, der als Erster Minister gemeinsam mit der Königin die Regierungsgeschäfte für den minderjährigen König führt. Die Aufständischen nennen sich nach einem Spielzeug „la fronde" (die Schleuder). Sie fordern den Verzicht auf ständige Steuererhöhungen, die stärkere Kontrolle der königlichen Gesetze durch die Parlamente und die Rückgabe verschiedener Rechte, die die Könige und ihre Minister ihnen in den letzten Jahrzehnten genommen haben. Auch Mazarin muss vor den Aufständischen fliehen. Wie ist es zum Aufstand der Fronde gekommen?

Die Macht des Königs …

Im 15. und 16. Jahrhundert hatten die französischen Könige als oberste Lehnsherrn die Krondomäne (der königliche Hausbesitz) auf Kosten ihrer Vasallen ständig vergrößert. Um 1600 umfasste die Ausdehnung des königlichen Besitzes erstmals die gesamte Fläche des Königreiches. Der französische König war damit Herr über das bevölkerungsreichste Land Europas mit etwa 20 Millionen Menschen. Seine Macht war gewaltig: Er entschied über Krieg und Frieden, war oberster Gesetzgeber und oberster Gerichtsherr, ernannte und entließ die königlichen Minister, besaß das Münzmonopol, konnte den Geldwert festsetzen, adelte verdiente Bürger, erteilte Privilegien und gewährte Begnadigungen. Dennoch war die Macht des Königs nicht unbegrenzt.

… und ihre Grenzen

Um Steuern erhöhen zu können benötigte der König die Zustimmung der Generalstände. Diese setzten sich aus Vertretern der drei Stände, des Klerus und Adels und des Dritten Standes (Bürger und Bauern) zusammen, die auf Versammlungen in allen Landesteilen gewählt wurden. Nur der König hatte das Recht die Generalstände einzuberufen. Die Ständevertreter konnten Beschwerden über Missstände aus ihren Provinzen vortragen, die der König entweder aufgriff, um sie durch ein Gesetz abzustellen oder aber erst gar nicht beachtete. Seit 1614 fühlten sich die Könige stark genug um die Generalstände nicht mehr um ihre Zustimmung zu fragen und die Steuerfestsetzung allein vorzunehmen.
Grenzen der Königsmacht konnten auch die acht obersten Gerichtshöfe, die sogenannten Parlamente, ziehen. Sie waren auf die großen Städte verteilt und setzten sich aus hohen Adelsvertretern zusammen. Als Hüter des Rechts beanspruchten sie, dass königliche Gesetze nur dann Gültigkeit hätten, wenn sie von den Gerichtshöfen bestätigt worden seien. Zwar konnte der König durch persönliches Erscheinen in den Parlamenten die Bestätigung erzwingen, doch ließ er in der Regel Gesetzesänderungen durch die Parlamente zu.

Sonderstellung der Hugenotten

Vorübergehend erschüttert wurde die zunehmende Machtausweitung der französischen Könige nach der Reformation. Der Adel hatte sich in zwei religiöse Lager gespalten: die Calvinisten und die Katholiken (vgl. Kap. „Calvinisten ringen in Westeuropa um Glaubensfreiheit“ in Band A2). Beide versuchten auf das Königshaus Einfluss zu nehmen. 30 Jahre währte der bewaffnete Kampf um die Macht, bis er nach dem Tode Heinrichs III. ein vorläufiges Ende fand.
König Heinrich III. starb 1589 ohne einen Thronfolger. So fiel seinem nächsten Verwandten die Krone zu. Heinrich von Navarra aus dem Geschlecht der calvinistischen Bourbonen musste zunächst zum katholischen Glauben übertreten, denn ein calvinistischer König wäre im katholischen Frankreich nicht akzeptiert worden. Um die Spaltung des Landes, die durch den Religions- und Bürgerkrieg entstanden war, zu beenden, erlaubte Heinrich den Protestanten 1598 im Edikt von Nantes, ihren reformierten Glauben frei auszuüben. Darüber hinaus bewilligte er den Hugenotten (Name für die französischen Protestanten) über 150 Sicherheitsplätze. In diesen vorwiegend von Hugenotten bewohnten Städten stellten diese den Stadtkommandanten und unterhielten eigene Truppen, die der König teilweise bezahlte. Vielen Katholiken gingen die Toleranzartikel des Ediktes aber viel zu weit.

Richelieus Politik

Die Sonderstellung der Hugenotten währte auch nicht allzu lange. Als 1624 der energische Kardinal Richelieu (Bild links) von Ludwig XIII. zum Ersten Minister ernannt wurde, war sein politisches Streben allein darauf gerichtet die Macht des Königs und damit auch die der Kirche so weit wie möglich auszuweiten. Hugenotten und ein selbständiger und selbstbewusster Adel standen dem im Wege. Richelieu nahm daher eine hugenottische Rebellion zum Anlass, um deren Hochburg La Rochelle einzunehmen. Damit war der politischen Sonderstellung der Hugenotten ein Ende gemacht. Allerdings wagte es Richelieu nicht auch ihre religiöse Freiheit einzuschränken. Größere Schwierigkeiten bereiteten ihm die Adligen. Verschiedene befestigte Adelssitze ließ er schleifen. Er erhöhte die Zahl der königlichen Aufseher in den Provinzen, die sogenannten Intendanten. Vor allem sollten sie die zivile und militärische Verwaltung durch die Adligen besser überwachen um die königlichen Steuereinnahmen zu erhöhen. Den königlichen Gerichtshöfen nahm Richelieu 1641 das Recht Gesetze zu bestätigen. Auflösen konnte er diese Einrichtungen aber nicht.

1 ***Frondeure** der drei Stände vor dem noch minderjährigen König Ludwig XIV. und seiner Mutter Anna von Österreich (zeitgenössischer Kupferstich)*
(1) Das Bild verrät, wie der Aufstand der Fronde endete.
(2) Beantworte die Frage der Kapitelüberschrift für die Zeit nach Richelieu.

2. Der Star des 17. Jahrhunderts auf seiner Bühne: Der Sonnenkönig Ludwig XIV. in Versailles

Ludwig XIV. übernimmt die Regierung

Nach dem Tod Kardinal Mazarins 1661 übernahm Ludwig XIV. mit 23 Jahren selbst die Regierung. Im gleichen Jahr fand eines der größten gesellschaftlichen Ereignisse der Zeit statt: die Einweihung des Schlosses von Nicolas Fouquet. Dieser hatte sich als Finanzminister Mazarins schamlos auf Staatskosten bereichert und sich ein prachtvolles Schloss bauen lassen. Durch die pompöse Einweihungsfeier wollte er sich dem jungen König als neuer Minister empfehlen. Ludwig empörte sich über diese Anmaßung. Drei Wochen später ließ er ihn verhaften. Die Baumeister aber beauftragte er, für ihn selbst ein Schloss zu bauen, welches das Schloss Fouquets in jeder Hinsicht übertreffen sollte.

Der Bau von Versailles

Ludwig XIV. entschied sich für den Ausbau eines kleinen Jagdschlosses seines Vaters nahe dem Dorf Versailles, 20 Kilometer von Paris entfernt. Außerhalb der unruhigen Hauptstadt, inmitten von großen Wäldern sollte ein Ort entstehen, den er allein vollständig und dauerhaft prägen wollte. Noch hundert Jahre vor Ludwig waren die französischen Könige mit ihrem Hof von Burg zu Burg gezogen. Erst nachdem alle aufständischen Adligen unterworfen und die Grenzen zum Ausland gesichert waren, konnte der Schutz der Burg aufgegeben und ein Schloss als ständiger Wohn- und Regierungssitz errichtet werden. Von 1661 bis 1689 waren bis zu 36 000 Arbeiter in Versailles beschäftigt. Nicht wenige von ihnen starben am Sumpffieber, der Malaria. 6 000 Pferde mussten die Baumaterialien herbeischaffen. 1682 siedelte der gesamte Hof von Paris nach Versailles über. Bis zu seinem Tod 1715 ließ Ludwig XIV. das Schloss ständig erweitern.

Der Sonnenkönig

Geometrischer Mittelpunkt und zentraler Schauplatz der gesamten Anlage war das Schlafzimmer des Königs, welches in der Mitte des Zentralbaus nach Osten zur Stadt hin lag. Wenn die aufgehende Sonne in das königliche Schlafzimmer

1 Das Schloss und die Gärten von Versailles *vor dem Ausbau durch Ludwig XIV. von der Stadtseite aus gesehen (Gemälde von Pierre Patel 1668). Ludwigs Finanzminister Colbert: „Eure Majestät wissen, dass in Ermangelung großer Kriegstaten nichts die Größe und den Geist eines Fürsten in höherem Maße kennzeichnet wie die Errichtung von Bauten; die Nachwelt misst Sie mit dem Maßstab dieser erhabenen Gebäude."*

schien, sollte von dort aus das höfische Leben seinen Ausgang finden und der Staat regiert werden. Zu Beginn seiner Herrschaft hatte sich Ludwig die Sonne als königliches Sinnbild ausgesucht, so wie die Sonne den Planeten durch ihre Strahlen Licht gibt, so sollten von ihm alle Macht und Ordnung ausgehen. Überall war das Symbol der Sonne zu finden: am Hofgitter, in den Appartements und im Park; auch auf Bildern ließ sich Ludwig als Sonnenkönig darstellen.

Eine künstliche Landschaft entsteht

Im Westen des Schlosses entstand eine riesige Gartenanlage mit Springbrunnen, Wasserfällen und langen Kanälen. Entwässerungsgräben von 170 Kilometer Länge sollten die Sümpfe trockenlegen. Arbeiter rissen ganze Dörfer ab um Platz für die Kanäle zu schaffen. Auf ihnen fuhren Miniaturen der königlichen Flotte zum Vergnügen des Königs. Skulpturen römischer Helden und Götter säumten die Alleen. Um die Wasseranlagen zu versorgen wurde Wasser über komplizierte Leitungen und Pumpstationen aus der Seine herbeigeleitet.

Der Hofadel

Möglichst viele Vertreter des Hochadels sollten auf Wunsch des Königs im Schloss wohnen. In seiner unmittelbaren Nähe konnte Ludwig nämlich seine adligen Gegner besser kontrollieren (vgl. vorangehendes Kapitel). Wer nicht am Hof anwesend war, der zählte für ihn nicht. So mussten immer mehr Adlige an den Hof ziehen, wollten sie ihren Einfluss nicht ganz verlieren. Währenddessen verfielen ihre Landgüter. Erbrachten die Güter nichts mehr, so wurden die Hofämter ihre einzigen Einnahmequellen.
Im Unterschied zu den repräsentativen Appartements der Königsfamilie mussten sich die Adligen mit kleinen Wohnungen zufrieden geben, die als qualvoll eng beschrieben wurden. Ludwigs Schwägerin, Lieselotte von der Pfalz, berichtet, dass das Schloss wegen der vielen Menschen sehr schmutzig gewesen sei und die sanitären Einrichtungen allein aus Nachttopf und Nachtstuhl bestanden hätten.
Ludwig XIV. hatte die Gartenfront als monumentale Schauseite des Schlosses anlegen lassen. Die 580 Meter lange Gartenfassade sollte den Höflingen, die sich im großen Spiegelsaal und in den Gärten tummelten und vergnügten, die überlegene Königsmacht vor Augen führen.

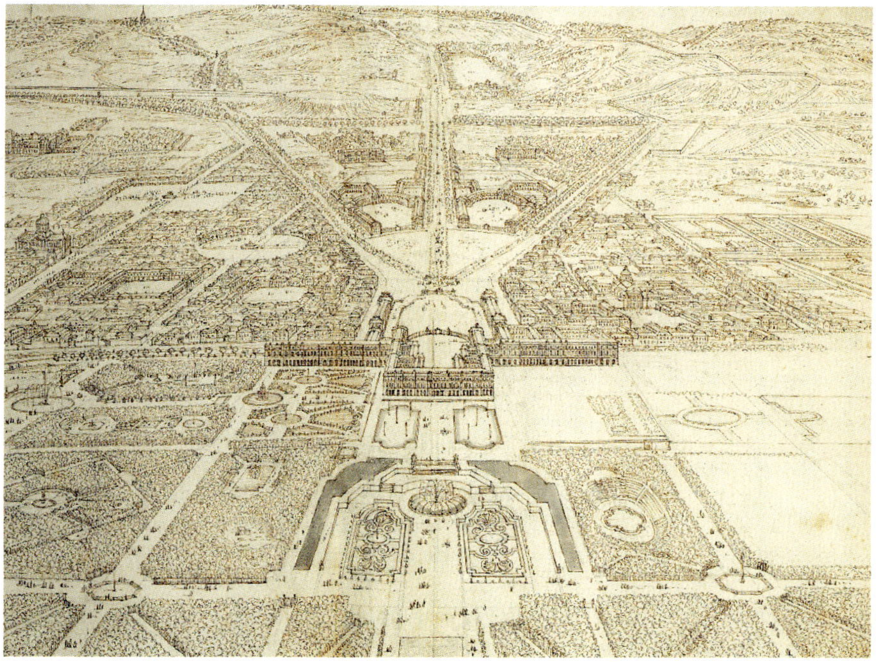

2 ***Schloss und Stadt Versailles*** *von der Gartenseite aus nach dem Ausbau durch Ludwig XIV. (Zeichnung von Israel Silvestre). Die Gartenfront ist 580 Meter lang. Am Hof lebten mit allen Bediensteten bis zu 20 000 Menschen in 2 000 Räumen. Dazu zählte eine Leibwache von mehreren tausend Mann, 338 Köche, 125 Sänger, 80 Pagen, 74 Kapläne, 68 Quartiermeister, 62 Herolde, 48 Ärzte, 40 Kammerherrn, 12 Mantelträger, 8 Rasierer, 3 Bindenknüpfer.*

3 Herrscherbild König Ludwigs XIV. *Das Gemälde wurde in der Werkstatt des königlichen Hofmalers Hyacinthe Rigaud angefertigt. Es zeigt Ludwig XIV. 1701 im Alter von 63 Jahren in Lebensgröße. Das gesamte Bild ist 2,77 Meter hoch und 1,94 Meter breit. Über dem Kopf des Königs ist in den Bilderrahmen eine große Sonne geschnitzt (hier nicht abgebildet). Das Bild war ursprünglich für den spanischen Hof bestimmt, wo der Enkel Ludwigs die spanische Thronfolge antreten sollte. Ludwig selbst fand jedoch so großen Gefallen an dem Bild, dass er es behielt und seiner Kunstsammlung in Versailles beisteuerte (heute: Louvre, Paris)*

Bildinterpretation
1. Schritt: Das Bild genau betrachten

(1) Welchen Platz nimmt der König auf dem Bild ein? – Beschreibe die Haltung. (2) Wohin schaut er? – Aus welcher Position schaut der Betrachter des Bildes auf den König? (3) Beschreibe die Bekleidung und die Haartracht. (4) Wie ist der Raum um den König herum ausgestattet? (5) Mache eine Liste mit wichtigen Einzelheiten des Bildes und ordne ihnen die verwendeten Farben zu. (6) Wie sind Krone, Schwert und Zepter dargestellt? – Welche Bedeutung haben sie? (7) Beschreibe das Bild im Säulenschaft (unterer Teil der Säule). (8) Was kannst du über den Maler in Erfahrung bringen? (9) Stelle dir vor, wie das Bild in Originalgröße auf den Betrachter wirkt. (10) Wann wurde das Bild gemalt? Für welchen Ort war das Bild bestimmt?

2. Schritt: Einzelheiten erklären

Viele Einzelheiten des Bildes können mit Hilfe der Informationen in diesem Kapitel und durch gemeinsames Nachdenken in der Klasse erklärt werden.

4 Der englische Dichter W. M. Thackeray *(1811–1863) zeichnete eine Karikatur (ein Spottbild) auf den Sonnenkönig. –*
(1) Vergleiche Herrscherbild M3 und Karikatur. Beschreibe, wie Ludwig jeweils auf dich wirkt.
(2) Lies dazu M7. Jetzt wirst du sagen können, warum sich Ludwig wie auf dem Bild M3 und nicht anders gemalt haben wollte.

Rex Ludovicus Ludovicus Rex

Vergnügen als Pflicht

Der Adel hatte keine andere Aufgabe als sich zu vergnügen und um die Gunst des Königs zu buhlen. Man hörte ein Konzert im Saal des Apollon, spielte Karten und Billard im Saal des Merkur; man traf sich zu einem Ball im Spiegelsaal, wohnte einer Theateraufführung von Molière oder einer Oper von Lully im Marmorhof bei. Doch diese Hoffeste waren für die Beteiligten kein reines Vergnügen, denn zahlreiche Etiketten mussten beachtet werden. In der nächsten Nähe des Königs durften sich nur diejenigen aufhalten, die ihre adlige Herkunft bis ins 14. Jahrhundert nachweisen konnten. Immer dienten die Feste dazu, das Ansehen des Königs zu erhöhen, der stets im Mittelpunkt der Veranstaltung stand. Der König selbst erstellte die strengen Kleiderordnungen für diese Veranstaltungen. Um die teure Garderobe bezahlen zu können mussten sich die Höflinge oft hoch verschulden. Aber niemand konnte den Hof verlassen ohne Ruf und finanziellen Ruin zu riskieren.

Herrscherbilder zum Sprechen bringen

Ein Herrscherbild stellt eine berühmte Persönlichkeit des politischen Lebens dar. Der Herrscher gibt einem Künstler den Auftrag ihn so darzustellen, wie er gesehen werden möchte. So bleibt keine Einzelheit zufällig, alles hat seine Bedeutung. Für den Historiker sind diese Einzelheiten Informationen aus erster Hand. Sie sagen ihm, wie sich der Herrscher selbst verstand und wie er sich die Beziehung zu seinen Untertanen vorstellte. Um dies zu erkennen, muss man das Bild in allen Einzelheiten anschauen, um dann anschließend ihre Bedeutung zu erklären:

- *Wie ist der Herrscher auf dem Bild plaziert? Wie ist seine Haltung? Wie ist die Umgebung gestaltet? Welche Position wird dem Bildbetrachter zugewiesen? Wie groß ist das Bild im Original?*
- *Wie sind Kleidung und Haartracht dargestellt?*
- *Welche Herrrschaftszeichen sind abgebildet, wie sind sie plaziert?*
- *Welche Farben wurden für welche Gegenstände verwendet?*
- *Für welchen Ort ist/war das Bild bestimmt?*
- *Welche Informationen gibt es über den Maler?*

5 Ludwig XIV. empfängt den Kurfürsten von Sachsen in Versailles *(Bildausschnitt).*

7 Die Wirkung von Prunk und Zeremonien

Johann Christian Lünig beschäftigte sich in der ersten Hälfte des 18. Jahrhunderts damit.

Wenn man dem gemeinen Volk hundert und aber hundertmal mit auserlesensten Worten und Gründen vorstellte, dass es seinem Regenten deswegen gehorchen sollte, weil es dem göttlichen Befehl und der gesunden Vernunft gemäß wäre, dieser König sich aber in Kleidung und sonst allem so schlicht wie ein gemeiner Bürger aufführte, so würde man wenig ausrichten. Allein man stelle demselben Volk einen Fürsten dar, der prächtig gekleidet, mit vielen Hofleuten umgeben, von verschiedenen auswärtigen Prinzen verehrt und von einer ansehnlichen Garde bedeckt ist, so wird das Volk anfangen, sich über diese Hoheit zu verwundern. Diese Verwunderung aber bringen Hochachtung und Ehrfurcht zuwege, von welchen Untertänigkeit und Gehorsam herkommen. Und aus diesem Grunde haben sich die frömmsten Könige unter dem Volk Gottes nicht enthalten, ihren Hofhaltungen durch angeordnete Zeremonien und prächtige Feiern Ansehen zu geben.

Zit. nach: Martin Warnke, Das Bild als Herrschaftsbestätigung. Funkkolleg Kunst, 19. Sendung, Sendejahr 1984/85.

6 König Heinrich II. der Heilige, *um 1010 in einem Sakramentenbuch.*
Die Schrift im Bild lautet: Siehe, hier wird gekrönt von der Macht Gottes und gesegnet, Heinrich, der fromme König, erlaucht durch die Reihe der Ahnen. Der Engel wehr von ihm die Not ab und reicht ihm die Lanze. Er ergreift auch das Schwert, das ihm die Furcht voranträgt.
Bischof Ulrich von Augsburg († 973) links: Ulrich möge das Herz und die Taten des Königs segnen.
Bischof Emmeran von Regensburg († 715) rechts: Emmeran stehe ihm bei und gebe ihm sanften Trost. –
Wende die einzelnen Schritte der Bildinterpretation bei diesem Bild an. Beachte dabei auch folgende Fragen: Welche Personen umgeben Heinrich? Welche Aufgaben haben sie? Vergleiche Darstellung und Lage der Herrschaftsinsignien bei Heinrich II. und bei Ludwig XIV. Beantworte anhand der beiden Bilder: Worauf stützte der mittelalterliche König seine Macht, worauf Ludwig XIV.?

8 ***Das Hofzeremoniell.*** *Der Herzog von Saint-Simon (1675 bis 1755), seit 1691 am Hofe Ludwigs, schreibt in seinen Erinnerungen über das Lever des Königs:*

Um acht Uhr früh weckte der erste Kammerdiener den König, worauf der Aufstehende Weihwasser nahm und ein Gebet sprach. Inzwischen waren die Prinzen des königlichen Hauses und danach einige Vertreter des höchsten Adels eingetreten. Es kamen die vier Minister, die Vorleser, Apotheker, Ärzte, die Silberbewahrer, einige Offiziere und Kammerdiener. Nachdem der König eine kleine Perücke aufgesetzt hatte, erschienen die Kammerherrn, die ihrem Herrn die Namen der bedeutenderen, Einlass heischenden Persönlichkeiten ins Ohr flüsterten, und sofort traten die anwesenden Kirchenfürsten und Kardinäle, Gesandten, Marschälle und andere Großwürdenträger ein, denen der breite Schwarm der Höflinge folgte. Der König zog sein Nachthemd aus, übergab die Reliquien, die er während der Nacht auf bloßem Leibe trug, dem ersten Kammerdiener und verlangte sein Taghemd. Die Darreichung dieses Kleidungsstückes bildete den Höhepunkt der ganzen Zeremonie. Das Recht, dem König das Hemd zu reichen, stand Monsieur (dem Bruder des Königs) oder, wenn dieser abwesend war, den Söhnen und Enkeln des Königs zu. Wenn er angezogen war, betrat er das anliegende Gemach, wo er Ministerrat zu halten pflegte, und verkündete das Programm des Tages, das auf die Minute genau eingehalten wurde.

Nach: Th. Stendel, Der Fürstenstaat, Berlin 1933, S. 1ff. (Text gekürzt).

9 ***Das Schloss Versailles***

Der Herzog Saint-Simon schreibt:

Versailles ward erwählt. Der trübseligste, undankbarste aller Orte: aussichts-, wald- und wasserarm, wo der Boden Sand oder Sumpf und die Luft infolgedessen ungesund war. Es gefiel ihm, auch die Natur zu tyrannisieren, sie der Kunst und dem Geld zu unterwerfen. Planlos reihte er ein Gebäude neben das andere: Hässliches und Schönes, Großartiges und Kleinliches, alles bunt durcheinander … Die Gärten verraten erstaunliche Prachtliebe. Aber sie sind geschmacklos und laden nicht zum Aufenthalt ein … Die Wege sind mit Kies bedeckt. Man zerschneidet sich beinahe die Sohlen darauf, würde aber ohne ihn bald im Sand, bald im Schlamm versinken. Überall ist die Natur vergewaltigt worden und man mag wollen oder nicht: man wird davon abgestoßen und angewidert … Wozu noch weiter von den ungeheuerlichen Fehlern des Riesenpalastes reden, der Unsummen verschlungen hat, mit allem, was dazu gehört … Das ist eine ganze Stadt, wo ehedem nur ein elendes Wirtshaus stand und jenes Gartenschlösschen, das Ludwig XIII. hatte bauen lassen … Es dominierte in ihm die Sucht, die Natur sich untertänig zu machen.

Geschichte in Quellen, Bd. 3, München 1976, S. 432.

10 ***Das Hofleben***

Saint-Simon berichtet über das Leben am Hof:

In allem liebte er Glanz, Verschwendung, Fülle. Es war wohlberechnet, dass er die Sucht, ihm hierin nachzueifern, in jeder Weise begünstigte. Er impfte sie seinem Hofe ein. Wer alles draufgehen ließ für Küche, Kleidung, Wagen, Haushalt und Spiel, der gewann sein Wohlwollen. Indem er so den Luxus gewissermaßen zur Ehrensache und für manche zur Notwendigkeit machte, richtete er nacheinander alle zugrunde, bis sie schließlich einzig und allein von seiner Gnade abhingen. So befriedigte er seinen Hochmut und seinen Ehrgeiz. Die Rangunterschiede verschwanden in einem allgemeinen Wirrwarr.

Nach: a. a. O., S. 432 (Text gekürzt).

a) Ludwig führt Gäste durch die Schlossanlage. Er holt sie auf dem Schlossvorhof ab. Beschreibe die Anlage aus der Sicht des Königs oder seiner Gäste.

b) Was ist für Finanzminister Colbert der Zweck des Schlosses (M1)? – Wie beschreibt der Adlige Saint-Simon das Schloss (M9)? Was ist davon sachliche Information, mit welchen Wörtern wertet Saint-Simon?

c) Erläutere die Methoden, mit denen Ludwig den Adel von sich abhängig machte (M8, M10, VT).

d) Vergleiche das Schloss mit einer Burg. – Welche Aufgaben hatte die Burg, welche das Schloss zu erfüllen? – Zeige das am Burg- bzw. am Schlossbau.

e) Wie werden Politiker heute dargestellt? Sammle Fotografien bzw. Zeitungsausschnitte und vergleiche sie mit den Herrscherbildern von Ludwig XIV. und von Heinrich II.

3. Europa im Barock

1600 bis 1750 ________ *Kirchen, Klöster und Schlösser werden im barocken Stil gebaut.*

Französisch ist „in"

Der Glanz von Versailles strahlte auf Europa über. Viele Fürsten wollten selbst das Leben eines Sonnenkönigs in einem bombastischen Schloss führen. Auch dem europäischen Adel erschien das Leben des Versailler Höflings, des Honnet homme, als erstrebenswert. Dessen aufwendige und teure Art sich zu kleiden, seine Höflichkeit (d.h. wie man sich am Hof verhält) und auch seine Verhaltensweisen kennzeichneten bald den Adel in ganz Europa. In Deutschland wurde er Ehrenmann oder Kavalier, in England gentleman genannt. Der Kavalier ging nicht, sondern er schritt auf seinen hohen Absätzen würdevoll einher. Er liebte die großartige Pose. Alles musste aufwendig sein, die Oper lang und die Orgel groß, die Romane dick und das Diner à la Versailles, ein Menü mit vielen Gängen. Französisch wurde zur Modesprache des europäischen Adels.

Die Erziehung

Das Leben am Hof erforderte eine neue Erziehung der jungen Adligen. An die Stelle des theoretischen Universitätsstudiums trat die praktische Ausbildung an Ritterakademien. Auf Hofbällen erlernten die Heranwachsenden die höfische Redekunst und das Antichambrieren (d.h. einflussreichen Leuten zu schmeicheln; ursprünglich bedeutete es, vor dem Schlafzimmer hoher Herrn mit seinem Anliegen zu warten). Zur Ausbildung gehörte auch die „Kavalierstour" durch Europa, auf der die jungen Adligen Bildung erhalten und Weltkenntnis erwerben sollten. Wer es sich leisten konnte, beschäftigte einen eigenen Hofmeister zur Erziehung seiner Kinder, wenn möglich einen französischen.

Der neue Baustil

Den Repräsentationswillen der europäischen Fürsten unterstützte ein neuer, aus Italien kommender Baustil. Nach der Reformation hatten die Protestanten nicht nur den übertriebenen Reliquienkult verworfen, sondern auch Heiligenbilder und -statuen aus ihren Kirchen entfernt. Von Rom aus entwickelte sich eine katholische Gegenbewegung. Je schlichter die Protestanten ihre Gotteshäuser gestalteten, desto kostbarer wurden jetzt die katholischen Kirchen und Klöster ausgestaltet. Die ersten Kirchen dieser Art gehen auf den italienischen Baumeister Bernini (1598–1680) zurück. Ab 1680 verbreitete sich der Stil in den katholischen Gebieten des Deutschen Reiches. In der beeindruckenden Gestaltung der neuen Kirchen und Klöster sahen die Fürsten ein geeignetes Mittel für ihre Selbstdarstellung und ließen ihre Schlösser im gleichen Stil bauen.

Die Formen des Barock

Kritiker des neuen Baustils nannten ihn im nachhinein abwertend *barock*, weil er die ausgewogenen Regeln der römischen und griechischen Architektur missachtete. Goldschmiede gebrauchten das portugiesische Wort *barocco* für eine unregelmäßig geformte Perle. Schaut man aber genauer hin, so sieht man, dass die Formen des Barock überhaupt nicht unregelmäßig sind, sondern ein streng aufeinander bezogenes geometrisches Formenspiel darstellen. Ellipse, Oval, Kreis und Raute bestimmen die Grundrisse der barocken Bauten wie auch einzelner Bauelemente. Alle Details ordnen sich der Funktion des Gesamtbaus unter. Später wurde der Begriff auch auf die Dichtung und Malerei, die Musik und den Tanz jener Zeit übertragen.

1 Die Wies
Spätbarocke Wallfahrtskirche bei Steingaden (Oberbayern) 1745–1754 von Dominikus Zimmermann erbaut.

Unten links:
Grundriss

Unten rechts:
Chor und Altarraum

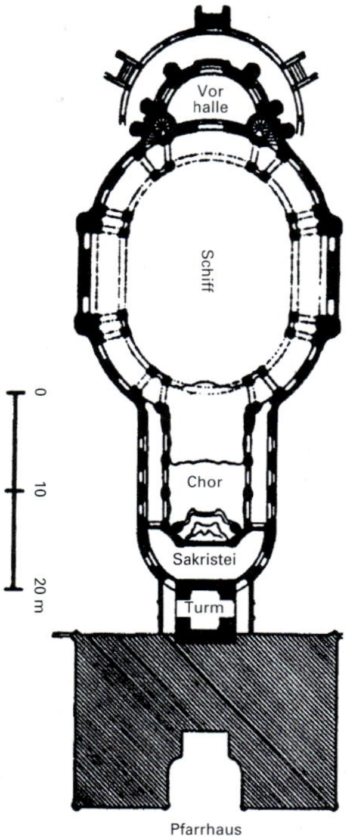

a) Warum erscheint der barocke Stil als unregelmäßig? – Welche geometrischen Formen kannst du erkennen?
b) Vergleiche Grundriss und Chor der Wieskirche mit dem einer gotischen Kirche. Stelle die Unterschiede fest.
c) Der barocke Kirchenraum wird oft als Bühne für den Gottesdienst, das Barockschloss als Bühne des Fürsten bezeichnet. Zeige dies an der Wieskirche bzw. am Schloss Versailles.

4. Das 17. Jahrhundert: „Denken macht die Größe des Menschen"

Mitteilung des Astronomen Galilei an alle Naturforscher

Enthält und erklärt Beobachtungen, die kürzlich mit Hilfe eines neuartigen Augenglases gemacht wurden am Antlitz des Mondes, an unzähligen Fixsternen sowie an vier Planeten, die noch nie bisher gesehen wurden … Was aber alles Erstaunen weit übertrifft und was mich hauptsächlich veranlasst hat alle Astronomen und Philosophen zu unterrichten, ist die Tatsache, dass ich nämlich vier Wandelsterne (es waren die Jupitermonde) gefunden habe, die keinem unserer Vorfahren bekannt gewesen und von keinem beobachtet worden sind. Vielleicht werden von Tag zu Tag weitere, bedeutendere Entdeckungen entweder von mir oder von anderen mit Hilfe eines ähnlichen Gerätes gemacht werden.

Der italienische Gelehrte Galileo Galilei (1564–1642) schrieb dies 1610. In seinen Worten spürt man noch seine Erregung angesichts einer solch ungeheuerlichen Entdeckung, denn seine Beobachtungen widersprachen völlig dem Welterklärungsmodell des Aristoteles (siehe M1), das allgemein anerkannt war und auch von der katholischen Kirche als einzig gültiges vertreten wurde.

Entdeckungen im Weltall

Galilei war nicht der einzige, der am Himmel neue Beobachtungen gemacht hatte. Die junge Hochseeschifffahrt erforderte eine immer exaktere Sternenbeobachtung. Außerhalb Europas entdeckte man neue Sternkonstellationen, die das geozentrische Weltbild in Frage stellten. Der Forscher Nikolaus Kopernikus hatte bereits 1543 behauptet, dass die Erde sich im Laufe des Tages um ihre eigene Achse drehe und in einem Jahr die Sonne umkreise. 1572 war ein bis dahin nicht bekannter Stern am Himmel zu sehen. Astronomen berechneten, dass er jenseits vom Mond liegen müsse. Demnach konnte dort Neues entstehen und Altes vergehen, was bis dahin keiner für möglich gehalten hatte. Die Himmelsbeobachtungen wurden durch die Erfindung eines holländischen Brillenschleifers um 1600 möglich: das Fernrohr (links: Ausschnitt eines Kupferstiches von 1632). Galilei hörte davon und baute „das Augenglas" sofort nach und bestätigte schließlich die Theorie des Kopernikus.

Naturwissenschaft gegen Kirchenlehre

Doch es kam zum Streit zwischen den Vertretern der Naturwissenschaften und der katholischen Kirche. Denn die Bibel bestätige angeblich die Unbeweglichkeit der Erde. Das Inquisitionsgericht in Rom untersagte deshalb 1633 Galilei die Verbreitung der neuen Lehre. Zunächst hielt er sich nicht an die Anweisung, beugte sich aber schließlich unter Androhung der Folter doch.

Nur der Verstand und eigene Erfahrungen zählen

Der Engländer Agricola Carpenter sagte 1652: *„Ich könnte niemals meine Vernunft zugunsten der Meinung der Alten aufgeben."* Das eigene Denken, die Vernunft, löste bei den Wissenschaftlern nach und nach das Vertrauen auf die Wahrheit der überlieferten Weltsicht ab. Mit Hilfe des geplanten Experiments wurde überprüft, ob sich ein Ding oder eine Erscheinung unter den gleichen äußeren Bedingungen immer gleich verhält. War dies der Fall, konnte man ein allgemein gültiges Gesetz aufstellen. Galilei verglich die Welt mit einem Buch, welches man nur lesen könne, wenn man die Sprache der Mathematik verstehe, dessen Buchstaben Dreiecke, Kreise und andere geometrische Figuren seien. Gelehrte wie er gingen davon aus, dass sich die ganze Welt mit dem Verstand (lateinisch: ratio) erfassen und erklären ließe und dass die neuen Erkenntnisse, die man so über die

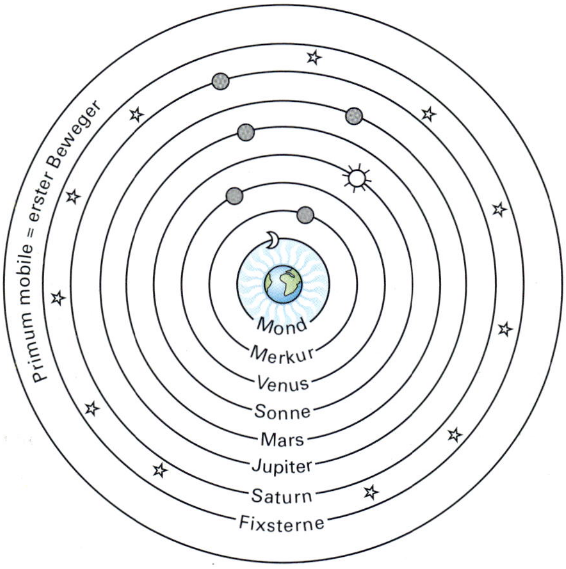

1 ***Das Weltbild des Aristoteles*** *(384–322 v. Chr.), von Ptolemaios (87–150 n. Chr.) bestätigt; danach steht die Erde im Zentrum des Weltalls und die Sonne und Sterne bewegen sich um die Erde (geozentrisches Weltbild, von griechisch „geos", d.h. die Erde). Für den griechischen Philosophen war die Welt zweigeteilt: zum einen die Erde und der Luftraum bis zur Mondsphäre, darüber der ewige Himmel bis zum „ersten Beweger" des gesamten Weltalls. Alle Dinge und Erscheinungen auf der Erde seien unvollkommen, veränderlich und endlich, wohingegen jenseits der Mondsphäre die Erscheinungen vollkommen, unveränderlich und unendlich seien. –*
Zeichne das Weltbild des Kopernikus auf.

2 ***Ludwig XIV. und sein Finanzminister Colbert besuchen die Akademie der Wissenschaften*** *(Kupferstich 1671). Durch das Fenster sieht man das im Bau befindliche Observatorium*
(1) Benenne einige der Instrumente. Welche Wissenschaften betrieben die Forscher?
(2) Vergleiche die Gartenanlage hinter den Fenstern mit den Gärten von Versailles.
(3) Welche Bedeutung hatte die Geometrie für Ludwig XIV. und sein Verständnis von Herrschaft (vgl. Kap. 3, VT, „Der neue Baustil")?

Natur gewinnen würde, die Menschheit endlich aus Unrecht und Chaos in eine glückliche Zukunft führen können. Dieser Glaube an die Macht der Vernunft wird als „Rationalismus" bezeichnet.

Die Herrschenden bemächtigen sich des neuen Wissens

Die neuen Wissenschaftler lehrten nicht an den Universitäten. Dort bestimmte noch die Kirche und folglich durfte man vom alten Weltbild nicht abweichen. Allerdings entstanden andernorts in vielen europäischen Staaten wissenschaftliche Zentren, in denen die Natur systematisch erforscht werden sollte. Förderer dieser Zentren waren vor allem die Herrschenden, die den Nutzen des wissenschaftlichen Fortschritts schnell erkannten. So gründete Ludwig XIV. 1666 die Akademie der Wissenschaften. In der Akademie wurden besonders die Techniken erforscht, die praktisch anwendbar waren: z. B. die Pump- und Waffentechnik sowie die Verbesserung von Handwerksgeräten. Der König benutzte das neue Wissen um die Natur nach seinem Willen gestalten zu lassen. Schloss- und Gartenanlagen sollten den Sieg des menschlichen Verstandes über die Natur zeigen. Auch bot die Akademie dem Herrscher die Möglichkeit die Vorherrschaft der Kirche im Bildungswesen zu brechen. Denn der König finanzierte die Forschungen, ernannte und besoldete die Mitglieder.

3 Otto von Guerickes (1602–1686) Versuch mit den Halbkugeln, *1657. Kupferstich von Caspar Schott, 1664. Guericke entwickelte verschiedene Luftpumpen, mit denen er Luft aus Gefäßen absaugen und so ein Vakuum herstellen konnte. In Magdeburg zeigte er 1657, dass zwei aufeinander gelegte und leer gepumpte Halbkugeln nicht einmal von 16 Pferden auseinander gerissen werden konnten.*

4 „... den Kopf richtig anwenden"

Der französische Mathematiker und Philosoph Descartes (1596–1650) schrieb 1637 dazu:

Es ist nicht genug einen guten Kopf zu haben; die Hauptsache ist ihn richtig anzuwenden ...

Die erste (Regel) war, niemals eine Sache als wahr anzunehmen, die ich nicht als solche deutlich erkennen würde, d. h. sorgfältig die Übereilung und das Vorurteil zu vermeiden und in meinen Urteilen nur so viel zu begreifen, als sich meinem Geist so klar und deutlich darstellen würde, dass ich gar keine Möglichkeit hätte, daran zu zweifeln.

Die zweite: Jede der Schwierigkeiten, die ich untersuchen würde, in so viele Teile zu teilen, als möglich und zur besseren Lösung wünschenswert wäre.

Die dritte: Meine Gedanken richtig zu ordnen; zu beginnen mit den einfachsten und fasslichsten Gegenständen und aufzusteigen allmählich und gleichsam stufenweise bis zur Erkenntnis der kompliziertesten.

Die letzte: Überall so vollständige Aufzählungen und so umfassende Übersichten zu machen, dass ich sicher wäre nichts auszulassen.

René Descartes, Abhandlung über die Methode, 1637. Zit. nach: Ders., Ausgewählte Schriften, Frankfurt 1986, S. 49 f. und 58 f.

5 Neue Forschungsmethoden

Der Gelehrte Otto von Guericke schrieb:

Daher könnten Gelehrte, die sich allein auf ihre Gedanken oder Schlussfolgerungen stützen und die Erfahrung verschmähen, keine bündige Aussage über die natürliche Beschaffenheit der Welt machen; denn wenn sich das menschliche Denken nicht auf Versuche stützt, wird es oft weiter von der Wahrheit abirren, als die Sonne von der Erde entfernt ist.

Nach: K. Heidelberger / S. Thiessen, Natur und Erfahrung. Von der mittelalterlichen zur menschlichen Naturwissenschaft, Reinbek 1981; S. 69.

a) Stelle die in diesem Kapitel erwähnten Erfindungen und Entdeckungen zusammen. – Schlage in einem Lexikon unter dem Stichwort Erfindung weitere Erfindungen des 17. Jahrhunderts nach.

b) Beschreibe die neuen naturwissenschaftlichen Methoden im Unterschied zu früheren Naturbeobachtungen mit eigenen Worten (M4, M5).

5. Die Säulen der absolutistischen Macht

Das stehende Heer

1 *Ludwig XIV. als Feldherr, Gemälde von Rigaud; unten ein ehemaliger Soldat*

Im Mittelalter konnten die Könige keine größeren Kriege ohne die Unterstützung der Adligen, ihrer Vasallen, führen. Darauf konnten sie sich zum einen nicht immer verlassen und zum anderen forderten die Adligen dafür immer mehr Rechte. Deshalb gingen die Monarchen dazu über Soldaten, so genannte Söldner, für die Dauer eines Krieges zu kaufen. Und nach dem Ende des Dreißigjährigen Krieges 1648 rüsteten verschiedene europäische Fürsten ihre besoldeten Heere überhaupt nicht mehr ab. So auch in Frankreich: Die Kriegsminister Ludwigs XIV. machten aus dem Söldnerheer ein stehendes Heer. Dafür mussten Soldaten angeworben und Kasernen gebaut werden. Zwischen 1664 und 1703 wurde die Stärke der Armee von 45 000 auf 450 000 Mann erhöht. Der Staat rüstete alle Soldaten mit Waffen und einer einheitlichen Uniform aus. Die Regimenter übten in regelmäßigen Manövern ihre Einsatzbereitschaft. Alleiniger Oberbefehlshaber dieses stehenden Heeres aber war der König. Die einst so mächtigen Adligen standen in der militärischen Rangordnung nun klar unter ihm. Der (Schwert-)Adel erhielt die neue Aufgabe das Offizierscorps der königlichen Armee zu stellen. Mit dem neu organisierten Heer und einer neuen Kriegsflotte von 120 Schiffen wagte es Ludwig den Kampf um die Vorherrschaft in Europa aufzunehmen. Weil ständig Soldaten die Grenzen zum Ausland bewachten, wurden die mittelalterlichen Mauern der französischen Städte und der befestigten Adelssitze überflüssig. Folglich mussten Städte und Adel ihre Feuerwaffen abliefern; die Mauern wurden geschleift und damit möglicher Widerstand im Landesinneren im Keim unterbunden.

Kriege um die Vorherrschaft in Europa

Nach Kriegen gegen die spanischen Niederlande und die niederländische Republik eroberten die französischen Truppen mitten im Frieden innerhalb von vier Jahren 600 Dörfer und Städte im Elsass, darunter auch Straßburg. Der habsburgische Kaiser akzeptierte 1684 die französischen Eroberungen, da ihn die Belagerung Wiens durch türkische Truppen völlig beanspruchte. In vier großen Kriegen versuchte Ludwig die Vorherrschaft in Europa zu erringen. Trotz beachtlicher Teilsiege scheiterte er letztlich. Die europäischen Mächte schlossen sich nach der französischen Eroberung des Elsass zu einer Allianz zusammen um eine Vormachtstellung Frankreichs zu verhindern und das Gleichgewicht der europäischen Mächte zu bewahren.

Eine neue Verwaltung

Das Hofleben in Versailles und das Heer waren mit enormen Kosten verbunden, die nur durch neue Steuern gedeckt werden konnten. Eine zentrale Verwaltung sollte die Steuereinnahmen im ganzen Land sicherstellen. An oberster Stelle standen nach dem König die Minister für Außen-, Kriegs- und Finanzpolitik. Unabhängig vom König konnte jedoch keiner von ihnen Entscheidungen fällen. Ludwig XIV. bevorzugte für diese Ämter sachkundige Männer aus dem Bürgertum. Solche Leute waren ihm zumeist treu ergeben. Und das zählte für ihn mehr als die adlige Abkunft. Bis ins 17. Jahrhundert hatten Gouverneure aus dem Hochadel die Provinzen eigenmächtig verwaltet. Daher ersetzte Ludwig die 40 alten Provinzen durch 33 neue Verwaltungsbezirke, um dort ebenfalls Männer seines Vertrauens als Verwaltungsfachleute zu benennen. Auch sie waren meist bürgerlicher Herkunft, ortsfremd und wurden von Zeit zu Zeit an einen anderen Ort versetzt. Ihr Titel verrät ihre Aufgabenstellung: Intendanten des Gerichts, der Polizei und der Finanzen, Kommissare für die verschiedenen Steuerbezirke des Königreichs zur Vollstreckung der Befehle des Königs.

2 Die Säulen der absolutistischen Macht: *Hof in Versailles, stehendes Heer, Verwaltung, Justiz, Kirche, Wirtschaft (Merkantilismus), Untertanen*

Nur der König erlässt die Gesetze

Welchen Zweck die neue Verwaltung erfüllen sollte, wird am Beispiel des neuen Bezirkes „Provence" deutlich. Dort gab es immer noch eine Ständeversammlung, die traditionsgemäß neue Steuern erst bewilligen musste. Ludwigs Finanzminister Colbert forderte den Intendanten der Provence auf, eine große Geldsumme einzutreiben, die für die Kriegführung dringend benötigt wurde. Als die Ständeversammlung sich mehrfach weigerte zuzustimmen, schrieb Colbert an den Intendanten: „Ich habe dem König über das fortgesetzt schlechte Betragen der Ständeversammlung der Provence berichtet und da Seine Majestät nicht länger geneigt ist dies zu dulden, hat er die nötigen Befehle gegeben, sie nach Hause zu schicken, und zugleich zehn Lettres de cachet (geheime Haftbefehle) erlassen, um die zehn am übelsten Gesinnten unter den Abgeordneten [in die Normandie und Bretagne] zu verschicken. Sie erhalten diese Erlasse und Befehle mit der nächsten Post und ich brauche Ihnen wohl nicht zu empfehlen, sie pünktlich und genau auszuführen."

Der König als oberster Richter

Der König konnte also, um seinen Befehlen Nachdruck zu verleihen, durch geheime Haftbefehle jeden Untertan verhaften lassen, verbannen oder ein schon bestehendes Gerichtsurteil abändern. Neu war auch die Ernennung eines Polizeidirektors für Paris. Dieser baute eine Polizei auf um den königlichen Willen auch auf der Straße durchzusetzen. Sie sorgte für die öffentliche Sicherheit und übte die Zensur über alle missliebigen Schriftsteller und Druckereien aus.

Der Amtsadel

Steuererhöhungen allein reichten nicht aus die ständig steigenden Staatsausgaben zu decken. Eine neue Einnahmequelle erkannten der König und sein Finanzminister darin Ämter zu verkaufen oder auf Zeit zu verpachten. Begehrt waren vor allem die ertragreichen Steuerpachtstellen. Der Steuerpächter gab dem König eine pauschale Summe und hatte dafür das Recht, in einem bestimmten Bezirk Steuergelder einzutreiben, die alle in seine eigene Tasche flossen. Andere Ämter und Adelstitel wurden weniger wegen der Gewinnmöglichkeiten, sondern wegen des hohen Ansehens gekauft. Für den König bildete der Ämterverkauf eine einträgliche Geldquelle. In Geldnöten schuf er einfach neue Ämter. So wuchs die Zahl der Amtsinhaber schließlich auf 40 000. In der königlichen Verwaltung besetzte dieser Amtsadel die wichtigen Beamtenstellen. Vor allem für die durch Handel und Gewerbe reich gewordenen Stadtbürger ermöglichte der Ämterkauf einen sozialen Aufstieg in den Adelsstand.

Ein Gott, ein Glaube, ein Gesetz, ein König

Gemäß dem Grundsatz ein Gott, ein Glaube, ein Gesetz, ein König versuchte Ludwig XIV. zunehmend auch auf kirchliche Angelegenheiten Einfluss zu nehmen. Zwar scheiterte sein Plan einer vom Papst unabhängigen französischen Nationalkirche; es gelang ihm aber über die Kirchengüter zu verfügen und auf die Besetzung der hohen Kirchenämter durch die Ernennung ihm genehmer Kandidaten Einfluss zu nehmen. Zunehmend gab er auch dem Drängen katholischer Kreise nach, die den Katholizismus als Staatsreligion forderten. Seit 1680 verstärkten sich daher wieder die Verfolgungen der anderthalb Millionen Hugenotten, die etwa ein Zehntel der Gesamtbevölkerung ausmachten. Hugenottische Schulen wurden geschlossen und hugenottische Kinder zwangsweise im katholischen Glauben erzogen. In den Häusern der Hugenottenfamilien wurden jeweils zwei Dragoner (berittene und mit einem Gewehr bewaffnete Soldaten) zwangsweise einquartiert; diese sollten die Hugenotten durch Schikanen wie Raub, Auspeitschungen und Misshandlungen zur Rückkehr zum katholischen Glauben bewegen.

Hugenotten fliehen in das Ausland

Obwohl Ludwig XIV. es bei Galeerenstrafe verbot Frankreich zu verlassen, flohen ungefähr 200 000 Hugenotten und suchten Asyl im protestantischen Ausland, in England, in den Niederlanden und in deutschen Staaten. Andere traten zum katholischen Glauben über. Auf Schloss Fontainebleau verkündete Ludwig XIV. am 18. Oktober 1685 die Aufhebung des Ediktes von Nantes. Alle protestantischen Gottesdienste wurden verboten und die Kirchen zerstört. Das protestantische Ausland protestierte.
Eine Liste der nach Brandenburg geflüchteten Hugenotten führt um 1700 unter anderem folgende Berufe an: 257 Landwirte, Tabakpflanzer, Weinmeister, 236 Weber, 130 Wollspinner, 119 Schuster, 88 Schneider, 53 Wundärzte, 46 Prediger, 26 Tuchmacher, 26 Hutmacher, 25 Gerber, 25 Wirte und Köche, 23 Bäcker, 18 Schmiede, 14 Tischler, 13 Maurer, 13 Näherinnen, 10 Notare, 9 Rechtsanwälte, 9 Ärzte, 7 Zimmerleute, 6 Tapetenmacher, 2 Handschuhmacher, 1 Seidenspinner.

Absolutismus (lateinisch „legibus absolutus", d. h. von den Gesetzen losgelöst): Dieser Begriff bezeichnet eine Regierungsform, in der der Fürst die Macht der Stände und ihre Mitwirkung an der Regierung weitgehend ausgeschaltet hat. Er allein erlässt die Gesetze, denen er selbst nicht unterworfen ist. Gleichzeitig ist er oberster Richter. Sein Rechtsspruch hat letzte Gültigkeit. Der Fürst ist für seine Politik nur Gott verantwortlich. Um seine absoluten Herrschaftsansprüche durchzusetzen, waren eine gut funktionierende, zentralistische Verwaltung und ein stehendes Heer erforderlich. Ihre hervorragende Stellung demonstrierten die Herrscher durch kostspielige Bau- und Kunstwerke. Im 17. und 18. Jahrhundert ahmten die Fürsten Europas die absolutistische Regierungsweise Ludwigs XIV. nach.

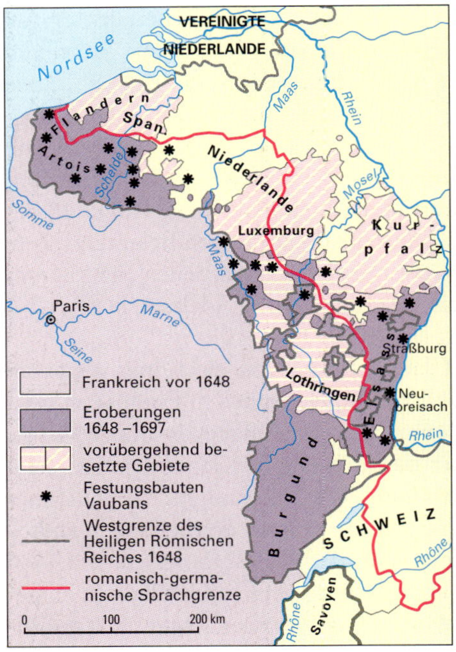

3 ***Die Grenze zwischen Frankreich und dem Deutschen Reich 1648–1713 (links) und die Festung Neubreisach im Elsass*** *(Luftaufnahme aus heutiger Zeit). – Um die Grenze und die Eroberung des Elsass abzusichern ließ Ludwigs Militäringenieur Vauban 33 neue Festungen bauen. 300 alte Anlagen wurden instand gesetzt. Für diese gigantischen Bauvorhaben benötigte Vauban Tausende von Arbeitern. Meist waren es zwangsverpflichtete, abhängige Bauern, Sträflinge, Galeerensklaven und verurteilte Soldaten, die diese Sklavenarbeit ausführten.*

4 ***Ziele und Praxis der Außenpolitik***

Ludwig schrieb 1670 an den Thronfolger:

Alle die schönen Bestimmungen über Bündnisse, Freundschaftsbeteuerungen, das Versprechen einander alle möglichen Vorteile zukommen zu lassen, bedeuten nichts anderes, als dass sie (die Vertragschließenden) sich lediglich bewaffneter Übergriffe und öffentlicher Feindseligkeiten enthalten wollen. Geheime Vertragsverletzungen, die nicht an die Öffentlichkeit dringen, erwartet jeder vom anderen. So könnte man denn sagen, dass man sich auf beiden Seiten der Verpflichtung enthebt, die Verträge zu beobachten, und dass man daher eigentlich auch nicht gegen die Verträge verstoßen kann. Denn man hat die Bestimmungen nicht wörtlich genommen. Man muss sich eben der Worte bedienen, wie man es ja auch in anderer Weise in der Welt auf dem Gebiet der Höflichkeitsformeln sieht, die durchaus notwendig sind, wenn Menschen miteinander leben wollen, aber keinerlei tiefere Bedeutung haben.

Ludwig XIV. Memoiren, Basel 1931, S. 51/52. Zit. nach: Geschichtliche Weltkunde, Quellenlesebuch 2, S. 84/85.

a) Vergleiche Ludwigs Ansichten über Bündnisse und Verträge in der Politik (M4) mit seiner konkreten Außenpolitik (VT).

b) Stelle einen Zusammenhang zwischen dem stehenden Heer und den Festungsbauten Vaubans (M3) einerseits und dem Niederriss französischer Stadtmauern und befestigter französischer Adelssitze sowie dem Schloss von Versailles andererseits dar.

c) Betrachte die Auflistung der Berufe der aus Frankreich geflohenen Hugenotten (VT). – Überlege die Folgen für die französische Wirtschaft.

d) Erläutere die Säulen der absolutistischen Macht (M2). Erkläre, welche Bedeutung jede einzelne für die Machtentfaltung des Königs hatte.

6. Woher nimmt der König sein Geld?

Wer soll das bezahlen?

Der Bau von Versailles, das Hofleben, vor allem aber die Kriege ließen die Staatsausgaben derart ansteigen, dass Ludwig XIV. und sein Finanzminister sich immer wieder neue Einnahmequellen überlegen mussten. Um die Eroberung der Pfalz (1688–1697) zu finanzieren, schreckte Ludwig nicht mehr davor zurück, von allen Untertanen eine Sondersteuer, die Kopfsteuer, einzufordern (vgl. M7). Aber Adel und Klerus waren bisher von allen Abgaben befreit. Der Adel leistete heftigen Widerstand. Deshalb musste die Kopfsteuer auch nach drei Jahren wieder abgeschafft werden. Ein erneuter Versuch, den Adel im spanischen Erbfolgekrieg (1701–1713/14) zu besteuern scheiterte ebenfalls. Von da an hatte wieder der Dritte Stand, Bürger und Bauern, allein die ganze Steuerlast zu tragen.

Nur der Dritte Stand zahlt Steuern

Neben der direkten Steuer, die jeder Angehörige des Dritten Standes auf sein Einkommen oder seinen Grundbesitz zu zahlen hatte, gab es (indirekte) Steuern auf das Salz und andere Waren, ebenso auf Importwaren. Wege-, Fluss- und Brückenzölle erlaubten es nur wenigen wohlhabenden Kaufleuten ihre Waren außerhalb der eigenen Region anzubieten. Die Zölle machten die Waren zu teuer um sie andernorts noch mit Gewinn verkaufen zu können. Die Höhe der direkten Steuern wurde nicht für einzelne Personen, sondern immer für einen ganzen Ort festgelegt. Ein einflussreicher Bürger musste dann den Gesamtbetrag bei den Einwohnern einfordern. Dabei blieben Ungerechtigkeiten nicht aus.

Colberts Merkantilismus

Abnehmen kann man aber nur demjenigen etwas, der auch etwas hat. Dies erkannte Jean Baptiste Colbert (1619–1683, Bild links), der 1665 das Amt des Generalkontrolleurs der Finanzen übernahm. Er stammte aus einer reichen Tuchmacherfamilie aus Reims. Colbert wollte die Wirtschaft umfassend durch den Staat unterstützen um damit die Steuerleistung der Bürger zu erhöhen. Neue und bessere Verkehrswege und die Abschaffung von Zöllen im Inland sollten den Transport von Waren erleichtern. Bürger, die ein Geschäft oder eine Manufaktur (siehe M4) eröffnen wollten, erhielten großzügige Förderungen durch den Staat. Colberts Wirtschaftspolitik hat vielen wohlhabenden und zugleich risikofreudigen Bürgern zu wirtschaftlichem Erfolg und gesellschaftlichem Ansehen und Aufstieg verholfen, wie dem Amtsadel (vgl. Kap. 5). Spätere Gegner nannten Colberts Wirtschaftskonzept Merkantilismus.

Merkantilismus: Damit ist eine Wirtschaftspolitik gekennzeichnet, die eng mit dem absolutistischen Staat gekoppelt ist. Sie geht davon aus, dass der Reichtum an Geld (d.h. das zu Münzen geprägte Edelmetall) über Größe und Macht eines Staates entscheidet. Durch Ausfuhren ins Ausland (Export) soll möglichst viel Geld ins Land geholt werden, um gleichzeitig teure Einfuhren (Importe), die Geld abführen, durch hohe Zölle zu verhindern. Inländische Unternehmer und Kaufleute werden durch staatliche Privilegien gezielt gefördert. Spätere Kritiker nannten diese Wirtschaftspolitik, die auf den franz. Finanzminister Colbert zurückgeht, abschätzig Merkantilismus, da der Staat die Kaufleute (franz. „mercantile", d.h. kaufmännisch) als Träger der Wirtschaft unterstützte. Sie lehnten umfassende staatliche Eingriffe in die Wirtschaft ab.

Privilegien: Im Merkantilismus handelt es sich dabei um staatliche Genehmigungen, ein bestimmtes Gewerbe betreiben zu dürfen. In der Regel waren damit Zuschüsse, Steuererlässe oder die Befreiung von öffentlichen Aufgaben (z.B. Soldateneinquartierungen) verbunden.

1 Die Wirtschaft Frankreichs *unter Ludwig XIV. und Colbert*

Colberts Ziel war es die Macht und den Reichtum des Staates zu vermehren. – Stelle anhand der Karte die Maßnahmen seiner Wirtschaftspolitik dar. Benutze dazu auch die Quelle M2.

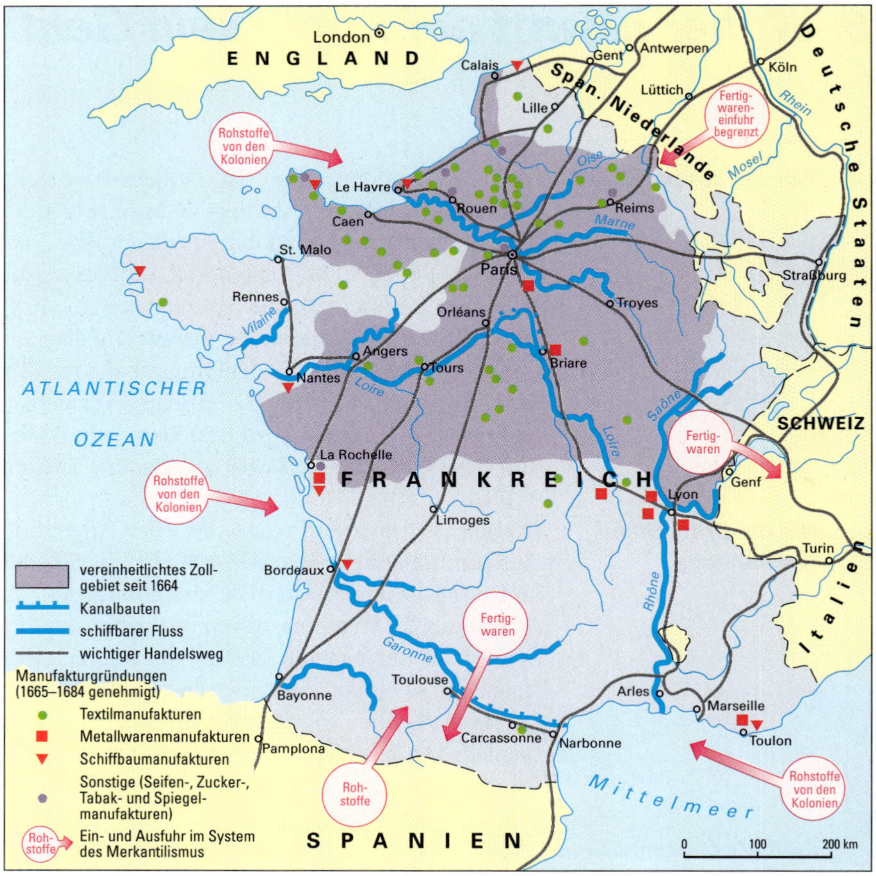

2 Das Wirtschaftsprogramm Colberts. *In einer Denkschrift vom 3. August 1664 schrieb Colbert:*

Die Holländer führen Industrieprodukte bei uns ein um im Austausch dafür von uns die für ihren Konsum und Handel nötigen Materialien zu beziehen. Würden stattdessen Manufakturen bei uns eingerichtet, so hätten wir nicht nur deren Erzeugnisse für unseren Bedarf, sondern wir hätten auch noch Überschüsse für die Ausfuhr, die uns wiederum einen Rückfluss an Geld einbrächten. Dies aber ist das einzige Ziel des Handels und das einzige Mittel, Größe und Macht dieses Staates zu vermehren …

Außer den Vorteilen, die die Einfuhr einer größeren Menge Bargeld in das Königreich mit sich bringt, wird sicherlich durch die Manufakturen eine Million zur Zeit arbeitsloser Menschen ihren Lebensunterhalt gewinnen. Eine ebenso beträchtliche Zahl wird in der Schifffahrt und in den Seehäfen Verdienst finden und die fast unbegrenzte Vermehrung der Schiffe wird im gleichen Verhältnis Größe und Macht des Staates vermehren. Um diese Ziele zu erreichen schlage ich vor: Es sollte jährlich eine bedeutende Summe für die Manufakturen und die Förderung des Handels ausgeworfen werden. Desgleichen bezüglich der Schifffahrt: Zahlungen von Gratifikationen (Zuschüssen) an alle, die neue Schiffe kaufen oder bauen oder große Handelsreisen unternehmen. Die Landstraßen sollten ausgebessert, die Zollstationen an den Flüssen aufgehoben werden. Man bemühe sich die Flüsse im Innern des Königreiches schiffbar zu machen; man prüfe sorgfältig die Frage einer Verbindung der Meere (Mittelmeer-Atlantik-Kanal).

J. B. Colbert, Introduction, Bd. II 1, S. 263, 266–272. Zit. nach: Geschichte in Quellen, München 1976, S. 447 f. (Text gekürzt).

3 Französischer Staatshaushalt *(Schätzungen heutiger Geschichtsforscher) in Livres*

	Staatseinnahmen	*Ausgaben*	*Schulden*
1661	32 Mio.	?	17 Mio.
1667	63 Mio.	?	?
1669	70 Mio.	70 Mio.	?
1678	99,5 Mio.	129,5 Mio.	?
1680	?	?	47,5 Mio.
1715	69 Mio.	132 Mio.	3500 Mio.

4 ***Spielkartenmanufaktur in Paris um 1680*** *(zeitgenössisches Gemälde)*
Manufakturen waren Großbetriebe, in denen vorwiegend Handarbeit geleistet wurde. (Der Begriff wird aus den lateinischen Worten: manu = mit der Hand, facere = machen, gebildet.) Der Maler hat sieben verschiedene Arbeitsgänge dargestellt. Für jeden Arbeitsgang waren andere Arbeitskräfte zuständig.

5 ***Gründung einer Manufaktur***
Ludwig XIV. erteilte 1665 dem Holländer van Robais folgende Konzession:

Wir gestatten … dem genannten van Robais sich in der Stadt Abbéville mit fünfzig holländischen Arbeitern niederzulassen und dort eine Manufaktur für feine Tuche einzurichten … und zu diesem Zweck dreißig Webstühle dort aufzustellen. Wir wollen, dass er und seine bei der Manufaktur tätigen ausländischen Gesellschafter und Arbeiter als wahre Franzosen eingestuft und angesehen werden. Sie werden auch während der Laufzeit dieser Konzession von allen übrigen Abgaben, Steuern, Soldateneinquartierungen, städtischen Diensten, Frondiensten und sonstigen öffentlichen Lasten befreit sein. Und damit sie in der gleichen Religionsfreiheit leben können, in der sie aufgewachsen sind, gestatten wir dem Unternehmer und seinen Gesellschaftern und Arbeitern, sich weiterhin zur angeblich reformierten Religion zu bekennen. Wir ordnen an, dass dem Unternehmer die Summe von 12 000 Livres bar bezahlt und ausgehändigt werde. Und damit der Antragsteller in voller Freiheit den Gewinn seiner Arbeit genießen kann, haben wir allen Arbeitern und anderen Personen verboten, während der Zeit von zwanzig Jahren diese Tuchsorte nachzuahmen.

Zit. nach: Politische Weltkunde I, Teil 3, Stuttgart 1972, S. 51 f.

6 ***Die Arbeit in einer Manufaktur*** *beschrieb der schottische Wirtschaftsfachmann Adam Smith (1723 bis 1790) ein Jahrhundert nach Colbert:*

Einer zieht den Draht, ein anderer richtet ihn, ein dritter schrotet ihn ab, ein vierter spitzt ihn zu, ein fünfter schleift ihn am oberen Ende, damit der Kopf angesetzt wird … So ist das wenig wichtige Geschäft der Stecknadelfabrikation in ungefähr 18 verschiedene Verrichtungen verteilt … Ich habe eine kleine Fabrik dieser Art gesehen, wo nur zehn Menschen beschäftigt waren und manche daher zwei oder drei verschiedene Verrichtungen zu erfüllen hatten. Obgleich nun diese Menschen sehr arm und darum nur leidlich mit den nötigen Maschinen versehen waren, so konnten sie doch, wenn sie tüchtig daranhielten, zusammen zwölf Pfund Stecknadeln täglich liefern. Ein Pfund enthält über 4 000 Nadeln von mittlerer Größe. Es konnten demnach diese zehn Menschen täglich über 48 000 Nadeln machen. Da jeder den zehnten Teil von 48 000 Nadeln machte, so … machte er 4 800 Nadeln an einem Tage. Hätten sie dagegen alle einzeln und unabhängig gearbeitet und wäre keiner für dies besondere Geschäft angelernt worden, so hätte gewiss keiner 20, vielleicht nicht eine Nadel täglich machen können.

Adam Smith, Untersuchungen über Natur und Ursache des Wohlstandes der Nationen. 1776, zit. nach: Hans Pfahlmann, Die industrielle Revolution. Würzburg 1974, S. 28.

7 Einzug der Kopfsteuer. *Das zeitgenössische Bild entstand im Auftrag des Königs. Es zeigt, wie sich gute und königstreue Untertanen beim Einzug dieser Steuer verhalten sollten. – Dargestellt wird auch, wie die Steuererhebung vor sich ging. Wie verhielt der Adel sich wirklich? Vergleiche mit der Darstellung im VT.*

8 Kritik an der Wirtschaftspolitik

a) *Ludwigs Festungsbaumeister Vauban untersucht 1698 in einer Denkschrift die Gründe, warum trotz des großen Reichtums Frankreichs an Menschen, Rohstoffen und produzierten Waren der Großteil der Franzosen so arm ist.*

(Es) liegt an den Kriegen, die Frankreich seit langer Zeit beunruhigt haben, und an der fehlerhaften Wirtschaftspolitik. Die Einkommenssteuern (tailles) stellen eine der Ursachen des Übels dar. Nicht, weil sie durchweg zu hoch wären, sondern weil bei ihrer Veranlagung das rechte Verhältnis fehlt. Mit einem Wort, sie sind zur Willkür geworden, denn es besteht überhaupt kein Verhältnis mehr zwischen dem Einkommen des Steuerpflichtigen und der Steuer, mit der man ihn belastet. Außerdem werden die Abgaben mit der äußersten Härte eingetrieben. Leute von Macht und Ansehen erreichen es oft durch ihren Einfluss, dass der Steuerbetrag einer oder mehrerer Gemeinden weit unter die ihrer Zahlungskraft entsprechenden Höhe gesenkt wird. Natürlich fällt diese Entlastung der einen Gemeinde zwangsläufig anderen benachbarten Gemeinden zur Last. Die andere Ursache liegt in dem geringen Güterverbrauch, der wiederum auf zwei andere zurückzuführen ist. Die eine besteht in der Höhe und Menge der Gebühren und Binnenzölle, die oft ebenso hoch sind wie der Preis und der Wert der Güter. Die andere Ursache sind die unerhörten Schikanen der bei der Erhebung der Gebühren tätigen Beamten. Denn um die Güter von Ort zu Ort zu transportieren muss man mit einer Unzahl von Dienststellen verhandeln. So gibt es Waren, die [woanders] Absatz finden könnten, die man aber umkommen lässt, weil man den Transport nicht wagt.

Diese Armeen von Steuerpächtern und Unterpächtern mit ihren Gehilfen aller Art sind die Blutegel des Staates, zahlreich genug um die Galeeren zu füllen!

Nach: Geschichte in Quellen Bd.3, München 1970, S. 460–463.

b) *Selbstkritik des Königs*

Auf dem Sterbebett sagte Ludwig XIV. seinem fünfjährigen Urenkel und Thronfolger:

Du wirst einmal ein großer König werden. Aber tue es mir nicht gleich, sondern lasse die Finger vom Bauen und vom Kriegführen … Denke an deine Aufgabe und an deine Verpflichtungen gegenüber Gott, achte darauf, dass deine Untertanen dich ehren. Lass dich gut beraten und handle entsprechend, versuche das Los deines Volkes zu bessern, wie ich es unglücklicherweise nie tun konnte.

Nach: Funkkolleg Kunst. Studienbegleitbrief 6, Weinheim/Basel 1985, S. 122 (Text gekürzt).

a) Stelle dir vor, du wärest von einem Handwerksbetrieb in eine Manufaktur übergewechselt. Wie hätte sich deine Arbeit verändert (M4, M6)? – Welche Vor- und Nachteile hatte die neue Art der Produktion?

b) Wie wurden ausländische Fachleute ins Land gelockt (M5)? – Welchen Vorteil erbrachte diese Maßnahme für die französische Wirtschaft?

c) Stelle Erfolge und Misserfolge der Wirtschaftspolitik Colberts zusammen (M2, M3, M8a). Wodurch wurden der absoluten Königsmacht Grenzen gesetzt (M3, M8a und b)?

7. Die ungleichen Untertanen

7.1 Klerus und Adel, Bürger, Bauern und Bettler

1 Gliederung der französischen Gesellschaft zur Zeit Ludwigs XIV.

1. Stand: Klerus	*2. Stand: Adel*	*3. Stand: Bürger und Bauern*
Gesamtzahl ca. 130 000 Personen = ca. 0,5 % der Bevölkerung	*Gesamtzahl* ca. 350 000 Personen = ca. 1,5 % der Bevölkerung	*Gesamtzahl* ca. 24 Mio. Personen = ca. 98 % der Bevölkerung
Zusammensetzung *Hoher Klerus* (adliger Herkunft) = Bischöfe, Äbte, Äbtissinnen, Prälaten und Domherrn: ca. 10 000 Personen *Niederer Klerus* (bürgerlich-bäuerlicher Herkunft) = Priester, Nonnen Mönche: ca. 120 000 Personen	*Zusammensetzung* *Hofadel* ca. 4 000 Familien *Amtsadel und Landadel* restliche Familien	*Zusammensetzung* *Bürger* — Männer — Frauen und Kinder Selbständige in Handwerk, Handel und Bankwesen — 1 Mio. — 3 Mio. Sonstige — 0,465 Mio. — 0,6051 Mio. *Bauern* Acker-, Wein- und Viehbauern — 1,426 Mio. — 5,2 Mio. Landarbeiter, Tagelöhner — 2,5 Mio. — 7,5 Mio.
Privilegien (vor allem des hohen Klerus) Befreiung vom Militärdienst; Steuerbefreiung (Ausnahmen: „Freiwillige“ Abgaben); Recht zur Erhebung des Zehnten; eigene Gerichtsbarkeit	*Privilegien* Steuerbefreiung; Feudalrechte (Anspruch auf Frondienste, Jagdrecht); Anrecht auf Ämter und Pfründe; Bezahlte Ehrenstellen in Verwaltung und Armee	*Privilegien* keine *Verpflichtungen* Einkommenssteuer; Abgaben an Grundherrn; Im Kriegsfall Stellung von Soldaten und Einquartierungen von Soldaten

2 Klage eines Fräuleins

2. Ich musst' fast alle Sprachen kennen
zu Haus muss ich manierlich seyn,
dass man mich kann modeste nennen,
sonst sperrt man mich ins Kloster ein,
dass ich nichts mehr von lieben hör' –
Ach – wenn ich nur kein Fräulein wär'.
3. Der Kopf wird alle Tag' frisiert,
der Hals mit Perlen umgehängt,
die Brust mit Spitzen ausgezieret,
der Leib ganz eng zusamm' geschrenkt,
die Kleidung fällt mir noch so schwer –
Ach – wenn ich nur kein Fräulein wär'.
6. Wenn einer auf die Hand darf küssen,
so heißt es schon recht große Gnad',
der Mund darf es niemalen wissen,
was Küssen vor ein Wirkung hat;
was hilft mich alle Gnad' und Ehr' –
Ach – wenn ich nur kein Fräulein wär'.
7. Ein Bauern-Mädchen braucht nicht lange,
wenn sie spricht, Hänschen, komm zu mir,
so geht er gleich mit schnellem Gange,
legt sich ins warme Bett zu ihr;
meins aber bleibt beständig leer –
Ach – wenn ich nur kein Fräulein wär'.

Klagelied eines Fräuleins, 17./18. Jahrhundert, von Hans Ostwald überliefert.

3 **Bauernfamilie** *vor gemeinsamer Schüssel beim Tischgebet, Kupferstich von A. v. Ostade, 1653.*

4 Die Ausgegrenzten

Im 18. Jahrhundert wurden Menschen aus der Gesellschaft ausgegrenzt, die keinem ehrbaren Beruf nachgingen. In Württemberg zählte eine Verordnung von 1747 dazu:

Fremde und einheimische Vaganten und Bettler, Landstreicher, Deserteurs, Hackbrettler, Sackpfeifer und dergleichen herumziehende Spielleute, fahrende Schüler, Scheuren-Kremer, welche sonderlich mit allerhand geringen Sachen, z.B. Zahnstierer, Zahnpulver, Arzneien, Haar-Poudre, Blumensträußen, Schuhschwärze, gedruckten Liedern, die sie wohl auch absingen, und dergleichen herumgehen, Taschenspieler, Gaukler, Tierführer, Quacksalber … mit keiner Fürstl. Konzession versehenen Kollektanten, unbekannte Fremde, im Land nicht ansässige Bürstenbinder, Kessler.

F. Schubert, Mobilität ohne Chance . Zit. n.: R. van Dülmen, Kultur und Alltag in der Frühen Neuzeit. Dorf und Stadt, München 1992, S. 178 (Text gekürzt).

5 Kritik an den wirtschaftlichen Zuständen

Der Festungsbaumeister Vauban 1698:

Ich habe häufig Gelegenheit gehabt die meisten Provinzen des Königreiches zu besuchen. Ich bin zu der Wahrnehmung gelangt, dass in der letzten Zeit fast ein Zehntel der Bevölkerung sich durch Betteln erhält; dass von den übrigen neun Zehnteln fünf nicht in der Lage sind das erste Zehntel durch Almosen zu unterstützen, weil sie selber diesem Elendszustand um Haaresbreite nahe sind. Von den verbleibenden vier Zehnteln sind drei außerordentlich schlecht gestellt und von Schulden und Prozessen bedrängt. In dem zehnten Zehntel gibt es keine zehntausend geringe oder große Familien, von denen man sagen könnte, dass es ihnen wirklich gut geht.

S. de Vauban, Projet d'une Dixme Royale. Zit. nach: Gesch. in Quellen Bd. 3, München 1976, S. 460 f. (gekürzt).

6 Behandlung unliebsamer Untertanen

Unter Ludwig XIV. wurde in Paris das Zucht- und Irrenhaus La Salpetrière gegründet. Eine Verordnung aus Bayern berichtet über eine ähnliche Einrichtung in München 1682:

Damit nun heilloses Gesindel vertrieben, übermütige Herrendiener, liederliche Handwerksburschen, nichtsnutzige Lehrjungen und sträflich Schülerbuben in besserem Zaum, Gehorsam und Respekt gegen ihre Herrschaften, Meister und Lehrer gehalten, faule Handwerker und Tagwerker, die lieber feiern als um Lohn arbeiten zu Buße, Arbeit und besserem Lebenswandel gebracht werden oder an einen solchen Ort gesetzt werden, an dem sie niemanden mehr belästigen, hat Ihre Kurfürstliche Durchlaucht beschlossen, ein Zuchthaus in München errichten zu lassen. Darin sind bereits schlimme Leute untergebracht und werden bei schlechtem Essen und harter Arbeit mit Rutenzüchtigung oder auf anderem Weg empfindlich bestraft.

Gekürzt nach P. Lahnstein, Das Leben im Barock. Stuttgart 1974, S. 142.

a) Vertreter der drei Stände unterhalten sich über ihre Privilegien und über die Steuern, die sie zahlen müssen (M1 und M2, vorangehende Kapitel).

b) Warum grenzte sich der Dritte Stand von den sog. unehrbaren Berufen ab (M4)? Untersuche die einzelnen Berufe. – Urteile und begründe aus deiner Sicht.

c) Wie beurteilt das Fräulein den Bauernstand im Vergleich zu ihrem Stand (M2)? Wie sehen Vauban und der Maler die Lage der Bauern (M3, M5)?

d) Wozu diente das Zuchthaus (M6)? Welches Interesse hatten die Fürsten daran?

7.2 Die kleine Welt einer Bauernfamilie

Woher weiß man etwas über das Leben der Bauern?

Viele Quellen berichten über das Leben Ludwigs XIV. und anderer Fürsten. Das Leben einer Bauernfamilie dagegen war viel zu gewöhnlich um das Interesse eines Schreibers zu wecken. Da die Bauern selbst nicht schreiben konnten, haben sie auch keine Briefe oder Tagebücher hinterlassen. Über ihr Leben muss man Kirchenbücher, Steuerlisten und Testamente befragen. Sie erwähnen die Namen der Landbevölkerung, geben an, wann jemand geboren wurde und mit wem er aufwuchs, wann und wen er heiratete, wie viele Kinder, wie viele Tiere, Äcker und Wiesen die Bauernfamilie hatte und was sie ihrem adligen Herrn an Diensten und Abgaben schuldete.
Ein Geschichtsforscher hat versucht aus solchen Quellen das Leben der Familie Hooss aus Nordhessen zu rekonstruieren: Welche Sorgen hatten sie? Wie meisterten sie ihr hartes Leben? Wie sicherten sie ihre Zukunft?

Das Leben der Familie Hooss aus Leimbach

Johannes wurde am 17. August 1670 in Leimbach, einem Dorf in der Schwalm, als 4. Kind von Välten Hooss und seiner Frau Elisabeth geboren. 1670 war Ludwig XIV. 32 Jahre alt und regierte schon neun Jahre. Mit Sicherheit erfuhr der junge Johannes nichts über das prunkvolle Hofleben des Sonnenkönigs. Was interessierte die Bauern hier schon der französische König? Doch 30 Jahre später hörte er von Ludwig XIV., denn 100 aus Frankreich geflohene Familien gründeten nur 15 Kilometer nördlich von Leimbach das Dorf Frankenhain. Ludwig hatte sie, weil sie Hugenotten waren, mit brutaler Gewalt aus Frankreich vertreiben lassen. Landgraf Karl von Hessen-Kassel gewährte diesen Flüchtlingsfamilien Asyl und gab ihnen Land. Denn er unterstützte ihren Glauben.

Johannes wuchs auf dem größten der sechs Leimbacher Höfe, dem Välteshof (nach seinem Vater benannt) auf. Zum Hof gehörten 43 ha Land. Gut die Hälfte war erbliches Hufenland, welches dem Landgrafen als Grundherrn gehörte. Dafür mussten ihm genau festgelegte Abgaben sowie Fahr- und Spanndienste geleistet werden. Die andere Hälfte setzte sich aus Pachtland, gerodetem Land und etwas eigenem Land zusammen. Die Leimbacher Bauern waren Getreidebauern, da in der Schwalmniederung Weizen und Roggen gut gedeihen. Nach dem Tod seines Vaters 1686 übernahm Johannes, 16 Jahre alt, den Hof. Warum nicht sein älterer Bruder Hans? Die letzte Eintragung über Hans in den Kirchenbüchern wird 1680 anlässlich seiner Konfirmation gemacht. Möglich ist, dass er sich als Soldat hatte anwerben lassen. Denn der Fürst von Hessen-Kassel „vermietete" junge Soldaten an England um die eigene Kasse aufzubessern.

Der Hof wird vererbt

Drei Jahre später heiratete Johannes am 10. Oktober 1689 die siebzehnjährige Catharina Fenner aus dem Nachbardorf Ransbach. Sie hatten vier Töchter, von denen nur eine überlebte. Catharina starb bei der Geburt des vierten Kindes, „in Kindesnöthen", wie die Menschen damals sagten. Nach nur sechs Monaten Trauerzeit heiratete der jetzt 30-jährige Johannes zum zweiten Mal, die 19-jährige Elisabeth, Erbin von einem der Nachbarhöfe in Leimbach. Von den zwölf gemeinsamen Kindern überlebten fünf Töchter, von den vier Söhnen wurde keiner älter als acht Jahre. Als Elisabeth 43 Jahre alt war, gaben sie die Hoffnung auf einen männlichen Hoferben auf. So erbte seine älteste Tochter Catharina aus zweiter Ehe 1724 den Hof. Ihr Mann, ein weitläufiger Verwandter, hieß Johannes Hooss! Johannes war 54, Elisabeth 43 Jahre alt, als sie den Hof an die Erben übergaben. Sie zogen in das Hinterhaus um. Johannes lebte noch 31 Jahre. Lebten alle Bauern im 17. und 18. Jahrhundert so wie die Familie Hooss?

1 Die Schwalmniederung
Beschreibe aus der Sicht des Bauern Johannes Hooss (VT) die Landschaft vom Dorf Leimbach aus.

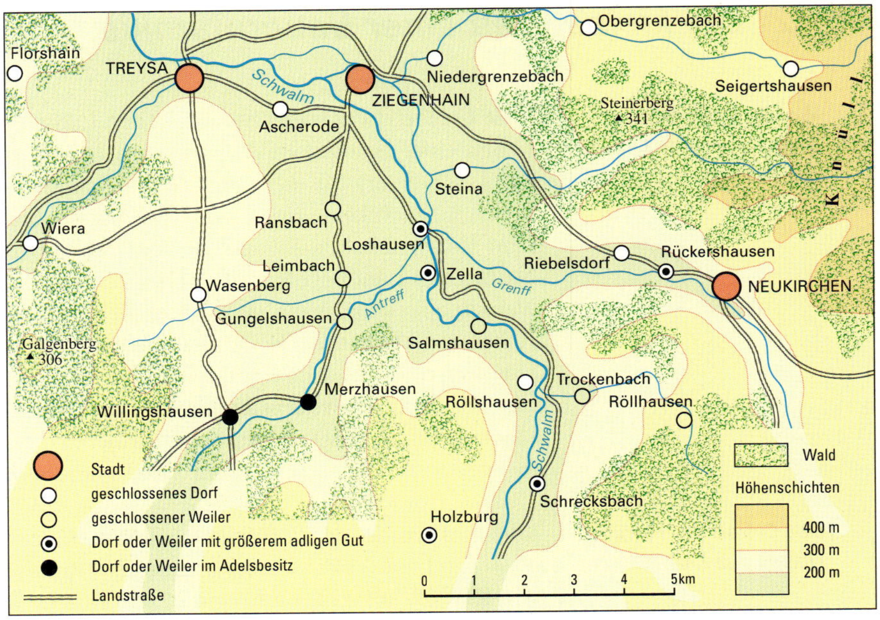

2 Hausinschrift *an einem Schwalmer Bauernhof:*

Dies Haus ist mein
und doch nicht mein,
wer nach mir kommt,
wird's auch so sein.

Zit. nach: Arthur E. Imhof, Die verlorenen Welten. Alltagsbewältigung durch unsere Vorfahren, München 1984, S. 141.

Religion und Landschaft prägen das Leben

Das Dorf Leimbach gehörte politisch zur Grafschaft Ziegenhain. Herr der Grafschaft war der Landgraf von Hessen-Kassel. Wie der Landesherr waren auch alle Bewohner der Landgrafschaft calvinistischen Glaubens. Das nur sechs Kilometer südlich gelegene Dorf Holzburg gehörte jedoch schon zur Landgrafschaft Hessen-Darmstadt und war lutherischen Bekenntnisses.
Entscheidend wurde das bäuerliche Leben durch die Landschaft geprägt. Das Dorf Leimbach liegt (noch heute) in der fruchtbaren, waldfreien Schwalmniederung, die von bewaldeten Anhöhen umgeben war. Sie dehnte sich über eine Fläche von etwa 10 mal 15 Kilometern aus, so dass man sie in zwei bzw. drei Stunden bequem zu Fuß durchqueren konnte. Hier kannte jeder jeden, man wusste, wie viel Vieh oder wie viele Pferde einer hatte, man sah, wer als Erster die Kartoffeln mit Erfolg anpflanzte. Die Bauern hinter den Wäldern galten als Hinter-Wäldler. Nicht ohne Grund begab man sich dorthin.

Standesgemäße Heirat

Johannes heiratete eine junge Frau aus dem Nachbardorf Ransbach. Die Männer suchten sich ihre Frauen meist in einem der Dörfer der Schwalmniederung im Umkreis von ca. zehn Kilometern. Heiratete ein Sohn oder eine Tochter auf einen Hof im Nachbarort, so konnte man ihn an einem Tag besuchen und auch bequem wieder zurückgehen. Außerdem konnte man sicher sein, dass der Ehepartner der calvinistischen Glaubensgemeinschaft angehörte. Die jungen Leute aus dem Nachbardorf Loshausen waren für die Leimbacher keine interessanten Heiratspartner, obwohl sie der gleichen Religion angehörten und ihre Felder und Wiesen ebenfalls in der Flussniederung lagen. Auch wenn der Sohn eines Loshausener Bauern in die Tochter eines Leimbacher Bauern verliebt gewesen wäre, so wäre dennoch eine Hochzeit zwischen den beiden nicht in Frage gekommen. Denn zu einem Leimbacher Bauernhof gehörten durchschnittlich 40 Hektar Land, zu einem Loshausener Hof nur etwa fünf Hektar. Bauer war noch längst nicht gleich Bauer.

Die Bedrohung durch Krieg, Pest und Hungersnöte

„Vor Pest, Krieg und Hunger bewahre uns, oh Herr!" So beteten unsere Vorfahren über Jahrhunderte. Der größte Teil der Bevölkerung des 17. und 18. Jahrhunderts wurde von den drei Übeln bedroht. Wir können uns das kaum mehr vorstellen. Als Johannes Hooss noch ein Kind war, erzählten zwei ältere Frauen den Kindern im Dorf von den schrecklichen Erlebnissen im Dreißigjährigen Krieg. Sie hatten ihn noch selbst erlebt. 1640 brannten Soldaten Leimbach und sämtliche Nachbardörfer nieder. Nach Kriegsende baute Johannes' Vater den Hof in zehnjähriger Arbeit wieder auf. Erst jetzt konnte er an die Heirat denken. Die beiden alten Frauen erinnerten sich auch mit Schrecken an die Pest von 1635/36, eine der schlimmsten in der deutschen Geschichte. Krieg und Pest hatte die Hälfte der Bevölkerung in der Schwalm das Leben gekostet. Wer blieb danach noch für die viele Arbeit übrig? Durch Schlechtwetterperioden kam es zu Hungersnöten. Wenn auf einen strengen Winter ein verregneter Sommer folgte, konnte das Getreide auf den Feldern nicht reifen. Die wenigen unreifen Körner waren schnell aufgebraucht; Saatgut konnte nicht zurückgelegt werden. Die Wörter Pest, Krieg und Hunger lösten jedoch nicht bei allen Menschen große Ängste aus. Das hing davon ab, wie oft sie unter diesen Katastrophen zu leiden hatten. Eine Bauernfamilie im abgelegenen Ostfriesland mochte zwar von den Kriegen gehört haben, ihr Leben wurde aber dadurch nicht beeinflusst. Dörfer in Grenzgebieten oder an großen Straßen und Flussübergängen dagegen waren besonders von Kriegszügen gefährdet. Hatte die Pest die Menschen einer Landschaft in einer Generation mehrfach heimgesucht, so löste die Nachricht einer neuen Welle panikartige Furcht aus. Selbst in Gebieten, in denen die Seuche selten gewütet hatte, riefen Berichte von Durchreisenden Ängste wach und erinnerten die Menschen daran, wie gefährdet ihr Leben letztlich war. Keiner wusste, ob nicht doch noch der schwarze Tod auch sein Dorf erreichte.

Kindersterblichkeit

Eine weitere Bedrohung für das Überleben war die hohe Kindersterblichkeit. Johannes hatte schon als Kind den Tod von vier jüngeren Geschwistern erlebt. Seine Mutter starb, als er sieben Jahre alt war. Eine Generation später sah es nicht anders aus. Johannes' erste Frau gebar vier Kinder, von denen zwei sehr früh starben. Ein drittes war eine Totgeburt. Der zweiten Ehe mit Elisabeth entstammten zwölf Kinder, von denen fünf überlebten. Das Schicksal der Familie Hooss war kein Einzelfall.

Die Sicherung der Zukunft: nur der Hof ist wichtig

Wie konnten sich die Menschen gegen die zahlreichen Bedrohungen wehren? Der Einzelne musste seine Zukunftsplanung einer gemeinsamen Sache unterordnen. In diesem Fall war das der Välteshof: der Hof musste überleben, nur das war wichtig. Von 1552 bis 1977 hatte der Välteshof 16 Inhaber. Der Hof wurde nie unter den Erben aufgeteilt, sondern nur einem Erben übergeben. Denn das Land konnte nur eine Familie ernähren. Die nicht erbenden Kinder heirateten fast immer Partner von ähnlich begüterten Höfen, nie von den kleinen Höfen des ärmeren Nachbardorfes. Nur dadurch war gewährleistet, dass diese Form der Erbregelung von allen Kindern akzeptiert wurde.

Die Vorsorge für das Leben nach dem Tod

Im katholischen Süddeutschland und in Österreich künden uns Votivtafeln in Wallfahrtskirchen von den inneren Nöten der Menschen. Votivtafeln sind Bilder, die gläubige Menschen anfertigen ließen und in einer Wallfahrtskirche aufhängten, um dafür zu danken, dass ihre Gebete erhört wurden. Die Menschen hofften auf die Auferstehung von den Toten, fürchteten aber die ewige Verdammnis. Jedes vierte Neugeborene starb vor der Vollendung des ersten Lebensjahres. Normalerweise wurden die Kinder einige Tage (oder Wochen) nach ihrer Geburt getauft. Durch die hohe Säuglingssterblichkeit starb indes manches Neugeborene ungetauft. Die Kirche lehrte aber, dass nur getaufte Kinder Christen seien und nur Christen auferstehen würden. Wie die verzweifelten Eltern mit diesem Dilemma fertig wurden, ist auf der Votivtafel (M3) zu sehen.

3 ***„Kinderzeichnen“** auf einer Votivtafel. – Auf dem Altartisch vor dem Marienbild liegt ein – wie aus der Inschrift hervorgeht – am 14. Mai 1680 tot zur Welt gekommenes Knäblein der Eheleute Martin und Catharina Wierer. Die Männer und Frauen glaubten fest daran mit ihrem Bitten das Kind kurzzeitig ins Leben zurückzuholen. „Zeichnete“ der Leichnam zweimal, d. h. röteten sich die Wangen und traten Schweißperlen auf der Stirn des Leichnams auf, konnte das Kind getauft und danach auf dem Friedhof in geweihter Erde begraben werden. Die Kirche lehnte dies als Aberglauben ab.*

4 ***Vornamens-Vergabe** an männliche Nachkommen auf dem Välteshof in Leimbach, 1550–1950*

Hofbesitzer	Zeitraum	Söhne (Erbe in *Kursiv*)	
1. Johannes Hooss	1552-1584	1. Curt	1552-?
		2. Georg	1560-1612
		3. *Johannes*	1560-1616
2. Johannes Hooss	1584-1616	1. *Johannes d.Ä.*	1585-1635
		2. Georg	1589-1673
		3. Jost	1595-1629
		4. Johannes d.J.	1598-1670
3. Johannes Hooss	1616-1635	1. Johannes	1624-1636
		2. *Valentin*	1626-1686
		3. Johannes	1629-1631
		4. Johannes	1631-1669
		5. Clas	1632-1677
4. Valentin Hooss	1646-1724	1. Hans Clas	1667-?
		2. *Johannes*	1670-1755
		3. Johann Jacob	1673-1673
		4. Johann Jost	1674-1674
		5. Johann Henrich	1675-1675
		6. Joh. Valentin	1679-1761
		7. Johann Henrich	1680-1694
		8. Johannes	1681-1743
		9. Johann Adam	1683-1688
5. Johannes Hooss	1686-1724	1. Johannes	1711-1719
		2. Joh. Valentin	1714-1721
		3. Johann Henrich	1717-1718
		4. Johannes	1719-1719
		5. Johannes	1726-1726
6. Johannes Hooss	1724-1761	1. Johannes	1728-1728
(Schwiegersohn		2. *Johannes*	1734-1817
aus der weiteren		3. Johann Jost	1744-1792
Verwandtschaft)		4. Conrad	1747-1750
7. Johannes Hooss	1764-1795	1. *Johannes*	1773-1838
8. Johannes Hooss	1795-1835	1. Sebastian	1801-1858
		2. Johann Georg	1803-1805
		3. *Johannes*	1812-1866
9. Johannes Hooss	1835-1866	1. Sebastian	1842-1843
		2. *Johannes*	1854-1920
10. Johannes Hooss	1879-1914	1. *Johannes*	1880-1970
		2. Sebastian	1885-1966
11. Johannes Hooss	1914-1945	1. *Johannes*	1915-?
12. Johannes Hooss	1945-?	kein männlicher Nachkomme	

Zit. nach: A. E. Imhof, a. a. O., S. 148.

a) Erkläre anhand des VT und M3 die religiösen Vorstellungen der Menschen.
b) Wie heißt jeweils der Hofbesitzer des Välteshofes (M4)? – Wie wird das erreicht? – Was bezweckte diese Regelung? – Jetzt kannst du sicher auch die Hausinschrift (M2) deuten.
c) Wodurch wird Leben heute bedroht? Wie gehen Menschen heute damit um?

8. Das 18. Jahrhundert: Die Welt wird neu erklärt

Der neue Glaube an die Vernunft des Menschen

Im 17. Jahrhundert hatte das Wissen in der Astronomie, Chemie, Biologie, Mathematik, Medizin durch immer wieder neue Beobachtungen und Experimente stark zugenommen. Die neuen Erkenntnisse interessierten nur einen kleinen Kreis von Wissenschaftlern, zumal die Forschungsergebnisse in der Regel in lateinischer Sprache veröffentlicht wurden. Aber seit der Jahrhundertwende (1700) gründeten Adlige und reiche Bürger in England und Frankreich, später auch in Deutschland, in vielen Städten Clubs. Diese trafen sich in Salons und Cafés und diskutierten die neuen Ideen und Erkenntnisse der Wissenschaftler. Immer mehr gebildete Menschen vertrauten darauf, dass durch die menschliche Vernunft und die Anwendung der neuen Naturwissenschaften die Lebensumstände der Menschen und das Verhältnis der Menschen untereinander verbessert werden könnten. Sie gingen davon aus, dass *jeder,* gleich welcher Herkunft und Rasse, vernünftig denken und handeln könne. Von den alten Autoritäten, der Kirche und dem Königtum, erwarteten die „aufgeklärten" Menschen immer weniger die Lösung von Problemen wie Krankheiten, Hunger, Gewalt, Katastrophen und dem Tod. Alle Menschen sollten nicht erst im Jenseits, sondern schon hier und jetzt auf der Erde glücklich werden.

Wortführer der Aufklärung: Locke, Rousseau

Wie seine aufgeklärten Zeitgenossen, so glaubte auch der Philosoph, Komponist und Pädagoge Jean Jacques Rousseau (1712 bis 1778) an die Vernunft in *jedem* Menschen. Rousseau entwickelte Ideen, wie ein Staat nach den Regeln der Vernunft aussehen müsste. Er hatte bereits von dem englischen Arzt und Philosophen John Locke (1632 bis 1704) gehört, dass keine Regierung ohne die Zustimmung des Volkes existieren könne. Rousseau ging darüber hinaus. In seinem Werk „Der Gesellschaftsvertrag" vertrat er die Meinung, dass Regierende und Regierte immer schon durch einen Vertrag aneinander gebunden seien, auch wenn ein solcher Gesellschaftsvertrag nie wirklich von beiden Seiten unterschrieben wurde. Würde ein Herrscher seine Aufgaben nicht erfüllen, dürften seine Untertanen den Vertrag als gebrochen ansehen und schuldeten ihm künftig weder Treue noch Gehorsam. Solche Gedanken untergruben die absolutistische Herrschaftsform, denn sie billigten den Untertanen gegenüber dem absoluten Monarchen einklagbare Rechte zu. Rousseau beschäftigte besonders die Frage, wie die Erziehung von Kindern in einer reformierten Gesellschaft aussehen müsse. In dem Erziehungsroman „Emil oder über die Erziehung" (1762) gab er eine neue Antwort (siehe M3).

Voltaire

Neben Rousseau wurde der Philosoph und Schriftsteller Voltaire (1694 bis 1778) zum bedeutendsten Wortführer der Aufklärung, weshalb das 18. Jahrhundert auch als das „Jahrhundert Voltaires" bezeichnet wird. Er bekämpfte den religiösen Fanatismus der beiden christlichen Konfessionen und wandte sich gegen Vorurteile jeder Art. Er trat für die Befreiung der Bauern aus der Leibeigenschaft und die rechtliche Gleichstellung aller Menschen ein.

Baron de Montesquieu

Der französische Schriftsteller Montesquieu (1689 bis 1755) forderte in seinem Werk „Der Geist der Gesetze" (1748), die drei Aufgaben der Staatsgewalt – Gesetzgebung, Verwaltung und Rechtsprechung – zum Schutze der Untertanen auf drei voneinander unabhängige Organe aufzuteilen. In seinem Staat sollte es keinen absolut regierenden Herrscher mehr geben, sondern Gewaltenteilung.

Legende
für den gemeinen Mann
zum
nützlichen Unterricht
über Religion, Welt- und Menschenkenntniß, Folgen der Tugend und des Lasters, Kinderzucht und Ausartung, Gesundheit und Behandlung der Krankheiten an Menschen und Vieh, über Acker- Feldbau, und allerhand wirthschaftliche Dinge, schädliche und gute Sachen.
In Erzählungen
unsern herzlich geliebten Mitmenschen des gemeinen Standes
vorgelegt,
und jedem redlichen Menschenfreunde gewidmet.

Bildniß der guten Hausmutter Anne Thomsen.
Vierter und letzter Theil.
München, bey Johann Baptist Strobl, 1790.

1 ***Aufklärungsschriften*** *(oben: von 1790) riefen auch zu Fleiß, Ordnungsliebe und Gehorsam gegenüber der Obrigkeit auf.*

2 ***Aufklärung.*** *Kupferstich von Daniel Chodowiecki (1726 bis 1801). – Wie sieht der Künstler die Aufklärung (siehe franz. und engl. Wort unten)?*

Die „Enzyklopädisten"

In Frankreich versuchten die Philosophen Denis Diderot und Jean Le Rond d'Alembert alles verfügbare Wissen der Zeit in einem Nachschlagewerk zu sammeln. Bildung und Wissen galten ihnen als Voraussetzung dafür, dass die Menschen tugendhafter und glücklicher würden. Diese „Encyclopédie" (griechisch: alles, was zur Bildung gehört) erschien von 1751 bis 1772 in 35 Bänden.

Verbreitung der neuen Ideen

Im Lauf des 18. Jahrhunderts fanden sich die Aufklärer in Lesegesellschaften zusammen, die eigene Leihbibliotheken unterhielten. Um 1750 gab es allein in Deutschland ca. 500 Wochenschriften mit Namen wie „Der Menschenfreund" oder „Der Weltbürger", die ihre Leser auf unterhaltsame Weise belehren wollten. Sie kämpften gegen Vorurteile und Aberglauben, schilderten ein tugendhaftes Leben als angenehm und lohnend. Die Vernunft müsse über die Leidenschaften herrschen, jeder Mensch müsse an sich selber arbeiten. An Rousseau orientiert, wurden Ratschläge für eine naturgemäße und vernünftige Kindererziehung gegeben. Jedoch machten die Leser nicht mehr als ein Prozent der Gesamtbevölkerung aus. Aber am Ende der Aufklärungszeit (um 1800) konnten in Deutschland immerhin zwischen 25 und 30 Prozent der Bevölkerung lesen.

Aufklärung (französisch „lumières"; englisch „enlightenment"): Eine in Europa im 18. Jahrhundert von gebildeten Menschen vertretene Grundeinstellung, die vom Glauben an die Vernunft in jedem Menschen geprägt ist. Der Gebrauch des eigenen Verstandes (lateinisch „ratio") befreie die Menschen aus den alten Abhängigkeiten der Kirche und des Königtums und führe zu mehr Glück, Toleranz und Selbstbestimmung. Mit Hilfe der Wissenschaften und einer vernünftigen Erziehung mache die Menschheit beständig Fortschritte auf eine bessere Welt hin. Wer diese Überzeugung hat, denkt *rational.*

3 Was ist Erziehung?

Rousseau schrieb dazu im „Emile" (siehe VT):

1. Was soll man also von jener barbarischen Erziehung denken, die die Gegenwart einer ungewissen Zukunft opfert, die ein Kind mit allen möglichen Fesseln bindet und damit beginnt es unglücklich zu machen, um ihm für die Zukunft ein angebliches Glück zu bereiten, das es vielleicht nie genießen wird? Man quält das unglückliche Kind um seines Wohles willen.

2. Mein Schüler (bis zum 12. Lebensjahr) oder vielmehr der Schüler der Natur schwatzt nicht, er handelt. Er weiß nichts von dem, was in der Welt vorgeht, aber er kann das für ihn Richtige tun. Da er sich ständig bewegt, muss er viele Dinge beobachten und viele Wirkungen kennenlernen. So erwirbt er frühzeitig große Erfahrung. Er erhält seinen Unterricht von der Natur und nicht von den Menschen … Wer eine Kunst ausüben will, der muss sich zuerst die Werkzeuge beschaffen. Um denken zu lernen müssen wir also unsere Glieder, unsere Sinne und unsere Organe üben. Alle Bosheit entspringt der Schwäche. Das Kind ist nur böse, weil es schwach ist. Macht es stark und es wird gut sein. Wer alles kann, tut niemals Böses.

3. In der *Sozialordnung* sind alle Plätze gekennzeichnet; jeder muss für seinen Platz erzogen werden. Verlässt einer seinen Platz, so ist er zu nichts mehr zu gebrauchen. In Ägypten musste der Sohn den Beruf des Vaters übernehmen und die Erziehung hatte wenigstens ein gesichertes Ziel. Bei uns bleiben nur die Ränge (Stände) bestehen und die Menschen wechseln ständig. Niemand weiß, ob er seinem Sohn nicht schadet, wenn er ihn für seinen Stand erzieht. In der *natürlichen Ordnung* sind alle Menschen gleich; ihre gemeinsame Berufung ist: Mensch zu sein. Wer dafür gut erzogen ist, kann jeden Beruf nicht schlecht versehen. Ob mein Schüler Soldat, Priester oder Anwalt wird, ist mir einerlei. Vor der Berufswahl der Eltern bestimmt ihn die Natur zum Menschen. Leben ist ein Beruf, den ich ihn lehren will. Nach meiner Meinung ist der am besten erzogen, der die Freuden und Leiden dieses Lebens am besten zu ertragen vermag. Daraus folgt, dass die wahre Erziehung weniger vorschreibt als praktisch übt.

4. *Rousseau forderte für die Mädchen eine andere Erziehung. Zwar seien Mann und Frau grundsätzlich gleich, aber* in allem, was mit dem Geschlecht zusammenhängt, gibt es bei der Frau und dem Mann gleich viele Ähnlichkeiten wie Verschiedenheiten. Daraus ergibt sich: der eine muss aktiv und stark sein, der andere passiv und schwach. Steht dieser Grundsatz fest, so folgt daraus, dass die Frau eigens geschaffen ist um dem Mann zu gefallen. Es ist weniger zwingend notwendig, dass ihr der Mann auch seinerseits gefällt: sein Vorzug liegt in der Kraft, er gefällt allein dadurch, dass er stark ist. Die Erforschung der abstrakten Wahrheiten, die Prinzipien und Axiome der Wissenschaften, alles, was auf die Verallgemeinerung der Begriffe abzielt, ist nicht Sache der Frauen. Ihre Studien müssen sich auf das Praktische beziehen. Die Frau hat mehr Witz, der Mann mehr Genie. Die Frau beobachtet, der Mann zieht Schlüsse.

Nach: J. J. Rousseau, Emile oder über die Erziehung, Paderborn 1978 (Uni-Taschenbücher 115), 1. Auszug: S. 55; 2. Auszug: S. 104, 111, 44; 3. Auszug: S. 14 f.; 4. Auszug: S. 385 f., 420 f.

4 Der absolutistische Staat reagiert

Kaum war Rousseaus Buch erschienen, wurde es von der Pariser Polizei beschlagnahmt.

Die Justiz verkündete, „dass sich überallhin ein Buch mit dem Titel ‚Emile oder über die Erziehung' verbreitet und dass sein Verfasser in unheilvoller Weise als großer Meister der Verführung und der Verirrung allzu bekannt ist und sein Werk, in gleichem Maße wider den Glauben und die guten Sitten, mit einer Begierde gelesen wird, die ihnen nur verderblich sein kann." *Das Pariser Parlament ordnete an,* „dass das nämlich gedruckte Buch im Hofe des Palais vom Scharfrichter des Hohen Gerichts zerrissen und verbrannt werde." *Der Verkauf wurde verboten. Weiter verfügte das Parlament,* „dass man den genannten J. J. Rousseau aufgreife, in Verhaft nehme und nach den Gefängnissen bringe, auf dass man ihn daselbst verhöre und befrage." *Rousseau floh aus Paris in die Schweiz.*

Nach: Michel Soëtard, Jean Jacques Rousseau, Zürich 1989, S. 97 f.

a) Rousseaus Ideen waren damals neu und aufgeklärt. Erkläre.
b) Schreibe einen Brief an Rousseau aus der Sicht eines Adligen (M3, M4).
c) Führt ein Streitgespräch zwischen Rousseau und der Justiz (M4).
d) Was ist von den Ideen Rousseaus heute verwirklicht, was ist noch nicht eingelöst, warum nicht? Welche Vorstellungen haben sich gewandelt?

9. Brandenburg-Preußen wird europäische Großmacht

1640–1713 ____________ *Unter Kurfürst Friedrich Wilhelm und seinem Sohn Friedrich III. (als König Friedrich I.) entwickelt sich die Mark Brandenburg zum Königreich.*

1713–1740 ____________ *Friedrich Wilhelm I. errichtet den preußischen Militär- und Beamtenstaat.*

1740–1786 ____________ *Friedrich II. regiert als aufgeklärter Monarch und macht Preußen zur Großmacht.*

Die Hohenzollern in Brandenburg

Auf der Karte unten wird deutlich, wie sich aus der kleinen Mark Brandenburg ein großer Flächenstaat entwickelt hat. Das geschah unter dem Geschlecht der Hohenzollern, die 1415/17 als südwestdeutsche Grafen vom König die Kurfürstenwürde und die Mark Brandenburg als Lehen erhielten. Durch eine geschickte Heiratspolitik fielen ihnen dann im Westen die Herrschaften Kleve, Mark und Ravensberg und im Osten Hinterpommern und das Herzogtum Preußen zu. Damit das Gebiet nicht wieder auseinanderfiel, verbot ein Gesetz die Erbteilung. Kurfürst Friedrich Wilhelm (1640–1688) gelang es in einem Krieg zwischen Schweden und Polen, in dem er sich mal auf die eine, mal auf die andere Seite stellte, 1660 die volle Souveränität über das Herzogtum Preußen zu gewinnen. Bis dahin war der polnische König der oberste Lehensherr Preußens gewesen.

1 Die Entwicklung Brandenburg-Preußens 1415/17–1795

Stehendes Herr und eigene Finanzverwaltung

Wie Ludwig XIV. ging auch Kurfürst Friedrich Wilhelm nach dem Dreißigjährigen Krieg daran ein stehendes Heer aufzubauen. Er entließ seine 4000 Söldner nicht wieder, sondern quartierte sie in die Häuser der Stadtbürger ein. Alle Soldaten mussten sich für eine längere Dienstzeit verpflichten und sich einer strengen militärischen Disziplin unterwerfen. Auf verschiedenen Landtagen gelang es dem Kurfürsten sich mit dem Adel über die Finanzierung des neuen Heeres zu verständigen. Die Adligen bewilligten ihm Steuern und erlaubten außerdem, die Gelder durch eigens dafür vorgesehene kurfürstliche Beamte einzutreiben. Dies war der Anfang einer zentralen Finanzverwaltung. Dafür musste Friedrich Wilhelm den Adligen das Privileg der Steuerfreiheit und die volle Rechts- und Polizeigewalt auf ihren Gütern zugestehen.

Französische „Asylanten" werden Berliner

Am 18. Oktober 1685 hob der französische König Ludwig XIV. das Toleranzedikt von Nantes auf. 200 000 französische Hugenotten mussten aus Frankreich fliehen (vgl. Kap. 1 und 5 des Großabschnitts). Elf Tage später reagierte Kurfürst Friedrich Wilhelm darauf mit dem Edikt von Potsdam. Es wurde auf 500 zweisprachigen Flugblättern in den hugenottischen Wohngebieten Frankreichs verbreitet. Der Große Kurfürst, wie Friedrich Wilhelm nach einer siegreichen Schlacht über die Schweden 1675 genannt wurde, bot den Hugenotten Asyl in Brandenburg an und versprach ihnen sie sechs Jahre lang von allen Steuern zu befreien und sie beim Aufbau einer neuen Existenz finanziell zu unterstützen. Etwa 20 000 Glaubensflüchtlinge kamen, sechstausend von ihnen gründeten in Berlin eine französische Kolonie. Die Bevölkerung von Berlin wuchs so um ein Drittel. Mit dem Potsdamer Edikt hatte der Große Kurfürst erreicht, was er wollte. Die Einwanderer waren handwerklich und wissenschaftlich sehr gut ausgebildet. Sie führten über 40 neue Berufszweige ein und gründeten die ersten Manufakturen. So gab es mehr Arbeitsplätze und auch mehr und bessere Waren in Brandenburg zu kaufen. Außerdem wuchs durch die französischen Emigranten die Bevölkerung, die nach den Verwüstungen durch den Dreißigjährigen Krieg auf etwa 1 Million Menschen geschrumpft war. Als Ergebnis flossen mehr Steuern in die Staatskasse. Allerdings verlief die Ansiedlung der Hugenotten nicht reibungslos. Die ansässige Bevölkerung störte sich daran, dass sie für die Neubürger Wohnraum zur Verfügung stellen musste und Abgaben zu leisten hatte. Im Lauf der Zeit verlor sich jedoch die Abneigung gegenüber den protestantischen Einwanderern, denn die Neubürger überzeugten durch ihren Fleiß und ihren Erfolg und hatten zudem die gleiche Konfession.

Sondergesetze für die Minderheiten der Juden und der Sinti

Der Kurfürst erlaubte auch wohlhabenden jüdischen Familien sich anzusiedeln und auf Wochen- und Jahrmärkten Handel zu treiben. Dafür mussten sie an den Kurfürsten als Landesherrn jährliche Schutzgelder zahlen. Verlor ein Jude sein Geschäft oder machte sich einer straffällig, so hatte die gesamte jüdische Gemeinde mit dem Besitz aller zu haften. Vollkommen unerwünscht waren die Sinti (Zigeuner) in Brandenburg. Wie Arme und Bettler galten sie als unnützes Gesindel. Nach dem Gesetz konnte ein Aufenthalt für sie mit Hinrichtung am Galgen enden.

Der Kurfürst wird König

Der Große Kurfürst hatte durch seine Politik Brandenburgs Stellung in Europa gestärkt. Ziel seines Sohnes, Friedrich III. (Regierungszeit 1688 bis 1713), war es der neuen Machtstellung mit der Königswürde auch die äußere Anerkennung zu verschaffen. Innerhalb des Deutschen Reiches konnte es aber nur einen König geben. Aber das Herzogtum Preußen lag außerhalb der Grenzen des Deutschen Reiches. Der Kurfürst von Brandenburg war hier souverän und nicht dem König als oberstem Herrn untergeben. Er konnte das Herzogtum also durchaus zum

2 ***„Die Gerechtigkeit". Militärstrafen im 18. Jahrhundert.***
In den Kriegsartikeln Friedrich Wilhelms I. von 1713 hieß es u. a.: Welcher Soldat sich dem Amtskommando der Offiziere widersetzt, sei es auch nur mit Worten, derselbe soll mit dreißigmaligem Gassenlaufen belegt werden. Welcher Soldat ... davonläuft, sei es auf Märschen, im Feld, Lager ... soll ohne alle Gnade mit dem Strang vom Leben zum Tod gebracht werden.– Welche Strafen werden dargestellt?

Königtum aufwerten. Doch wollte Friedrich einen solchen Schritt nicht ohne das Einverständnis des Kaisers machen. Der gab sein Einverständnis erst, als Friedrich ihm 8 000 Soldaten Unterstützung im Krieg gegen den französischen König Ludwig XIV. zusagte. Friedrich III. setzte sich 1701 in Königsberg selbst die Königskrone auf und nannte sich nun Friedrich I. König in Preußen.

Eine neue Auffassung vom Herrscheramt: Friedrich Wilhelm I.

Friedrich Wilhelm I. (1713 bis 1740), der im Gegensatz zu seinem Vater jeden Luxus am Hof ablehnte, verfolgte zwei Ziele: Die verstreuten Gebiete seines Landes (siehe M1) zu einem einheitlichen Staat zu verbinden und diesem Staat eine führende Rolle unter den europäischen Großmächten zu verschaffen. Um in allen Landesteilen den königlichen Willen durchzusetzen bedurfte es einer zentralen Verwaltung. 1723 schuf er in Berlin eine oberste Behörde für alle Verwaltungsangelegenheiten, das Generaldirektorium. Beamte verwalteten hier die Ausrüstung und Versorgung des Heeres, das Postwesen, die Steuern sowie die königlichen Manufakturen. Hier entstanden neue Konzepte für ein einheitliches Verkehrswesen und zur Besiedlung brachliegender Landesteile. Alle Minister und Beamte unterstanden einer strengen Dienstordnung und hatten dem König als Vorsitzendem der Behörde bedingungslos zu gehorchen. Eine starke Armee sollte die Position Brandenburg-Preußens in Europa stärken. Werbeoffiziere zogen durch das Land um Soldaten zu rekrutieren und die Regimenter zu verstärken. Dabei wurden die jungen Männer oft mit Betrug in die Armee gelockt, entführt oder mit anderer Gewalt gezwungen. Sobald Werber in die Nähe kamen, suchten daher die jungen Männer besonders in den Grenzregionen das Weite, so dass in der Erntezeit Arbeitskräfte fehlten. Unter den Bauern und Adligen regte sich folglich gewaltsamer Widerstand gegen die Werber.

„Ein unglücklich Mittelding zwischen Bauer und Soldat"

Um der Willkür bei der Rekrutierung ein Ende zu machen, Bauern und Adel zufrieden zu stellen, bestimmte Friedrich Wilhelm I. 1733, dass jedes Regiment in seinem Kanton (Bezirk) Soldaten rekrutieren durfte. Seitdem wurden die

3 ***Das Mährische Viertel in Neusalz an der Oder.*** *Bereits der Große Kurfürst hatte 1685 20 000 Hugenotten nach Brandenburg geholt. Unter Friedrich II. konnten weitere 300 000 Menschen nach Preußen einwandern. Im eroberten Schlesien ließ er für protestantische Aussiedler aus dem katholischen Böhmen, Mitglieder der Herrnhuter Brüdergemeine, ab 1743 in Neusalz das Mährische Viertel errichten. Dort betrieben sie eine Textilverarbeitung und konnten ihren Glauben ungestört leben. Für die ansässige Bevölkerung stellten sie keine Konkurrenz dar. Sie lebten über ein Jahrhundert als eigenständige Gemeinschaft innerhalb der preußischen Gesellschaft.*

Bauernjungen schon im Kindesalter in den Regimentslisten erfasst („Kantonsystem"). Jedes Jahr gab es eine Exerzierzeit von drei Monaten, die restliche Zeit wurden die Soldaten als „Urlauber" auf die Felder nach Hause geschickt. Damit war der „Bauernsoldat" geschaffen. Während der Exerzierzeit wurden die Soldaten bei Bürgern in den Garnisonsstädten einquartiert. Kasernen gab es noch nicht. Trotz ihres Militärdienstes mussten die Bauern die Armee weiterhin mit Nahrung versorgen, bei Festungsbauten mit anpacken und Heeressteuern zahlen. Einzelne Großbauern und Stadtbürger mit Grundbesitz erhielten gegen eine Abgabenleistung im Einzelfall eine Befreiung vom Heeresdienst.

Gutsherr und Offizier: der adlige Junker

Um für die wachsende Armee genügend qualifizierte Offiziere zu haben zwang Friedrich Wilhelm I. den großgrundbesitzenden Adel zum Offiziersdienst. Die adlige Jugend wurde in besonderen Militärschulen, sog. Kadettenanstalten, zum Offizier erzogen. Als Gegenleistung gewährte der König den Gutsbesitzern in ihrem Bezirk weitgehend selbständig über die bäuerlichen Untertanen zu regieren. In den Händen des Junkers (Gutsherr) lag fortan die Polizeigewalt und die Gerichtshoheit. Außerdem führte er die Aufsicht über Kirchen und Schulen. Die Bauern waren als Soldaten der Befehlsgewalt adliger Offiziere unterstellt, als „Beurlaubte" hatten sie oft dem gleichen Adligen, ihrem Gutsherrn, zu dienen. Folglich setzten sich militärische Tugenden wie Ordnung, Disziplin, bedingungsloser Gehorsam, Abgabe von Eigenverantwortung an den Vorgesetzten auch in anderen Lebensbereichen als preußische Tugenden durch.

Friedrich II. überfällt Schlesien

1740 folgte Friedrich II., 28 Jahre alt, Friedrich Wilhelm I. auf dem Thron. Von seinem Vater übernahm er das Ziel, Preußen zu einer militärischen und politischen Großmacht zu machen. So wuchs die Stärke des Heeres von 80 000 (1740) auf 180 000 Mann (1786). Im Jahr von Friedrichs Thronbesteigung starb

4 Friedrich II. überwacht die Kartoffelernte. – *Gemäldeausschnitt von R. Warthmüller, 1886. Friedrich verfügte 1757: Es ist Euch (Landräten) aufgegeben worden, den, ... sonderlich der Armuth, so nützlichen Anbauung der Kartoffeln Euch bestens angelegen sein zu lassen, denen Kreis-Einsassen den großen Nutzen davon begreiflich zu machen und selbige zu fleissiger Anbauung ... zu animiren ...*

auch der österreichische Kaiser Karl VI. Der junge Preußenkönig sah die Chance gegeben, die zu Österreich gehörende reiche Provinz Schlesien zu erobern. Preußische Regimenter marschierten in Schlesien ein und besetzten es. Die Österreicher konnten Schlesien nicht behaupten. Die Tochter Karls VI., die neue Kaiserin Maria-Theresia, musste die Provinz 1742 an Preußen abtreten.

Der Siebenjährige Krieg

Als Folge eines Krieges zwischen England und Frankreich um die Kolonien in Amerika hatte sich England mit Preußen und Frankreich mit Österreich, Russland, Schweden und Sachsen verbündet. Die Koalition um Österreich wollte den preußischen Machtzuwachs rückgängig machen, Österreich Schlesien zurückerobern. Der übermächtigen Koalition glaubte Friedrich nur Herr zu werden, indem er 1756 den Krieg selbst überraschend begann. Dem 120 000 Mann starken preußischen Heer stand eine zweieinhalb Mal stärkere Übermacht gegenüber. Nach sieben Kriegsjahren brachte der plötzliche Tod der russischen Zarin Elisabeth die glückliche Wende für Preußen. Ihr Sohn und Thronfolger Peter III. war ein Verehrer Friedrichs. Er schloss Frieden mit Preußen. Auch die anderen Mächte willigten angesichts allgemeiner Erschöpfung in den Frieden ein, der 1763 abgeschlossen wurde. Schlesien blieb preußischer Besitz. In den Schlachten von 1756 bis 1763 starben 120 000 preußische, 69 000 österreichische und 42 000 russische Soldaten.

Aufgeklärte Politik eines absolutistischen Monarchen

Um die enormen Summen für das Militär aufzubringen musste der Staat mehr Steuern einnehmen. Zum einen nahm Friedrich sich den französischen Merkantilismus zum Vorbild und unterstützte Handel und Gewerbe (vgl. Kap. 6). Zum anderen ließ er bisher unkultiviertes Gebiet urbar machen und besiedeln. Allein zwischen 1746 und 1752 entstanden dadurch 122 neue Dörfer.
Aber Friedrich II. hatte neben seiner Vorliebe für das Militärische noch eine andere Seite: schon in jungen Jahren beschäftigte er sich mit den Ideen der Aufklärung. Mit dem französischen Aufklärer Voltaire pflegte er einen regen Briefwechsel. Gebildete Männer lud er zum Meinungsaustausch an seine Tafelrunde. Er las die Werke französischer Dichter, schrieb selbst Abhandlungen in französischer Sprache und komponierte Musikstücke, die noch heute im Radio zu hören sind.

5 Alltag preußischer Soldaten

Der in die Armee gezwungene Söldner Ulrich Bräker aus der Schweiz schrieb 1788:

Bald alle Wochen hörten wir nämlich neue ängstigende Geschichten von eingebrachten Deserteurs, die, wenn sie noch so viele List gebraucht, sich in Schiffer und andere Handwerksleuthe, oder gar in Weibsbilder verkleidt, in Tonen und Fässer versteckt, u. d. gl. dennoch ertappt wurden. Da mussten wir zusehen, wie man sie durch 200 Mann achtmal die lange Gasse auf und ab Spießruthen laufen ließ, bis sie athemlos hinsanken – und des folgenden Tags aufs neue dran mussten ... (Wir mussten) oft ganzer fünf Stunden lang in unsrer Montur eingeschnürt wie geschraubt stehn, in die Kreutz und Querre pfahlgerad marschieren und ununterbrochen blitzschnelle Handgriffe machen; und das alles auf Geheiß eines Offiziers, der mit einem furiosen Gesicht und aufgehobnen Stock vor uns stuhnd und alle Augenblicke wie unter Kabisköpfe drein zu hauen drohete ... Und kamen wir dann todmüde ins Quartier, so giengs schon wieder Hals über Kopf, unsre Wäsche zurecht machen und jedes Fleckgen auszumustern ... Gewehr, Patrontasche, Kuppel, jeder Knopf an der Montur, alles musste spiegelblank geputzt seyn. Zeigte sich an einem dieser Stücke die geringste Unthat oder stand ein Haar in der Frisur nicht recht, so war, wenn er auf den Platz kam, die erste Begrüßung eine derbe Tracht Prügel.

U. Bräker, Der arme Mann im Tockenburg, zit. nach: Preußen Zur Sozialgeschichte eines Staates, Reinbek 1981, S. 41.

6 Schule für alle?

Friedrich Wilhelm I. hatte 1717 die allgemeine Unterrichtspflicht in Teilen von Brandenburg-Preußen verordnet. Die Kinder sollten vom 5. bis zum 13. Lebensjahr zur Schule gehen. Doch kamen die meisten allenfalls im Winter zur Schule. In der übrigen Zeit mussten sie zu Hause mithelfen. Zwar wurden bis 1740 insgesamt 1500 Volksschulen eingerichtet, doch hatte das Edikt keinen durchschlagenden Erfolg. Friedrich II. legte deshalb 1763 im Königlich-Preußischen General-Landschul-Reglement die Schulpflicht für Landschulen erneut fest:

Zuvörderst wollen Wir, dass alle Unsere Untertanen, denen die Erziehung der Jugend obliegt, ihre eigenen sowohl als die ihrer Pflege anvertrauten Kinder, wo nicht eher, doch höchstens vom fünften Jahre ihres Alters in die Schulen schicken, auch damit ordentlich bis ins dreizehnte und vierzehnte Jahr kontinuieren und so lange zur Schule halten sollen, bis sie nicht nur das Nötigste vom Christentum gefasst haben und fertig lesen und schreiben, sondern auch von demjenigen Rede und Antwort geben können, was ihnen nach den von Unsern Konsistorien verordneten und approbierten Lehrbüchern beigebracht werden soll ...

Aus: Th. Dietrich / J. G. Klink, Zur Geschichte der Volksschulen, Bad Heilbrunn 1964, S. 132–139. Zit. nach: Preußen. Zur Sozialgeschichte eines Staates, Reinbek 1981, S. 163 f.

7 Religiöse Toleranz

Friedrich II. äußerte sich 1752 in seinem politischen Testament:

Katholiken, Lutheraner, Reformierte, Juden und zahlreiche andere christliche Sekten wohnen in Preußen und leben friedlich beieinander. Wenn der Herrscher aus falschem Eifer auf den Einfall käme, eine dieser Religionen zu bevorzugen, so würden sich sofort Parteien bilden und heftige Streitereien ausbrechen. Allmählich würden Verfolgungen beginnen und schließlich würden die Anhänger der verfolgten Religion ihr Vaterland verlassen und Tausende von Untertanen würden unsere Nachbarn mit ihrem Gewerbefleiß bereichern und deren Volkszahl vermehren.

Friedrich II., Das politische Testament von 1752. Zit. nach: Geschichte in Quellen, Bd. 3, S. 608.

a) Beschreibe den Drill in der Armee aus der Sicht des Königs und aus der Sicht der Soldaten (M2 und M5). – Was sollte damit erreicht werden?

b) Friedrich II. hat sich selbst als aufgeklärten Monarchen, als „ersten Diener des Staates" bezeichnet. – Welche seiner Maßnahmen kann man als aufgeklärt bezeichnen, welche nicht (M3, M4, M6, M7 und VT)?

c) Die Preußenkönige tolerierten verschiedene religiöse und gesellschaftliche Gruppen. – Warum verhielten sie sich anders als Ludwig XIV. (M3, M7 und VT)? Wo hatte ihre Toleranz ein Ende? Warum?

d) Pflicht, Gehorsam, Ordnung, Disziplin werden auch als „preußische Tugenden" bezeichnet. Warum? Welchen Stellenwert haben sie für dich?

England und Nordamerika: auf dem Weg zur Demokratie

„Durch den Kontinent" (Kolorierter Druck nach einem Stich von Fanny Palmer, 1868).
Oben links: „Abscheuliche unerhörte Execution" von Karl I. 1649 in London (anonymer deutscher Kupferstich von 1649, 25 x 28 cm).
Oben rechts: Anhänger der Geheimorganisation „Sons of Liberty" stürzen am 17. Juni 1776 in New York das Denkmal des englischen Königs Georg III. (1760 bis 1820), unbezeichneter Holzstich aus dem 19. Jahrhundert.
Briefmarken: USA 1965, Kanada 1968.

1. Das bewegte 17. Jahrhundert in England: ein Staat im Umbruch

Das Parlament will mitregieren

Im 17. Jahrhundert verschärften sich die Konflikte zwischen den englischen Königen und dem Parlament. Finanznöte der Krone und die Furcht des Parlaments vor einer Stärkung der katholischen Religion durch die Stuarts, die seit 1603 England und Schottland in Personalunion regierten, waren die Hauptstreitpunkte. Die Auseinandersetzungen spitzten sich so zu, dass ein blutiger Bürgerkrieg entstand, an dessen Ende der König öffentlich enthauptet wurde. Während zur gleichen Zeit im übrigen Europa die Könige und Fürsten ihre Gegner, vorwiegend den Adel, weit gehend ausgeschaltet hatten und absolutistisch regierten, war in England die Monarchie für 11 Jahre völlig abgeschafft.

1 *König Karl I. 1633. Gemäldeausschnitt von Van Dyck (1599 bis 1641)*

Die Anfänge des englischen Parlaments reichen ins Mittelalter zurück. Da die Könige für ihre Kriegführung immer Geld brauchten, das sie über Sondersteuern einzutreiben versuchten, nutzte der Hochadel diese Notlagen und zwang die Monarchen seine Zustimmung einzuholen. Nach und nach erweiterte sich der Kreis der Versammelten. Der niedere Adel und reiche Kaufleute kamen dazu. Schließlich verabschiedete das Parlament gemeinsam mit dem Monarchen Gesetze und bewilligte Steuern. Zu Konflikten kam es immer dann, wenn sich die Könige über alte, von ihren Vorgängern gewährte Rechte hinwegsetzten.

Im 17. Jahrhundert spitzte sich der Konflikt zu: Das Parlament gestand König Karl I. (1625–1649) Zölle auf Wein, Wolle und sonstige Gebrauchsgüter nur für ein Jahr zu. Er ließ sie dennoch auch ohne weitere Zustimmung eintreiben. Außerdem zwang er viele Adlige ihm Geld zu leihen. Weigerten sie sich, ließ er sie oft in den Tower, das Staatsgefängnis in London, werfen. Das Parlament protestierte heftig gegen die Willkür des Königs und erinnerte ihn 1628 in einer Beschwerdeschrift, formuliert als Bitte (Petition), an die Rechte und Freiheiten des Parlaments und seiner Mitglieder. Der König nahm dieses „Gesuch um Gerechtigkeit" zwar widerstrebend an, erhob die Steuern aber weiter. Es kam zu Tumulten im Parlament, wo beschlossen wurde, dass jeder Bürger, der diese Steuern bezahle, als Feind Englands zu gelten habe. Nach weiteren Protesten löste der König das Parlament 1629 auf und berief es 11 Jahre nicht mehr ein.

Oberhaus und Unterhaus

Seit dem 15. Jahrhundert bestand das Parlament aus zwei Häusern. Diese Aufteilung besteht heute noch. Im Oberhaus (House of Lords) saßen der Hochadel und die hohe Geistlichkeit. Sie erbten ihre Sitze oder erhielten sie, weil sie ein wichtiges Amt bekleideten. Die Mitglieder des Unterhauses (House of Commons) stammten aus dem Landadel oder waren wohlhabende Kaufleute. Sie wurden gewählt. Allerdings durften etwa 80 Prozent der damaligen erwachsenen männlichen Bevölkerung nicht wählen, weil sie nicht genügend oder gar keinen Grundbesitz hatten. Frauen waren noch von jeder offiziellen politischen Mitsprache und Entscheidung ausgeschlossen.

Unterschiedliche religiöse Bekenntnisse

Neben dem Problem alter Rechte und Freiheiten spielte im Konflikt zwischen König und Parlament auch die Religion eine entscheidende Rolle. Unter König Heinrich VIII. (1509–1547) war England mit Zustimmung des Parlaments protestantisch geworden. Der englische König war das Oberhaupt der neuen anglikanischen Kirche. Obwohl die katholische Religion verboten war, bewahrte die anglikanische Kirche im Gottesdienst und in der Kirchenorganisation viele Tra-

2 Älteste bekannte Abbildung des Unterhauses. *Stich von 1624 (Mary Evans Picture Library, London). Das Unterhaus tagte seit 1547 in der St. Stephan's Kapelle. Die Sitzungen leitete ein vom Unterhaus gewählter, aber vom König besoldeter „Speaker". – Erörtere die Schwierigkeiten der Sprecherposition.*

ditionen des Katholizismus. Sowohl vom Luthertum als auch vom Calvinismus hielt die anglikanische Kirche jedoch Abstand. Sehr viele Mitglieder des Unterhauses waren aber im 17. Jahrhundert strenggläubige Calvinisten, meist als Puritaner (lateinisch „purus", d. h. rein) bezeichnet, weil sie sich sehr streng an den Geboten der Bibel orientierten. Sie lehnten die anglikanische Kirche wegen ihrer Nähe zum Katholizismus ab, wollten keine über der Gemeinde stehenden Bischöfe und keine Kontrolle der Kirche durch den Monarchen.

Der Konflikt führt zum Bürgerkrieg

Im April 1640 musste König Karl I. das Parlament doch wieder einberufen, da er Geld für den Kampf gegen die aufständischen Schotten brauchte. Diese wollten ihrer reformierten calvinistischen Staatskirche kein anglikanisches Gebetbuch und keine Bischöfe aufzwingen lassen. Das „Lange Parlament", so genannt, weil es bis 1660 bestand, nutzte die Notlage des Königs aus und erließ ein Gesetz, wonach es nur mit eigener Zustimmung aufgelöst werden konnte. Es hob die Königsgerichte und die Zensurbestimmungen auf. Als sich 1641 die katholischen Iren gegen England erhoben, bewilligte das Unterhaus sofort Geld für den Krieg, versagte dem König aber den Oberbefehl über die Armee. Karl I. nahm das nicht hin. Er erschien 1642 mit einem bewaffneten Gefolge im Unterhaus um die Anführer der Opposition zu verhaften. Es gelang nicht, denn die „Vögel" waren, wie der König selbst bemerkte, „ausgeflogen". Der Konflikt mit dem König spaltete das Parlament. Fast das gesamte Oberhaus und ein Drittel des Unterhauses gingen zu ihm über. Auch die übrige Bevölkerung nahm entweder für den König oder für das Parlament Partei. König und Parlament stellten Truppen auf. Dem Parlamentsheer gelang es nach anfänglichen Schwierigkeiten, die Streitmacht des Königs zu besiegen und ihn in ihre Gewalt zu bekommen.

Das Parlamentsheer und Oliver Cromwell

Im Parlamentsheer spielte Oliver Cromwell, ein puritanischer Landadliger, als Stratege, Organisator und Heerführer die entscheidende Rolle und wurde schließlich zum unbestrittenen Führer der Königsgegner. Er schuf die „New Model Army", in der jeder in die Offiziersränge aufsteigen konnte, der sich dazu fähig erwies, während im Königsheer die höheren Ränge nur dem Adel vorbehalten waren. Cromwell suchte seine Soldaten nach Charakter und Selbstbewusstsein aus und lehnte es ab, Unwillige oder Kriminelle, was damals üblich war, zum Militärdienst zu pressen. Er war überzeugt, dass Soldaten, die wie er für „Gottes Sache" eintraten und an das Evangelium glaubten, die besten Kämpfer wären. Im Übrigen waren Cromwells Berufssoldaten gut ausgerüstet und sie wurden auch regelmäßig bezahlt.

In die Armee drang nach und nach das Gedankengut einer radikalen Londoner Gruppe ein, deren Mitglieder sich „Levellers" (Gleichmacher) nannten. Sie glaubten an die gottgewollte Gleichheit aller Menschen, forderten Freiheit für alle puritanischen Sekten und das Wahlrecht für freie Männer, sodass abhängige Bedienstete und Lehrlinge ausgeschlossen blieben. Cromwell und seine Offiziere stellten sich den Debatten im Heer, lehnten die „Gleichmacherei" aber ab. Meutereien in den Regimentern wurden niedergeschlagen.

3 *Englische Briefmarke von 1992, die an den Bürgerkrieg erinnert.*

Frauen und die Gleichheit

Obwohl Frauen noch überhaupt kein Wahlrecht hatten, wurden sie in den Schriften der Levellers, die das Wahlrecht für arme, aber freie Männer forderten, mit keinem Wort erwähnt. Dabei hatten Frauen aktiv am Bürgerkrieg teilgenommen, Protestaktionen gegen Steuereintreiber angeführt und in London gegen die Einkerkerung von Levellers demonstriert. Radikalisierte Frauen forderten in vielen Sekten die Gleichbehandlung. Sie wollten in den Gemeindeversammlungen mitreden und vor allem predigen können. In manchen Sekten stellten die Frauen ein Drittel und mehr der Wanderprediger.

Das Ende der Monarchie

Die Armee verlangte den Sturz des Königs. Da das Parlament den König aber wieder einsetzen und das Heer entlassen wollte, ließ Cromwell das Parlament von Armeegegnern „säubern". So entstand ein „Rumpfparlament", das beschloss, dem König den Prozess zu machen. Ein Sondergericht verurteilte ihn zum Tode, da er den bewaffneten Angriff begonnen habe. Er wurde Tyrann, Mörder, Verräter und Feind des Volkes genannt. Bei der Hinrichtung am 30. Januar 1649 herrschte bei den zahlreichen Zuschauern, wie es Augenzeugen berichten, entsetztes Schweigen. Ein anderer Augenzeuge will ein Aufstöhnen der Menge vernommen haben. Wie sollte es weitergehen?

Nach dem Tod Karls I. schaffte das Rumpfparlament die Monarchie endgültig ab, sodass England von der Staatsform her eine Republik (Commonwealth) wurde. Doch das Land kam nicht zur Ruhe. Im Parlament und in der Öffentlichkeit wurde weiterhin darum gestritten, wie der neue Staat aussehen sollte. Teile der Armee wollten wie die Levellers eine größere Beteiligung des Volkes am Staat. Alle Armeeaufstände wurden von der Führung niedergeschlagen. Cromwell verjagte auch das Rumpfparlament. Ab 1654 regierte er mit Unterstützung der Armee als „Lord-Protektor" (Beschützer). Tatsächlich war er der Alleinherrscher in einer strengen Militärdiktatur.

Militärische Erfolge Cromwells

Außenpolitisch waren Cromwell und seine Generäle sehr erfolgreich. Gegen die erneut rebellierenden Iren führte Cromwell als Rache für das Gemetzel an den Protestanten im Jahre 1641 einen grausamen Feldzug, in dem auch viele katholische Geistliche getötet wurden. Die Schotten, die den Sohn Karls I. als König anerkannt hatten, wurden ebenfalls besiegt, Irland und Schottland zur Union mit England gezwungen. So war jetzt ein Großbritannien entstanden, das sich

4 Königliche Eiche Britanniens
Anonymer Kupferstich 1649, enthalten in dem Buch „The Complete History of Independency“ von Theodorus Verax. (British Museum, London) – Wie beurteilt der Künstler Cromwell und seine Anhänger?

gegen Spanien, den Konkurrenten um die Macht auf den Weltmeeren, und gegen die Niederlande als Handelsrivalen behaupten konnte. Das Parlament erließ 1651 ein Schifffahrtsgesetz (Navigationsakte), wonach alle Handelswaren aus Europa, Afrika, Asien und den amerikanischen Kolonien nur auf englischen Schiffen ins Land gebracht werden durften. Die folgenden Seekriege brachen die bisherige niederländische Vormachtstellung. Der gewinnträchtige Handel mit Tabak, Zucker, Pelzen, Kabeljau und vor allem Sklaven ging an England über. Zudem brachten die Kriege der englischen Industrie vermehrt Aufträge, denn Schiffe mussten gebaut und ausgerüstet werden.

Fehlende Anerkennung im Inneren

Die militärischen und wirtschaftlichen Erfolge festigten zwar die Stellung Cromwells, dennoch fand seine Herrschaft langfristig keine Unterstützung bei der Bevölkerung. Er wurde mehr gefürchtet und gehasst als geachtet. Viele verziehen ihm die Beteiligung am Tod des Königs nicht, andere waren der Armeeherrschaft überdrüssig. Vor allem wollten sie nicht mehr durch strenge puritanische Vorschriften im Alltagsleben gegängelt werden, wie z. B. durch Gesetze zum Schutze der Sonntagsruhe: Gasthäuser und Theater mussten geschlossen bleiben, Pferderennen, Hahnenkämpfe und die Bärenhatz waren verboten. Fluchen in der Öffentlichkeit wurde mit hohen Geldbußen bestraft. An Weihnachten musste gefastet werden. Soldaten kontrollierten die Küchen, ob wirklich keine Herdfeuer brannten.
Aber die alten Bräuche und Gewohnheiten waren kaum wirksam zu unterdrücken. England ließ sich nicht, wie Cromwell es erhofft hatte, zu einem „Land der Heiligen“ umformen, das der übrigen Welt als Vorbild dienen konnte.

Es lebe der König

Es war daher kein Wunder, dass nach dem frühen und unerwarteten Tod Cromwells 1658 die meisten Menschen erleichtert waren. In London sollen sie sogar auf den Straßen getanzt haben. Cromwells Sohn gelang es nicht, die Politik seines Vaters fortzuführen. Nach erneuten Unruhen ersehnten viele die Monarchie zurück. Die Heeresführung ließ ein neues Parlament wählen und beauftragte es den Sohn Karls I. aus dem Exil in Holland zurückzurufen.

Parlament: Das Wort kommt vom mittellateinischen „parlare“ (sprechen) und bezeichnete ursprünglich die Versammlung der Stände (hoher Adel und Geistlichkeit, später auch Städtevertreter), die den König berieten. In England entwickelte sich im Mittelalter daraus das Recht des Parlaments über die Erhebung von Sondersteuern und Abgaben mit zu entscheiden und bei Gesetzen mitzuwirken. Im 17. Jahrhundert nahm das Gewicht des Parlaments zu. Es wurde stärker als das des Königs. Allerdings vertrat das Parlament bis zur Wahlrechtsreform im 19. Jahrhundert noch nicht das Volk, sondern die kleine besitzende Oberschicht. Aus dem englischen Vorbild entwickelte sich das Parlament im heutigen Sinne. Es ist eine Versammlung gewählter Vertreter des Volkes, die den Haushalt bewilligt, Gesetze verabschiedet, die Regierung wählt und kontrolliert. In Deutschland finden sich auch die Bezeichnungen Landtag und Bundestag.

Puritaner: Die Puritaner (von lateinisch „purus“, rein) gehörten meist der protestantischen Richtung des Calvinismus an. Daher glaubten sie, dass sie durch Gottes Gnade zu den Auserwählten zählten. Dieses Bewusstsein ließ sie auch glauben, dass sie über alle Feinde siegen würden. Die anglikanische Staatskirche lehnten sie ab. Sie wollten sie von nichtbiblischen, katholischen Bestandteilen „reinigen“. Häusliche Bibellektüre und Predigten von gut ausgebildeten Pfarrern sollten die „reine“ Lehre der Bibel verbreiten. Die Puritaner entstammten meistens den Mittel- und Unterschichten. Sie bemühten sich um eine gottgefällige Lebensweise, die alle Genussmittel und alle Vergnügungen ausschloss und die Sonntagsruhe heiligte. Das machte sie bei ihren Gegnern unbeliebt. Diese benutzten „Puritaner“ als Schmähwort um Menschen zu charakterisieren, die übermäßig strenge moralische Grundsätze hatten, dabei aber selbstgerecht auftraten.

5 ***Erste Etappen der englischen Parlamentsentwicklung:***

1215 „Magna Charta Libertatum“ (Großer Freiheitsbrief): Die Barone sichern sich ein Kontrollrecht über den König.

1236 Für die Versammlung der Barone taucht der Name „Parlament“ auf.

1263 Der König zieht Vertreter der Grafschaften und der Städte hinzu.

1295 Die Forderung nach allgemeinen Steuern bedarf der Zustimmung des Parlaments.

1343 Die Grafschafts- und Städtevertreter vereinigen sich zum „House of Commons“.

1628 „Petition of Right“. Jegliche Gelderhebung ist ohne Parlamentszustimmung gesetzeswidrig.

1629 Nach Protest gegen eine Sondersteuer wird das Parlament für 11 Jahre aufgelöst.

1640 Gesetz: Der König kann das Parlament nur auflösen, wenn dieses selbst zustimmt.

6 ***Kritik und Forderungen der Levellers:***

a) „Wessen Sklave ist das Volk?“ Eine Flugschrift von 1648 an die „einfache“ Bevölkerung:

Eure Großen, ob nun der König, die Lords, die Parlamentarier oder die reichen Bürger etc., spüren nichts von den elenden Auswirkungen (des Bürgerkriegs) und können daher kein Mitgefühl haben; ihr aber und eure armen Freunde, die von der Landwirtschaft, Handel und niedrigen Löhnen Abhängigen, könnt eures Lebens nicht froh werden, während jene in Vergnügen und Freude schwelgen: Reichtum und Ehre, diese verfluchten Dinge, werden von ihnen hochgehalten und beide kommen von den blutigen, jammervollen Verwirrungen des Staates und sie fürchten ein Ende der Unruhen würde auch ihrem Ruhm und ihrer Größe ein Ende setzen … König, Parlament und die großen Herren der City und der Armee haben euch nur als Treppe benutzt auf ihrem Weg zu Ehre, Reichtum und Macht. Der einzige Streit, den es gegeben hat und gegenwärtig gibt, ist der, wessen Sklave das Volk sein soll …

Zit. nach: Crawford B. Macpherson, Die politische Theorie des Besitzindividualismus. Frankfurt 1973, S. 177 f.

b) Wer soll wählen dürfen?

… und dann sollte jede Grafschaft gleichmäßig und auf Grund der allgemeinen Zustimmung des Volkes sich in Kreise, Zehnten oder Hundertschaften aufteilen, sodass sich alle Menschen … in ihren verschiedenen Kreisen zusammenfinden können und jeder freie Bürger Englands, ob arm oder reich … eine Stimme bei der Wahl derer erhält, die das Gesetz machen sollen; ist es doch eine Maxime der Natur, dass billigerweise niemand ohne seine eigene Zustimmung verpflichtet werden kann.

Zit. nach: Ebd. S. 156.

7 ***Bittschrift oder Forderung des Parlaments?***

Aus der „Petition of Right" 1628:

Unseren obersten Herrn und König machen wir, die geistlichen und weltlichen Lords und die Gemeinen, im Parlament versammelt, untertänigst darauf aufmerksam, dass durch ein Gesetz aus der Zeit König Eduards I. … verfügt wurde, dass … keine Steuer oder Beihilfe … erhoben werden dürfe ohne den guten Willen und Zustimmung (des Parlaments) … Und unter König Eduard III. wurde durch die Autorität des Parlaments erklärt und verfügt, dass niemand … aus seinem Eigentum oder aus seiner Pachtung vertrieben, verhaftet, enterbt oder hingerichtet werden dürfe ohne … gesetzliches Verfahren …

Wir bitten deshalb Eure erhabene Majestät ehrerbietig, es möge künftig niemand mehr genötigt werden, irgendein Geschenk, ein Darlehen, eine freiwillige Gabe, eine Steuer oder sonst eine entsprechende Abgabe zu leisten, ohne allgemeine Zustimmung durch Parlamentsbeschluss …

Um all dies bitten wir untertänig Eure erhabene Majestät als um unsere Rechte und Freiheiten in Übereinstimmung mit den Gesetzen und Satzungen dieses Reiches.

Geschichte in Quellen, Bd. 3., München, 2. Auflage, 1976, S. 364 ff.

9 ***Oliver Cromwell** als der „Erretter" Englands (Druck von 1658). Begleitet von der Göttin des Ruhms, zertritt er die Verkörperung von Irrtum und Zwietracht. –*
Welche anderen Einzelheiten des Bildes kannst du erklären und deuten?

8 ***„Die höchsten Majestätsrechte"***

John Hampden weigerte sich 1637 eine Sondersteuer zu zahlen. In der Urteilsbegründung des königlichen Richters heißt es:

Es gibt zwei Maximen des englischen Rechts … Die erste lautet, „der König ist die Person, die für den Zustand des Gemeinwesens verantwortlich ist". Die zweite besagt, „der König kann kein Unrecht tun". Auf diese zwei Maximen gründen sich die höchsten Majestätsrechte, über die allein der König verfügt, wie z. B. Krieg und Frieden, die Festsetzung des Münzwertes, die Einberufung des Parlaments, die Macht von Strafgesetzen freizustellen und einige andere; darunter rechne ich auch die königliche Vollmacht im Notfall Unterstützung von den Untertanen zu verlangen, die zusammen mit den Mitteln des Königs zur Verteidigung des Gemeinwesens benötigt wird um des Wohles des Staates willen. Andernfalls verstünde ich nicht, wie man sagen kann, des Königs Majestät besitze Recht und Macht eines freien Monarchen.

Zit. nach: Joachim Rohlfes und Peter Völker, Der frühmoderne Staat. Stuttgart 1993, S. 107.

a) Vergleiche die Standpunkte von Parlament (M7) und König (M8).

b) Wie begründen die Levellers die Ausweitung des Wahlrechts und in welche Rolle sehen sie das Volk gedrängt (M6a und b)?

c) Vergleiche die Urteile über Cromwell in den Darstellungen M4 und M9. Kannst du Widersprüche zum Verfassertext erkennen?

d) Die Mehrheit im Parlament und im Volke wollte die Macht des Königs schwächen, aber nicht seinen Tod. Wie hat der deutsche Künstler das auf dem Bild der ADS dargestellt? Lässt sich eine Parteinahme erkennen?

e) Welche Gesetze zum Schutz der Sonntagsruhe gibt es heute (vgl. dazu VT letzte Seite)? Beurteile, ob sie sinnvoll sind oder nicht.

2. Ein neuer König – mehr Rechte für das Parlament

Die Monarchie wird wieder eingeführt

Am 23. April 1661 schrieb Samuel Pepys, ein Sekretär im Flottenamt, in sein Tagebuch: „Krönungstag. Um 4 Uhr aufgestanden und zur Westminsterabtei gegangen, wo ich mit Müh und Not auf einer Tribüne an der Nordseite … einen Platz fand … Die Kirche ein erfreulicher Anblick, mit einer rot überzogenen Estrade (Podest) in der Mitte und einem Thronsessel darauf." Pepys schilderte die prachtvollen Roben der einzelnen Stände, die nach und nach die Kirche füllten, und fuhr fort: „Dann … [erschien] der König mit einem Zepter, das Mylord Sandwich trug. Schwert, Krone und Insignien wurden vorangetragen. Der König, barhäuptig im Ornat, sah großartig aus. Nachdem alle Platz genommen hatten, Predigt und Liturgie; danach unterzog sich der König vor dem Hochaltar den Krönungszeremonien … Als ihm die Krone aufs Haupt gesetzt wurde, brach alles in Freudengeschrei aus …" (Tagebuch aus dem London des 17. Jahrhunderts. Stuttgart 1981, S. 73.)
England hatte also wieder einen König. Karl II. konnte allerdings längst nicht so uneingeschränkt regieren wie sein Vater. Er musste allen Religionen Gewissens- und Straffreiheit garantieren, auch einem Parlamentsgesetz zustimmen, das Katholiken von öffentlichen Ämtern ausschloss und die radikal-puritanischen Sekten zwang sich der anglikanischen Kirchenordnung zu unterwerfen. Das Parlament setzte schließlich gegen den Willen des Königs ein Gesetz durch, das jeden Untertan vor willkürlicher Verhaftung und Einkerkerung schützte. Jeder Verhaftete musste innerhalb von drei Tagen einem unabhängigen Richter vorgeführt werden, damit dieser den Haftgrund feststellte.

Absetzung der Stuart-Monarchie

Briefmarke zum Jubiläum der Thronbesteigung von Wilhelm und Maria

Im Laufe seiner Regierungszeit zeigte Karl ganz offen, dass er die Einschränkung seiner Macht durch das Parlament immer weniger hinnehmen wollte. So ließ er sich vom Parlament nicht vorschreiben, wen er zu Ministern bestellte oder welche Außenpolitik er gegenüber Frankreich und Holland betrieb. Schließlich regierte er von 1681 bis 1685 ganz ohne Parlament.
Der Konflikt zwischen Parlament und Krone verschärfte sich, als Karls Nachfolger, Jakob II., wichtige Ämter in Staat, Kirche und Armee mit Katholiken besetzte. Als dem katholikenfreundlichen Monarchen auch noch ein Sohn geboren wurde, sah das Parlament die protestantische Thronfolge in Gefahr. Deshalb lud eine Gruppe hoher Adliger den Schwiegersohn Jakobs, Wilhelm von Oranien, 1688 ein nach England zu kommen. Er möge aber nicht vergessen Munition, Artillerie, Mörser und einige gute Waffentechniker mitzubringen. Als Wilhelm mit einer starken Flotte landete, löste sich das Heer Jakobs kampflos auf. Jakob selbst floh nach Frankreich.

Die „Glorreiche Revolution"

Bevor Wilhelm III. und seine Frau Maria vom Parlament gemeinsam zur Krone, wie es hieß, „zugelassen" wurden, mussten sie das „Gesetz zur Erklärung der Rechte und Freiheiten der Untertanen" anerkennen. Dieses Gesetz, die „Bill of Rights" von 1689, bekräftigte die endgültige Vorherrschaft des Parlaments, das ab jetzt die Königswürde vergab. Der König war das Staatsoberhaupt, unterstand aber wie jeder Bürger Recht und Gesetz. Das Parlament überließ ihm jedoch die Regierungsgewalt. Er wählte also die Minister aus, bestimmte die Richter, befehligte die Armee und leitete die Außenpolitik. In England hatte sich als Staatsreform die parlamentarische Monarchie durchgesetzt, die bis heute besteht.

1 ***Links: Karl II.*** *mit den neu angefertigten Insignien, die eine ungeheure Summe gekostet hatten. Die alten waren nach der Enthauptung Karls I. vernichtet worden (Gemälde von M. Wright, 1617–1700?).* ***Rechts: Wilhelm und Maria von Oranien*** *empfangen die englischen Königskronen (Kupferstich von 1790, Ausschnitt). – Welche Veränderung der Königsherrschaft kann man den Bildern entnehmen?*

2 ***Die „Bill of Rights" (englischen Grundrechte) 1689.*** *Das Parlament bat Maria und Wilhelm folgende Erklärung „anzunehmen":*

… Und da der frühere König Jakob abgedankt hat und der Thron dadurch frei geworden ist, … geben … die geistlichen und weltlichen Lords und die Mitglieder des Unterhauses, wie sie nun als die volle und freie Vertretung der Nation versammelt sind, … folgende Erklärung zur Sicherung und Wahrung ihrer alten Rechte und Freiheiten ab: …

Die angemaßte Macht durch königliche Autorität Gesetze oder die Ausführung von Gesetzen aufzuheben, wie dies in der Vergangenheit angemaßt und ausgeübt wurde, ist ungesetzlich …

Die Erhebung von Geld für den Gebrauch der Krone unter dem Vorwand königlichen Vorrechts ohne Bewilligung des Parlaments für längere Zeit … ist ungesetzlich.

Es ist das Recht der Untertanen an den König Gesuche zu richten. Alle Verhaftungen und Verfolgungen um solcher Petitionen willen sind ungesetzlich.

Das Aufstellen und Halten einer stehenden Armee … in Friedenszeiten, außer mit Zustimmung des Parlaments, ist ungesetzlich …

Die Wahl der Mitglieder des Parlaments soll frei sein. Die Freiheit der Rede, der Debatten und des Verfahrens im Parlament soll nicht … verfolgt oder untersucht werden.

Es sollen nicht übermäßige … Geldbußen auferlegt noch grausame und ungewöhnliche Strafen verhängt werden …

Für die Abstellung aller Klagen und für die Besserung, Bestätigung und Bewahrung der Gesetze sollen häufig Parlamente abgehalten werden.

Sie beanspruchen, fordern und bestehen auf allen und jedem der vorgenannten Punkte als ihren zweifellosen Rechten und Freiheiten …

Zit. nach: Peter Wende, England als Vorbild Europas. Stuttgart 1988, S. 11 f.

a) Wie entwickelte sich das Verhältnis zwischen König und Parlament bis 1688? Fasse die wesentlichen Punkte des VT zusammen.

b) Die „Bill of Rights" (M2) sagt aus, dass König Jakob „abgedankt" habe. Kannst du begründen, warum das Parlament eine solche Aussage macht, die dem VT widerspricht?

c) Die „Bill of Rights" will die „alten Rechte und Freiheiten" sichern. Auf welche alten Dokumente wird dabei verwiesen (vgl. vorangehendes Kap.)?

3. Auswanderer aus Europa besiedeln Nordamerika

1606 ________ *Englische Siedler gründen in Virginia die erste Kolonie in Nordamerika.*
1620 ________ *Die „Mayflower" landet mit 102 Siedlern, den „Pilgrim Fathers", in der Massachusetts Bay.*

Europas Seemächte gründen in Amerika Kolonien

Seit der Zeit der Entdeckungsfahrten waren Spanien, Portugal, Holland, England und Frankreich die fünf wichtigsten europäischen Seefahrerstaaten, die überseeische Reiche gründeten. Alle fünf betrieben auch in Amerika aktive Kolonialpolitik. Portugal errichtete an der Ostküste Südamerikas Kolonien, Spanien an der Westküste. Die Spanier drangen von dort aus über Mittelamerika nach Norden vor. Holland schickte ebenso wie Frankreich und England Schiffe zur Erkundung der Küsten Nordamerikas.

Engländer, Franzosen, Holländer, Deutsche kommen

1584 landete der englische Seefahrer Walter Raleigh an der Ostküste Nordamerikas und nannte das neue Siedlungsland nach der unverheirateten Königin Elisabeth „Virginia", Jungfrauenland. Spätere Siedler gründeten dort 1606 die erste englische Kolonie auf nordamerikanischem Boden.
1603 setzten sich die Franzosen am St.-Lorenz-Strom fest. Sie gründeten 1608 die Stadt Quebec und später die Kolonie Kanada. Holländische Kaufleute errichteten an der Mündung des Hudson River die Handelsniederlassung Neu Amsterdam, die 1664 von den Engländern erobert und in New York umbenannt wurde. Deutsche Siedler errichteten 1683 Germantown, das heute ein Stadtteil Philadelphias in Pennsylvania ist.

Motive der Auswanderer

Den Entdeckern und den Kaufleuten folgten die Auswanderer aus Europa. Deren Entschluss zu diesem Schritt war vor allem in den Zuständen in Europa begründet, zum Teil wurden sie aber auch gegen ihren Willen als Diebe, Räuber und Bettler in die „Neue Welt" abgeschoben. Die meisten Siedler kamen aus England: landlose Bauern, Handwerker, Kaufleute, Abenteurer, vor allem aber religiös und politisch Unterdrückte aus allen sozialen Schichten. In England waren die religiösen Konflikte besonders heftig: Puritaner und Calvinisten, Katholiken und Anglikaner entschlossen sich mit ihren Gemeindemitgliedern auszuwandern oder wurden unter Zwang ausgewiesen. Franzosen und Deutsche verließen ihre Heimat um nicht von den absolutistischen Fürsten zum Soldatendienst gezwungen zu werden. Später wanderten viele Deutsche wegen politischer Unterdrückung und wirtschaftlicher Probleme aus.

Ungewohnte Lebensbedingungen

Die Auswanderer trafen in der „Neuen Welt" auf völlig neue klimatische und landwirtschaftliche Lebensbedingungen. Krankheiten und Epidemien, Hunger und Not in der unkultivierten Wildnis ließen die bereits 1584 gelandeten ersten Siedler völlig scheitern. Auch die 1606 gegründete Kolonie Virginia hätte beinahe dasselbe Ende genommen. Die Siedlerfamilien suchten Gold und Gewürze und fanden sumpfige Böden und unbekannte, oft giftige Pflanzen. Zwei Drittel der Siedler starben, den Übrigen gelang es in härtester Arbeit, schützende Häuser zu bauen und notdürftigst zuerst von Feldfrüchten und Fischen, dann aber vor allem vom zunehmenden Tabakanbau und -handel (Virginia-Tabak) zu überleben – und dies auch nur mithilfe der Indianer.

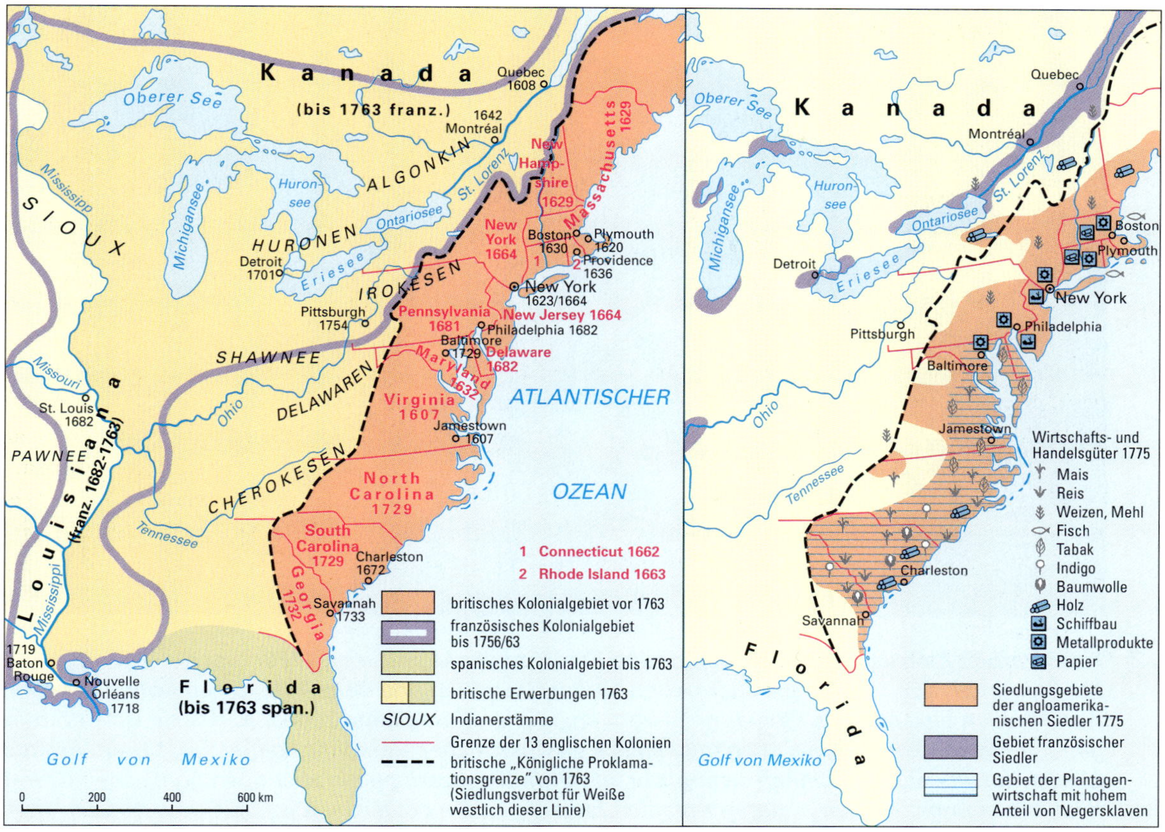

1 Die Entwicklung der 13 englischen Kolonien von 1607 bis 1775

Die „Königliche Proklamationslinie" bestimmt 1763 die Westgrenze der weißen Siedlungen gegenüber dem Indianergebiet. – (1) Beschreibe anhand der Koloniengründungen den Ablauf der Besiedlung und stelle einen Zusammenhang zwischen dem Anteil der schwarzen Sklaven an der Bevölkerung und der Bewirtschaftung fest. (2) Wodurch unterscheiden sich Nord- und Südstaaten?

Indianer helfen – und werden doch verdrängt

Das Land, das die Siedler in Besitz nahmen, war nicht menschenleer: Seit mehr als 25 000 Jahren lebten hier Menschen mit einer rötlichen Hautfarbe, die von den Europäern Indianer genannt wurden. Sie hatten sich, seit sie vor Urzeiten über die Beringstraße – damals noch eine Landbrücke zwischen Amerika und Asien – eingewandert waren, im Lauf der Zeit weit verstreut über den ganzen Kontinent ausgebreitet. Die verschiedenen Indianerstämme lebten z.T. unabhängig voneinander, vielfach aber auch in Rivalität und Feindschaft. Sie hatten unterschiedliche Sprachen und auch ihre Lebensweise war sehr verschieden. An der Ostküste wohnten sie als sesshafte Bauern in einfachen Hütten. Sie bauten Mais, Gemüse sowie Tabak an und gingen zur Jagd oder fischten. Im Innern des Landes war das Zelt ihre Behausung, denn sie lebten als Nomaden fast ausschließlich von der Büffeljagd. Die Begegnung mit dem „weißen Mann" brachte ihnen unbekannte Krankheiten, gegen die sie nicht immun waren und die deshalb viele Indianer das Leben kostete. Dennoch standen sich weiße Siedler und rote Ureinwohner nicht von Anfang an kriegerisch gegenüber. Im Gegenteil: Die Siedler lernten von den Indianern den Anbau von Mais sowie anderer Pflanzen und tauschten Schmuck, Waffen und Alkohol gegen Lebensmittel und Pelze. Erst als der Zustrom der Siedler kein Ende nahm und die

2 ***Pionierarbeit für Männer und Frauen*** *(Frühe Siedlung am Mississippi, 1720)*
Männer und Frauen waren gleichermaßen an der Gründung und dem Aufbau von Kolonien beteiligt. Auch Frauen bekamen als Pionierinnen vom englischen König Land zugeteilt, das sie Gewinn bringend verwalten konnten. So stiegen einige zu einflussreichen Persönlichkeiten auf. Nur in Virginia und Massachusetts wurde es ihnen ermöglicht, als Grundbesitzerinnen in wichtigen politischen Gremien mitzubestimmen. In allen anderen Kolonien blieb ihnen die politische Mitarbeit verwehrt. Ein wichtiges Betätigungsfeld wurde für Frauen dagegen die Gründung und Entwicklung religiöser Gemeinden.
– Welche verschiedenen Tätigkeiten werden im Bild festgehalten?

Indianer ihre angestammten Jagdgründe bedroht sahen, setzten sie sich zur Wehr. Der Überlebenskampf zwischen den Ureinwohnern und den Neuankömmlingen begann.

Kolonien entstehen

Der Gründung der englischen Kolonie Virginia folgten bald weitere. Mit dem Schiff „Mayflower“ landeten die „Pilgrim Fathers“, eine calvinistische Glaubensgemeinschaft, in der Massachusetts-Bay und bildeten die Plymouth-Kolonie. 1634 lebten in der Bucht 4000 Siedler, im Jahre 1750 in den neuen Kolonien bereits 1,5 Millionen. Die verschiedenen Kolonien verwalteten sich weit gehend selbst, sie wählten jeweils Gemeindevertreter und Parlamente und achteten auch gegenseitig ihre Unabhängigkeit.

Ein Mutterland – doch keine Einheit

England war das gemeinsame Mutterland der ersten 13 Kolonien, untereinander aber entwickelten sich in der neuen Heimat große Unterschiede:
- klimatisch: kühl-gemäßigt im Norden bis subtropisch im Süden;
- wirtschaftlich: kleinbäuerliche Landwirtschaft, Fischerei, Holzwirtschaft, Bergbau, vor allem aber Handel und Gewerbe im Norden; Tabak- und Baumwollplantagen mit bald beginnendem Sklaveneinsatz im Süden;
- sozial: Farmer, Kaufleute und Handwerker im Norden; dagegen eine Pflanzeraristokratie aus Plantagen- und Sklavenbesitzern, die politisch und wirtschaftlich über die Mehrheit der Bevölkerung bestimmte, im Süden;
- religiös: vorwiegend Calvinisten im Norden und Katholiken bzw. Anglikaner im Süden.

3 Die Not der Auswanderer

Das Buch „Gottlieb Mittelbergers Reise nach Pennsylvanien 1750 …“ ist eine der zuverlässigsten Beschreibungen:

Ich zweifle nicht, dass Menschen, die noch immer auszuwandern begehren, in ihrem Vaterland bleiben, wenn sie alles gelesen haben. Eine solche Reise dauert von Anfang Mai bis Ende Oktober. Der Grund ist, dass die Rheinboote von Heilbronn nach Holland 36 Zollstellen passieren … Darum dauert allein die Reise rheinwärts 4, 5 und 6 Wochen. Wenn die Schiffe mit den Menschen nach Wochen nach Holland kommen, dann werden sie dort genauso 5 oder 6 Wochen festgehalten. Weil da alles sehr teuer ist, müssen indessen die armen Leute fast alles ausgeben, was sie haben. Sowohl in Rotterdam wie in Amsterdam werden auf den großen Seeschiffen die Menschen eng zusammengedrängt, sozusagen wie die Heringe. Eine Person erhält auf der Bettstelle einen Platz von kaum 2 Fuß Breite (50–70 cm) und 6 Fuß Länge, denn manche Schiffe transportieren vier- bis sechshundert Menschen. Bei Gegenwind kommt es vor, dass die Schiffe 2, 3 und 4 Wochen für die Reise von Holland bis Kaupp (Cowes) in England brauchen. Wenn dann die Schiffe zum letzten Mal ihre Anker bei Kaupp in Altengland gelichtet haben, dann beginnt mit der langen Seefahrt erst die wirkliche Not. Denn von hier müssen die Schiffe oft 8, 9, 10 bis 12 Wochen segeln, bevor sie nach Philadelphia gelangen. Und während dieser Reise herrscht an Bord der Schiffe entsetzliches Elend: Gestank, Dunst, Schrecken, Speien, jede Art von Seekrankheit, Fieber, Ruhr, Kopfschmerzen, Hitze, Verstopfung, Furunkel, Skorbut, Krebs, Mundfäule und dergleichen mehr, was alles von der alten und scharf gesalzenen Nahrung und dem Fleisch und ebenso von dem schlechten und faulen Wasser kommt, sodass mancher elend zu Grunde geht. Zu dieser Not kommen noch Klagen mit anderen Leiden, zum Beispiel, dass die Läuse so schrecklich überhand nehmen, dass sie vom Körper nur so abgeschabt werden können.

Geschichte in Quellen, Bd. 3, München 1976, S. 41 f.

4 „Vertragsknechte“.

Für viele Siedler brachte die „Neue Welt“ in den ersten Jahren nicht die ersehnte Freiheit. In Virginia waren 1625 40 Prozent der Einwohner Vertragsknechte. Darüber berichtet der Lehrer Gottlieb Mittelberger in seiner 1756 veröffentlichten Reisebeschreibung.

Wenn die Schiffe nach ihrer langen Reise in Philadelphia landen, dann darf sie niemand verlassen, außer denen, die ihre Überfahrt bezahlt haben oder hinreichende Bürgschaft (durch einen vor der Abreise abgeschlossenen Vertrag) leisten; die anderen müssen an Bord der Schiffe bleiben, bis sie jemand gekauft hat.

Der Verkauf menschlicher Wesen auf dem Markt an Bord der Schiffe spielt sich so ab: Jeden Tag kommen Engländer, Holländer und Deutsche aus der Stadt Philadelphia und aus anderen Orten und suchen sich unter den gesunden Personen einen solchen aus, wie er ihnen für ihr Geschäft brauchbar zu sein scheint, und handeln mit ihm aus, wie lange er für seinen Fahrpreis dienen muss. Wenn sie sich geeinigt haben, dann geschieht es, dass sich die erwachsenen Personen selbst schriftlich verpflichten für den Betrag, den sie schulden, 3, 4, 5 oder 6 Jahre zu dienen, je nach ihrem Alter und ihrer Kraft.

Manche Eltern müssen ihre Kinder verkaufen und verschachern sie wie Vieh; denn wenn die Kinder die Schulden übernehmen, dann können die Eltern frei und ungehindert das Schiff verlassen. Es kommt oft vor, dass ganze Familien, Mann, Frau und Kinder, getrennt werden, weil sie von verschiedenen Käufern erworben werden, besonders wenn sie überhaupt nichts von ihrem Passagiergeld bezahlt haben. Wenn ein Mann oder eine Frau auf See stirbt, wenn das Schiff schon mehr als die Hälfte des Weges zurückgelegt hat, dann muss der Überlebende nicht nur für sich selbst zahlen oder dienen, sondern auch für den Verstorbenen. Wenn beide Eltern sterben nach mehr als der Hälfte des Weges auf See, dann müssen die Kinder dienen, bis sie 21 Jahre alt sind.

Ebd. S. 43 f.

a) Erläutere den Begriff „Vertragsknecht“ (M4). Zeige die Ursachen auf, die Auswanderer zu „Vertragsknechten“ werden ließen.

b) In Romanen und Filmen mit Themen zur Auswanderung und Besiedlung Nordamerikas vermischen sich oft Legende und Wirklichkeit. Vergleiche einen dir bekannten Film, eine Filmszene oder die Darstellung in einem Buch mit Bild M2, Quellentext M3 und dem VT.

4. Der Kampf um die Unabhängigkeit – aus Europäern werden Amerikaner

1776 ______ *Die 13 englischen Kolonien erklären am 4. Juli ihre Unabhängigkeit.*
1783 ______ *Nach dem Krieg mit den Siedlern erkennt England die Unabhängigkeit der 13 Kolonien an.*

Selbstbewusstsein und Pioniergeist

Bei den Kolonisten entwickelte sich trotz aller Unterschiede rasch ein gemeinsamer Stolz. Man hatte sich im alltäglichen Kampf gegen eine oft feindliche Umwelt für neuen Siedlungsraum und gegen die sich immer verzweifelter wehrenden Indianer bewährt. Die Nachrichten von der Glorious Revolution im Mutterland bestärkten sie darin, die Ideale der Freiheit und Gleichheit auch in ihrem Land verwirklichen zu können. Denn trotz ganz unterschiedlicher Startbedingungen der Auswanderer hatte doch jeder die Chance sich in der neuen Welt eine neue Existenz aufzubauen. Wagemut, Risikobereitschaft und Unternehmungslust schufen den Pioniergeist („frontier spirit") der Kolonisten, eine bis heute wichtige Wurzel des amerikanischen Selbstbewusstseins. Der Ausgang des „French and Indian War" (1755 bis 1763) gab den Kolonisten weiteren Auftrieb. Zusammen mit dem englischen Mutterland schalteten sie in diesem Krieg, in dem Indianer auf französischer Seite gegen die verhassten Kolonisten kämpften, die Franzosen als Kolonialmacht auf dem nordamerikanischen Kontinent aus.

1 ***Kolonisten greifen zur Gewalt.*** *Links: Ein englischer Zolleinnehmer wird von Mitgliedern der radikalen Geheimorganisation „Sons of Liberty" geteert und gefedert (englischer Cartoon um 1774). Welche Sicht des Vorgangs wird deutlich? Rechts: „Blutbad von Boston", zeitgenössische Darstellung von Paul Revere. Bei diesem ersten mehr zufälligen Zusammenstoß am 5. März 1770 mit britischen Soldaten kamen fünf Bostoner Bürger ums Leben. – Vergleiche diese Fakten mit der Darstellung des Bildes.*

2 ***Frauen kämpfen für die Unabhängigkeit:*** *Der Freiheitskampf der Kolonisten war nicht nur Männersache. Frauen boykottierten durch „Anti-Tee-Ligen" den Kauf ausländischen Tees; sie traten wie Abigail Amith Adams, die Frau des späteren, zweiten US-Präsidenten, für die Interessen von Frauen ein; sie übernahmen die Farmarbeit und schützten Vieh und Ernte; sie spendeten Geld und Kleidung und einige kämpften für ihre gefallenen Männer an vorderster Front. Das zeitgenössische Bild zeigt Molly Pitcher, die für ihren gerade gefallenen Mann einspringt um die Kanone zu bedienen.*

Das Mutterland beutet die Kolonien aus

Obwohl im Kampf gegen Frankreich die Kolonisten auf der Seite Englands gekämpft hatten, verschlechterten sich anschließend die gegenseitigen Beziehungen laufend. Das lag am Geldbedarf der englischen Krone, die ihre enorm gewachsenen Kriegsschulden begleichen musste. Deshalb kontrollierte man jetzt bei den Kolonisten schärfer als vorher die Einhaltung der englischen Steuer- und Zollgesetze, die die englischen Händler und Unternehmer deutlich begünstigte: Während die Kolonien ihre Rohstoffe billig an England abgeben mussten, wurde der Verkauf von kolonialen Fertigwaren (z. B. Hüte, Eisenwaren) in England durch Auflagen und Verbote erheblich behindert. Immer neue Zoll- und Steuergesetze sollten Kapital aus den wirtschaftlich blühenden Kolonien in die englische Staatskasse abführen. Zwei weitere Gesetze schürten den Konflikt, denn sie standen in besonders krassem Widerspruch zu den politischen Freiheiten der Kolonisten. Sie wurden gezwungen englisches Militär unterzubringen und mussten auf alle Druckerzeugnisse eine Steuer (stamp act) bezahlen. Damit sollten die Stationierungskosten für das englische Militär gedeckt werden, das ohnehin immer mehr als Besatzungsmacht empfunden wurde. Die Kolonien weigerten sich schließlich die Steuern zu bezahlen, weil sie im englischen Parlament nicht vertreten waren, also über Steuern und Abgaben nicht mitbestimmen konnten. Sie boykottierten alle Waren aus England: „No taxation without representation". Nach ersten Gewalttätigkeiten gegen Steuereinnehmer und Verwaltungsbeamte zog England die meisten Steuern wieder zurück – bis auf den Teezoll. Danach häuften sich die gegenseitigen Gewaltaktionen.

3 ***Barfüßige Söldner*** *in selbst gemachten Buckskin-Uniformen (1775). Dieser deutsche Stich zeigt, dass die europäischen Söldner vor allem für einen Winterkrieg unzureichend ausgerüstet waren. Die militärische Ausbildung hatte sie für einen Krieg in geradliniger Schlachtreihe vorbereitet, nicht aber für Kämpfe in der Wildnis des neuen Kontinents. Zwar waren auch die Ausrüstung und Ausbildung der Siedler äußerst dürftig, gegen ihre häufig angewandte Taktik als Partisanen in kleinen Gruppen auch aus dem Hinterhalt anzugreifen fanden die europäischen Söldner jedoch kein Gegenmittel. Dies und die schwindende Kampfmoral machten die Söldner für die Propaganda der Siedler, die Land und Freiheit versprach, sehr anfällig: Tausende von Söldnern desertierten und liefen zu den Siedlern über.*

Signal zur Revolution: die „Boston-Tea-Party"

1773 erfolgte in Boston der letzte Anstoß zum offenen militärischen Konflikt. Mitglieder der radikalen Geheimorganisation „Sons of Liberty" (vgl. auch ADS) warfen als Mohikaner verkleidet 342 Teekisten von englischen Handelsschiffen. Sie protestierten damit gegen die englische Zollpolitik: Während die englische Ostindien-Kompanie Tee unverzollt zu Niedrigpreisen verkaufen durfte, mussten amerikanische Händler Zoll zahlen und waren dadurch nicht mehr konkurrenzfähig. Die so genannte „Boston-Tea-Party" und die drastischen Reaktionen Englands gaben das Signal für den allgemeinen revolutionären Aufstand der Kolonisten. England schickte Truppen und erklärte die Nordamerikaner zu Rebellen. Am 4. Juli 1776 erklärten die Kolonien ihre Unabhängigleit von der englischen Krone: Die amerikanische Revolution gegen das Mutterland hatte begonnen.

Der Unabhängigkeitskrieg: Siedler gegen Söldner

Zu Beginn des Unabhängigkeitskrieges standen etwa 8000 bewaffnete Siedler 32 000 Soldaten einer seit 300 Jahren in keinem Krieg mehr besiegten Weltmacht gegenüber. Die Erfolgschancen waren denkbar gering. Zudem verstärkte England seine Truppen laufend durch fremde Söldner. Es zahlte hohe Summen, z. B. an deutsche Landesfürsten, die ihre Untertanen – insgesamt 30 000 – zwangsweise nach Amerika schickten.

Europäische Mächte helfen den Siedlern

Mehrere Umstände trugen dazu bei, dass sich das Blatt dennoch zu Gunsten der Amerikaner wendete. Die Siedler kämpften für ihre Freiheit und besaßen in George Washington eine Persönlichkeit, die durch ihre Siegeszuversicht mitriss. Was den Amerikanern an militärischer Schulung fehlte, brachten ihnen europäische Offiziere bei: aus Frankreich Marquis de Lafayette, aus Polen Graf Kasimir Pulaski, aus Deutschland der preußische Oberst Friedrich von Steuben. Am wichtigsten wurde für die amerikanischen Aufständischen eine Koalition alter Gegner der Weltseemacht England, die sich unter der Führung Frankreichs zusammenfand. Frankreich unterstützte die Siedler finanziell und lieferte Kriegsmaterial und Schiffe. Spanien und Holland traten dem Bündnis bei, Russland und Preußen unterstützten es. Fast ganz Europa stand damit aufseiten der Amerikaner. 1781 kapitulierte schließlich die englische Hauptarmee bei Yorktown in Virginia. Im Frieden von Versailles 1783 erkannte England die Unabhängigkeit der 13 Kolonien an. 1886 schenkte Frankreich zum 110-jährigen Jubiläum der Unabhängigkeitserklärung den Amerikanern die große Freiheitsstatue von New York.

4 Der Krieg: Widerspruch und Zweifel

***a)** Der englische Staatsmann William Pitt d. Ä. erklärte am 20. Januar 1775 im Oberhaus:*

Der erste Tropfen Blut, der in einem unnatürlichen Bürgerkrieg vergossen wird, würde eine unheilbare Wunde sein. Ich sage es euch frei heraus, keiner von meinen Söhnen, noch jemand, auf den ich Einfluss habe, soll jemals sein Schwert auf seine Mituntertanen ziehen. Der Geist, der sich jetzt eurer Besteuerung in Amerika widersetzt, ist derselbige Geist, der den großen Grundsatz eurer Freiheiten festsetzte, dass kein Untertan besteuert werden soll, als nur mit seiner eigenen Bewilligung. Ich hoffe, Sie sind davon überzeugt, dass alle Versuche über eine solche mächtige, über einen ganzen Kontinent ausgebreitete Nation willkürliche Herrschaft aufzurichten vergeblich und verderblich sein müssen. Wir werden am Ende gezwungen sein aufzugeben. Lasst es uns tun, solange wir können, nicht wenn wir müssen.

***b)** In dem Brief des Kolonisten, Schriftstellers, Abenteurers, Farmers und späteren französischen Konsuls in New York, Jean de Crevecœur, von etwa 1777 lesen wir:*

Ich liebe den Frieden, was soll ich tun? Wenn ich mich für das Mutterland erkläre, das 3000 Meilen entfernt ist, werde ich dort, wo ich lebe, zu dem, was man einen ‚Feind' nennt. Wenn ich dem Rest meiner Landsleute folge, stelle ich mich gegen unsere früheren Herren. Beide Extreme scheinen einem einflusslosen und unbedeutenden Menschen wie mir gleich gefährlich … Für die großen Führer auf beiden Seiten soll so viel Blut vergossen werden; das Blut des Volkes zählt nicht. Große Taten werden nicht für uns vollbracht, obwohl vor allem wir es sind, die sie vollbringen mit unseren Waffen … und unserem Leben. Und wer werden schließlich die Schuldigen sein? Immer diejenigen, die nicht erfolgreich sind.

Zit. nach: W. P. Adams und A. Meurer Adams (Hg), Die Amerikanische Revolution in Augenzeugenberichten. München 1976, S. 29 und S. 212 ff.

5 Die Unabhängigkeitserklärung

Unter der Leitung von Thomas Jefferson arbeitete ein fünfköpfiges Komitee die Unabhängigkeitserklärung der Kolonien aus:

Wenn es im Laufe der geschichtlichen Ereignisse für ein Volk notwendig wird, die politischen Bande zu lösen, die es mit anderen verknüpft hat, und unter den Mächten der Erde die gesonderte und gleichwertige Stellung einzunehmen, zu der die Gesetze der Natur und des Schöpfers es berechtigen, so erfordert eine geziemende Achtung vor der Meinung der Welt, dass es die Gründe angibt, die es zur Trennung zwingen.
Wir halten diese Wahrheiten für in sich einleuchtend: dass alle Menschen gleich geschaffen sind; dass sie vom Schöpfer mit gewissen unveräußerlichen Rechten ausgestattet sind, darunter Leben, Freiheit und Streben nach Glück; dass zur Sicherung dieser Rechte Regierungen unter Menschen eingesetzt sind, die ihre gerechten Vollmachten von der Einwilligung der Regierten herleiten; dass, wenn immer eine Regierungsform diesen Zielen zum Schaden gereicht, es das Recht des Volkes ist, sie zu ändern oder abzuschaffen und eine neue Regierung einzusetzen. In der Tat wird die Klugheit gebieten, dass seit langem bestehende Regierungsformen nicht aus geringfügigen und vorübergehenden Ursachen geändert werden sollten. Aber wenn eine lange Kette von Missbräuchen und Anmaßungen, stets das gleiche Ziel verfolgend, die Absicht enthüllt ein Volk unter die unbeschränkte Gewaltherrschaft zu beugen, so ist es sein Recht, es ist seine Pflicht, eine solche Herrschaft abzuschütteln. Solcher Art ist das geduldige Leiden dieser Kolonien gewesen und so zwingt sie jetzt die Notwendigkeit ihr früheres Regierungssystem zu ändern. Die Geschichte des gegenwärtigen Königs von Großbritannien ist die Geschichte wiederholter Beleidigungen und Anmaßungen, die alle das direkte Ziel verfolgten eine unbeschränkte Tyrannei über diese Staaten aufzurichten.

Geschichte in Quellen, Bd. 4, München 1981, S. 90 f.

a) Nenne wesentliche Gründe, die die Kolonisten zur Trennung von England bewogen (VT, M1, M2 und M5) und beschreibe die Probleme eines Bürgerkrieges für die Betroffenen (M4).

b) Stelle fest, welche Ideen der Aufklärung in der Unabhängigkeitserklärung (M5) enthalten sind (s. Kap. „Das 18. Jahrhundert: Die Welt wird neu …").

c) Vergleiche – ausgehend von M2 bis M5 – den Unabhängigkeitskampf der Kolonisten in ihren Zielen und Methoden mit aktuellen Unabhängigkeitskriegen und -konflikten.

5. Wie soll der neue Staat aussehen? Die Verfassung der Vereinigten Staaten

1787 ________________ *Die Verfassung der USA wird am 4. März verabschiedet.*
1789 ________________ *George Washington wird erster Präsident.*

Unabhängig – aber verschuldet und zerstritten

Die Freude der Kolonisten über die Unabhängigkeit war nur kurz – zu verheerend waren die Folgen des Krieges für die Menschen: Das Exportgeschäft mit Europa war während des Krieges drastisch zurückgegangen; die Einzelstaaten waren hoch verschuldet und konnten die zur Finanzierung des Krieges ausgegebenen Schuldbriefe an die Gläubiger nicht zurückzahlen, der Wert der Schuldbriefe sank ins Bodenlose; die Preise für Agrarprodukte erreichten einen Tiefpunkt, verzweifelte Bauern schlossen sich zu Aufständen gegen die drohende Zwangsversteigerung ihrer verschuldeten Farmen zusammen. Dazu kamen die Gegensätze zwischen den nördlichen und südlichen Kolonien. Im Norden führten Kaufleute, Rechtsanwälte und Journalisten das Wort, im Süden meist konservativ eingestellte Plantagenbesitzer. Zudem waren die kleineren Staaten in Sorge über die hohe Bevölkerungszahl in den größeren Staaten. Der während des Krieges gebildete lockere Staatenbund, die „ewige Union", drohte zu zerfallen. Selbst Washington resignierte: „Die Abneigung der einzelnen Staaten, dem Kongress genügend Macht für die Bundesregierung zu übertragen, wird unseren Zusammenbruch als Nation bedeuten."

Staatenbund oder Bundesstaat?

Dazu kam es aber nicht: Immer mehr Bürger erkannten, dass die Probleme nur gemeinsam gelöst werden konnten. Dennoch blieb eine Frage unter den Delegierten der 13 Staaten, die sich 1787 in Philadelphia zusammenfanden um eine Verfassung auszuarbeiten sehr umstritten: Wie sollte die Macht zwischen der zentralen Bundesgewalt und den Einzelstaaten verteilt werden?

Die Verfassung – der „Große Kompromiss": Föderalismus ...

Unter Führung des Abgeordneten James Madison fanden die Delegierten zu einem „Großen Kompromiss": Die Einzelstaaten wurden nicht aufgelöst. Sie mussten zwar Rechte an die Bundesregierung abgeben, konnten aber auch ihre Einzelinteressen zur Geltung bringen. Dazu wurde der Kongress aus zwei Kammern gebildet: In das Repräsentantenhaus wurden die Abgeordneten entsprechend der Einwohnerzahl der einzelnen Staaten gewählt (damals ein Abgeordneter für 30 000 Einwohner); in den Senat schickte jeder Staat unabhängig von seiner Größe und Zahl der Einwohner zwei gewählte Vertreter, die Senatoren.
Die Einzelstaaten erhielten ein Mitspracherecht im Bund und waren allein zuständig für Verkehr, Wirtschaft, Erziehung, Justiz und Polizei. Der Bund war zuständig für Verteidigung, Währung, Außenpolitik und Welthandel.

... Gewaltenteilung, Volkssouveränität und „checks and balances"

Die Staatsgewalt wurde geteilt in die ausübende Gewalt (Exekutive), die gesetzgebende Gewalt (Legislative) und die richterliche Gewalt (Judikative). Alle politische Macht ging vom Volk aus, genauer: von den Wahlberechtigten, zu denen anfangs nur ein kleiner Teil der Bevölkerung und keine Frauen zählten. Das Prinzip der „checks and balances" (Kontrollen und Gleichgewichte) sollte gegenseitige Kontrollen und gleichgewichtige Zuständigkeiten zwischen dem Bund und den Einzelstaaten sowie den drei Staatsgewalten Präsident, Kongress und Gerichtshof herstellen. Keine Gewalt sollte ihre Macht missbrauchen können.

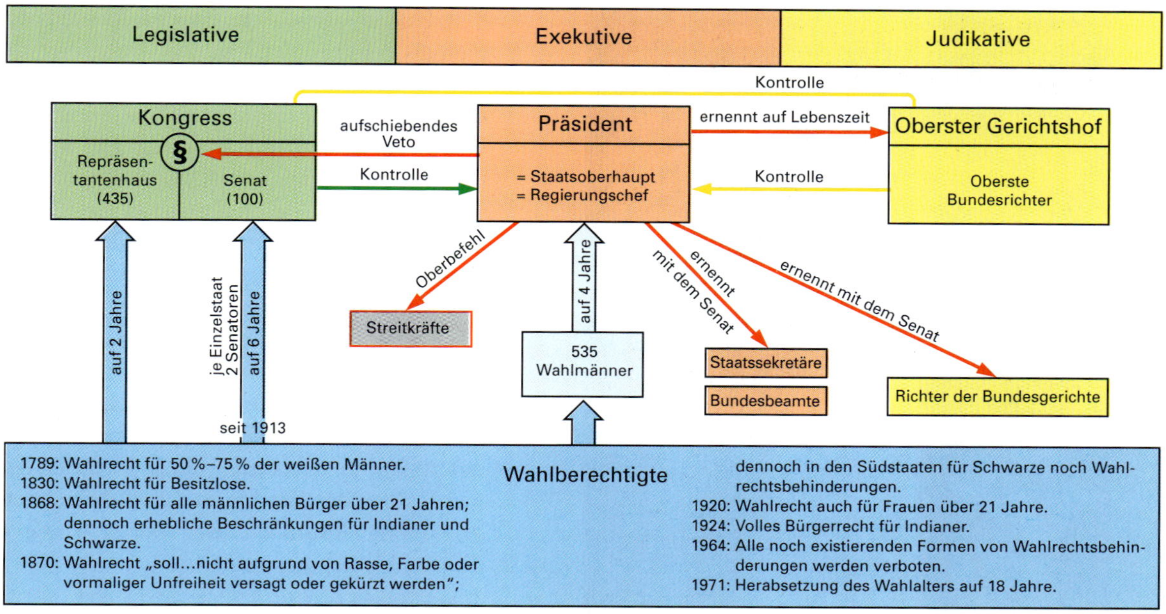

1 ***Die Verfassung der Vereinigten Staaten von Amerika*** *(einschließlich späterer Zusätze)*

Die Grund- und Menschenrechte

Auf Verlangen verschiedener Staaten wurde die Verfassung im Herbst 1789 durch zehn Zusätze („amendments") ergänzt, die 1791 in Kraft traten. Sie garantieren bis heute u.a. die Glaubens-, Presse- und Versammlungsfreiheit, die Unverletzlichkeit der Person, der Wohnung und des Eigentums.

Gleiches Wahlrecht für alle?

Die Frage des Wahlrechts war lange umstritten. Schließlich setzte sich die Auffassung durch, dass nur jene männliche Weiße wählen durften, die ausreichend Grundbesitz hatten und eine bestimmte Höhe an Steuern zahlten. Alle schwarzen Amerikaner waren ausgeschlossen. Es vergingen Jahrzehnte, bis der Kongress das Wahlrecht langsam erweiterte. Erst 1964 wurde ein auch in der Praxis gleiches Wahlrecht für alle Amerikaner durchgesetzt.

Ideen der „Alten Welt" in der „Neuen Welt"

Die Verfassung der USA entstand in einer Zeit, als in Europa noch absolutistische Systeme herrschten. Die Schöpfer der Verfassung hatten kein Vorbild in einem europäischen Staat. Aber die Verfassung wurde entscheidend geprägt von Gedanken, die aus Europa kamen: vor allem von John Lockes und Charles Montesquieus Forderung der Gewaltenteilung, von Jean-Jaques Rousseaus Begriff der Volkssouveränität und Adam Smiths Prinzip des freien Wirtschaftswettbewerbs. Mit diesen Ideen aus der „Alten Welt" konnte in der „Neuen Welt" ein neuer Anfang gemacht werden. Rückwirkend wurde die Verfassung der USA wiederum zum Vorbild für alle demokratischen Verfassungen in Europa.

Volkssouveränität: Nach dem Prinzip der Volkssouveränität leitet sich alle staatliche Herrschaft aus dem Willen des Volkes ab. Nach dem Grundsatz „Alle Staatsgewalt geht vom Volke aus" bestimmt das Volk als Zusammenschluss freier Staatsbürger seine Regierungsform selbst und übt auch die Herrschaft aus (Demokratie).

Föderalismus: Nach dem Prinzip des Föderalismus (lateinisch „foedus", d.h. Bündnis) behalten innerhalb eines Staates (z.B. lockerer Staatenbund oder Bundesstaat) die einzelnen Gliedstaaten große Selbstständigkeit und eigene Rechte (z.B. Kulturhoheit). U.a. ist auch die Bundesrepublik Deutschland ein föderalistischer Staat.

2 Symbole der Freiheit und der Unfreiheit
Das Bild wurde um 1800 in Öl auf einen Fensterladen gemalt. Es hebt George Washingtons Bedeutung für die Unabhängigkeit der Kolonien hervor. – Welche Bedeutung haben die einzelnen Symbole?

3 Die Debatte um die zukünftige Verfassung
Die Tagebuchaufzeichnungen (1787) von James Madison, dem späteren 4. Präsidenten der USA, geben einen Einblick:

Mr. Paterson (New Jersey): Der Gedanke einer nationalen Regierung, im Gegensatz zu einer föderalistischen, kam keinem (unserer Auftraggeber) in den Kopf und wir müssen uns nach dem öffentlichen Verlangen richten. Wir haben keine Vollmacht über das föderalistische Schema hinauszugehen und selbst wenn wir sie hätten, so wäre das Volk nicht reif für irgendein anderes … Er (Paterson) stellte Virginia, Massachusetts und Pennsylvania als die drei großen Staaten und die übrigen zehn als die kleinen fest und wiederholte die Berechnungen über die Stimmenungleichheit. Und er versicherte, dass die kleinen Staaten niemals dem Einheitsstaat zustimmen würden.

Mr. Madison (Virginia): Mit einem Wort, die beiden Extreme vor uns sind völlige Trennung und völlige Verschmelzung. Im ersten Fall würden sie unabhängige Nationen sein. Im anderen Fall wären sie bloß Grafschaften einer Gesamtrepublik. Im ersten Fall hätten die kleinen Staaten alles von den größeren zu fürchten. Im anderen Fall hätten sie nichts zu fürchten.

Mr. Mason (Virginia): Entsprechend dem jetzigen Bevölkerungsstand Amerikas hätte der nördliche Teil ein Recht auf das Übergewicht. Wenn aber die südlichen Staaten einmal drei Viertel des amerikanischen Volkes in ihren Grenzen hätten, werde doch der Norden an der Mehrheit der Abgeordneten festhalten. Ein Viertel werde dann die drei Viertel regieren.

Zit. nach: Salomon, Propyläen Weltgeschichte VI, S. 464 ff.

4 Der Grundrechtskatalog 1789
Die Ergänzung der Verfassung durch einen Katalog der Grundrechte wirkte stark auf europäische Verfassungen ab 1789 ein (vgl. Kap. „Aus Untertanen wird eine Nation …")

Art. 1. Der Kongress soll kein Gesetz erlassen, das eine Einrichtung einer Religion zum Gegenstand hat oder deren freie Ausübung beschränkt, oder eines, das Rede- und Pressefreiheit oder das Recht des Volkes, sich friedlich zu versammeln und an die Regierung eine Petition zur Abstellung von Missständen zu richten verkürzt.

Art. 2. Da eine wohl geordnete Miliz (Bürgerwehr) für die Sicherheit eines freien Staates notwendig ist, soll das Recht des Volkes Waffen zu besitzen und zu tragen nicht verkürzt werden.

Art. 4. Das Recht des Volkes auf Sicherheit der Person, des Hauses, der Papiere und der Habe vor ungerechtfertigter Nachsuchung und Beschlagnahme soll nicht verletzt werden.

Art. 5. Niemand soll wegen eines todeswürdigen oder sonstigen schimpflichen Verbrechens zur Verantwortung gezogen werden, es sei denn auf Grund der Anschuldigung oder Anklage seitens eines großen Geschworenengerichts, noch soll jemandem Leben, Freiheit oder Eigentum genommen werden, außer im ordentlichen Gerichtsverfahren und nach Recht und Gesetz.

Art. 9. Die Aufzählung bestimmter Rechte in der Verfassung soll nicht so ausgelegt werden, dass andere Rechte, die dem Volk geblieben sind, dadurch verneint oder geschmälert werden.

Zit. nach: G. Franz, Staatsverfassungen, Darmstadt 1964, S. 37 ff.

5 ***„Der neunte Pfeiler ist errichtet.“*** *Dieses Bild erschien in einer Bostoner Zeitung. New Hampshire hatte am 21. 5. 1788 die Zustimmung zur Verfassung gegeben. Eine Zweidrittelmehrheit aller Staaten war erforderlich. – Erläutere die Aussage des Bildes.*

6 **Das Problem des Wahlrechts im Jahre 1776**

Der erste Text stammt aus einem Schreiben von John Adams, der 1797 Nachfolger von George Washington als Präsident wurde. Der andere ist einem zeitgenössischen Flugblatt entnommen.

a) Theoretisch ist nicht zu bestreiten, dass die einzige ethische Grundlage von Herrschaft die Zustimmung des Volkes ist. Aber wie weit sollen wir dieses Prinzip auslegen? Sollen wir sagen, dass jeder Einzelne in der Gemeinschaft jedem Gesetz ausdrücklich zustimmen muss? Ist es nicht wahr, dass alle Menschen in allen Gesellschaften, die keinerlei Eigentum haben, zu wenig vertraut mit öffentlichen Angelegenheiten sind um sich ein Urteil bilden zu können und dass sie zu abhängig von anderen Menschen sind um einen eigenen Willen zu haben? Wenn dies stimmt und wenn jeder, der kein Eigentum besitzt, das Wahlrecht erhält, wird dann diese Bestimmung des Grundgesetzes nicht eine Einladung zur Korruption? Der menschliche Charakter ist so schwach, dass sehr wenige Menschen ohne Eigentum eine Urteilskraft besitzen. Glauben Sie mir, es ist gefährlich einen so endlosen Streit zu beginnen. Frauen werden das Wahlrecht verlangen, Burschen von 12 bis 21 Jahren werden ihre Rechte nicht mehr für ausreichend geschützt halten. Und Männer, die nicht einen Pfennig besitzen, werden bei allen Maßnahmen der Regierung gleiche Mitsprache verlangen. Der Verwischung und Zerstörung aller Unterschiede würde Vorschub geleistet und alle Rangunterschiede würden eingeebnet.

b) Einige schlagen vor, dass die Anzahl der Abgeordneten eines Gebietes der Höhe der in ihm gezahlten Steuern entsprechen solle. Ein solches Vorgehen wäre aber sehr unvernünftig. Denn die Besteuerung bezieht sich nur auf das Eigentum, nicht auf die Freiheiten einer Person; und wenn Repräsentationen allein dem Eigentum entsprechen sollten, dann müsste ein Mann, der sechsmal so viel besitzt wie ein anderer, sechsmal so viel Macht haben, obwohl das natürliche Recht beider auf Freiheit das Gleiche ist. Ein solches Regierungssystem wäre der Natur zuwider, denn es würde Ungleichheit und Ungerechtigkeit unter den Menschen schaffen und einige zu Herren über andere erheben.

Zit. nach: Die Amerikanische Revolution in Augenzeugenberichten; hrsg. v. W. P. Adams und A. Meurer Adams, München 1976, S. 317 ff. und 320.

a) Rollenspiel: Bildet Parteien von Abgeordneten aus einem bevölkerungsstarken und einem bevölkerungsschwachen Staat sowie aus einem Nord- und einem Südstaat. Jede Partei stellt – anhand des Verfassertextes sowie M3 und M6 – ihre Interessen und ihre Ängste gegenüber den Verfassungsalternativen „Zentralstaat – Bundesstaat – Staatenbund“ zusammen. Diskutiert die verschiedenen Möglichkeiten, Notwendigkeiten und Probleme.

b) Erläutere den Verfassungskompromiss und die Entwicklung des Wahlrechts anhand von M1. Ab wann durften in Deutschland Frauen wählen?

c) Welche Artikel des Grundrechtskataloges M4 gelten auch heute in unserem Staat, welche nicht?

d) Welche Bedeutung wird Washington in M2 für den Weg der Kolonien zu einem freien demokratischen Staat zugeschrieben? Wie urteilst du?

6. Die neue Nation muss sich bewähren – Pionierzeit und Bürgerkrieg

1790–1890 ________ *Die Pionierzeit: Nach der Ausbreitung bis zum Mississippi (1850) wird der „Ferne Westen" bis zur Pazifikküste besiedelt.*

1861–1865 ________ *Der Bürgerkrieg: Der Sieg der Nordstaaten bringt die Abschaffung der Sklaverei und sichert die Einheit der USA.*

Go west, young man!

Nachdem sich die Kolonien vom Mutterland gelöst hatten, konzentrierte sich das Interesse der Amerikaner darauf, den riesigen Kontinent, die weiten Gebiete des Westens zu erschließen. Die Pionierzeit begann: Innerhalb von 100 Jahren wurde der gesamte Kontinent von den Appalachen bis zum Pazifik besiedelt. In jedem Jahr schob sich die Grenze durchschnittlich 25 Kilometer nach Westen vor. Die neu erworbenen Gebiete wurden allerdings nicht den alten 13 Gründungsstaaten zugeschlagen: Betrug die Bevölkerungszahl eines neu besiedelten Territoriums mindestens 60 000, wurde es als neuer Staat in die USA aufgenommen. Als 50. Staat wurde 1959 Hawaii aufgenommen.

Die Aussicht in einem freien Staat leben und sich im weiten Westen Land und Besitz erwerben zu können zog die Siedler wie ein Magnet an. Neue Einwanderungswellen brachten auch nach dem Ende der Kolonialzeit Millionen Menschen in die USA. Zuerst waren es vorwiegend Engländer, Iren und Deutsche. Um 1880 nahm die Zahl der Deutschen stark ab, während die Einwanderung aus Russland, Polen, Italien und Mittelamerika anstieg. Die Einwanderungszahlen zeigen, dass politische Ereignisse, z.B. Revolutionen oder wirtschaftliche Probleme, die Europäer aus ihrer Heimat vertrieben. Aber auch Berichte aus den USA, wie 1848 die Nachricht von Goldfunden in Kalifornien („Goldrush"), lockten die Menschen.

Die Pionierzeit prägt die Amerikaner

Das Vordringen nach Westen erfolgte in drei Wellen. Den ersten Vorstoß wagten die „Trapper" (Bild links). Als Jäger und Fallensteller lebten sie ohne festen Wohnsitz vom Pelzhandel. Sie arbeiteten mit den Indianern zusammen und dienten den ankommenden Siedlern oft als Führer ihrer „Trecks". Diese ersten Siedlerfamilien ließen sich an frei gewählten, günstigen Plätzen nieder und lebten als „Squatter" von der Jagd und dem Feldbau oder als „Rancher" von der Viehzucht. Zahlenmäßig weitaus am stärksten war die dritte Siedlungswelle, die der Farmer. Diese legten Dauersiedlungen an, ihr Landbesitz war amtlich vermessen und urkundlich verbrieft. Mit ihnen kamen Handwerker, Kaufleute und Geldverleiher. Sie bauten Schulen, Kirchen, Saloons und wählten Sheriffs.

Trapper, Squatter, Rancher und Farmer waren die Frontier („frontier" bedeutet Grenze), die durch ihr abenteuerliches und hartes Leben nach eigenen Gesetzen und durch ihren ständigen Kampf gegen die Indianer Stoff für viele Romane und Filme geboten haben. Beflügelt vom Pioniergeist entwickelte sich das Sendungsbewusstsein der Amerikaner alle Schwierigkeiten bewältigen und andere Länder an ihren Errungenschaften teilhaben lassen zu können. Bestätigt fühlten sie sich durch das enorme Tempo, in dem der riesige Naturraum durch die Dampfschifffahrt und vor allem den Eisenbahnbau erschlossen wurde. Sich durch die eigene Tüchtigkeit emporzuarbeiten wurde zur idealen Lebens- und Geisteshaltung des Amerikaners. Der „Selfmademan" galt in Europa als der typische Vertreter des „Landes der unbegrenzten Möglichkeiten".

1 ***Territoriale Entwicklung der USA bis 1866***

Der aussichtslose Kampf der Indianer

Die Leidtragenden der raschen Durchdringung des Kontinents waren die Indianer. Ursprünglich lebten in dem riesigen Land mehr als eine Million weit verstreut. Erst als immer mehr „Weiße" ins Land strömten, sich das Land aneigneten und massenweise das Wild, die Existenzgrundlage der Indianer, töteten, setzten sich die Indianer zur Wehr. Die meisten „Weißen" waren überzeugt, dass es der offensichtliche Wille Gottes sei („manifest destiny"), dass ihrer Rasse dieses Land gehöre. Sie sahen in den „Rothäuten" nur rechtlose „Wilde". In mehr als 30 großen Indianerkriegen und zahllosen kleineren Kämpfen wurden die Ureinwohner Amerikas weit gehend ausgerottet. Am Ende der Pionierzeit lebten nur noch etwa 200 000 Indianer in Nordamerika.

Die Ureinwohner werden in Reservate abgedrängt

Für die amerikanische Regierung galten die Indianer bis 1849 als Ausländer. 371 Verträge wurden geschlossen – und gebrochen um den Landhunger der Siedler zu stillen. Schließlich bekamen die Indianer 250 verschiedene Reservate zugewiesen. Seitdem leben sie dort als Randgruppe der Gesellschaft. Erst 1924 erhielten die Indianer das volle Bürgerrecht.

Sklaven in einem demokratischen Staat?

Um 1850 verschärften sich die Spannungen zwischen Nord- und Südstaaten zunehmend wegen der Sklavenfrage. Der Norden baute seine Industrie auf der Grundlage freier Lohnarbeit auf und lehnte die Sklaverei strikt ab. Die Südstaatler dagegen glaubten auf schwarze Sklaven aus Afrika vor allem für ihre Baumwollplantagen nicht verzichten zu können. Jahrzehntelang wurde eine klare Lösung der Sklavenfrage hinausgeschoben. 1852 erschien in den USA der Roman „Onkel Toms Hütte", in dem das Schicksal der schwarzen Sklaven beschrieben war. Er wurde zum Propagandainstrument für die Nordstaaten und ihre neu gegründete Partei, die Republikaner. Bisher jedoch stellte die Demo-

2 Kein Halt für die Siedler
Bei immer neuen Begegnungen des „weißen" und des „roten" Mannes versuchten die Indianer durch Verträge und Kriege die weißen Siedlertrecks aufzuhalten. Nach etwa hundert Jahren standen die Siedler bereits an den Appalachen und verdrängten die Indianer in die westlichen Prärien. Und immer neue Siedler kamen …

kratische Partei des Südens den Präsidenten. 1860 siegte zum ersten Mal ein Republikaner: Abraham Lincoln, der sich auf die Seite der Gegner der Sklaverei stellte und die Interessen des Nordens vertrat. Der Süden reagierte prompt: Elf Südstaaten erklärten den Austritt aus der Union, wählten einen eigenen Präsidenten und bildeten die „Konföderierten Staaten von Amerika".

Der Bürgerkrieg

Lincoln wollte die Spaltung der USA nicht hinnehmen. Die Südstaatler weigerten sich aber die Sezession (Trennung) rückgängig zu machen. Dies bedeutete Bürgerkrieg. Er dauerte vier Jahre und wurde mit äußerster Härte und Grausamkeit als umfassender Vernichtungskrieg gegen Menschen, Land und Wirtschaft des Gegners geführt. Der Süden war an Bevölkerungszahl und Rüstungsproduktion weit unterlegen. 1865 musste die Südarmee schließlich kapitulieren.

Harte Friedensbedingungen

Mehr als 600 000 Menschen hatte der Krieg das Leben gekostet. Nach Lincolns Ermordung durch einen Anhänger der Sklaverei, wenige Tage nach der Kapitulation, wurden dem Süden harte Friedensbedingungen vorgelegt: Bis 1867 blieb er militärisch besetzt; vielen Südstaatlern wurden die Bürgerrechte aberkannt. Die Sklaverei wurde abgeschafft. Alle Schwarzen erhielten das Wahlrecht – das Rassenproblem war aber damit noch lange nicht gelöst.

Amerika – Weltmacht der Zukunft

Unter Führung des Nordens stiegen die USA nach dem Bürgerkrieg in atemberaubendem Tempo zur wirtschaftlichen Großmacht auf. Nach dem Schrecken des Krieges erlebten die Amerikaner ihr „vergoldetes Zeitalter" („The Gilded Age"). Die weiten Landflächen westlich des Mississippi wurden erschlossen und besiedelt. Reiche Bodenschätze förderten ein sprunghaftes Anwachsen der Industrie, deren Produktion bald Europa überflügelte. Aus internationalen Verwicklungen hielten sich die USA weit gehend heraus und verwahrten sich auch gegen das Eingreifen europäischer Mächte auf dem amerikanischen Kontinent. 1890, nach Abschluss der Pionierzeit, bahnte sich außenpolitisch eine neue Phase an. Die USA wollten die vorherrschende Macht der westlichen Halbkugel werden. Ziele waren Ostasien und der karibisch-mittelamerikanische Raum. Die USA betrieben Weltmachtpolitik.

3 **Häuser und Zelte.** *In den Langhäusern der Irokesen (links) lebten etwa 8 bis 10 verwandte Familien zusammen, meist Schwestern mit ihren Ehemännern und Kindern.*

4 **Büffeljagd des „weißen" und des „roten" Mannes.** *Weiße betrieben die Büffeljagd zunehmend als Sport oder verwerteten nur wenige Teile der toten Tiere. – Welche Folgen hatte die Massentötung der Büffel für die Indianer?*

5

Vertreibung der Navajo-Indianer *1863/64. Tausende kamen dabei um.*

Reservat der Navajos heute *in Utah*

6 Das Sklavenschiff „Brookes" aus Liverpool. *Das Schiff war 30 m lang und durfte nach einem Gesetz von 1788 auf die angegebene Weise 454 Menschen transportieren. Vorher waren es bis zu 609. – Welche Absicht verfolgte der Zeichner, der 1789 das Bild nach amtlich festgestellten Maßen anfertigte und veröffentlichte?*

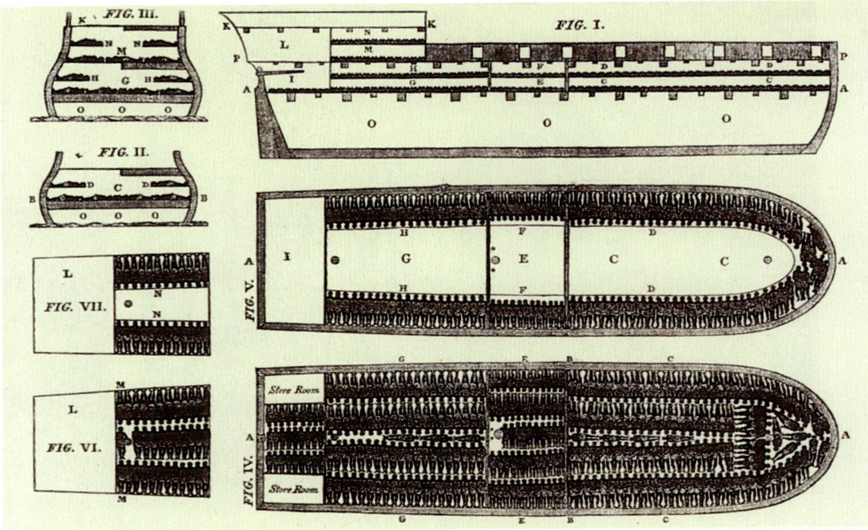

7 Die Weißen: „offenkundige Bestimmung"

1845 prägte eine amerikanische Zeitschrift erstmals den Begriff „manifest destiny" (vgl. VT):

Die reichen und schönen Täler von Wyoming sind dazu bestimmt, von der angelsächsischen Rasse in Besitz genommen zu werden. Die Reichtümer, die seit unzähligen Jahrhunderten unter den schneebedeckten Gipfeln unserer Berge verborgen liegen, sind von der Vorsehung als Belohnung für die tapferen Männer gedacht, welche die Vorhut der Zivilisation bilden. Die Indianer müssen der immer weiter vorrückenden und immer mehr anschwellenden Flut der Einwanderer weichen oder sie wird sie hinwegspülen. Das Geschick der Einwanderer ist in Lettern geschrieben, die nicht zu missdeuten sind. Der gleiche unerforschliche Gebieter, der Rom zum Untergang verurteilte, hat die Vernichtung der roten Menschen in Amerika beschlossen.

Zit. nach: Dee Brown, Begrabt mein Herz an der Biegung des Flusses, München 1976, S. 189.

8 Die Indianer: „Gewalttat und Betrug"

***a)** Ein Indianerhäuptling der Sioux:*

Wir wollen keine Weißen. Die Black Hills gehören mir. Wenn die Weißen sie uns wegzunehmen versuchen, werde ich kämpfen. Man verkauft nicht die Erde, auf der die Menschen wandeln. Ihr Weißen seid alle in unser Reservat gekommen und habt uns unser Eigentum weggenommen, doch damit seid ihr nicht zufrieden – ihr wollt uns all unsere Schätze wegnehmen. Meine Freunde, seit vielen Jahren sind wir in diesem Land, wir gehen nie ins Land des Großen Vaters (US-Präsident) und belästigen ihn. Doch seine Leute kommen in unser Land und belästigen uns; sie tun viele böse Dinge und bringen unseren Leuten Schlechtes bei. Dieses Land ist mein, ich bin darin aufgewachsen; meine Vorfahren haben in ihm gelebt und sind in ihm gestorben und ich will in ihm bleiben.

Zit nach: Dee Brown, Begrabt mein Herz an der Biegung des Flusses, München 1976, S. 270 f.

***b)** Der Indianerhäuptling Tecumseh:*

Die Langen Messer (so wurden die weißen Siedler genannt, weil sie oft lange Säbel trugen) haben Gewalttat auf Gewalttat und Betrug auf Betrug gehäuft. Wenn sie Land von uns erwerben wollten, dann haben sie uns bedrängt und bedroht, bis wir es hergaben; denn oft dachten unsere alten Männer, sie könnten auf diese Weise den Krieg vermeiden; deswegen haben sie das Land verlassen. Oft gab es auch Häuptlinge, die hatten Verlangen nach Feuerwasser und Gewehren, sodass sie Land verkauften.

Aber! Kein Häuptling hat das Recht Land zu verkaufen wie ein Bärenfell. Wenn einer sein Land nicht mehr bebauen kann, dann wird es einem anderen gegeben. Nur was er auf dem Land anbaut, gehört ihm, nicht das Land. Das Land hat der Große Geist für seine roten Kinder geschaffen und er hat es ihnen allen gegeben um Mais und Früchte anzubauen.

Auch jagen wir nur Tiere, wenn wir sie zum Essen oder ihr Fell brauchen. Das Wild gehört allen wie das Land, auf dem wir leben.

Zit. nach: F. Steuben, Der Sohn des Manitous?, Stuttgart 1951, S. 95–99.

9 Menschenhandel

Die Negersklaven werden vor Kauf oder Verkauf genauestens auf ihren Gesundheitszustand überprüft. 1852 schrieb Harriet Beecher-Stowe den weltberühmten Roman „Onkel Toms Hütte". Das nebenstehende Bild ist eine Illustration in der deutschen Ausgabe aus Leipzig von 1853.

10 Sind alle Weißen gleich?

Ein presbyterianischer Missionar, der um 1740 unter Indianern lebte, schreibt um diese Zeit:

Diese Abneigung (der Indianer) dem Christentum gegenüber rührt teilweise aus einem unmoralischen und lasterhaften Verhalten, das sie bei vielen so genannten Christen antreffen … Ohne unterschiedliche Ansichten von Dingen zu haben sind sie bereit alle Weißen gleich zu beurteilen und sie gleichermaßen für die widerwärtigen Taten einiger zu verachten … Sie haben mir gegenüber geäußert, dass Weiße lügen, betrügen, stehlen und schlimmer trinken als die Indianer, dass sie den Indianern diese Dinge beigebracht haben, besonders das zuletzt Genannte …

Der einzige Weg, um mit diesen Schwierigkeiten fertig zu werden, ist zwischen angeblichen und wahren Christen zu unterscheiden und ihnen so zu zeigen, dass das schlechte Verhalten vieler der Erstgenannten nicht daher rührt, dass sie Christen sind, sondern dass sie dem Namen nach und nicht in ihren Herzen Christen sind.

Jonathan Edwards, Memoirs of the Rev. David Brainerd; zit. nach: Jack D. Forbes, Die Wétiko-Seuche. Wupppertal 1981, S. 33 f.

11 Auf dem Sklavenmarkt

Die meisten Sklaven lebten unter menschenunwürdigen Umständen. Sie wurden von ihren Besitzern behandelt wie eine Sache, mit der man machen konnte, was man wollte. Ohne Erlaubnis der Besitzer durften Sklaven z. B. nicht einmal heiraten. J. Henson, ein ehemaliger Sklave, berichtet, wie es ihm als Kind auf dem Sklavenmarkt erging:

Meine Brüder und Schwestern wurden zuerst versteigert, einer nach dem anderen, während mich meine Mutter, gelähmt vor Schmerz, bei der Hand hielt. Dann kam sie an die Reihe und sie wurde an Mr. Riley verkauft. Als für mich Geld geboten wurde, drängelte sich meine Mutter durch die Menge und warf sich Mr. Riley zu Füßen. Halb von Sinnen aus Angst von allen ihren Kindern getrennt zu werden flehte sie ihn an, so wie es nur eine Mutter kann, doch mich zu kaufen. So wäre wenigstens ihr jüngstes Kind bei ihr. Der Mann machte sich mit brutalen Schlägen und Tritten von ihr los. Meine Mutter sah ich nie wieder.

Zit. nach: J. H. Franklin, From Slavery to Freedom, New York 1947, S. 249.

a) *Vergleiche die Einstellung der Amerikaner und der Indianer zur Besiedlung des Landes und zur jeweils anderen Rasse (M4, M5, M7, M8, M10).*

b) *Beschreibe die Lebensweise der Siedler und der Indianer, die in den Bildern M2, M3, M4 und M5 zum Ausdruck kommt.*

c) *Worin zeigte sich der „weiße Mann" gegenüber den Indianern im Kampf um das Land „überlegen" (VT, M2, M3, M4, M7, M8 und M10)?*

d) *Untersuche, inwieweit sich durch den Bürgerkrieg das Leben der Sklaven veränderte (VT, M6, M9, M11 sowie M1 im vorangehenden Kapitel).*

Eine große Revolution auf dem europäischen Kontinent

Der Sturm auf die Bastille am 14. Juli 1789 in Paris (zeitgenössische Zeichnung von Houel).
Links: Das Ende der Ständegesellschaft, Ausschnitt aus einem französischen Bilderbogen (Holzschnitt) von 1790.
Rechts: Napoleon Bonaparte während der Kaiserkrönung in Paris 1804, Skizze des französischen Malers David (1748 bis 1825); darunter eine Kokarde – seit 1789 Symbol der Revolutionäre: Ihre Farben verweisen auf das königliche Banner (weiß) und die Stadt Paris (Stadtfarben: blau und rot). Im Innenkreis steht „Freiheit und Gleichheit".

1. Frankreich vor 1789: reich und ruiniert

1788 ______ *Frankreich ist in eine tiefe Finanzkrise geraten. König Ludwig XVI. beruft deshalb die Generalstände ein.*
Februar–April 1789 ______ *In ganz Frankreich werden die Abgeordneten für die Generalstände gewählt.*

Weg in ein neues Zeitalter

1784 unternimmt der französische König Ludwig XVI. eine Reise in die Normandie. Sie wird zu einem einzigen Triumphzug. In einem kleinen Dorf umklammert eine Frau sein Knie und bricht in Tränen aus, während sie ausruft: „Ich sehe einen guten König, jetzt wünsche ich mir nichts mehr auf dieser Erde." Der König zeigt sich gerührt von den Sympathiebekundungen tausender Menschen. Als er nach der Besichtigung eines Kriegsschiffes von der wartenden Menge mit Beifallsstürmen empfangen wird, ruft er ihr mit Tränen in den Augen zu: „Es lebe mein Volk. Es lebe mein gutes Volk!"
Er war beliebt im Volk, dieser Monarch. Anders als seine Vorgänger empfand er das pompöse Leben in Versailles mit seiner starren Etikette, seinen Intrigen sowie die politischen Entscheidungen, denen er sich zu stellen hatte, eher als Belastung und sehnte sich nach einem einfachen, zurückgezogenen Leben. Acht Jahre später wird der „gute König" als letzter Monarch der alten Ordnung vor einer großen Menschenmenge in Paris hingerichtet. Die Ereignisse hatten sich überstürzt und den Weg in ein neues Zeitalter gebahnt – nicht nur in Frankreich.

Die „gottgewollte" Ständegesellschaft

Verglichen mit dem Jahrhundert zuvor und mit anderen europäischen Staaten war Frankreich ein relativ wohlhabendes Land. Das, was erwirtschaftet wurde, kam aber nur wenigen zugute. 85 Prozent der Bevölkerung lebten unter ärmlichen Verhältnissen auf dem Land. Wie in fast allen Staaten Europas teilte sich die Gesellschaft in drei Stände: in Adel, Klerus und den so genannten dritten Stand. Die Geburt entschied weit gehend darüber, zu welchem Stand man gehörte. Die Mehrheit zweifelte nicht daran, dass diese Ordnung, das Ancien Régime (französisch, d. h. übersetzt alte Herrschaft), gottgewollt war.

1

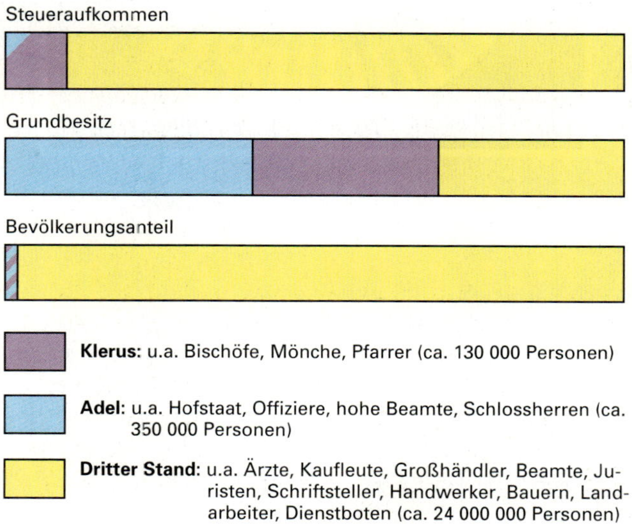

Französische Ständegesellschaft vor 1789 (links) und Staatshaushalt 1788 (unten).
Der hohe Anteil der Heereskosten hängt mit der Unterstützung der amerikanischen Kolonien im Krieg gegen England zusammen.

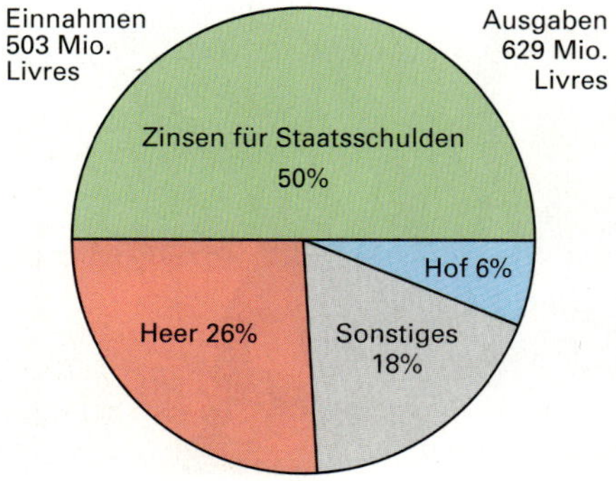

2 ***Wer trägt die Lasten?*** *Anonyme Karikaturen aus dem Jahr 1789. Unter dem Bild links heißt es: „Man muss hoffen, dass dies Spiel bald ein Ende hat." Auf dem Säbel steht: „Gerötet vom Blut"; auf der Hacke: „Mit Tränen getränkt". Auf den anderen Zetteln werden Steuern, Dienste und Abgaben einerseits und Adelstitel andererseits genannt. Dem dritten Stand ist die Jagd verboten, deshalb können Kaninchen und Vögel Saat und Ernte fressen. Auf den Zetteln des rechten Bildes steht: in den Waagschalen: „Gleichheit und Freiheit", „Erleichterung für das Volk"; in der Jacke des Geistlichen: „Grundsteuer"; in der Jacke des Bauern:„Friede und Eintracht"; auf dem Degen des Adligen: „... um die Nation zu schützen"; auf dem Degen des Bauern: „Mut". Über allen Dreien steht: „Es lebe der König, es lebe die Nation." – Vergleiche diese Darstellung der Stände mit dem Verfassertext.*

Unterschiede innerhalb der Stände: im ersten Stand ...

Der Klerus hatte neben der Seelsorge die Menschen zu gläubigen Untertanen zu erziehen und führte daher die Aufsicht an Universitäten, Oberschulen und zahllosen Dorfschulen. Die Lebensverhältnisse innerhalb des geistlichen Standes waren nicht einheitlich: Während die Bischöfe, die Äbte der reichen Klöster und die Chorherren der Domkapitel fast alle aus reichen Adelsfamilien stammten, kamen die einfachen Pfarrer mehrheitlich aus Bauern- und Handwerkerfamilien. Auch als Pfarrer verbesserte sich ihr Lebensstandard nicht wesentlich.

... im zweiten Stand und ...

Unterschiede gab es ebenso im zweiten Stand: Der Adel am Hof verfügte über beträchtliches Vermögen aus königlichen Zuwendungen. Ein großer Teil der Landadligen war dagegen gezwungen auf den eigenen Ländereien mitzuarbeiten um sein Auskommen zu haben. Mancherorts bot der Anblick eines Aristokraten, der seinen Mist selbst auf den Acker brachte, ein gewohntes Bild. Einig waren sich die Adelsfamilien jedoch darin, auf neue Einnahmequellen außerhalb der Landwirtschaft zu verzichten. Investitionen in den Bergbau oder in Handelsgeschäfte kamen für sie nicht infrage. Derartige bürgerliche Umtriebe hielten sie für nicht standesgemäß. Da sie nun selbst nicht verarmen wollten, forderten sie von den Bauernfamilien mehr Feudalabgaben.

... im dritten Stand

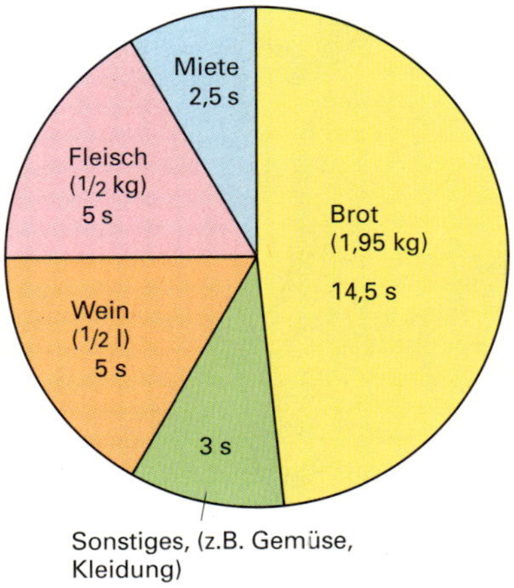

3 *Lebenshaltungskosten einfacher Handwerker in Paris 1789. Die Grafik zeigt, wofür der Tagesverdienst von ca. 30 Sous ausgegeben werden musste (20 Sous = 1 Livre).*

Unternehmerfamilien, Bankiers, Reeder und Händlerfamilien galten vielen Adligen als neureiche Emporkömmlinge, von denen man sich umso bewusster abgrenzte, je mehr sie Adlige an Wohlstand und Reichtum übertrafen und sich in die Adelsgesellschaft mit einem königlichen Amt einkauften. Obwohl bürgerliche Unternehmer und Händler zu den zahlungskräftigsten Steuerzahlern des dritten Standes gehörten, gab es für sie keinerlei Möglichkeiten im Staat mitzubestimmen. Allerdings kannte man im wohlhabenden und gebildeten Bürgertum die Schriften der Aufklärer. In Klubs oder Pariser Salons wurde darüber von Männern und Frauen heftig diskutiert. Bücher, kleine Broschüren und Theaterstücke sollten die aufklärerischen Ideen verbreiten helfen. Junge Adlige, die an dem Kampf der nordamerikanischen Kolonisten gegen den englischen König teilgenommen hatten, wie der Marquis de Lafayette, berichteten über selbst verwaltete Staaten und Städte, den Vorrang der Leistung vor der Abstammung, Bürgerfreiheiten und Bürgerrechte in der Neuen Welt – warum sollte das nicht auch in Frankreich möglich sein?
Handwerkerfamilien und Kleinhändler hatten ganz andere Interessen als die Fernhändler, Unternehmer, Professoren, Anwälte, Ärzte und Beamten. Der wirtschaftliche Wandel, den der Merkantilismus gefördert hatte, bedrohte sie in ihrer Existenz. Wie sollten sie mit den kostengünstigeren Produktionsweisen in den Manufakturen und dem Vertriebssystem der Verlage konkurrieren können?
Die Bauernfamilien, die Ernährer aller, waren in ihrer Existenz am wenigsten gesichert und am wenigsten frei. Nach Missernten, Seuchen oder Plünderungen mussten sie Kredite aufnehmen um durch Zukauf von Brotgetreide überhaupt überleben zu können. Dadurch gerieten sie in immer größere Abhängigkeiten von ihrem Grundherren.

Der „dritte Stand des dritten Standes"

„Die Frauen sind der dritte Stand des dritten Standes und egal, welchem Stand der Ehemann angehört, er verhält sich seiner Frau gegenüber wie ein Aristokrat." Zwar wird nicht auf alle Ehemänner das Urteil dieser Frau aus jener Zeit zugetroffen haben, aber es beschreibt die Situation der Frauen im Ancien Régime recht genau. In allem wurden sie den Männern gegenüber benachteiligt: Arbeitende Frauen verdienten nur ein Drittel oder die Hälfte vom Lohn eines Mannes. Die meisten Stadtfrauen mussten als Spinnerinnen, Spitzenklöpplerinnen, Wäscherinnen, Lastenträgerinnen und Marktfrauen dazuverdienen, weil der Erwerb ihrer Männer nicht ausreichte die Familie zu ernähren.
Frauen hatten traditionell den Haushalt und die Haushaltskasse zu führen, was ihnen innerhalb der Familie ein gewisses Ansehen verschaffte, aber in Zeiten der Not eine besonders undankbare Aufgabe war. Ohne die Zustimmung ihres Ehemanns durften sie keinerlei finanzielle Geschäfte abschließen. Der Ehemann konnte uneingeschränkt über seine Frau und auch über ihre Mitgift verfügen. Wurde die Frau untreu, durfte er sie einsperren. Hatte er ihr nach zwei Jahren noch nicht vergeben, musste sie damit rechnen, kahl geschoren und bis an ihr Lebensende in ein Kloster gesteckt zu werden. Hatte dagegen ein verheirateter Mann eine Geliebte, war das kein Grund ihn zu verklagen. Verließ der Mann seine Frau, hatte sie kein Recht auf Unterhalt und keinen Anteil am Familieneigentum. Für Mädchen gab es keine Schul- und Berufsausbildung. Viele unverheiratete Frauen arbeiteten als Hausangestellte und erhielten dafür nicht mehr als Unterkunft und Verpflegung. Viele von ihnen waren gezwungen von der Prostitution zu leben. Obwohl Frauen wie die Männer Steuern zu zahlen hatten, war es Frauen nicht gestattet zu wählen oder gar ein öffentliches Amt zu bekleiden. Nur Frauen in der unmittelbaren Umgebung einflussreicher Männer hatten die Möglichkeit indirekt auf politische Entscheidungen Einfluss zu nehmen, wie adlige Damen am Hof, Mätressen des Königs und vor allem die Königin.

Missernten erzeugen Hunger

Naturkatastrophen, Temperaturschwankungen und Hagelunwetter führten in der zweiten Hälfte des 18. Jahrhunderts zu Missernten. Viehseuchen kamen dazu. Infolgedessen stiegen die Fleisch- und Getreidepreise 1780 bis zu 60 Prozent. Ein Handelsvertrag, durch den billige britische Waren ungehindert in das Land strömen konnten, verschärfte 1786/87 die wirtschaftliche Not der Handwerkerfamilien. Die Zahl der Arbeitslosen, Bettelnden und Hungernden wuchs daher vor allem in den großen Städten.

Der Staat ist bankrott

Dieser Krisensituation stand ein schwacher und heruntergewirtschafteter Staat gegenüber. Das Hofleben in Versailles und die Kriege der französischen Könige in Deutschland und Amerika hatten die Staatsschulden so in die Höhe geschraubt, dass mit den herkömmlichen Mitteln und Steuern der Bankrott nicht mehr aufzuhalten war. Daher sollten nun die ersten beiden Stände genauso wie der dritte Stand reguläre Steuern zahlen. Natürlich wehrten sich Adel und Klerus eines ihrer wichtigsten Privilegien aufzugeben. Vielmehr sahen sie in der Notlage des Königs eine gute Gelegenheit die Macht des Monarchen endlich wieder einzuschränken. Gemeinsam mit dem Bürgertum forderten sie die Einberufung der Generalstände.

Generalstände machen noch keine Revolution

Diese traditionelle Versammlung war 174 Jahre nicht mehr in Erscheinung getreten. Seit 1615 fühlten sich die französischen Könige mächtig genug unabhängig vom Rat der Stände zu regieren. Auch Ludwig XVI. lehnte zunächst die geforderte Mitsprache der Stände kategorisch ab, willigte dann aber doch unter dem Druck der Notlage ein.
Zunächst mussten neue Vertreter der drei Stände gewählt werden. Überall in Frankreich fanden Wahlen statt – zum ersten Mal waren alle über 25 Jahre alten männlichen Franzosen wahlberechtigt. Bei den Wahlversammlungen wurden Beschwerdehefte (französisch „cahiers de doléances“) mit Klagen, Vorschlägen und Forderungen an den König verfasst; schreibkundige Bürger schrieben sie für die Bauern auf. Heute noch geben Tausende solcher Hefte Aufschluss über die Stimmung in der Bevölkerung Frankreichs am Vorabend einer Revolution.

4 ***Eröffnung der Generalstände*** *auf einem Fächer. Die Vertreter des dritten Standes mussten durch eine Nebentür eintreten.*

Unterscheide die Stände nach Kleidung und Sitzordnung.

5 **Reisenotizen.** *Der Engländer Arthur Young reiste 1787 bis 1789 durch Frankreich. Zum 17. Oktober 1787 schrieb er in sein Tagebuch:*

Habe heute mit einer Gesellschaft gespeist, deren Unterhaltung sich ausschließlich mit der Politik beschäftigte. Es herrschte die Meinung vor, dass man sich am Vorabend einer großen Umwälzung in der Regierung befinde. Alles weise darauf hin, die große Unordnung in den Finanzen, mit einem Fehlbetrag, der ohne die Generalstände nicht zu decken ist; kein Minister, der über die nötigen Eigenschaften verfügt um etwas anderes als Linderungsmittel zu finden; auf dem Thron ein Fürst mit den besten Absichten, aber ohne die erforderlichen geistigen Fähigkeiten um in diesem Augenblick selbst zu regieren; ein Hof, der vergnügt in Saus und Braus lebt und damit das große Elend verschlimmert; eine tiefe Gärung unter den Menschen aller Schichten, die sich begierig nach Veränderung sehnen ohne zu wissen, was sie wünschen sollen; ein Verlangen nach Freiheit, das seit der amerikanischen Revolution von Stunde zu Stunde wächst.

Nach: A. Young, Voyages en France, Paris 1988, S. 78 f., Übers. K. Sturm

6 **Beschwerden und Wünsche.** *Als im Januar 1789 die Generalstände einberufen wurden, forderte die Regierung die Wähler dazu auf, wie früher üblich, den Vertretern Hefte mit Beschwerden und Wünschen mitzugeben.*

a) *Die Einwohner des Dorfes Guyancourt forderten:*

1. dass alle Steuern von den drei Ständen ohne irgendwelche Ausnahme gezahlt werden, von jedem Stand gemäß seinen Kräften;

2. das gleiche Gesetz und Recht im ganzen Königreich;

5. die völlige Beseitigung jeglicher Art von Zehnten in Naturalien; …

8. dass die Eigentumsrechte heilig und unverletzlich sind;

9. dass rascher und mit weniger Parteilichkeit Recht gesprochen wird;

10. dass alle Frondienste, welcher Art sie auch sein mögen, beseitigt werden;

11. dass die Einziehung zum Heeresdienst nur in den dringenden Fällen erfolgt …

17. dass alle Pfarrer verpflichtet sind alle ihre Amtspflichten zu erfüllen ohne dafür irgendwelche Bezahlung zu fordern; …

Zit. nach: I. u. P. Hartig, Die Französische Revolution. Stuttgart 1984, S. 34 f.

b) *Bittschriften von Frauen des dritten Standes:*

In einer Zeit, da ein jeder bemüht ist seine Ansprüche und Rechte geltend zu machen … sollte es da nicht auch den Frauen möglich sein, ihrer Stimme Gehör zu verschaffen? …

Die Frauen des dritten Standes werden fast alle ohne Reichtümer geboren; ihre Erziehung wird sehr vernachlässigt …

Wir bitten Euch inständig, Sire, kostenlose Schulen einzurichten, wo wir unsere Sprache von Grund auf erlernen können, die Religion und die geistigen und sittlichen Werte; eins wie das andere soll uns in seinem ganzen Umfang dargeboten werden …

Ebenso (ist) es nur gerecht, ihre (der Frauen) Stimmen zu zählen, da sie doch, wie die Männer dazu verpflichtet sind, die königlichen Abgaben zu zahlen und den Verpflichtungen des Handels nachzukommen.

Man wird eventuell vorbringen, alles, was man ihnen gewähren könne, sei ihnen zu gestatten sich durch Bevollmächtigte in den Generalständen vertreten zu lassen. Man könnte dem entgegnen, es sei mit Fug und Recht erwiesen, dass weder ein Adeliger einen Nichtadeligen vertreten kann noch dieser einen Adeligen, ebenso kann … kein Mann eine Frau vertreten … können Frauen nur von Frauen vertreten werden.

Cahiers de doléances des femmes en 1789 et autres textes. Zit. nach: Geschichte auch für Mädchen, hrsg. von der Landesregierung NRW, S. 20 f.

a) Verschaffe dir anhand des VT, M1 und einer Tabelle einen Überblick über die Personengruppen, die zu den drei Ständen gehörten. Kläre dann für jede Gruppe, welche wirtschaftlichen, steuerlichen und politischen Forderungen sie stellte und welche Interessen sie hatte. Beantworte dieselbe Frage auch für den König. Zwischen welchen Gruppen kannst du dir Verbindungen vorstellen, wenn es um die Durchsetzung der Forderungen geht, zwischen welchen nicht? Begründe deine Meinung. Inszeniert dazu ein Rollenspiel (mit unterschiedlichen Szenen).

b) Die Forderungen in M6 beziehen sich auf Missstände des Ancien Régime. Stelle den Forderungen die Missstände gegenüber. Siehe auch M1, M2, M3.

2. 1789: Die Revolution des dritten Standes

1788	Der König gibt der Forderung des dritten Standes nach: Für die Generalstände wird die Abgeordnetenzahl des dritten Standes auf ca. 600 erhöht. Der erste und der zweite Stand haben zusammen ebenfalls ca. 600 Abgeordnete. Der König beharrt aber auf der herkömmlichen Abstimmung nach Ständen (eine Stimme für jeden Stand).
1789 5. Mai	*Versailles:* Feierliche Eröffnung der Generalstände. Der König geht in seiner Rede auf die Forderung des dritten Standes nach Köpfen (pro Abgeordneter eine Stimme) und nicht nach Ständen abzustimmen nicht ein.
6. bis 10. Mai	Vertreter des dritten Standes weigern sich als gesonderter Stand zu tagen und fordern die beiden anderen Stände auf sich mit ihnen zu vereinigen. Die ersten Landpfarrer gehen zum dritten Stand über.
17. Juni	Der dritte Stand erklärt sich zur Nationalversammlung, weil er 98 Prozent des Volkes repräsentiere. Die anderen Stände werden erneut aufgefordert sich ihnen anzuschließen. Viele Landpfarrer und wenige Adlige folgen der Aufforderung.
20. Juni	Der König lässt den Versammlungsraum des dritten Standes unter einem Vorwand schließen. Die Abgeordneten weichen in den Ballsportsaal aus. Dort schwören sie nicht eher auseinander zu gehen, als bis das Königreich eine Verfassung habe (Ballhausschwur).
23. bis 27. Juni	Der König weicht nach und nach vor der Entschlossenheit des dritten Standes zurück und empfiehlt schließlich den anderen beiden Ständen sich der Nationalversammlung anzuschließen.
Anfang Juli	Die Nationalversammlung will eine Verfassung ausarbeiten. Während sie tagt, lässt der König um Versailles und Paris Truppen zusammenziehen. Viele Menschen in Paris geraten in höchste Erregung.
13. Juli	*In Paris:* Bürgerinnen und Bürger greifen zu den Waffen. Eine neue, selbst ernannte Stadtregierung organisiert vom Rathaus aus Bürgerwehren, Nationalgarden genannt, in den Stadtbezirken.

1 ***Graf Mirabeau*** *hatte sich als Abgeordneter für den dritten Stand wählen lassen. Als der königliche Großzeremonienmeister den Befehl brachte die Versammlung aufzulösen und den Saal zu räumen, antwortete Mirabeau: „... nur vor der Gewalt der Bajonette werden wir vom Platz weichen." Desire Court (1797 bis 1865) hat die Szene gemalt (Bild rechts).*

14. Juli	Eine Menschenmenge stürmt das Invalidenhaus, bemächtigt sich der Waffen, belagert und stürmt dann die Bastille, das Staatsgefängnis (siehe ADS) um sich Munition zu verschaffen. Die Köpfe des ermordeten Kommandanten und eines Wachsoldaten werden jubelnd durch die Straßen getragen.
16./17. Juli	Der König gibt den Befehl die königlichen Truppen zurückzuziehen. Er erscheint selbst in Paris und heftet sich unter dem Jubel der Anwesenden die Kokarde (siehe ADS) mit den Revolutionsfarben an den Hut.
Ende Juli/Anfang August	*Auf dem Land:* Bauern bewaffnen sich, plündern Schlösser, verjagen Adlige und Grundherren, zünden Schlösser und Klöster an. Urkunden, auf denen die Frondienste und Abgabenpflichten niedergeschrieben sind, werden verbrannt. Gerüchte von einer grausamen Strafexpedition gegen die Bauern verstärken die Furcht der Bauernfamilien und treiben sie zu härterem Vorgehen an. In der Nationalversammlung ist man bestürzt über die Bauernrevolten. Man zieht auch ein hartes Vorgehen gegen die Aufständischen in Betracht.
4./5. August	Auf Vorschlag einiger Adliger beschließen die Abgeordneten der Nationalversammlung in einer erregten Nachtsitzung die Aufhebung aller Privilegien und die Abschaffung der Leibeigenschaft.
26. August	Die Nationalversammlung veröffentlicht die Menschen- und Bürgerrechte als Grundlage einer neuen Verfassung. Der König stimmt den Beschlüssen der Nationalversammlung nicht zu.
August und September	In Paris herrscht nach wie vor Hunger. Die Brotpreise steigen weiter und das Angebot an Lebensmitteln nimmt weiter ab.
5./6. Oktober	Mehrere tausend Frauen ziehen nach Versailles. In ihrem Gefolge sind auch Nationalgardisten. Die Frauen dringen in die Sitzung der Nationalversammlung ein. Die Königin wird in ihren Gemächern bedroht. Nationalgardisten töten zwei Leibgardisten des Königs. Als der König einwilligt mit seiner Familie nach Paris zu ziehen und den Beschlüssen der Nationalversammlung zuzustimmen, entspannt sich die Lage. Die Abgeordneten der Nationalversammlung folgen dem König wenige Tage später nach Paris.
2. November	Die Nationalversammlung beschließt die Kirchengüter zu verstaatlichen um die Finanzkrise des Staates zu bewältigen. Sie lässt Papiergeld (Assignate) drucken. Sein Wert soll mit den Kirchengütern gesichert werden. Es verliert aber zusehends an Wert, weil immer mehr Geld gedruckt wird.

Revolution (lateinisch „revolutio“, d. h. Umwälzung): Seit dem 18. Jahrhundert wird mit diesem Wort ein tief greifender, meist gewaltsamer Umsturz der bestehenden politischen und sozialen Ordnung bezeichnet, der auf grundlegende Veränderungen aller Lebensverhältnisse hinausläuft. Musterbeispiel wurde die Französische Revolution, die als bürgerliche Revolution bezeichnet wird, weil vor allem das Bürgertum sich Teilhabe an der Macht erkämpfte. Varianten der bürgerlichen Revolution sind die „Glorious Revolution“ 1688 in England und die Amerikanische Revolution von 1776. 1989 gelang Bürgerinnen und Bürgern der DDR eine friedliche Revolution, die zur Wiedervereinigung Deutschlands führte.

Reform: Im Gegensatz zur Heftigkeit revolutionärer Vorgänge werden behutsame Änderungen der politischen und sozialen Verhältnisse als Reformen bezeichnet.

Revolte: So nennt man den Aufstand einer kleineren Gruppe, die sich Macht verschaffen, ihre Macht erhalten oder vergrößern will.

2 ***Die alte Ordnung löst sich auf***

a) *Spätere Gedenkmünze zur Sitzung der Nationalversammlung vom 4. August 1789 von Edouard Gatteaux (1788 bis 1881)*

b) *In der stürmischen Sitzung überraschen einige weltliche und geistliche Grundherren die Abgeordneten der Nationalversammlung mit ihrem Vorschlag die Privilegien abzuschaffen. In der Nachtsitzung vom 4. auf den 5. August wird beschlossen, dass*

- *die Leibeigenschaft, die grundherrliche Gerichtsbarkeit, alle Geldvorrechte und Steuerbefreiungen, die Käuflichkeit der Ämter, alle unrechtmäßigen Pensionen abgeschafft sind;*
- *die Bauern sich von den Grundherrenrechten und vom Zehnten loskaufen können;*
- *die Abgabe des Zehnten nur noch in Geld zugelassen wird (später wird diese Abgabe ganz aufgehoben);*
- *die Angehörigen aller Stände rückwirkend für das Jahr 1789 gleichermaßen zur Steuer herangezogen werden;*
- *alle Bürger zu Ämtern in Staat und Heer gleichermaßen zugelassen werden;*
- *keine Provinz mehr besondere Vorrechte genießt.*

c) *Der Marquis de Ferrieres schrieb wenige Tage später an seine Anhänger zu Hause:*

Die von heftigsten Unruhen betroffenen, zum Teil verwüsteten Provinzen Franche-Comté, Dauphiné, Bourgogne, Elsass, Normandie und Limousin, wo über 150 Herrensitze in Brand gesetzt worden waren; die Wut, mit der Feudalurkunden aufgespürt und verbrannt wurden; die Aussichtslosigkeit sich der Woge der Revolution entgegenzustemmen … all das schrieb uns … das Verhalten vor, das wir bezeigen mussten. Die Vertreter der Geistlichkeit wie des Adels … nahmen alle eingebrachten Anträge an … Es wäre für sie vergeblich und sogar gefährlich gewesen, dem Gemeinwillen der Nation Widerstand zu leisten … Ich beschwöre Sie deshalb, meine Herren Adelige, weder über den von Ihnen soeben geleisteten großmütigen Verzicht Bedauern zu zeigen noch den Beschluss der Nationalversammlung öffentlich zu tadeln.

Zit. nach: Kurt Holzapfel (Hg.), Die Große Französische Revolution 1789 bis 1795, Berlin 1989, S. 86.

3 ***Erklärung der Menschen- und Bürgerrechte*** *am 26. August 1789 (Auszüge)*

1. Die Menschen werden frei und gleich an Rechten geboren und bleiben es. Die gesellschaftlichen Unterschiede können nur auf dem allgemeinen Nutzen begründet werden.

2. Der Zweck jeder staatlichen Vereinigung ist die Erhaltung der natürlichen und unverjährbaren Menschenrechte. Diese Rechte sind Freiheit, Eigentum, Sicherheit und Widerstand gegen Unterdrückung.

3. Der Ursprung jeder Herrschaft liegt wesensmäßig beim Volke; keine Körperschaft, kein Einzelner kann Herrschaft ausüben, die nicht ausdrücklich von ihm ausgeht.

4. Die Freiheit besteht darin, alles tun zu können, was einem anderen nicht schadet (Die Grenzen der Freiheit bestimmt allein das Gesetz).

6. … Da alle Bürger vor dem Gesetz gleich sind, so sind sie auch alle in der gleichen Weise zu allen Ehrenämtern, öffentlichen Stellungen und Beschäftigungen gemäß ihren Fähigkeiten zugelassen, ohne einen anderen Unterschied als den ihrer Kräfte und Geistesgaben.

10. Niemand darf wegen seiner Ansichten, selbst nicht der religiösen, bedrängt werden, vorausgesetzt, dass ihre Äußerung nicht die durch das Gesetz festgelegte öffentliche Ordnung stört.

11. Die freie Mitteilung der Gedanken und Ansichten ist eines der kostbarsten Menschenrechte; daher kann jeder Bürger frei sprechen, schreiben, drucken, mit dem Vorbehalt, dass er verantwortlich ist für den Missbrauch dieser Freiheit in den von dem Gesetz festgelegten Fällen.

16. Eine Gesellschaft, in der die Garantie der Rechte nicht gesichert und die Teilung der Gewalten nicht festgelegt ist, hat keine Verfassung.

Zit. nach: I. und P. Hartig, Die Französische Revolution, Stuttgart 1985, S. 52 ff.

4 Pariser Marktfrauen *und Nationalgardisten mit der königlichen Familie am 6. Oktober 1789 auf dem Weg von Versailles nach Paris. Zur Nationalgarde, die aus der Pariser Bürgerwehr entstand, waren bis 1792 nur Besitzbürger zugelassen. – Versuche herauszufinden auf welcher Seite der Zeichner steht.*

5 Die Ereignisse am 5./6. Oktober

a) *Schilderung von Frau Cheret*

… gegen vier Uhr – schlugen unsere Bürgerinnen … den Weg zur Nationalversammlung ein, wo sie nur unter Mühe Einlass erhielten … Trotz der Furcht, die unsere guten Freundinnen unter den Hosenmätzen gesät hatten – mehrere von ihnen verließen gar die Versammlung –, glaubten die ehrenhaften Mitglieder der Nationalversammlung zu erkennen, dass sie (die Bürgerinnen) absolut entschlossen seien so lange nicht auseinander zu gehen wie noch etwas endgültig festgelegt werden müsse. Sie gestanden unseren 12 Abgeordneten zu: 1. ein neuerliches Getreideausfuhrverbot; 2. … dass der Getreidepreis auf 24 Livres festgesetzt würde; ein … Preis, bei dem das Brot selbst für die Armen erschwinglich sei; 3. dass das Fleisch nur 8 Sous das Pfund kosten solle.
… das Gerücht besagt, dass der König den 5. Oktober unterstützt habe und mehr denn je jenes Attribut verdiente, das man ihm am 17. Juli 1789 zubilligte, „Erneuerer der Französischen Revolution“ zu sein. Wir Bürgerinnen wurden, geschmückt mit Ruhm, auf Kosten Seiner Majestät im Wagen zum Pariser Rathaus zurückgebracht …

Zit. nach: S. Petersen, Marktweiber und Amazonen, Köln 1987, S. 70 ff.

b) *Herr Dumont aus Genf, befreundet mit Mirabeau, berichtet über das gleiche Ereignis*

Als wir (er und Mirabeau) schließlich in die Versammlung kamen, wo der Präsident sich vergeblich abmühte Ruhe zu schaffen, erhob Mirabeau seine alles übertönende Stimme und forderte den Präsidenten auf der Versammlung Respekt zu verschaffen … Bei seiner Volkstümlichkeit hatte er (Mirabeau) Erfolg mit seinen Worten. Nach und nach zog sich die Menge zurück … Ich stand auf einer Galerie, wo ein Fischweib sich mit einer überlegenen Autorität betätigte und ungefähr hundert Weiber … dirigierte, die ihre Befehle erwarteten um zu schreien oder zu schweigen. Sie rief ungeniert die Deputierten an und fragte: „Wer redet denn da hinten? Lasst den Schwätzer den Mund halten! Darum handelt es sich gar nicht, es handelt sich darum, Brot zu bekommen. Man soll unser Mütterchen Mirabeau sprechen lassen …“ Ihre ganze Gesellschaft schrie: „Unser Mütterchen Mirabeau!“ (Ausdruck der Sympathie). Aber Mirabeau war nicht der Mann, der bei solchen Gelegenheiten seine Kräfte verschwendete, und seine Beliebtheit beim Volk war, wie er sagte, nicht Beliebtheit beim Pöbel.

Zit. nach: G. Pernoud, S. Flaissier, Die Französische Revolution in Augenzeugenberichten. München, 5. Aufl., 1983, S. 65/6.

a) Zeige, wie sich die Ereignisse in Versailles, in Paris und auf dem Land gegenseitig beeinflussten (VT, M2, M4 und die beiden Bilder der ADS).
b) Vergleiche die Wortwahl und die Darstellung von Dumont mit der von Frau Cheret in M5. Nimm selbst Stellung zum Vorgehen der Frauen.
c) Stelle anhand des Grundbegriffes „Revolution“ Merkmale einer Revolution zusammen und erörtere, inwiefern die Ereignisse in Frankreich im Jahre 1789 mit Recht eine Revolution genannt werden.

3. Aus Untertanen wird eine Nation: von der konstitutionellen Monarchie zur Republik

3. Sept. 1791 ——— *Die neue Verfassung macht Frankreich zur konstitutionellen Monarchie.*
22. Sept. 1792 ——— *Ludwig XVI. wird wegen Zusammenarbeit mit den Feinden der Revolution abgesetzt und unter Arrest gestellt. Frankreich wird damit zur Republik.*
17. Jan. 1793 ——— *Mit einer Stimme Mehrheit im neu gewählten Parlament wird das Todesurteil gegen den König gefällt und vier Tage später vollstreckt.*

Die Ständegesellschaft in Frankreich war abgeschafft, das Ancien Régime beseitigt, jedem wurden grundlegende Rechte zugesichert, wer aber sollte zukünftig die Gesetze machen und über ihre Gültigkeit befinden? Welche Rolle sollte dem König und welche Rolle den Volksvertretern dabei zukommen?

Ein neuer Staat: mit dem König oder gegen ihn?

Auch ein Jahr nach dem Sturm auf die Bastille dachte die Mehrheit der Franzosen nicht daran, die Monarchie abzuschaffen. Hatte sich der König nicht nach seiner Ankunft in Paris im Oktober 1789 die Kokarde mit den Farben der Revolution angeheftet (siehe ADS)? Auch das große Fest der Verbrüderung am Jahrestag des Bastillesturms 1790 nährte die Hoffnung im Bürgertum und im einfachen Volk, dass die Probleme im Staat mit dem und nicht gegen den König zu lösen waren. Der Monarch schwor vor einer begeisterten Menschenmenge Nation und Gesetz, also der zukünftigen Verfassung, die Treue zu halten. In

1 ***Die französische Verfassung von 1791*** *war die erste schriftlich formulierte in Europa. Beschreibe die Machtverteilung zwischen König und Nationalversammlung (suspensives Veto: Gesetzesvorschläge können für zwei Jahre blockiert werden). Vergleiche das Wahlrecht mit der Forderung nach Gleichheit.*

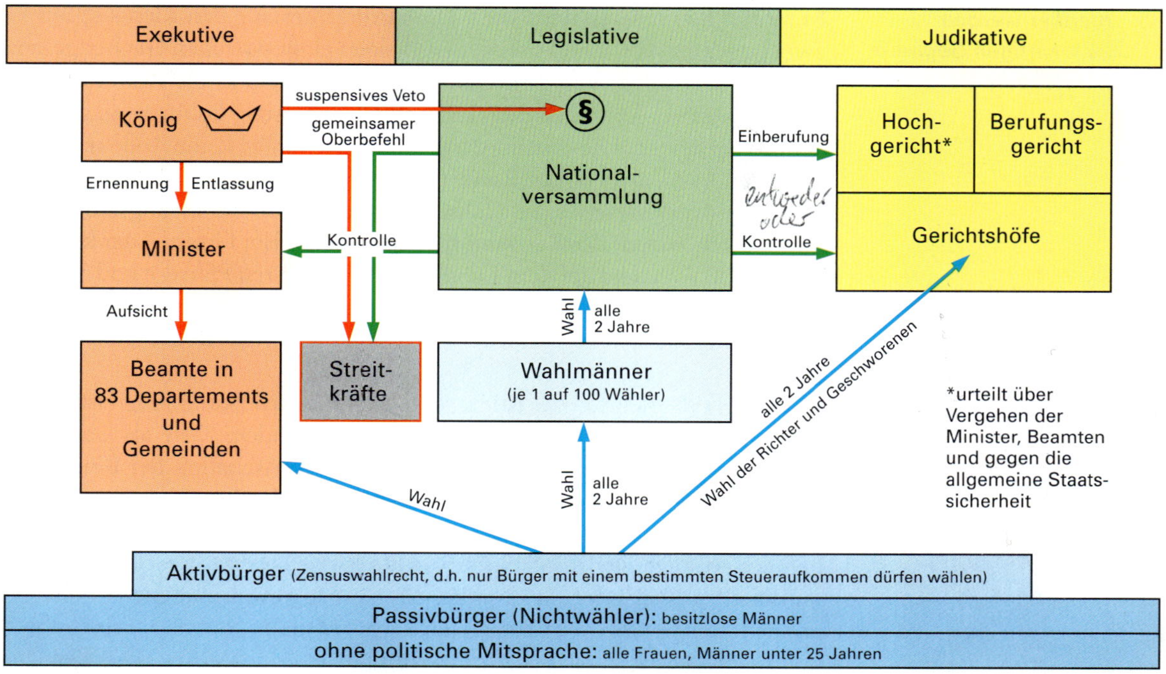

2 Der Klerus in der Nationalversammlung *von 1790 bis 1791 (zeitgenössischer Stich). Der Kirchenbesitz war bereits verstaatlicht, die Schulen der kirchlichen Aufsicht entzogen, Klöster und Orden aufgelöst. Rechts auf dem Bild Eid verweigernde Priester. – Erkläre die Darstellung mithilfe des VT (unten) und erläutere die Position des Zeichners.*

Wirklichkeit hatte sich Ludwig jedoch nie damit abgefunden, dass man es gewagt hatte, die alte Ordnung anzutasten. Zunehmend auch verunsichert durch die ständige Kontrolle der Pariser Öffentlichkeit versuchte er im Juni 1791 mit seiner Familie ins benachbarte Ausland zu fliehen. Denn dort bereiteten Tausende von adligen Emigranten ein militärisches Eingreifen gegen die französischen Umstürzler vor. Der königliche Fluchtversuch scheiterte, war aber für viele Menschen, vor allem für die Gegner der Monarchie, ein klares Indiz für die mangelnde Loyalität des Monarchen gegenüber der neuen Nation. Die gleiche Wirkung erzielte der streng katholische König, als er sich für jene Priester einsetzte, die nach wie vor den Eid auf die Verfassung verweigerten und dafür mit Berufsverbot und Deportation ins Ausland bestraft werden sollten.

Kleriker werden zu wichtigen Gegnern der Revolution

Mit ihren Beschlüssen hatte die Nationalversammlung den Klerus schon früh in zwei Lager gespalten und sich dadurch einen einflussreichen Gegner geschaffen. Die Priester sollten von den Gemeinden gewählt und als Beamte vom Staat bezahlt werden. Erst nach dem Eid auf die Verfassung konnten sie zu Amt und Würden gelangen. Die Zustimmung des Papstes sollte keine Rolle mehr spielen. Aus Gehorsam gegenüber Rom, das die neue, „gottlose Ordnung" strikt ablehnte, verweigerte etwa die Hälfte der Priester den Verfassungseid und wurde im weiteren Verlauf der Revolution dafür verfolgt. Ein Großteil der katholischen Gläubigen, vor allem auf dem Land, hielt treu zu ihren Pfarrern und Seelsorgern. Sie wandte sich umso empörter von der Revolution ab, je mehr der Gegensatz zur Papstkirche sich zu einem Kampf gegen die christliche Religion wandelte.

Krieg mit dem Ausland – verschiedene Hoffnungen und Ängste

Im April 1792 erklärten der König und die Nationalversammlung Österreich den Krieg. Doch Ludwig XVI. verband damit ganz andere Ziele als jene Abgeordneten der Nationalversammlung, die die Errungenschaften der Revolution gegen die bevorstehende militärische Intervention der Preußen und Österreicher verteidigen und auch die Nachbarvölker von den „Fesseln der Despotie" befreien wollten. Der König hoffte auf die Niederlage der Revolutionsarmee um mithilfe des Auslandes die absolute Monarchie gewaltsam wiederherstellen zu können. Danach sah es in den ersten Kriegsmonaten auch aus. Feindliche Truppen marschierten auf Paris zu und drohten es zu zerstören. Die Bevölkerung

Verfassung (lat. „constitutio"): In einer Verfassung, auch Konstitution genannt, sind die Grundsätze eines Staates festgeschrieben. Sie bestimmen die Form (z. B. Demokratie oder Monarchie) und den Aufbau (zentralistisch, föderalistisch) eines Staates und legen fest, welche Staatsorgane (z. B. Parlament, Gericht, Monarch) es gibt. Eine Verfassung bestimmt, wer als Bürger zu gelten hat und wer wählen (aktives Wahlrecht) und wer in politische Ämter gewählt werden (passives Wahlrecht) darf, ebenso die Art der politischen Beteiligung (Wahl). Heute gibt es in Europa keinen Staat mehr ohne Verfassung.

Konstitutionelle Monarchie: Die Staatsgewalt des Monarchen ist durch eine Verfassung eingeschränkt, indem eine Volksvertretung (Parlament) maßgeblich an der Gesetzgebung und der Festlegung von Steuern und Staatsausgaben, nicht aber an der Regierungsbildung (der Ernennung der Minister) beteiligt ist.

geriet in Angst und Aufregung. Überall vermutete man Verrat der Revolutionsgegner. Handwerker und Arbeiter organisierten eine eigene Pariser Stadtregierung. Im August stürmten bewaffnete Frauen und Männer mit Nationalgardisten das königliche Schloss und forderten die Absetzung des Königs; Anfang September, als die Bedrohung durch die heranrückenden Feinde noch größer wurde, lynchten vorwiegend Kleinbürger in den Gefängnissen über 1000 Menschen, darunter vor allem Adlige und eidverweigernde Priester.

Tod dem König, damit die Revolution lebt

Mit dem Druck der Straße konnten die Gegner der Monarchie die Absetzung des Monarchen in der Nationalversammlung durchsetzen. Als dann noch die Geheimkontakte Ludwigs zu den adligen Emigranten und dem österreichischen Kaiser ans Tageslicht kamen, bestand für die radikalen Republikaner kein Grund mehr vor einem Hochverratsprozess zurückzuschrecken. Im Dezember 1792 wurde der letzte Monarch des Ancien Régime, nunmehr nur noch der „Bürger Louis Capet", angeklagt, für schuldig befunden und im Januar 1793 hingerichtet.

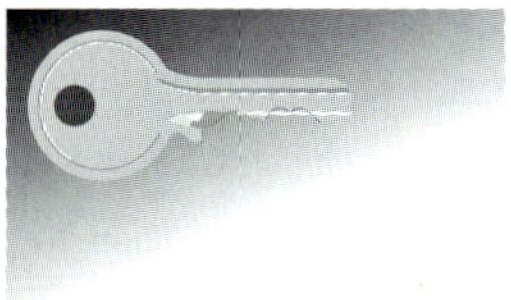

Ein Verfassungsschema interpretieren (vier Schritte):

1. Das Schema zerlegen und durchschauen:
- *Welche Ordnung lässt sich erkennen (Blöcke, Farben)?*
- *Wie sind die einzelnen Blöcke miteinander verbunden? Welche Bewegungsrichtung haben die Pfeile? Welche Begriffe sind unbekannt? (Der Text oder ein Lexikon hilft dir bei der Klärung.)*

2. Verfassungskriterien Gesetzgebung und Machtausübung:
- *Wer darf Gesetzesvorschläge machen? Wer erlässt die Gesetze? Wer kann Gesetzesbeschlüsse rückgängig machen?*
- *Wer setzt die Gesetze durch?*
- *Gibt es Grundsätze, nach denen sich die Gesetzgebung richten muss?*

3. Verfassungskriterien Wahl, Machtverteilung und Machtkonzentration:
- *Welche Positionen werden durch Wahl bestimmt, welche nicht?*
- *Wer darf wählen, wer darf gewählt werden, wer ist von der Wahl ausgeschlossen?*
- *Ist die Macht im Staate auf verschiedene Personen/Gruppen/Gremien verteilt oder konzentriert sie sich an einer Stelle?*

4. Was ein Schema oft nicht erklärt, was aber auch wichtig ist:
- *Welche Rechte haben Minderheiten?*
- *Warum und bei welcher Gelegenheit wurde die Verfassung verabschiedet? Haben diese Umstände die Verfassung beeinflusst?*
- *Stimmt die Wirklichkeit im Staat mit den Grundsätzen der Verfassung überein?*

3 Prozess und Hinrichtung Ludwigs XVI.

a) *Darstellung auf einem Zierteller.*

b) *Auszüge aus der Rede des Abgeordneten Robespierre im Nationalkonvent am 3.12.1792*

… Die berühmte Frage, die euch beschäftigt, ist entschieden durch die beiden Worte: Ludwig wurde entthront durch seine Verbrechen; … Wenn Ludwig unschuldig ist, werden alle Verteidiger der Freiheit zu Verleumdern und die Rebellen waren die Freunde der Wahrheit … Was mich angeht, so verabscheue ich die Todesstrafe und für Ludwig habe ich weder Hass noch Liebe; nur seine Missetaten hasse ich … Aber ein entthronter König im Schoße einer Revolution, die noch weit davon entfernt ist, durch gerechte Gesetze verankert zu sein, ein König, dessen Name allein schon die Geißel des Krieges auf die erregte Nation herabbeschwört: Dessen Dasein kann weder durch Haft noch Verbannung für das öffentliche Wohl gleichgültig werden. Mit Schmerz spreche ich die verhängnisvolle Wahrheit aus: Es ist besser, dass Ludwig stirbt, als dass 100 000 tugendhafte Bürger umkommen: Ludwig muss sterben, weil das Vaterland leben muss.

Zit. nach: I. u. P. Hartig, Die Französische Revolution, Stuttgart 1984, S. 81 f.

c) *Rede des Rechtsanwalts Romain de Sèze vor dem Nationalkonvent am 26. 12. 1792*

Nehmt euch in Acht; nehmt ihr Ludwig die Unverletzlichkeit des Königs, so seid ihr ihm wenigstens die Rechte des Bürgers schuldig … Wollt ihr nun aber Ludwig als König richten, dann frage ich Euch: Wo sind die schützenden Formen, die jeder Bürger kraft unveräußerlichen Rechts verlangen kann? Ich frage euch: Wo ist jene Teilung der Gewalten, ohne die weder Verfassung noch Freiheit möglich ist? Ich frage euch: Wo sind die Geschworenen für Anklage und Urteil, die den Bürgern durch das Gesetz als Geiseln zum Schutz ihrer Sicherheit und Unschuld gegeben sind? … Mit einem Wort, ich frage euch: Wo sind alle jene strengen Vorkehrungen, die das Gesetz bestimmt hat, damit der Bürger, selbst wenn er schuldig ist, nur durch das Gesetz getroffen wird? … Ludwig soll weder die Rechte des Bürgers noch die Vorrechte des Königs haben! …

Zit. nach: I. u. P. Hartig, Die Französische Revolution, Stuttgart 1984, S. 83 f.

d) *Die Frauenrechtlerin Olympe de Gouges, die die Todesstrafe prinzipiell ablehnte, 1792:*

Es genügt nicht, den Kopf eines Königs abzuschlagen um ihn zu töten, er lebt noch lange nach seinem Tod. Aber er ist wirklich tot, wenn er seinen Sturz überlebt.

Zit. nach: Hans Erik Hausner, Zeit Bild 1794. Wien, Heidelberg 1977, S. 215.

4 Beschlüsse der Nationalversammlung

1789: *Alle Preise richten sich nach Angebot und Nachfrage; es gibt keine Festlegung von Höchstpreisen;*

März 1791: *Alle Zünfte und Zunftzwänge werden aufgehoben; jeder hat das Recht ein Gewerbe zu betreiben;*

Juni 1791: *Streiks und Zusammenschlüsse von Arbeitern und Handwerkern werden verboten, ebenso Preisabsprachen;*

September 1791: *Schutz des Eigentums.*

a) Überlege, für welche Teile der Bevölkerung die Beschlüsse der Nationalversammlung (M4) von Vorteil und für welche sie von Nachteil waren. Ziehe Rückschlüsse auf die Zusammensetzung der Nationalversammlung.

b) Inszeniert ein Kreuzverhör: Zwei Auslandskorrespondenten (Mann oder Frau) besuchen den König nach seiner Absetzung in seinem Arrest. Erstellt eine Liste möglicher Fragen zu seinem politischen Agieren seit der Einberufung der Generalstände. Welche Antworten könnte der König geben?

c) Stelle die Argumente für und gegen die Hinrichtung des Königs gegenüber (M3) und füge andere mögliche aus der Sicht der Befürworter und der Gegner hinzu. Äußere dich zu M3a und tauscht eure Meinungen dazu aus.

4. Die Revolution frisst ihre Kinder: Wer nicht für uns ist, der ist gegen uns

September 1792	*Der Nationalkonvent wird gewählt. Alle volljährigen männlichen Franzosen sind wahlberechtigt (außer den Dienstboten). Das neue Parlament soll eine republikanische Verfassung ausarbeiten.*
Februar 1793	*Fast alle europäischen Mächte verbünden sich gegen Frankreich.*
März bis Sept. 1793	*Königstreue Bauernfamilien der Vendée (Westfrankreich) führen einen erbitterten Aufstand gegen die Revolutionsregierung und ihre Truppen.*
Juni 1793	*Jakobiner lassen ihre Gegner im Parlament (Girondisten) verhaften und später hinrichten. In Paris beginnt die Herrschaft der Jakobiner. In Provinzstädten organisieren geflohene Girondisten den Bürgerkrieg.*
August 1793	*Die allgemeine Wehrpflicht („levée en masse“) wird eingeführt.*
September 1793	*Mit dem „Gesetz über die Verdächtigen“ beginnt die sogenannte „Schreckensherrschaft“, der Terror.*
Oktober 1793	*Der Wohlfahrtsausschuss des Konvents erhält diktatorische Vollmachten.*
März/April 1794	*Robespierre schaltet die Gegner seiner Notstandsdiktatur aus. Mit seiner Hinrichtung am 28. Juli endet die Zeit des Terrors.*

Der Druck von außen wird größer.

Nach der Hinrichtung des Königs wurde der militärische und wirtschaftliche Druck des Auslands noch größer. Fast alle europäischen Monarchien schlossen sich zu einer ersten Koalition gegen die Revolutionäre Frankreichs zusammen. Der Funke der Auflehnung sollte nicht auf die eigenen Untertanen überspringen. Ein fruchtbarer Boden war dafür durchaus vorhanden: Anhänger aufklärerischer Ideen und Unzufriedenheit mit staatlichen und sozialen Missständen gab es auch außerhalb Frankreichs, wo die Entwicklung seit 1789 teils mit großer Sympathie, teils aber auch mit zunehmendem Abscheu verfolgt wurde.

Zu den Waffen, Bürger!

Was die Besitzbürger im Parlament, die Girondisten, vom Krieg erhofft hatten, trat zunächst auch ein. Für kurze Zeit lenkte die Bedrohung, die von den Heeren der Preußen und Österreicher ausging, von den innenpolitischen Streitigkeiten ab. Dem Aufruf der Nationalversammlung „Bürger, das Vaterland ist in Gefahr“ waren 1792 hunderttausende Franzosen gefolgt, die sich als Freiwillige meldeten um die errungenen Freiheiten zu verteidigen. In einem Lied eines Marseiller Freiwilligenverbandes heißt es: „Auf! Kinder des Vaterlandes, der Tag des Ruhmes ist gekommen; gegen uns hat sich die blutige Standarte der Tyrannei erhoben! … Sie … erwürgen unsere Söhne und Frauen. Zu den Waffen, Bürger! Bildet Bataillone! Lasst uns marschieren …“ Dieses Lied wurde die französische Nationalhymne, die Marseillaise, und ist es bis heute geblieben.

Auf dem Weg zur Terrorherrschaft

Nach der ersten Euphorie verschärfte der Krieg die Gegensätze in Paris zwischen den verschiedenen politischen Gruppen, erhöhte erheblich die Gewaltbereitschaft gegenüber echten und vermeintlichen Revolutionsgegnern und führte schließlich zur Terrorherrschaft. Bereits im Sommer 1792 hatten die Sansculotten, die politisch aktiven Handwerker und Arbeiter, eine eigene Pariser Stadtregierung, die Kommune, gebildet und die Wahlbezirke, die 48 Sektionen, unter ihre Kontrolle gebracht. Dort bestimmte man über die Nationalgardisten, zu denen nun erstmals auch Passivbürger zugelassen wurden. Damit konnten die Sansculotten ihren Forderungen erheblich mehr Nachdruck verleihen.

1 **Plakat der französischen Republik** von 1793. „Einheit, Unteilbarkeit der Republik. Freiheit, Gleichheit, Brüderlichkeit oder den Tod" heißt es in der Mitte. Auf der linken Fahne steht „Terror der Könige", auf der rechten „Vereinigung der Republikaner". Links ein Nationalgardist. Zur Pariser Nationalgarde, die ca. 48 000 waffentragende Bürger umfasste, wurden ab dem 4. 8. 1792 auch Passivbürger (vor allem Handwerker und Arbeiter) zugelassen. Rechts ein Sansculotte: Der Name ist von der charakteristischen Kleidung abgeleitet. Mit den längs gestreiften langen Röhrenhosen unterschieden sie sich bewusst von den Adligen und Bürgerlichen mit Kniebundhosen (französisch „sans", d. h. ohne; „culotte", d. h. Kniebundhosen). Die phrygische Mütze, in der Antike die Kopfbedeckung freigelassener Sklaven, setzte sich ebenso als Revolutionskleidung und Revolutionssymbol durch. Die Pike in der Hand des Sansculotten wurde zum Sinnbild für die in der Revolution erkämpfte Volkssouveränität. Unten: Eine Sansculotte-Frau.

Machtkampf zwischen Jakobinern und Girondisten

Im neu gewählten Parlament, dem Nationalkonvent, waren die radikalen Jakobiner neben den Vertretern des Besitzbürgertums, den Girondisten, zur einflussreichsten Gruppe geworden. Royalisten gab es dort keine mehr. Die Entscheidung über die weitere revolutionäre Entwicklung lief auf einen Machtkampf zwischen radikalen Jakobinern und Girondisten hinaus.

Wer löst die sozialen und wirtschaftlichen Probleme?

Der Krieg verschärfte die angespannte Wirtschaftslage. Hinzu kamen 1793 schlechte Ernten und ein trockener Sommer, der die Mühlräder zum Stillstand brachte. Es mussten nicht mehr nur die Menschen in den Städten, sondern auch die Soldaten versorgt werden. Angebot und Nachfrage ließen die Brotpreise unaufhörlich steigen, während die Assignaten (Papiergeld) rapide an Wert verloren und die Löhne sanken. Wucherer und Hamsterer horteten Lebensmittel um sie auf dem Schwarzmarkt meistbietend zu verkaufen. Darunter litten vor allem die Sansculotten. Sie verlangten deshalb, alle Getreide- und Mehlvorräte im Land sicherzustellen, den Getreideverkauf zu kontrollieren, Höchstpreise festzusetzen und Getreidespekulanten hart zu bestrafen. Gegen die Girondisten, die am Grundsatz der Wirtschaftsfreiheit und der Unantastbarkeit des Privateigentums festhielten, war eine solche Zwangswirtschaft allerdings nicht durchzusetzen. Das wussten auch die Jakobiner. Sie bedienten sich nun der Sansculotten um ihre Gegner auszuschalten. Anfang Juni 1793 wurde der Konvent von Nationalgarden umstellt, girondistische Abgeordnete verhaftet und später hingerichtet. Von da an gaben in Paris nur noch radikale Jakobiner und Sansculotten den Ton an. Viele Girondisten flohen in größere Städte Südfrankreichs, wo es den Sansculotten nicht gelungen war sich durchzusetzen, und organisierten Aufstände gegen die jakobinische Zentralregierung in Paris. Der Konvent entsandte Truppen und ließ die Aufstände mit großer Härte niederschlagen. Lyon z. B. wurde in Brand gesetzt, viele Bewohner wurden massakriert.

Herrschaft der Jakobiner und der Sansculotten

Im Nationalkonvent setzten die Jakobiner nach der Entmachtung der Girondisten die Forderungen der Sansculotten, teilweise auch gegen ihre eigenen Überzeugungen, nur unter dem Druck der Straße durch:

- Eine neue, republikanische Verfassung machte Ernst mit den Prinzipien der Gleichheit und der Volkssouveränität. Wahlberechtigt waren alle erwachsenen männlichen Franzosen, nicht jedoch die Frauen. Allen wurde ein Mindestunterhalt und der Zugang zur Schulbildung garantiert. Das Volk konnte gegen Gesetze der Regierung Einspruch erheben, gegen eine illegale Regierung Widerstand leisten. Die Verfassung trat jedoch nie in Kraft, weil erst die Revolution über ihre Feinde siegen sollte. So lange räumte der Konvent der Regierung aus Jakobinern diktatorische Vollmachten ein. Die Macht konzentrierte sich von da an bei den Mitgliedern des Wohlfahrtsausschusses.
- Der Heeresdienst wurde für alle männlichen Franzosen verpflichtend.
- Mit dem „Gesetz über die Verdächtigen" begann die Zeit des Terrors. Überwachungsausschüsse hatten Listen aller Verdächtigen aufzustellen und Verhaftungen vorzunehmen. Als verdächtig galten alle „Feinde der Freiheit", alle, die ohne das nötige „Zeugnis staatsbürgerlicher Gesinnung" angetroffen wurden, entlassene Beamte, Emigranten und alle Adlige, die nicht ständig ihre Treue zur Revolution bekundet hatten. In Paris erhöhte sich daraufhin die Zahl der Gefängnisinsassen von Oktober bis Dezember 1793 von 1500 auf 4500. Hunderte von ihnen schickte das Revolutionstribunal unter die Guillotine, während in den Aufstandsgebieten im Süden und Westen Kommissare des Konvents Tausende – oft ohne Gerichtsverfahren – hinrichten ließen.
- Das Gesetz über das „große Maximum" legte Höchstpreise für Nahrungsmittel, Brennmaterial, wichtige Bedarfsartikel sowie Höchstlöhne und -gehälter fest. Wer gegen dieses Gesetz verstieß, galt ebenfalls als Verdächtiger.

Ende des Terrors

Als die Revolutionstruppen ihre Feinde im Inneren und Äußeren zurückschlugen und sich die militärische Lage entspannte, brach in Paris das revolutionäre Zweckbündnis auseinander. Robespierre als maßgeblicher Mann im Wohlfahrtsausschuss hatte unterdessen 1794 nach einem missglückten Mordanschlag die Willkür des Terrors nochmals verschärft: Zeugenaussagen und Verteidigungsreden waren vor dem Revolutionstribunal nicht mehr zugelassen. Verhaftung bedeutete Guillotine. Nun fürchteten selbst hart gesottene Jakobiner um ihren Kopf. Robespierres Gegner ließen ihn und seine Anhänger verhaften und hinrichten. Die Zeit des Terrors war damit vorüber. Was würde folgen?

2 Robespierre und seine Freunde unter der Guillotine *(Zeichnung von 1794). Den Namen hat die Guillotine, die „große Gleichmacherin", vom Arzt Guillotin, der das Fallbeil 1789 als eine humanere Methode der Hinrichtung empfohlen hatte. – Versuche den Standpunkt des Zeichners an Einzelheiten zu erkennen.*

3 ***Revolutionsausschuss*** *einer Pariser Sektion (Stich von Berthault nach A. E. Fragonard). Der Ehemann der eintretenden Familie weist die Vorladung vor. – (1) Welcher Schicht gehört die Familie an? Wie reagieren die Anwesenden? (2) Vergleiche die Darstellung der Jakobiner mit dem Bericht des Bürgers in M4.*

4 ***Bericht eines Pariser Bürgers, der nach anderthalbjähriger Abwesenheit nach Paris zurückkehrt um dort „Geld zu kassieren".***

Er wundert sich über die Totenstille in den Straßen, obwohl es erst neun Uhr abends ist. Er klopft bei seinem früheren Freund an, der inzwischen Jakobiner geworden ist. Der Freund zeigt sich entsetzt über den unerwarteten Besuch und fürchtet von den Streifen zusammen mit einem Verdächtigen erwischt zu werden. Das Quartier verweigert er, führt aber den Bürger zu einem Obsthändler, der sich allerdings ebenso abweisend verhält. Daraufhin lässt ihn sein Freund auf der Straße stehen und rät ihm nur noch nicht zu lange auf der Straße zu bleiben, wenn er nicht von Streifen aufgegriffen werden wolle, die einen nicht mehr loszulassen pflegten. Bald hat er nur noch einen Wunsch: Paris so schnell wie möglich wieder zu verlassen. Schon im Besitz eines Fahrscheins wird er kurz vor der Abfahrt der Kutsche von einem Kommissar daran gehindert. Sein Pass sei nicht in Ordnung. Niemand dürfe Paris verlassen ohne seinen Pass beim Revolutionsausschuss erneuert zu haben, klärt ihn der Kommissar auf; man könne ja beim Ausschuss Aktenvermerke über ihn haben; es sei gut, wenn er denen sein Gesicht zeige. Auf dem Weg zum Revolutionsausschuss bemerkt er über allen Türen und Fenstern eine Art Pike mit der Trikolore (der Revolutionsfahne mit den Farben blau, weiß und rot). Ebenso fallen ihm über allen Türen große bunte Inschriften auf: „Einheit, Unteilbarkeit, Freiheit, Gleichheit, Brüderlichkeit oder Tod" ist darauf zu lesen. Wörtlich heißt es in seinem Bericht weiter:

„Was willst du?", fragte mich einer dieser Schrecklichen, nachdem er in langen Zügen eine Tasse Wein getrunken hatte. „Ich will meinen Pass visieren lassen." „Dann tritt in dieses Zimmer." … Es war noch schlimmer als das Vorzimmer; derselbe Gestank, dieselben Räubergestalten, unverschämter noch als die Ersten; unter den Lumpen eines geheuchelten Elends hatten sie ein Herz aus Stein und den Blick von Despoten; … Da das Sansculottenwesen angepriesen wurde und man sich, um nicht Luxus zur Schau zu tragen, in ein Extrem des Gegenteils gestürzt hatte um arm und elend zu erscheinen, täuschten auch diese Kerle Elend vor. Unsauber zu sein war damals in Paris eine Art Passierschein und niemand trieb die Unsauberkeit weiter als die Individuen, vor denen ich erscheinen musste … „Was willst du?" „Meinen Pass visieren lassen." „Woher kommst du?" „Aus …bourg." „Heimat von Aristokraten!" „Sie irren sich, Bürger." „Wen nennst du Sie? Man sieht, dass in deiner Kommune nicht Schritt gehalten wird … lerne erst einmal, dass man sich in einem freien Land duzen muss! … Was willst du hier?" „Von einem Herrn meiner Bekanntschaft Geld kassieren und wieder abreisen." Bei dem Wort Herrn, das mir aus lauter Verwirrung entschlüpft war, erhob sich bei dem Ausschuss ein solcher Aufruhr, dass ich ernstlich glaubte, es sei um mich geschehen und ich würde eingekerkert werden. „Ah, du gehst zu einem Herrn? Dann bist du also auch ein Herr, du? Ja, wahrhaftig,

Brutus, diesem Burschen fehlt nichts um wie ein Föderalist (Girondist) auszusehen." „Ich, Bürger?" „Halts Maul und hol deine Zeugen, damit wir sehen, ob sie auch so eine verdächtige Visage haben wie du!" „Was für Zeugen verlangt ihr denn?" „Wie: Was für Zeugen? Der Herr spielt den Idioten oder es gibt keinen lieben Gott! Merke dir, dass es hier nur alte Hasen gibt, die sich nicht so leicht übers Ohr hauen lassen! Vorwärts, lass deinen Pass hier und mach, dass du raus kommst, wenn du nicht willst, dass dir noch was Schlimmeres passiert! Und steck deine Schnauze hier erst wieder rein, wenn du in Ordnung bist."

Der Bürger, der seinem früheren Diener auf gar keinen Fall begegnen möchte, weil der sicherlich zu irgendeinem Revolutionsausschuss gehöre, findet zwei Unbekannte, die schließlich gegen Geld für ihn aussagen.

Nacherzählt und zit. nach: G. Pernoud, S. Flaissier (Hg.), Die Französische Revolution in Augenzeugenberichten, München, 5. Aufl., 1983, S. 281 ff.

5 ***Manifest einer Gruppe von Sansculotten*** *einen Tag, nachdem die republikanische Verfassung 1793 verabschiedet war. Der Verfasser, ein ehemaliger Priester, wurde anschließend verhaftet und beging in der Haft Selbstmord.*

Abgeordnete des französischen Volkes, … immer wieder habt ihr uns versprochen die Blutsauger des Volkes zu bestrafen … Habt ihr darin (in der Verfassung) die Börsenspekulanten geächtet? Nein. Habt ihr die Todesstrafe gegen die Hamsterer ausgesprochen? Nein … Nun, dann erklären wir euch, dass ihr für das Glück des Volkes nicht alles getan habt.

Die Freiheit ist nur ein leerer Wahn, wenn eine Klasse von Menschen die andere ungestraft verhungern lassen kann. Die Gleichheit ist nur ein leerer Wahn, wenn der Reiche kraft seines Monopols über Leben und Tod seiner Mitbürger entscheidet. Die Republik ist nur ein leerer Wahn, wenn die Gegenrevolution Tag für Tag am Werke ist und die Preise für die Lebensmittel in die Höhe treibt … Hingegen werdet ihr, wenn ihr die räuberischen Handelsmethoden … unterdrückt und wenn ihr den Sansculotten die Lebensmittel erschwinglich macht, diese an die Revolution binden …

Nur die Reichen haben seit vier Jahren aus der Revolution Nutzen gezogen … Bürger-Vertreter, es ist Zeit, dass der Kampf auf Leben und Tod, den die Egoisten gegen die arbeitsame Klasse der Gesellschaft führen, aufhört …

Zit. nach: J. u. P. Hartig, Die Französische Revolution. Stuttgart 1984, S. 91.

s. S. 108 f

6 ***Maximilien de Robespierre*** *(1758 bis 1794), Sohn eines Anwaltes aus Arras, wuchs als Waise bei den Großeltern auf; erhielt eine Freistelle an einem berühmten Pariser Gymnasium; war an der Schule einer der Ärmsten und Musterschüler, wurde Rechtsanwalt und gehörte als Abgeordneter bereits den Generalständen an; lebte immer sehr bescheiden in zwei winzigen Zimmern bei einem Tischlermeister, war immer sehr korrekt gekleidet; man nannte ihn den ‚Unbestechlichen', weil er jeden Bestechungsversuch durch scharfe Reden im Parlament aufdeckte; hat nie eine Hinrichtung angesehen, nie eine bewaffnete Leibwache besessen; hat als radikaler Jakobiner alle seine Reden wörtlich vorbereitet und, weil er nicht frei sprechen konnte, abgelesen.*

7 ***„Ein einziger Wille".***
Robespierre im Mai 1793 in einer Notiz:

Es darf nur ein einziger Wille bestehen … Damit er republikanisch ist, braucht man republikanische Minister, republikanische Zeitungen, republikanische Abgeordnete, eine republikanische Regierung. Die inneren Gefahren kommen von den besitzenden Bürgern, den Bourgeois; um die Bourgeois zu besiegen muss man das Volk zusammenschließen. Alles war schon vorbereitet um das Volk unter das Joch der Bourgeois zu beugen und die Verteidiger der Republik auf dem Schafott umzubringen … Ohne den augenblicklichen Aufstand hätten sie (die Girondisten) auch in Paris triumphiert … Das Volk muss sich mit dem Konvent verbünden und der Konvent muss sich des Volkes bedienen … Man muss den Sansculotten Waffen verschaffen, sie in Wut versetzen, sie aufklären; mit allen … Mitteln muss man ihre republikanische Begeisterung steigern.

Zit. nach: A. Mathiez, La Révolution française, Bd. 3, Paris 1927, S. 4.

8 ***„Heimatfront"***
Zeitgenössische Zeichnung aus einem Bilderzyklus zum Verlauf der Revolution. Die gesamte Bevölkerung hatte sich ab 1793 in den Dienst der Verteidigung von Nation und Revolution zu stellen. – Welche Produktion wird hier dargestellt?

9 ***Beschluss des Nationalkonvents*** *am 23. August 1793 „nach Anhörung des Berichtes seines Wohlfahrtsausschusses":*

Art. 1. Ab sofort bis zu dem Augenblick, in dem die Feinde vom Territorium der Republik verjagt werden, unterliegen alle Franzosen der ständigen Einberufung zum Heeresdienst.

Art. 2. Die jungen Männer gehen an die Front, die verheirateten schmieden Waffen und übernehmen den Verpflegungstransport; die Frauen nähen Zelte, Uniformen und tun in den Hospitälern Dienst; die Kinder zupfen aus altem Leinenzeug Scharpie (Verbandsmaterial), die Greise lassen sich auf öffentliche Plätze tragen um den Soldaten Mut und Hass gegen die Könige zu predigen … Die nationalen Gebäude werden in Kasernen, die öffentlichen Plätze zu Rüstungswerkstätten umgewandelt …

Zit. nach: Walter Grab (Hg.), Die Französische Revolution. Eine Dokumentation, München 1973, S. 171 f.

10 ***Tugend, Schrecken, Gleichheit und Freiheit***

a) *Auszüge aus der Rede Robespierres am 5. Februar 1794 vor dem Konvent:*

Wir wollen eine Gesellschaftsordnung, in der alle niedrigen und grausamen Leidenschaften unbekannt sind, alle gemeinnützigen und hochherzigen Leidenschaften durch die Gesetze geweckt werden, wo der Ehrgeiz zu dem Wunsche wird Ruhm zu gewinnen und dem Vaterland zu dienen; wo Auszeichnungen nur aus der Gleichheit hervorgehen; wo der Bürger der Verwaltung, die Verwaltung dem Volke und das Volk der Gerechtigkeit untersteht … Welches ist nun der entscheidende Grundsatz der demokratischen Volksregierung? … Das ist die Tugend, und zwar die öffentliche Tugend, die in Griechenland und Rom Wunder erzeugte und die im republikanischen Frankreich noch viel erstaunlichere vollbringen wird; jene Tugend, die nichts anderes ist als die Liebe zum Vaterland und zu seinen Gesetzen. Da aber das Wesen der Republik oder Demokratie die Gleichheit ist, so folgt daraus, dass die Liebe zum Vaterland notwendigerweise die Liebe zur Gleichheit in sich schließt … Hier könnten wir die Entwicklung unserer Theorie beenden, wenn wir das Schiff der Republik nur bei Windstille zu steuern hätten; aber der Sturm braust und der Zustand der Revolution, in dem wir uns befinden, erlegt uns eine andere Aufgabe auf … Wenn die Triebkraft der Volksregierung im Frieden die Tugend ist, so ist in revolutionärer Zeit diese Triebkraft zugleich die Tugend und der Schrecken, die Tugend, ohne die der Schrecken unheilvoll wäre, der Schrecken, ohne den die Tugend ohnmächtig bliebe. Der Schrecken ist nichts anderes als die rasche, strenge, unbeugsame Gerechtigkeit; er ist also ein Ausfluss der Tugend; er ist weniger ein besonderes Prinzip als eine Folge des allgemeinen Prinzips der Demokratie in seiner Anwendung auf die dringendsten Bedürfnisse des Vaterlandes … Die Regierung der Revolution ist der Despotismus der Freiheit im Kampf gegen die Tyrannei …

Zit. nach: Hartig, Die Französische Revolution, Stuttgart 1984, S. 99 f.

b) *Billaud-Varenne, Mitglied des Wohlfahrtsausschusses, erklärte:*

Die Krise allein rief (unsere Maßnahmen) hervor. Sie wurden in der Überanstrengung der langen Nachtsitzungen (beschlossen). Wir wollten nicht töten um zu töten …, wir wollten um jeden Preis siegen … um unsren Prinzipien zur Herrschaft zu verhelfen …

Zit. nach: O. Aubry, Die Franz. Revolution. Bd. 2, Zürich 1948, S. 228 f.

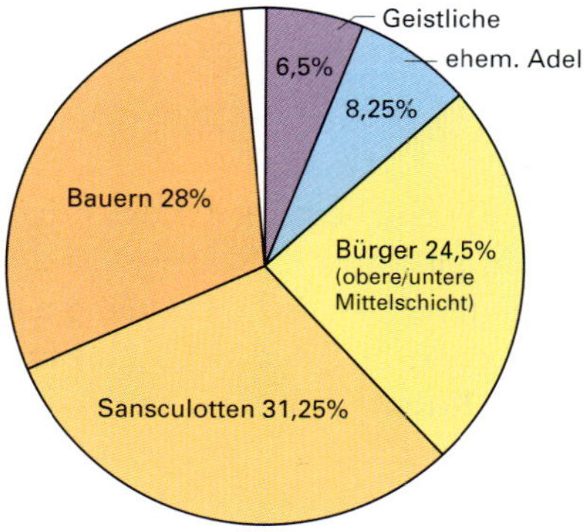

10 *c) Oben: Hingerichtete zur Zeit des Terrors. Von Oktober 1793 bis Juli 1794 fanden 13 000 Hinrichtungen statt. Die Gesamtzahl der Opfer wird auf ca. 40 000 geschätzt. 70 Prozent der Todesurteile wurden in den beiden Bürgerkriegsgebieten im Westen (Vendée) und Südosten Frankreichs ausgesprochen.*

d) Rechts: „Der Zenit des französischen Ruhms", Karikatur des Engländers J. Gillray, 1793.

e) Appell an Robespierre von Camille Desmoulins, Journalist, Initiator beim Sturm auf die Bastille, radikaler Jakobiner, am 20. Dezember 1793 in der Zeitung „Le vieux Cordelier"

… Freiheit bedeutet Glück, Vernunft, Gleichheit, Gerechtigkeit, Erklärung der Menschenrechte und Eure erhabene (republikanische) Verfassung! …

Öffnen Sie die Gefängnisse für die zweitausend Bürger, die Sie als verdächtig bezeichnen, denn die Menschenrechtserklärung kennt kein Haus der Verdächtigung … Es gibt keine verdächtigen Personen, es gibt nur Angeklagte für Delikte, die durch das Recht festgelegt sind … Sie wollen alle ihre Feinde durch die Guillotine auslöschen. Gab es jemals einen größeren Irrsinn? Können Sie auch nur einen Einzigen auf dem Schafott hinrichten ohne sich zehn Feinde in seiner Familie oder unter seinen Freunden zu machen? Glauben Sie, dass diese Frauen, diese alten und gebrechlichen Menschen, diese Egoisten, diese Nachzügler der Revolution, die Sie einsperren, gefährlich sind? Unter Ihren Feinden sind keine anderen mehr als die Schwachen und Kranken geblieben. Die Tapferen und Starken sind emigriert. Sie sind getötet worden in Lyon oder in der Vendée; alle, die noch übrig sind, verdienen nicht Ihre Aufregung. Ich bin einer anderen Meinung als die, die Ihnen sagen, dass der Terror auf der Tagesordnung bleiben muss. Ich bin im Gegenteil sicher, dass die Freiheit sich festigen wird und Europa besiegt, wenn Sie ein Komitee der Gnade einrichten.

Die Veröffentlichung dieses Artikels führte zur Festnahme und Hinrichtung Desmoulins'.

Camille Desmoulins, Le vieux Cordelier, 20 décembre 1793, Übers. d.Verf.

a) Stelle den Gründen für die Terrorherrschaft (VT, M5, M7, M10a, M10b) die Auswirkungen gegenüber (M2, M3, M4, M10c, d, e). Diskutiert in der Klasse, in welchen Fällen die Verhältnismäßigkeit der Mittel gewahrt wurde und in welchen nicht.

b) Erinnere dich an die verschiedenen Interessen und Unterschiede innerhalb der drei Stände vor 1789. Lassen sich ihnen die Standpunkte, die in M4, M5, M7, M10a, M10e deutlich werden, jeweils zuordnen? Begründe.

c) Überlegt und diskutiert, unter welchen Umständen und zu welchem Zeitpunkt die Revolution einen anderen Verlauf hätte nehmen können.

5. Eine neue Zeit beginnt

Neuer Kalender, neue Namen

1 *Schmuckteller 1795*

In Frankreich hatte 1789 eine neue Epoche begonnen. Keiner der Zeitgenossen zweifelte daran. Nachdem sich die Jakobiner 1792 gegen die Monarchisten durchgesetzt hatten, sollte die neue republikanische Ordnung auch den Alltag der Menschen prägen. Straßennamen, die an Adel, Monarchie und Kirche erinnerten, wurden umbenannt, z. B. die Kirche „Notre Dame" in „Tempel der Vernunft". Die Geburt der Republik sollte als das Maß aller Dinge gelten, nicht mehr die Geburt des christlichen Gottes: Nach dem neuen republikanischen Kalender befand man sich also ab dem 22. September 1792 im ersten Jahr der Republik. Die Monate wurden in drei Dekaden (10-Tage-Woche) gegliedert und erhielten neue Namen, die die Verbindung des Jahreskreislaufes mit der Natur herausstellten (z. B. Fruchtmonat). Die kirchlichen Feiertage, die an christliche Märtyrer und Heilige erinnerten, wurden durch republikanische Gedenk- und Feiertage ersetzt. Anstelle der alten Religion sollte die Vernunft allein den Menschen Richtlinie sein. Am neu eingeführten Festtag des Höchsten Wesens wurde sie, symbolisiert durch eine Frau, verehrt. Der 14. Juli, der Tag des Bastillesturms, ist noch heute französischer Nationalfeiertag.

Ziviltrauung – Zivilscheidung

Die Einführung der Ehescheidung am 20.9.1792 fand Anhänger über alle politischen Gegensätze hinweg, sofern man die Ideen der Aufklärer befürwortete. Warum sollte die Emanzipation vor den persönlichen Bindungen Halt machen? Man war sogar überzeugt, dass die Möglichkeit der Scheidung ein Schutz für die Ehe sei, weil sie die Eheleute stärker zu gegenseitiger Achtung und Respekt voreinander zwinge. Allerdings mussten dem Richter schon schwer wiegende Gründe präsentiert werden, damit er die Scheidung aussprach. Die Ehefrauen erhielten vom republikanischen Parlament endlich das Recht gleichberechtigt mit ihren Männern über das Familienvermögen zu verfügen. Die Republikaner machten den Bund der Ehe zu einer alleinigen Angelegenheit des Staates, denn der jakobinische Staat erkannte ab 1792 nur noch vor städtischen Amtsträgern (heute: Standesbeamte) geschlossene Ehen an. Vorher hatten ausschließlich die Pfarrer bei Taufen, Trauungen und Begräbnissen die Geburts-, Ehe- und Sterberegister geführt. Dazu waren die vielen revolutionsfeindlichen Pfarrer aber nicht mehr berechtigt und von den revolutionsfreundlichen wollten viele Katholiken wiederum die kirchlichen Sakramente nicht empfangen. Von daher wurde über die Bevölkerungsentwicklung nur noch unzureichend Buch geführt.

Die Presse – eine neue, einflussreiche Macht

Wo gibt es billige Nahrungsmittel zu kaufen? Wer gehört zu den Feinden der Freiheit? Wie soll man mit den Feinden der Revolution umgehen? Soll der König abgesetzt werden? Sollen Wucherer und Spekulanten bestraft werden? Was macht die Revolutionsarmee? Diese und andere Fragen bestimmten die Gespräche auf den Straßen und die öffentlichen Diskussionen. Die unterschiedlichen Meinungen trafen auch in Hunderten von neuen Zeitungen aufeinander. Das Grundrecht auf freie Meinungsäußerung hatte ihnen den Boden bereitet. Journalisten und Verleger wollten die Öffentlichkeit nicht nur informieren, sondern auch politisch beeinflussen. Manche Blätter verstanden sich als Sprachrohr politischer Überzeugungen oder machten sich zur „Stimme des Volkes". Regelrechte Volksverhetzung und Schmähungen einzelner Abgeordneter wurden gang und gäbe. Die Parlamentarier versuchten die Entgleisungen durch Einschränkung der Pressefreiheit zu unterbinden. Ungeachtet dessen wurde die Presse zu einer einflussreichen Macht.

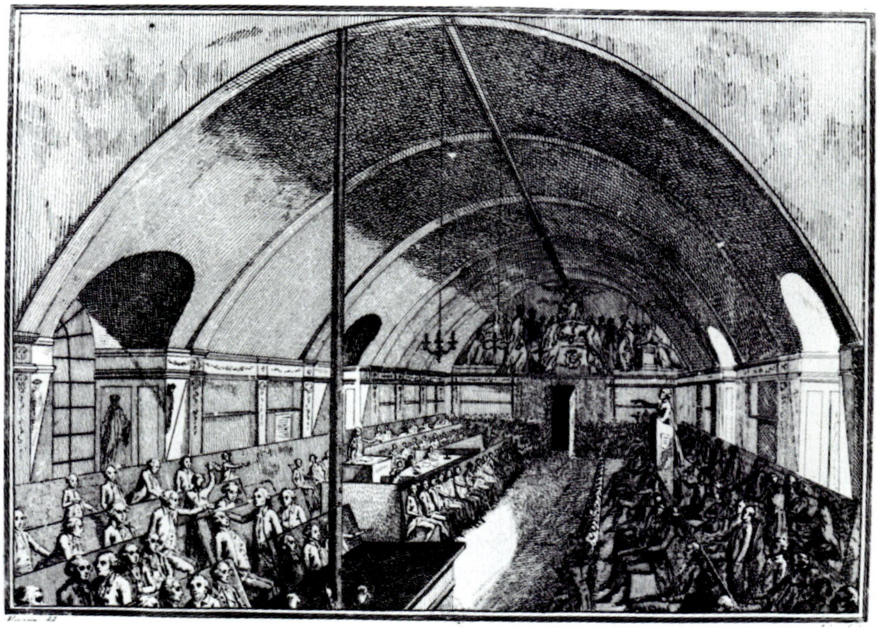

2 Jakobinerklub, *gegründet 1789. Seine Mitglieder tagten in der ehemaligen Pariser Klosterkirche St. Jakob. Daher hat er seinen Namen erhalten. Zunächst war der Klub die politische Heimat des niederen und mittleren Bürgertums. Unter dem Einfluss radikaler Mitglieder öffnete er sich 1793 breiten Volksschichten. Allerdings gehörten wohl nicht mehr als 2% der Bevölkerung dem Klub an.*

Politische Klubs der Männer …

Zentren der politischen Meinungsbildung und des Meinungsaustausches waren die Debattierklubs, von denen wichtige Impulse für die Entscheidungen in den Parlamenten und später auch für das Geschehen auf der Straße ausgingen. Zunächst hatten nur Aktivbürger Zugang zu den Klubs, ab 1792 gerieten sie jedoch zunehmend unter den Einfluss der Sansculotten. Zum führenden und maßgebenden Klub hatte sich zu dieser Zeit schon längst der Jakobinerklub entwickelt. Die Jakobiner hatten, über ganz Frankreich verteilt, 1791 über 400 Filialen, die unter straffer Führung der Pariser Muttergesellschaft standen.

… und der Frauen

1793 wurde der Pariser Frauenklub „Gesellschaft der republikanischen und revolutionären Bürgerinnen“ gegründet. Zugelassen waren alle Frauen über 18 Jahre. Die Mitglieder stammten meist aus der Welt des Kleinhandels und konnten lesen und schreiben. In der Gründungsurkunde heißt es, dass sie sich zusammenschlossen um „sich gegenseitig Respekt zu verschaffen, einander beizustehen und sich in republikanischer Tugend zu üben“. Sich Respekt zu verschaffen, hatten sie wahrlich nötig. Die Mehrheit der Männer, auch wenn sie sich noch so revolutionär gab, war allenfalls bereit Frauen als regelmäßige Zuhörerinnen in den Debattierklubs zu dulden. Wurde man dadurch dem Anteil gerecht, den Frauen an der revolutionären Entwicklung hatten? Wie ließ sich die Benachteiligung der Frauen im Berufsleben und in politischen Diskussionen mit der Forderung der Gleichheit vereinbaren? Frauen erlebten in den Warteschlangen vor den Läden und auf den Märkten unmittelbar die Versorgungskrisen. Es kam häufig vor, dass manche nach stundenlangem Warten wieder mit leeren Körben nach Hause gehen mussten, weil die Ware ausgegangen war. „Mein Mann“, klagte eine Frau, „ist im Krieg gefallen, mein Sohn kämpft in der Vendée gegen die Aufständischen und ich, ich sterbe vor Hunger, während reiche Schurken, die sich in keiner Weise um die Republik verdient gemacht haben, in ihren Kellern Vorräte für mindestens ein halbes Jahr liegen haben.“ Frauen griffen folglich zur Selbsthilfe, hielten die Wagen der Marktleute an und zwangen die Fuhrleute die Ware an Ort und Stelle zu verkaufen. Kein Wunder auch, dass empörte Frauen sehr militant an den Straßenkämpfen teilnahmen.

3 *Emblem der Jakobiner von Chalon*

4 Patriotischer Frauenklub, *Zeichnung (Gouache) der Brüder Lesueur, Paris, heute: Musée Carnevalet, Paris. – Beschreibe die verschiedenen Tätigkeiten und vergleiche Atmosphäre und Handlung mit dem republikanischen Frauenklub (M5).*

Auf den ersten Zusammenkünften republikanischer Frauen (1792) ging es zunächst vor allem um die Unterstützung der Soldaten. Die Frauen sammelten Geld, pflegten und trösteten die Verwundeten in den Spitälern. Schon bald aber führten die gemeinsamen Gespräche und Diskussionen zu politischen Forderungen an das Parlament.

Volksheere verändern den Krieg

Der Kampf von Männern und Frauen, die die Ideale der Freiheit, Gleichheit und Brüderlichkeit gegen die inneren und äußeren Feinde verteidigen wollten, führte zu einer neuen Art der Kriegführung. Die Freiwilligen kämpften für die Ideale der Revolution, für ihre Sache, und im Bewusstsein von der ganzen Nation unterstützt zu werden. Sie mussten nicht mehr, wie die teuer bezahlten feindlichen Söldner, am Desertieren gehindert werden und konnten daher den gegnerischen Linien flexibler und überraschender begegnen. Die anfangs schlechte Ausbildung wurde durch neue Exerzierplätze für eine Grundausbildung ausgeglichen. Die republikanische Regierung ersetzte die alte Generalität und den Offiziersstab der königlichen Armee nach und nach durch junge „Söhne der Revolution“. Ihre Offiziere konnten die Soldaten selbst wählen. Gesinnung und Leistung, nicht mehr Geburt und Geld wurden zu Kriterien der militärischen Karriere. Entscheidend für die Erfolge der Revolutionsarmee aber wurde die große zahlenmäßige Überlegenheit. Menschenverluste konnten durch ständigen Nachschub von Freiwilligen oder Zwangsrekrutierten ausgeglichen werden.

Emanzipation (lat. „emancipare“, d. h. freilassen, entlassen): In der Antike bezeichnete man damit die Freilassung des Sklaven oder die Entlassung des erwachsenen Sohnes aus der väterlichen Gewalt. Seit der Aufklärung wird der Begriff auf alle Freiheitsbestrebungen und Freiheitsbewegungen der Menschen angewandt (z. B. Judenemanzipation). In der Französischen Revolution hat die Frauenemanzipation ihren Ursprung, weil sich Frauen in Gruppen oder einzeln öffentlich für die Befreiung von männlicher Unterdrückung und Vorherrschaft und für ihre rechtliche, soziale und politische Gleichstellung (gleicher Lohn, Zugang zu allen Berufen und politischen Ämtern) einsetzten. Die Forderungen sind bis heute aktuell und wurden seitdem in unterschiedlicher Weise immer wieder von Frauen und auch von Männern vorgebracht.

5 Republikanischer Frauenklub
Illustration in der „Geschichte der Girondisten" vom französischen Historiker Lamartine, 1847. – (1) Wie wurde eine Sitzung organisiert und gestaltet? Was sagt das Bild darüber aus? Was bedeuten die Tafeln hinter der Präsidentin? (2) Vergleiche mit der Darstellung des Jakobinerklubs M2.

6 Olympe de Gouges (1748 bis 1793), *uneheliche Tochter eines Adligen, wird mit 16 Jahren an einen reichen, wesentlich älteren Heereslieferanten verheiratet; mit 17 ist sie Mutter eines Sohnes und kurz darauf verwitwet; nach ihrem Umzug nach Paris beschäftigt sie sich mit Theater und Literatur und stellt fest, wie mangelhaft die Bildung ist, die Frauen damals erhalten. Sie beginnt eigene Texte zu schreiben (Theaterstücke, Texte über die Abschaffung der Sklaverei, das Scheidungsrecht, die Versorgung Schwangerer, die rechtliche Gleichstellung der Frau). Zunächst Royalistin, wendet sie sich dann der Position der Girondisten zu, weil einige ihrer Abgeordneten die Forderungen der Frauen nach Emanzipation unterstützen. Als die Girondisten ausgeschaltet werden und Jakobiner eine antifeministische Kampagne starten, greift sie öffentlich Robespierre an, wird verhaftet und nach monatelangen Verhören wegen „staatsfeindlicher Umtriebe" hingerichtet.*

7 Erklärung der Rechte der Frau und Bürgerin durch Olympe de Gouges 1791:

In der Folge … erklärt das an Schönheit wie an Mut, die Beschwernisse der Mutterschaft betreffend, überlegene Geschlecht in Gegenwart und mit dem Beistand des Höchsten Wesens die folgenden Rechte der Frau und Bürgerin:

Art. I: Die Frau wird frei geboren und bleibt dem Manne ebenbürtig in allen Rechten. Unterschiede im Bereiche der Gesellschaft können nur im Gemeinwohl begründet sein.

Art. II: Freiheit und Gerechtigkeit beruhen darauf, dass dem andern abgegolten wird, was ihm zusteht. So stößt die Frau bei der Wahrnehmung ihrer natürlichen Rechte nur an die ihr von der Tyrannei des Mannes gesetzten Grenzen; diese müssen durch die von Natur und Vernunft diktierten Gesetze neu gezogen werden …

Art. X: … Die Frau hat das Recht das Schafott zu besteigen, gleichermaßen muss ihr das Recht zugestanden werden eine Rednertribüne zu besteigen, sofern sie nicht in Wort und Tat die vom Gesetz garantierte öffentliche Ordnung stört.

Art. XIII: … Zu Fron und lästigen Pflichten wird die Frau ohne Unterschied beigezogen und muss deshalb bei der Zuteilung von Stellungen und Würden, in niederen wie in höheren Ämtern sowie im Gewerbe, ebenso berücksichtigt werden.

Art. XVI: … Eine Verfassung aber, an deren Ausarbeitung nicht die Mehrheit der Bevölkerung mitgewirkt hat, die die Nation darstellt, wird null und nichtig.

Zit. nach: Olympe de Gouges, Schriften. Frankfurt a. M. 1980, S. 41 f.

8 ***Französischer Freiheitsbaum,*** *gemalt 1792 vom deutschen Schriftsteller Goethe, der den Herzog von Sachsen-Weimar auf dem Feldzug gegen das revolutionäre Frankreich begleitete.*

9 *Frauen und Politik*

a) *Olympe de Gouges im Vorwort zu ihrer „Erklärung der Rechte der Frau und Bürgerin"*

… Wunderlich, blind, aufgebläht und entstellt von seiner Wissenschaft fällt er (der Mann) in diesem Jahrhundert der Aufklärung und Vernunft in gröbste Unwissenheit zurück und glaubt despotisch über ein Geschlecht verfügen zu können, das alle intellektuellen Fähigkeiten besitzt. Er ist es, der Nutzen aus der Revolution ziehen und seinen Anspruch auf Gleichheit geltend machen will um nicht noch mehr zu sagen.

Im Nachwort heißt es:

Frau erwache! … Erkenne deine Rechte! … Der versklavte Mann (vermochte) nicht ohne deine Hilfe seine Ketten zu sprengen. Kaum in Freiheit zeigt er sich ungerecht gegen seine Gefährtin … Oh Frauen! … wann wird eure Verblendung ein Ende haben? Sagt an, welche Vorteile sind euch aus der Revolution erwachsen?

Olympe de Gouges, Schriften, zit. nach: Monika Dillier u. a. (Hg.), Frankfurt a. M. 1980, S. 40, 44.

b) *Bericht des Abgeordneten Amar am 30. Oktober 1793 im Nationalkonvent. Darauf erfolgt das Verbot der Frauenklubs.*

Der Mann ist stark, robust und besitzt von Natur aus große Energie, Kühnheit und Mut; … er … kann ebenso gut feine künstlerische wie schwere körperliche Arbeiten verrichten; und so, wie … alles, was Kraft, Intelligenz und gewisse Fähigkeiten voraussetzt, fast ausschließlich dem Mann vorbehalten ist, scheint auch nur er in der Lage zu sein tief schürfende politische Betrachtungen anzustellen, die hohe geistige Konzentration sowie langwierige Studien erfordern, zu denen die Frau nicht im Stande ist.

Lässt es der gute Ruf einer ehrbaren Frau denn zu, dass sie in der Öffentlichkeit Reden hält, sich mit Männern herumstreitet und … über Fragen diskutiert, von denen das Wohl der Republik abhängt? Im Allgemeinen sind die Frauen schwerlich dazu in der Lage große geistige Leistungen zu erbringen oder ernsthafte Überlegungen anzustellen; und wenn bei den Völkern der Antike ihre natürliche Schüchternheit oder ihr Schamgefühl die Frauen davon abhielt, sich außerhalb der Familie zu zeigen, warum sollten sie dann in der französischen Republik plötzlich wie die Männer das Richteramt bekleiden, Reden halten und an sämtlichen politischen Versammlungen teilnehmen und dabei nicht nur ihre Zurückhaltung – die Quelle all ihrer Tugenden – ablegen, sondern auch noch ihre Familie vernachlässigen? Sie haben ganz andere Möglichkeiten dem Vaterland einen Dienst zu erweisen; sie können ihre Ehemänner beraten, ihnen wertvolle Gedanken mitteilen, denen sie auf Grund ihres beschaulichen Daseins nachhängen können; sie haben die Möglichkeit ihre häusliche Macht einzusetzen um in ihren Ehemännern die Vaterlandsliebe zu fördern; und die Männer werden, angeregt durch die im vertrauten Ton und im Schoß der Familie geführten Gespräche, all die nützlichen Gedanken, die ihnen ihre ehrbaren Frauen vermittelt haben, in die Politik einbringen.

Wir glauben daher, dass die Frauen sich nicht in die Politik einmischen, sondern sich ausschließlich ihrer Familie widmen sollen.

Zit. nach: Jean-Paul Bertand, Alltagsleben während der Französischen Revolution. Freiburg/Würzburg 1989, S. 175.

c) *Danielle Mitterrand, Frau des ehemaligen Staatspräsidenten von Frankreich, 1995:*

In vielen eitlen Politikmännern dieser Tage spukt der Machtmythos verblichener Jahre, als lebten wir noch in einer Monarchie. Sie dulden doch nur schmückende Ehefrauen in Sachen karitativer Nächstenliebe, aber keine, die Menschen- und damit auch Frauenrechte einklagen. Das schmerzt mich.

Zit. nach: Frankfurter Rundschau, Nr. 84, 8. April 1995, S. ZB 5.

10 ***Freiheitsbaum**, anonymer deutscher Kupferstich aus der Revolutionszeit.*

11 ***Zwei Urteile zur Französischen Revolution:***

***a)** Anatole France, französischer Schriftsteller, 1921 mit dem Nobelpreis ausgezeichnet, 1923:*

Sie hat alles umgestürzt und wir haben dabei nichts gewonnen. Ihr verdanken wir die Bewaffnung der Völker, die Kasernen, die unzähligen Kriege. Durch sie haben die Menschen wesentliche, greifbare und wertvolle Freiheiten eingebüßt und dagegen die rein theoretische Freiheit eingetauscht sich über Probleme zu äußern, von denen sie nichts verstehen …

Im Grunde war die Französische Revolution … eine Angelegenheit des Bürgertums und der Kapitalisten. Das Soziale, das Menschliche, war ihr fremd. Hinter ihren prunkvollen Worten steckte nur Eigennutz, hinter ihren großen Gesten Ehrgeiz … Sie hat das Privateigentum befestigt, gekräftigt und verbreitet und dadurch all die Ungerechtigkeiten, die daraus hervorgehen, noch vervielfacht; sie hat das Zeitalter des Kapitalismus und Industrialismus eingeleitet. Ihr trügerischer Individualismus hat den Einzelnen einem Staat ausgeliefert, der zum Ungetüm geworden ist. Dieser über Gebühr angewachsene Staat ist tyrannisch, herrschsüchtig und maßlos geworden. Seine Ansprüche hat dieses Scheusal mit dem schönen Namen „Vaterlandsliebe" geschmückt …

***b)** Der deutsche Historiker Gerhard Ritter, 1948:*

… Die europäische Menschheit wurde zur kritischen Nachprüfung ihres Autoritätsglaubens aufgerufen; die öffentliche Meinung wurde überall mobilisiert, ein ungeheurer Prozess der Politisierung eingeleitet, in den nach und nach alle Volksschichten hineingezogen wurden: zuerst das Bürgertum, zuletzt auch die Masse des Industrieproletariats. Was so entstand, war ein Gärungsprozess, der … eine ewige Unruhe in das politisch-soziale Gefüge der europäischen Menschheit hineingebracht hat. Dabei war die Rationalisierung des politischen Lebens nur ein Teilstück der großen, seit dem 18. Jahrhundert siegreich vordringenden Bewegung zur Rationalisierung, Entzauberung, Technisierung der Welt überhaupt; ihr fiel auch die alte Herrschaft der Kirche über die Geister zum Opfer, sodass nun der Staat mehr als jemals früher zur beherrschenden Macht des öffentlichen Lebens werden konnte. Mit der Umwandlung des alten Obrigkeitsstaates zum demokratischen Volksstaat und mit der Verdrängung der Kirchen aus dem Mittelpunkt des Lebens war grundsätzlich der Weg zum modernen Totalstaat eröffnet …

Zit. nach: P. Hartig, Die Französische Revolution im Urteil der Zeitgenossen und der Nachwelt. Stuttgart, 2. Aufl. 1981, S. 82 f. und 97 f.

a) Antworte auf die letzte Frage von Olympe de Gouges in M9a.

b) Welche der von Olympe de Gouges geforderten Rechte in M7 sind heute verwirklicht, welche Forderungen sind heute noch aktuell (vgl. M9c)?

c) Überprüfe die Argumente von Amar (M9b) auf ihre Stichhaltigkeit. Welche seiner Argumente werden auch heute noch vorgebracht? Nenne Beispiele. In welchen Punkten kannst du den Urteilen von M9a bis M9c zustimmen?

d) Fasse die Urteile zur Revolution aus M8, M10, M11 zusammen und nimm dazu Stellung. Führt in der Klasse ein Pro-und-Contra-Spiel zur Revolution durch. Beschränkt euch dabei auf bestimmte Aspekte und Fragen.

6. Sicherheit statt Freiheit: General Bonaparte beendet die Revolution

27. Juli 1794 ______ *(9. Thermidor) Robespierre wird entmachtet.*
11. November 1794 ______ *Der Konvent lässt den Jakobinerklub schließen.*
9. November 1799 ______ *General Napoleon Bonaparte wird durch einen Staatsstreich Alleinherrscher.*
2. Dezember 1804 ______ *Napoleon wird zum Kaiser der Franzosen gekrönt.*

Die Besitzenden gewinnen die Macht zurück

Nach dem Ende der Schreckensherrschaft im Juli 1794 blieb der Nationalkonvent zunächst bestehen. Allerdings setzte sich diejenige politische Gruppe durch, die Robespierres Sturz herbeigeführt hatte. Diese „Thermidorianer" verfolgten Robespierres Anhänger im ganzen Land. Die Jakobinerklubs wurden geschlossen. Rüstungsfabrikanten, Kriegsgewinnler und Spekulanten gewannen Einfluss. Sie wollten die unteren Schichten durch ein Zensuswahlrecht von der demokratischen Einflussnahme ausschließen. Ihr Interesse richtete sich vor allem darauf, Eigentum und Vermögen uneingeschränkt zu genießen und durch freie Preise Gewinne zu erzielen. Im Dezember 1794 wurden demnach auch die Preise freigegeben und stiegen für die ärmere Bevölkerung vielfach ins Unerschwingliche. So kam es im Mai 1795 im Arbeiterviertel von Paris zu einem großen Aufstand, der von der Armee blutig niedergeschlagen wurde.

Das Direktorium

Im August 1795 verabschiedete der Konvent eine neue Verfassung. Ganz im Sinne des wohlhabenden Bürgertums setzte sie eine hohe Schranke für das Recht zu wählen. Ein fünfköpfiges Gremium, das Direktorium, bildete nun die Regierung. Royalisten hielten den Zeitpunkt für günstig die Macht zu erobern und rückten im Oktober mit 8000 Bewaffneten gegen das Konventsgebäude vor. Im Augenblick höchster Not waren es Verbände der neuen Armee, die das Direktorium retteten. Der junge Revolutionsgeneral Napoleon Bonaparte hatte 40 Kanonen auffahren und die Angreifer zusammenschießen lassen.

1 Wohlhabende Bürger in der Zeit des Direktoriums *(zeitgenössische kolorierte Radierung, anonym). – Vergleiche die Szene mit dem Bild „Revolutionskomitee" im Kap. „Die Revolution frisst ihre Kinder …"*

Popularität durch militärische Erfolge

Napoleon, als Sohn eines Advokaten auf der Insel Korsika 1769 geboren, wurde bereits mit 24 Jahren Brigadegeneral der Revolutionsarmee, nachdem er zuvor als Freiwilliger eingetreten war. Sein energisches Eingreifen beim Aufstand der Royalisten im Jahre 1795 lenkte die Aufmerksamkeit des Direktoriums auf ihn und so erhielt er mit 26 Jahren den Oberbefehl über die Truppenverbände, die in Italien kämpften. Siege über die italienischen Staaten und die österreichische Monarchie begründeten seine Beliebtheit und zwangen Österreich auf die österreichischen Niederlande, das heutige Belgien, zu verzichten und die Gebiete des linken Rheinufers abzutreten. Die enormen Zahlungen, die er aus den Besiegten herauspresste, stärkten seine Stellung gegenüber der Direktorialregierung. Die Hoffnung der französischen Bevölkerung auf stabile wirtschaftliche und soziale Verhältnisse und auf Stärkung der Vormachtstellung Frankreichs in Europa richtete sich mehr und mehr auf Napoleon.

Der Griff nach der Macht

Am 18. Brumaire, also am 9. November 1799 – noch immer galt der Kalender der Revolution – wagte Napoleon den Staatsstreich. Unter dem Vorwand, ein Aufstand radikaler Jakobiner stünde kurz bevor, veranlasste er die Truppen in Paris die gesetzgebende Versammlung, den Rat der Fünfhundert, auseinander zu jagen. An die Stelle des fünfköpfigen Direktoriums setzte Napoleon drei Konsuln, unter denen er als Erster Konsul alle Entscheidungsmacht auf sich konzentrierte. 1802 machte er sich zum Konsul auf Lebenszeit, 1804 zum Kaiser der Franzosen. Alle diese Schritte ließ er durch Volksabstimmungen billigen, die ihm jeweils bis zu fast 99 Prozent der Stimmen brachten. Wie war es möglich, dass ein ganzes Volk seiner Entmündigung durch eine Diktatur zustimmte?

„Weder rote Mützen noch rote Absätze“

Napoleon wollte weder die Vorstellungen der Jakobiner (rote Mützen) noch die der Adligen (rote Absätze) verwirklichen. Er befriedigte damit den Wunsch der großen Mehrheit nach Ruhe und Ordnung nach zehn Jahren revolutionärer Turbulenzen und ständig wechselnder Verfassungen. 140 000 Emigranten konnten zurückkehren, wenn sie sich seiner Ordnung fügten. Inhaftierte Revolutionäre der Schreckensherrschaft begnadigte er. Mit dem Papst schloss er einen Vertrag, ein Konkordat, in dem er den römisch-katholischen Glauben als Religion der großen Mehrheit der Franzosen anerkannte. Dafür fand sich die Kirche mit der Enteignung der Kirchengüter von 1789 ab, was die neuen Eigentümer beruhigte. Auch die protestantische Kirche wurde wieder zugelassen.

Konzentration der Macht

In allen Bereichen reformierte er den Staat nach dem militärischen Prinzip von Befehlen und Gehorchen. Selbst Bürgermeister wurden nicht mehr gewählt, sondern von Paris aus ernannt. Er ließ die Polizei im ganzen Lande ausbauen und unterwarf Presse, Kunst und Wissenschaft staatlicher, also seiner, Kontrolle. Die Staatsfinanzen wurden durch eine stabile Währung, konsequente Einziehung von Steuern und durch die Kontributionen besetzter Länder ausgeglichen.

Der „Code Napoléon“ – ein bürgerliches Gesetzbuch

Das nach Napoleons Willen erarbeitete bürgerliche Gesetzbuch verwirklichte grundlegende Forderungen der Revolution: Für alle Franzosen galt ein einheitliches Recht, Kirche und Staat wurden getrennt, alle waren vor dem Gesetz gleich und bekamen persönliche Freiheiten zugesprochen. Nachdrücklich wurden das Recht auf Eigentum und die Freiheit des wirtschaftlichen Wettbewerbs gewährleistet, wogegen die Emanzipation der Frauen erneut auf der Strecke blieb. Das Gesetz beschränkte sie auf den rechtlichen Status von Minderjährigen.

Der „Code Napoléon“ ist bis heute die Grundlage des französischen Rechtswesens. Er wurde in den von Napoleons Truppen besetzten und angeschlossenen Gebieten eingeführt und hat in vielen Ländern der Welt als Vorbild gedient.

2 Wechsel der Zeiten und Denkmäler
Das Bild zeigt die Errichtung der Bronzesäule mit Reliefs der Feldzüge Napoleons von 1805 und seinem Standbild auf der Place Vendôme in Paris. Bis 1792 hatte hier das Reiterstandbild Ludwigs XIV. gestanden, das dann durch die Statue der Freiheit ersetzt wurde. Napoleons Standbild wurde nach seinem Sturz 1814 wieder entfernt. – Diskutiert, ob und wann ein Denkmalsturz angebracht ist. Nennt andere Beispiele.

3 Napoleon als Feldherr und als Staatsmann

a) Aufruf Napoleons an seine Soldaten in Mailand am 26. April 1796:

Soldaten, in 14 Tagen habt ihr 10 Siege davongetragen, 21 Fahnen, 55 Kanonen, mehrere befestigte Orte gewonnen, den reichsten Teil von Piemont erobert; ihr habt 15 000 Gefangene gemacht, an die 10 000 Mann getötet oder verwundet.

Bisher hattet ihr um kahle Felsen gekämpft. Erst bar aller Mittel, seid ihr jetzt mit allem versorgt. Ihr habt Schlachten ohne Kanonen gewonnen, Flüsse ohne Brücken überquert, Gewaltmärsche ohne Schuhe zurückgelegt, ohne Schnaps und oft ohne Brot biwakiert. Nur die republikanischen Heerscharen, die Soldaten der Freiheit, waren fähig das zu erdulden, was ihr erduldet habt.

Aber Soldaten, … ihr müsst noch Schlachten schlagen, Städte einnehmen, Flüsse überqueren. … Ihr alle wollt … mit Stolz sagen können: „Ich gehörte zu der Eroberungsarmee Italiens!“ Freunde, ich verspreche euch diese Eroberung; aber ihr müsst schwören … die Völker, die ihr befreit, zu achten … Plünderer werden unerbittlich erschossen werden … Völker Italiens, die französische Armee kommt um eure Ketten zu zerbrechen … Unser Hass gilt nur den Tyrannen.

Zit. nach: O. Aubry, Napoleon als Schriftsteller. Freudenstadt 1948, S. 51.

b) Im Juli 1797 erklärte Bonaparte dem französischen Gesandten in der Toskana vertraulich:

Glauben Sie, dass ich in Italien Siege erfechte um damit das Ansehen … des Direktoriums zu erhöhen? … Glauben Sie vielleicht, dass ich eine Republik begründen will? Welcher Gedanke! … Das ist eine Wahnvorstellung, in die die Franzosen vernarrt sind … Was sie brauchen, ist Ruhm, die Befriedigung ihrer Eitelkeit, aber von der Freiheit verstehen sie nichts. Blicken Sie auf die Armee! Die Erfolge und die Triumphe … haben den wahren Charakter des französischen Soldaten wieder hervortreten lassen. Für ihn bin ich alles. Das Direktorium soll es sich nur einfallen lassen, mir das Kommando über die Armee wegzunehmen! Dann wird man sehen, wer der Herr ist. Die Nation braucht einen Führer, … aber keine Theorien über Regierung, keine großen Worte, keine Reden von Ideologien, die die Franzosen nicht verstehen … Ich bin am Frieden nicht interessiert … Wenn Frieden geschlossen ist, wenn ich nicht mehr an der Spitze dieses mir ergebenen Heeres stehe, muss ich auf diese Macht, auf diese hohe Stellung, die ich mir verschafft habe, verzichten und im Luxemburg-Palast Advokaten den Hof machen. Ich möchte Italien nur verlassen um in Frankreich eine Rolle zu spielen …

Zit. nach: Irmgard und Paul Hartig, Die Französische Revolution, Quellen zur Geschichte und Politik, Stuttgart 1985, S. 112 f.

4 ***Napoleon*** *in zwei Gemälden (rechts ein Ausschnitt) von J. L. David (1748 bis 1825). Der Maler war 1792 Abgeordneter des Nationalkonvents, 1793 Vorsitzender des Konvents. Als Anhänger Robespierres wurde er nach dessen Hinrichtung 1794 zeitweise inhaftiert. 1795 begegnete er zum ersten Mal Napoleon, von dem er 1805 zum Hofmaler ernannt wurde. Nach Napoleons Sturz flüchtete er ins Exil nach Brüssel. Den ursprünglichen Entwurf für das rechte Bild (siehe ADS) musste er auf Befehl Napoleons ändern. – Vergleiche die Darstellungen mit dem politischen Werdegang des Malers.*

5 ***Der Kaisertitel – Wunsch des Volkes?***

François Joubert, Abgeordneter und Vertrauter Napoleons, in einer Rede (Mai 1804):

Ah, wie ergriffen waren wir, als am 10. November 1799 der Retter Frankreichs die denkwürdigen Worte vernehmen ließ: „Die Revolution ist an die Grundsätze gebunden, mit denen sie begonnen hat." Was wollten wir 1789? Das Eingreifen unserer Vertreter bei der Festlegung der Steuern, die Abschaffung des Feudalsystems, die Vernichtung jeglicher für die moralischen und intellektuellen Kräfte beleidigenden Unterscheidungen, die Beseitigung der Missbräuche, die Pflege aller liberalen Gedanken, die Garantie für den Wohlstand im Inneren und für unsere Achtung im Ausland: Das sind die wahren Wünsche der Nation gewesen und alle Franzosen hatten gespürt, dass sich diese Wünsche nur mit einer Erbdynastie ... verwirklichen ließen ... (Napoleon Bonaparte) gibt dem Kontinent den Frieden ... Ja, wer könnte all die Wunder nennen, die er seit seinem Aufstieg zum Konsulat vollbracht hat! ... All diese Leistungen werden den kommenden Jahrhunderten die tiefe Ergebenheit erklären, von der die Franzosen für Napoleon Bonaparte durchdrungen sind, ... diesen so stark ausgesprochenen Wunsch: Dass jener, dem die Republik so großen Ruhm und große Wohltaten verdankt, einwilligen möge ihr Kaiser genannt zu werden und die ausführende Gewalt in seiner Familie festzulegen.

Zit. nach: Hartig, Die Französische Revolution. Stuttgart 1985, S. 116 ff.

a) Stelle die verschiedenen politischen Richtungen in der Zeit des Direktoriums (1795 bis 1799) gegenüber (VT, M1).

b) Wie baute Napoleon seine Machtstellung auf (VT, M2, M3, M4)?

c) „Ein erbliches Kaisertum steht nicht im Widerspruch zu den Ideen von 1789." Nimm Stellung zu dieser These und den Argumenten in M5.

d) Erläutere die historischen Umstände, die den politischen Werdegang Napoleons begünstigten.

e) „Alle Maßnahmen Napoleons haben nur dem Ziel gedient seine eigene Macht zu steigern." Wie urteilst du anhand deines gewonnenen Wissens?

7. Die Völker Europas ertragen keine Vorherrschaft

1805	*Der britische Seesieg über die Franzosen bei Trafalgar (am spanischen Kap) bestätigt die britische Vorherrschaft zur See. Napoleons Armee besiegt österreichische und russische Truppen in der Drei-Kaiser-Schlacht bei Austerlitz in der Nähe von Brünn (Tschechische Rep.).*
1806	*Napoleon schafft sich mit dem „Rheinbund" an der Ostgrenze Frankreichs einen Zusammenschluss ihm ergebener Staaten. – Napoleons Heer besiegt die preußische Armee bei Jena und Auerstedt (in Thüringen). – Von Berlin aus erlässt Napoleon die Kontinentalsperre gegen Großbritannien.*
1807	*Napoleon weitet den Krieg gegen Spanien aus. Seinen Soldaten gelingt es nicht, den Widerstand der Bevölkerung (Guerillakrieg) zu unterdrücken.*
1809	*Im Frieden von Schönbrunn (bei Wien) unterstellt Napoleon Österreich und Preußen seiner Hegemonie (Vorherrschaft).*
1812	*Der Feldzug der Großen Armee gegen Russland endet in einer Katastrophe.*
1813	*Ein russisch-preußisch-österreichisch-britisches Koalitionsheer siegt über die napoleonischen Truppen in der Völkerschlacht bei Leipzig.*
1814	*Napoleon wird als Gefangener auf die Insel Elba verbannt.*
1815	*Napoleon kehrt zurück. Sein Heer wird nach 100 Tagen bei Waterloo (in der Nähe von Brüssel) von den Armeen Großbritanniens und Preußens geschlagen, er selbst auf die Insel St. Helena im Atlantischen Ozean verbannt.*

Vorherrschaft oder Gleichgewicht der Mächte?

Immer wieder hatten sich europäische Monarchien zu Koalitionen verbündet um zu verhindern, dass die französische Revolutionsarmee die Ideen der Revolution exportierte, und um eine Hegemonie, eine Vorherrschaft Napoleons in Europa abzuwehren. Der beharrlichste Gegner Frankreichs und Napoleons war – wie schon seit Ludwigs XIV. Zeiten – Großbritannien. Im Übrigen wechselte die Zusammensetzung der Koalitionen in den fünf Koalitionskriegen, denn einige Festlandsstaaten suchten, immer wieder besiegt, ein Auskommen mit Napoleon zu finden. Großbritannien war militärisch unangreifbar, zumal es seine Vorherrschaft auf dem Meere in der Seeschlacht bei Trafalgar behauptete. Deshalb versuchte Napoleon es mit einem Wirtschaftskrieg, der Kontinentalsperre, in die Knie zu zwingen. Waren aus Großbritannien sollten das europäische Festland nicht mehr erreichen und wurden beschlagnahmt, zum Teil öffentlich verbrannt und Schiffe, die aus England kamen, wurden aufgebracht.

Scheitern an Großbritannien ...

Die Kontinentalsperre erwies sich als Fehlschlag. Um das europäische Festland lückenlos zu sperren hätte es der bereitwilligen Unterstützung aller Hafenstädte und Staaten bedurft – ein aussichtsloses Unterfangen, weil man den Eroberer und Besatzer eher boykottieren als unterstützen wollte. Außerdem entstanden mit dem Ausbleiben englischer Lieferungen Versorgungsengpässe. Das reizte die Stimmung in der Bevölkerung gegen Napoleon und die französische Besatzung zusätzlich. Um also die Engländer wirklich empfindlich zu treffen mussten die Franzosen auf dem Festland zu immer härteren Maßnahmen greifen. Das provozierte zunehmend den gewaltsamen Widerstand, zuerst in Portugal und Spanien, in das Napoleon 1807 einmarschierte. Alle Maßnahmen, von der Gepäckvisitation bis zu Erschießungen, reichten jedoch nicht aus den Guerillakrieg der Bevölkerung, den England kräftig unterstützte, zu unterdrücken.

1 ***Napoleonische Herrschaft und Kriege in Europa.*** *– Suche die in der Zeittafel genannten Orte.*

1809 wagte Österreich den Aufstand, dann die Tiroler unter dem Gastwirt Andreas Hofer. Noch einmal erwiesen sich die Armeen Napoleons als die stärkeren. Als aber Russland seine Teilnahme an der Sperre aufkündigte, glaubte Napoleon alles auf eine Karte setzen zu müssen um seine Vorherrschaft zu erhalten. So entschloss er sich 1812 zum Krieg gegen Russland, für den alle abhängigen Staaten Truppen stellen mussten. Über 600 000 Mann zählte die „Große Armee".

… und Russland

Die russische Armee stellte sich keiner Schlacht. Folglich musste Napoleon seine Armee bis Moskau vorrücken lassen. Dort traf sie auf eine völlig abgebrannte Stadt. Die russischen Generäle hatten den Zerstörungsbefehl gegeben. Der einbrechende Winter sollte den quartierlosen Feind besiegen. Napoleon musste den Rückzug befehlen. Kälte und andauernde Überfälle russischer Truppen ließen die Soldaten massenweise sterben. Elend und zerlumpt strebte der Rest den Heimatländern zu. Preußen wechselte als erster Staat 1813 aus dem erzwungenen Bündnis mit Napoleon zu Russland über. Die nun beginnenden Kämpfe wurden vor allem in Preußen mit nationaler Begeisterung geführt und bald „Befreiungskriege" genannt. Nach einigem Zögern schloss sich auch Österreich der neuen Koalition gegen Napoleon an. Mit der Völkerschlacht bei Leipzig war das Ende der napoleonischen Vorherrschaft Frankreichs über Europa besiegelt.

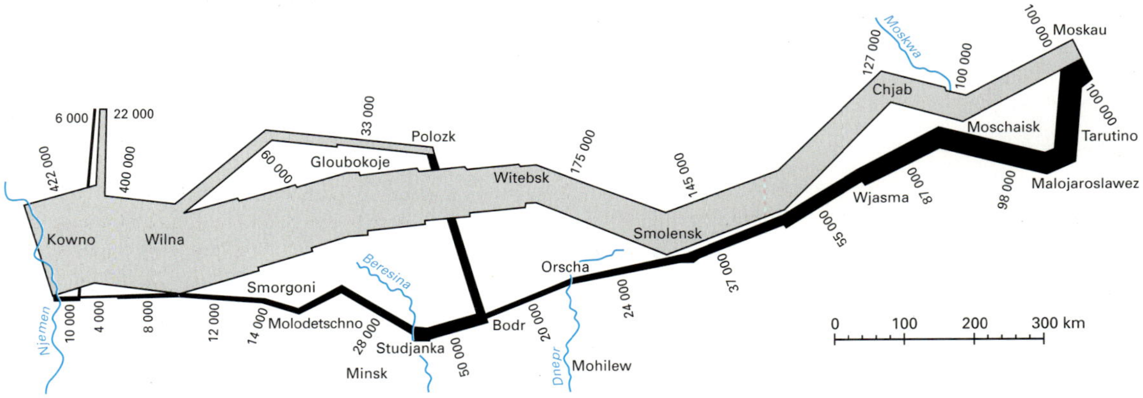

2 ***Die „Große Armee" auf dem Rückzug.*** *Gemäldeausschnitt von J. A. Klein (1792 bis 1875). Im Hintergrund angreifende Kosaken. Darunter die Verluste der napoleonischen Heere während des Russlandfeldzuges 1812 bis 1813 nach einer Grafik des französischen Ingenieurs Charles Joseph Minard (1781 bis 1870). Grau: der Feldzug bis zur Einnahme Moskaus; schwarz: der Rückzug. Ab Moskau sank die Temperatur unter Null und bewegte sich dann ständig zwischen –10 und –30 Grad.*

3 ***Napoleons Traum 1818 auf*** *Sankt Helena:*

Einer meiner größten Gedanken war … die Konzentration derselben Völker, welche Revolution und Krieg zerstreut und zerkleinert haben. Man zählt in Europa … mehr als dreißig Millionen Franzosen, fünfzehn Millionen Spanier, fünfzehn Millionen Italiener, dreißig Millionen Deutsche. Ich hätte gern aus jedem dieser Völker ein ganzes gemacht und sogar einen nationalen Körper. Es wäre schön gewesen, mit einem solchen Nationengefolge in die Nachwelt zu schreiten und in den Segen der Jahrhunderte. Ich hielt mich eines solchen Ruhmes für würdig.

Geschichte in Quellen, Bd. 4, S. 589.

4 ***Warnungen nicht erwünscht***

Im Dezember 1811 trug Joseph Fouché, Napoleons ehemaliger Polizeiminister, dem Kaiser Bedenken gegen den geplanten Russlandfeldzug vor. Napoleon schnitt ihm das Wort ab:

Sie können weder meine Stellung noch den Zusammenhang Europas beurteilen … Spanien fällt, sobald ich in St. Petersburg den englischen Einfluss zunichte gemacht habe! Ich brauche 800 000 Mann und habe sie; ganz Europa werde ich hinter mir herschleifen! … Ich richte mich lieber nach der Meinung der Armee und des Volkes als der Ihrigen …

Zit nach: Friedrich Sieburg, (Hg). Gespräche mit Napoleon, 1962, S. 182 f.

5 ***Bilder Napoleons.*** *Links eine weit verbreitete deutsche Karikatur von 1814; rechts ein Gemälde des französischen Malers Ingres (1780 bis 1867) von 1853 für das Pariser Rathaus.*

6 ***„Ein Mann wie ich … „***

Der österreichische Staatskanzler Clemens Graf von Metternich berichtet von Verhandlungen, die er im Sommer 1813 zwei Monate vor der Völkerschlacht bei Leipzig mit Napoleon führte:

N.: „Sie wollen also den Krieg? …“

M.: „Krieg und Frieden liegen in der Hand Eurer Majestät … Heute können Sie noch Frieden schließen, morgen dürfte es zu spät sein …“

N.: „… Nimmermehr! Ich werde zu sterben wissen, aber ich trete keine Handbreit Boden ab. Eure Herrscher, geboren auf dem Throne, können sich zwanzigmal schlagen lassen und doch immer wieder in ihre Residenzen zurückkehren; das kann ich nicht, ich, der Sohn des Glücks! Meine Herrschaft überdauert den Tag nicht, an dem ich aufgehört habe stark und folglich gefürchtet zu sein …“

M.: „… Das Glück kann Sie ein zweites Mal wie im Jahre 1812 im Stich lassen … Ich habe Ihre Soldaten gesehen, es sind Kinder … Und wenn diese jugendliche Armee, die Sie heute unter die Waffen gerufen haben, dahingerafft sein wird, was dann?“

N.: „… Ich bin im Felde aufgewachsen und ein Mann wie ich schert sich wenig um das Leben einer Million Menschen …“

Metternich, Denkwürdigkeiten, hrsg. von Otto H. Brandt, München 1926, Band 1, S. 246 ff.

7 ***Besatzungspolitik.*** *Weisung Napoleons 1806 an den franz. Gouverneur von Kurhessen:*

Entwaffnen Sie das Land durchaus, dass nicht eine Kanone, nicht eine Flinte darin bleibe. Im Übrigen kann man das Land mit Milde behandeln; allein, wenn sich die geringste Bewegung irgendwelcher Art zeigt, geben Sie ein fürchterliches Beispiel. Das erste Dorf, welches sich muckst, soll geplündert und verbrannt werden.

Zit. nach: Gespräche mit Napoleon, hrsg. v. F. Sieburg, München 1962, S. 83 f..

8 ***Anschlag des Berliner Stadtkommandanten*** *nach der preußischen Niederlage 1806:*

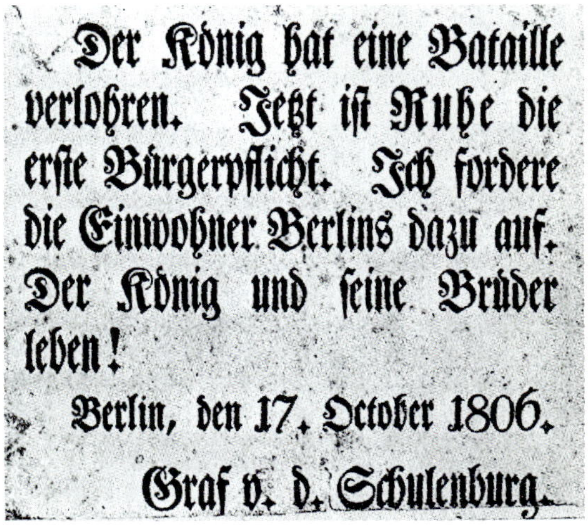

Der König hat eine Bataille verlohren. Jetzt ist Ruhe die erste Bürgerpflicht. Ich fordere die Einwohner Berlins dazu auf. Der König und seine Brüder leben!

Berlin, den 17. October 1806.

Graf v. d. Schulenburg.

9

Napoleons Lebenslauf. *Kolorierte Radierung nach einer deutschen Karikatur. – Erläutere die einzelnen Etappen mit Hilfe der Kapitel 2–4. Du kannst der Karikatur ziemlich genau entnehmen, wann sie entstanden ist.*

10 ***Napoleon – Anlass für Heldenlegende?***

Nach Napoleons Tod entstand in Frankreich ein Märtyrer- und Heldenkult um den Kaiser. Dazu schrieb Chateaubriand, Schriftsteller und Zeitgenosse Napoleons, kurz nach 1830:

Heute ist es Mode, die Siege Bonapartes zu verherrlichen. Die Zeitgenossen sind verschwunden, man hört nichts mehr von den Verwünschungen, den Schmerzensschreien, der Verzweiflung der Opfer. Man sieht das erschöpfte Frankreich, dessen Boden von Frauen bearbeitet wird, nicht mehr; man sieht nicht mehr die anstelle ihrer Söhne verhafteten Eltern, die Dorfbewohner, die für einen Wehrdienstverweigerer solidarisch bestraft wurden; man sieht nicht mehr diese Aushebungsanschläge an den Straßenecken, die Passanten, die sich vor diesen ungeheuren Todesurteilen zusammenscharen und sprachlos nach den Namen ihrer Kinder, ihrer Brüder, Freunde und Nachbarn suchen. Man vergisst, dass jedermann über die Triumphe jammerte … Unter dem Kaiserreich verschwanden wir; es war gar nicht mehr die Rede von uns, alles gehörte Bonaparte: „Ich habe befohlen, ich habe gesiegt, ich habe gesprochen, meine Adler, meine Krone, mein Blut, meine Familie, meine Untertanen … Was Bonaparte angeht, so ist er trotz seiner ungeheuren Eroberungen erlegen, nicht weil er besiegt worden war, sondern weil Frankreich seiner überdrüssig war. Eine erhabene Lehre, die uns stets ins Gedächtnis rufen sollte, dass alles, was die Menschenwürde verletzt, den Todeskeim in sich birgt."

Chateaubriand, Erinnerungen. München 1968, S. 363 ff.

a) Inwiefern zeigt M6, dass Österreich immer noch zögerte gegen Napoleon entschlossen vorzugehen? Erörtere, ob Napoleons Ablehnung klug war.

b) Vergleiche M3 und M4 und urteile über Napoleon als „Europapolitiker".

c) 1840 wurden die Überreste Napoleons pompös nach Paris überführt. Noch heute besuchen unzählige Franzosen und Ausländer sein Grab. Fragt Franzosen nach ihrem Urteil zu diesem Teil ihrer Geschichte (vgl. auch M10).

d) Erläutere anhand von M1 die besonders „verwundbaren" Stellen der Herrschaft Napoleons in Europa und seine Gegenmaßnahmen. Gab es Widerstandskämpfe in deiner Region? Sammle Informationen.

e) In den Materialien kommen verschiedene Urteile zu Napoleon zum Ausdruck. Stelle ihre Ergebnisse und ihre (zum Teil nur vermutbaren) Argumente nebeneinander (M5, M6, M9, M10). Formuliere dein eigenes Urteil.

8. Napoleon verändert Deutschland

8.1 Staaten verschwinden und Staaten entstehen

1801 — *Im Frieden von Lunéville zwingt Napoleon das römisch-deutsche Kaiserreich alle Gebiete links des Rheins an Frankreich abzutreten.*

1803 — *Ein Ausschuss des Reichstages (eine Reichsdeputation) folgt Napoleons Vorschlag 112 reichsunmittelbare Territorien aufzuheben und jenen Fürsten zuzuschlagen, die links des Rheins Gebiete verloren hatten. Dazu gehörten alle geistlichen Herrschaften und alle Reichsstädte bis auf sechs. Preußen, Bayern, Baden und Württemberg erhalten in diesem Reichsdeputationshauptschluss wesentlich mehr Gebiet, als sie verloren hatten.*

1806 — *Die süddeutschen Fürsten treten aus dem Reich aus und gründen den „Rheinbund“. Unter dem Schutz Napoleons verleiben sie sich zahlreiche kleinere Territorien gewaltsam ein. Österreich und Preußen halten sich fern. Kaiser Franz II. legt die Krone des Heiligen Römischen Reiches nieder. Das Reich hat aufgehört zu bestehen. Franz nennt sich nun Kaiser von Österreich. Preußen führt fast allein Krieg gegen Napoleon. Das preußische Heer wird von Napoleons Armee vernichtend geschlagen. Napoleon zieht in Berlin ein.*

1807 — *Im Frieden von Tilsit verliert Preußen alle Gebiete westlich der Elbe und alle Erwerbungen aus den Teilungen Polens 1772 und 1795.*

1 ***Die politische Gestalt Deutschlands 1790 und 1812*** *vor und nach der Neuordnung durch Napoleon*

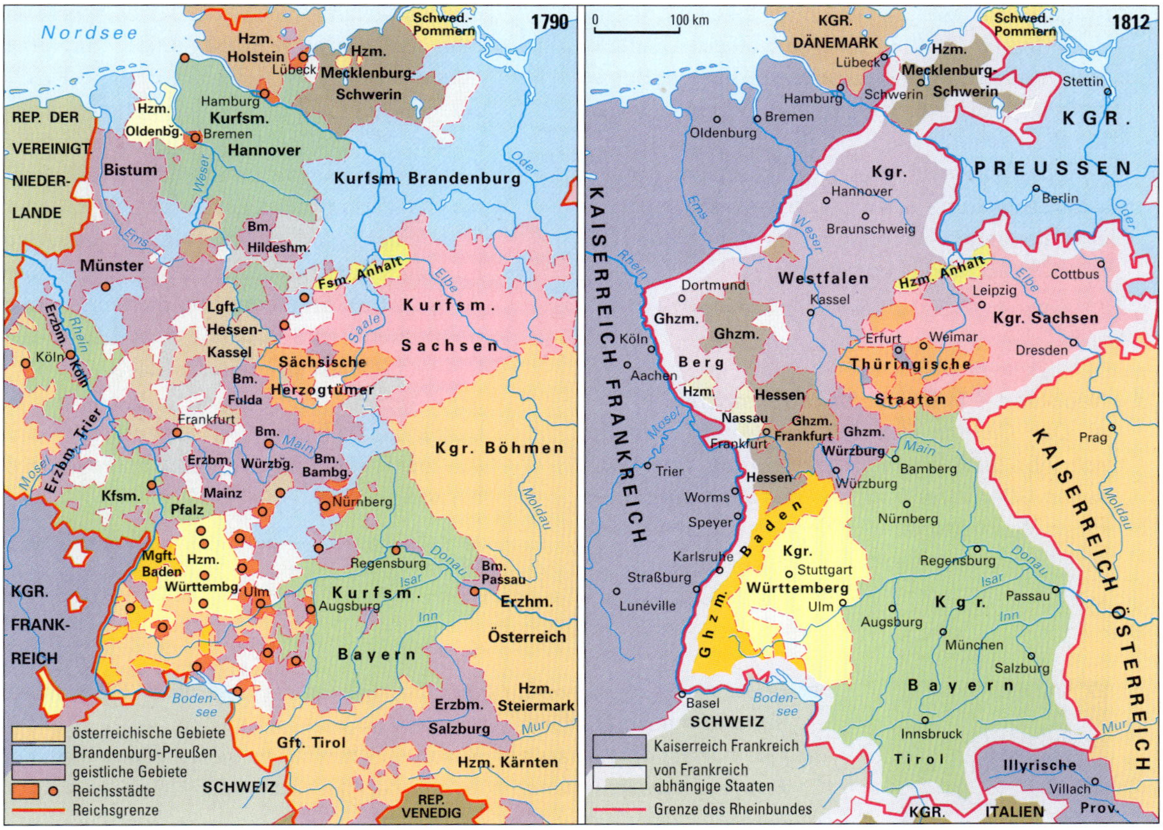

Säkularisation, auch Säkularisierung (lat. „saeculum“, d. h. Zeitalter, Welt, staatlicher Bereich): Seit der Aufklärung haben sich die Menschen zunehmend davon gelöst, die Religion als maßgeblich für ihr Leben und Denken zu betrachten. Diesen Prozess bezeichnet man als Säkularisation. Ebenso wird damit die Enteignung von Kirchengut bezeichnet, wie sie in der Französischen Revolution 1789 vorgenommen wurde. Insbesondere ist damit die Aufhebung von Klöstern, Stiften und Orden sowie von geistlicher Herrschaft über Territorien im deutschen Kaiserreich auf Veranlassung Napoleons gemeint.

Mediatisierung: Im Zusammenhang mit der napoleonischen Herrschaft meint dieses Wort die Aufhebung der Reichsunmittelbarkeit kleiner und kleinster Territorien, indem diese beseitigt und von wenigen größeren einverleibt wurden.

2 ***Anweisungen Kaiser Napoleons*** *für den König von Westfalen 1807:*

Mein Bruder … Ihr Thron wird in der Tat nur auf dem Vertrauen und der Liebe Ihrer Untertanen befestigt sein. Was aber das deutsche Volk am sehnlichsten wünscht, ist, dass diejenigen, die nicht von Adel sind, durch ihre Fähigkeiten gleiche Rechte auf Ihre Auszeichnungen und Anstellungen haben, damit jede Leibeigenschaft und vermittelnde Obrigkeit zwischen dem Souverän und der untersten Volksklasse aufgehoben werde. Ihr Königtum wird sich durch die Wohltaten des Code Napoléon, durch das öffentliche Gerichtsverfahren und die Einführung des Geschworenengerichts auszeichnen … Ihr Volk muss sich in seiner Freiheit und Gleichheit eines Wohlstandes erfreuen, die den übrigen Völkern Deutschlands unbekannt sind. Eine solche liberale Regierung … wird eine mächtigere Schranke gegen Preußen sein als die Elbe, als alle Festungen … Welches Volk wird zu der willkürlichen preußischen Regierung zurückkehren wollen, wenn es einmal von den Wohltaten einer weisen und liberalen Verwaltung gekostet hat?

F. M. Kircheisen (Hg.), Briefe Napoleons I., Band 2. Stuttgart 1910, S. 246 f.

3 ***Napoleon – in Deutschland umstritten***

a) *Der Dichter Heinrich von Kleist, Preuße, schrieb 1809 einen „Katechismus der Deutschen“. Der Vater fragt und der Sohn antwortet:*

Frage: Was hältst du von Napoleon, dem Korsen, dem berühmten Kaiser der Franzosen? …

Antwort: Für einen verabscheuungswürdigen Menschen; für den Anfang alles Bösen und Ende alles Guten; für einen Sünder, den anzuklagen die Sprache der Menschheit nicht hinreicht und den Engeln einst, am Jüngsten Tage, der Odem (Atem) vergehen wird.

Heinrich von Kleist, Sämtliche Werke und Briefe, Band III. München/Wien 1982, S. 354.

b) *Der Arzt Adolf Kußmaul, geb. 1822, berichtet in seinen Jugenderinnerungen 1889, was ihm sein Vater einstmals vorgehalten hat:*

Wie gut ist es doch, dass du nicht vor 50 oder 60 Jahren zur Welt gekommen bist! Hättest du mit eigenen Augen das unglaubliche politische und wirtschaftliche Elend gesehen, worin wir damals steckten, so würdest du über Napoleon anders urteilen. Das Heilige Römische Reich war aus tausend Lappen und Läppchen zusammengesetzt. Hier saßen, hohl aufgeblasen im stolzen Gefühl ihrer Reichsunmittelbarkeit, aber in jämmerlich zerlumpten Gewändern, die Glieder und Stände des Reiches durcheinander: Herzöge und Fürsten, Grafen und Freiherren … Bischöfe und Äbte … freie Städte und Städtchen … Aus dem politischen Elend floss das wirtschaftliche. Jedes Gebiet hielt fest an seinen Schlagbäumen … und legte Verkehr, Handel und Industrie des Nachbarn lahm … Ich bin kein schlechterer Patriot als du, aber wir Alten bewahren Napoleon ein dankbares Andenken.

Adolf Kußmaul, Jugenderinnerungen eines alten Arztes. Stuttgart 1922, S. 73/74.

a) Erläutere die Auswirkungen der Mediatisierung und Säkularisierung anhand der Karte M1.

b) Wie hättest du damals als Bewohner Westfalens die von Napoleon seinem Bruder vorgeschlagenen Maßnahmen beurteilt (M2)?

c) Nimm zu den Texten M3a, b Stellung.

8.2 Reformen für den Widerstand

1807–1816 ___ *Die Rheinbundstaaten führen Reformen in Recht, Wirtschaft und Verwaltung durch. Preußen hebt die Erbuntertänigkeit der Bauern auf, gibt den Städten Selbstverwaltung und reformiert Heer, Wirtschaft und Schulwesen.*

„Rechte der Menschheit"

In der Nacht zum 7. November 1792 wurde am Kaufhaus in Göttingen ein in Druckbuchstaben geschriebener „Freiheitsaufruf an die hannoverischen Untertanen" mit folgendem Text befestigt: „Liebe Mitbürger! Nicht aus bloßem Revolutionsgeist, sondern angetrieben durch die Rechte der Menschheit schlage ich euch vor, dass wir bei der jetzigen Epoche, wo der Despotismus (Gewaltherrschaft) zittert, einen Versuch machen können, den überstolzen hannoverischen Adel zu stürzen und uns von verschiedenen ungerechten, für die Armut drückenden Abgaben zu befreien. Alle Menschen schuf Gott gleich; daher braucht nicht der sogenannte Untertan die Wollust des Despoten durch seinen Schweiß zu unterhalten. Im ersten Jahr der Französischen Republik von einem Hannoveraner geschrieben." Trotz eifriger Suche der Polizei nach den Verfassern des Aufrufs konnten diese nicht ermittelt werden. Die Behörden ordneten an, dass jeden Morgen eine Polizeipatrouille in Göttingen herumgehen solle, um ähnliche nächtlich angebrachte Anschlagzettel abzureißen.

Missstände in Deutschland, …

Auch in anderen Städten wurden derartige Aufrufe und Flugblätter verfasst und verbreitet. Viele Deutsche beklagten nach wie vor dieselben Missstände in ihren Ländern, die in Frankreich dazu beigetragen hatten, die Revolution auszulösen. Besonders krasse Abhängigkeiten bestanden östlich der Elbe, wo der preußische Adel großflächige Güter bewirtschaftete. Die Bauern waren dem Gutsherrn „erbuntertänig" und somit als „arbeitendes Zubehör" an den Boden gebunden. Ihre Frondienste ließen ihnen kaum Zeit, das vom Gutsherrn als Gegenleistung zur Verfügung gestellte Stück Land zu bearbeiten. Ihre Kinder dienten als Knechte und Mägde und im Dorf unterstanden alle der Gerichtsbarkeit des Gutsherrn. Im Krieg standen die Bauern unter dem Befehl adliger Offiziere, bei denen es sich nicht selten um den eigenen Gutsherrn handelte. Die Prügelstrafen waren in der preußischen Armee immer noch nicht abgeschafft, sodass die Soldaten ihre Vorgesetzten oft mehr fürchteten als den Feind.

… aber keine Revolution

Trotz vieler Missstände kam es in Deutschland damals zu keiner Revolution. Friedrich Rebmann, 1794 Redakteur einer in Dresden erscheinenden Zeitung und begeisterter Anhänger der Französischen Revolution, suchte nach Erklärungen und nannte folgende Gründe: „In Frankreich waren nur zwei Hauptinteressen, das Interesse des Hofs, … des Adels, der Geistlichkeit und das Interesse … der Bürger. Daher entstanden zwei Parteien, die miteinander um die Oberhand kämpften. In Deutschland hingegen haben wir 300 kleine Höfchen, zweierlei Religionen und statt einer gleich leidenden Nation mehrere ungleichartige, durch Religion, Sitten, Regierungsformen getrennte." Zu ergänzen ist noch, dass die Zahl der wohlhabenden Bürger wegen der wirtschaftlichen Rückständigkeit Deutschlands gegenüber Frankreich und England noch viel zu klein war, um ähnlich wie das französische Bürgertum aufzubegehren und politische Mitbestimmung zu fordern. Deshalb gehörten in Deutschland vor allem Beamte, Professoren, Studenten, Schriftsteller und Journalisten zu denen, die auf Reformen drängten.

1 Scharnhorst, Hardenberg und Stein *(von links nach rechts). Holzstich nach einer Zeichnung aus dem 19. Jahrhundert. – Beschreibe die vom Künstler gewählten Posen der drei Reformer.*

Reformen in den Rheinbundstaaten …

Zuerst führten die Franzosen in Deutschland tief greifende Veränderungen herbei. Napoleon hatte 1807 in Nordwestdeutschland ein französisches „Musterland“ für seinen Bruder Jérôme geschaffen: das Königreich Westfalen. Um die Errungenschaften der Revolution auszuweiten und um Frankreichs Vormachtstellung zu sichern ließ Napoleon für dieses Gebiet eine Verfassung ausarbeiten. Sie beseitigte die Vorrechte des Adels und hob Zunftzwang und bäuerliche Lasten auf. Maße und Gewichte wurden vereinheitlicht und die neue französische Rechtsordnung (Code Napoléon) eingeführt. Diese kannte weder Standesunterschiede oder Privilegien des Adels noch bäuerliche Abhängigkeitsverhältnisse. Auch die meisten anderen Rheinbundstaaten entschieden sich für den Code Napoléon.

… und in Preußen

In Preußen, das dem Rheinbund nicht angehörte, besann sich die Staatsführung nach der schweren Niederlage gegen die napoleonischen Truppen bei Jena und Auerstedt von 1806 auf eine weit reichende Umgestaltung des Staates. Man spricht deshalb manchmal von einer „Revolution von oben“. König Friedrich Wilhelm III., der sich zuvor Reformen in Staat und Gesellschaft hartnäckig widersetzt hatte, ließ sich überzeugen, dass veraltete gesellschaftliche und militärische Strukturen für die Niederlage mitverantwortlich gewesen waren. Noch im Jahr 1807 erklärte er: „Der Staat soll durch geistige Kräfte ersetzen, was er an materiellen verloren hat.“ In bedeutenden Staatsmännern, Verwaltungsbeamten, Offizieren und Gelehrten fand er Persönlichkeiten, die in der Lage waren die Umgestaltung – oft gegen den Willen des Adels – einzuleiten. Zu ihnen zählten Reichsfreiherr vom und zum Stein, Karl von Hardenberg, Wilhelm von Humboldt, Gerhard von Scharnhorst und Wilhelm von Gneisenau. Die Monarchie sollte nicht angetastet werden. Aber die Reformer wollten den Bürgern gleiche Rechte gewähren und ihnen mehr Verantwortung im Staat übertragen. Sie glaubten, dass dann eine nationale Gesinnung entstehen werde, die notwendig sei um die Fremdherrschaft Napoleons endlich abzuschütteln. Wie in anderen von Napoleon besetzten Ländern begann sich nun auch in Deutschland nach und nach eine nationale Identität zu entwickeln.

2 Reformen in Preußen

1807 Beginn der Reformen durch Stein: *Die strenge ständische Gliederung wird aufgehoben. Adlige können auch bürgerliche Berufe ausüben und Bürger landwirtschaftliche Güter erwerben. Die Erbuntertänigkeit für Bauern wird aufgehoben. Dadurch erhalten sie persönliche Freiheit und Freizügigkeit.*

1808 Städteordnung: *Die Bürger in den Städten können ihre Angelegenheiten selbst verwalten. Eine Stadtverordnetenversammlung, die den städtischen Haushalt und das Schulwesen verwaltet, wird nach dem Zensuswahlrecht gewählt. Frauen haben kein Wahlrecht.*

1810 Wirtschaftsreformen durch Hardenberg: *Die Zünfte werden aufgehoben und die Gewerbefreiheit wird eingeführt.*

Bildungsreform durch Humboldt: *Die allgemeine Schulpflicht (seit 1717) wird strenger überwacht. Die Erziehung an den Gymnasien wird vor allem auf „Allgemeinbildung“ ausgerichtet. Dazu zählten z. B. Latein und Griechisch.*

1811 „Regulierungsedikt“: *Es überträgt den Bauern das Eigentum an den von ihnen bewirtschafteten Höfen. Bisherige Abgaben und Frondienste müssen durch Entschädigungen in Form eines Teiles des Landes oder dessen Gegenwert in Geld an den Grundherrn abgelöst werden. Viele Bauern verlieren dadurch ihre Existenzgrundlage. Sie werden Landarbeiter auf den nun noch größeren Gütern des Adels.*

1812 Judenemanzipation: *Die Juden werden rechtlich allen anderen Bürgern gleichgestellt.*

Heeresreform durch Scharnhorst und Gneisenau: *Nach französischem Vorbild wird ein Volksheer gebildet. Auch Nichtadlige können Offiziere werden. Entehrende Strafen in der Armee werden abgeschafft.*

1814 Allgemeine Wehrpflicht: *Das Heer wird in die „Linie“ (das unter Waffen befindliche Heer) und die „Landwehr“ (mit selbst gewählten bürgerlichen Offizieren) unterteilt.*

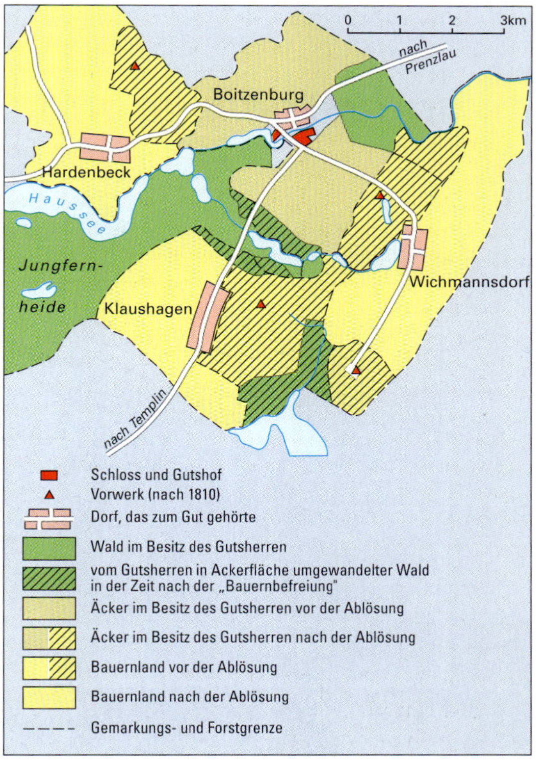

3 *„**Bauernbefreiung**“ auf dem Gut Boitzenburg*

4 Demokratische Grundsätze in einer monarchischen Regierung

Aus einer Denkschrift Hardenbergs von 1807:

Also eine Revolution im guten Sinn, gerade hinführend zu dem großen Zwecke der Veredelung der Menschheit, durch Weisheit der Regierung und nicht durch gewaltsame Impulsion (Anstoß) von innen oder außen – das ist unser Ziel, unser leitendes Prinzip. Demokratische Grundsätze in einer monarchischen Regierung: Dies scheint mir die angemessene Form für den gegenwärtigen Zeitgeist. Die reine Demokratie müssen wir noch dem Jahre 2440 überlassen …

Zit. nach: W. Conze, Die Preußische Reform unter Stein und Hardenberg. Quellen und Arbeitshefte zur Geschichte und Politik, Stuttgart 1973, S. 11.

a) Warum hatten es die Unzufriedenen in Deutschland viel schwerer, eine Revolution erfolgreich durchzuführen als in Frankreich (VT)?

b) Vergleiche die Ziele der Reformen in Westfalen und in Preußen (VT).

c) Viele hatten ein Interesse an Reformen in Deutschland. Stelle unterschiedliche Interessen gegenüber. Wie begründete Hardenberg (M4) die Notwendigkeit der preußischen Reformen?

d) Beschreibe die Veränderungen, die Bauernbefreiung und Ablösung grundherrlicher Rechte auf Gut Boitzenburg (M3) bewirkt haben.

Industrialisierung und soziale Frage

Firmengelände des Krupp-Werkes in Essen, in der um die Jahrhundertwende über 20 000 Arbeiter beschäftigt waren. Foto aus dem Jahr 1912.
Links oben: Die von Alfred Krupp 1826 übernommene Gussstahlfabrik im Jahr 1836. Zu dieser Zeit arbeiteten in der Firma etwa 80 Stahlarbeiter.
Rechts oben: Der Ausbruch des Streiks. Kolorierter Holzstich nach einem Gemälde von Robert Koehler, 1893

1. Die Industrielle Revolution beginnt in England

a)

b)

1 Vom Spinnrad zur Textilfabrik
a) Frau mit Spinnrocken und der vorbereiteten Wolle in der linken Hand und der Spindel in der rechten auf einem Relief aus der römischen Kaiserzeit. Dies ist das älteste Spinnverfahren.
b) Heimarbeit in England im 18. Jahrhundert auf einem Gemälde (um 1750). Zwei Frauen spinnen, eine kocht das Garn, die Vierte spult es auf. Spinnräder dieser Art gab es seit dem 15. Jahrhundert.

Erfindungen leiten ein neues Zeitalter ein

Im 3. Jahrhundert v. Chr. erfand der Grieche Ktesibos von Alexandria eine Wasserpumpe mit Kolben, Zylinder und Ventilen. Im 1. Jahrhundert n. Chr. baute Heron in Alexandria eine Maschine, bei der eine Achse durch Wasserdampf angetrieben wurde. Die wenigen Menschen, die diese und ähnliche Erfindungen sahen, werden sie als Spielerei bestaunt haben. Niemand kam zu dieser Zeit auf die Idee solche Erfindungen gezielt zu nutzen um mehr Waren müheloser und billiger herzustellen, denn Sklaven verrichteten alle schweren Arbeiten.
Im 18. Jahrhundert jedoch konstruierten englische Erfinder zahlreiche Maschinen, die nicht nur die Arbeit der Handwerker erleichterten, sondern für fast alle Lebensbereiche Folgen hatten: Die Industrielle Revolution begann.

Erfindungsreiche Handwerker

Englische Baumwollstoffe waren zu dieser Zeit in Europa und Nordamerika zunehmend gefragt, denn sie waren billiger und beliebter als Wollstoffe oder Seide. Aber die Weber konnten die wachsende Nachfrage bald nicht mehr befriedigen. Das lag vor allem daran, dass es ihnen an Garn mangelte, weil mit den alten Spinnrädern nicht genügend Rohbaumwolle versponnen werden konnte. Deswegen machten sich Handwerker Gedanken darüber, wie man das Spinnrad so verbessern könnte, dass eine Person mehrere Fäden spinnen kann. Der Weber James Hargreaves erfand 1764 eine einfache handbetriebene Spinnmaschine, die „Spinning-Jenny“, auf der eine Spinnerin 8 Spindeln gleichzeitig laufen lassen konnte. Von 8 wurde die Zahl der Spindeln schließlich auf 80 erhöht. Nur fünf Jahre nach der Erfindung der Spinning-Jenny stellte der Barbier

c)

d)

c) Englische Baumwollspinnerei Mitte des 19. Jahrhunderts auf einem Stich um 1840. Die Spinnmaschinen werden von einer Dampfmaschine angetrieben.
d) Automatisierte Textilfabrik um 1980. –
Erläutere anhand der Bildfolge, woher die Menschen zu den unterschiedlichen Zeiten ihre Kleidung bekamen. Warum arbeiten auf den Bildern a–c keine Männer?

Richard Arkwright verbesserte Spinnmaschinen in fortlaufender Reihe zusammen und ließ sie nicht mehr von Muskelkraft, sondern wie eine Mühle von Wasserkraft antreiben. Die erste Fabrik war entstanden und damit ein neuer Typ von Produktionsstätte: Unternehmer stellten in großen Räumen Maschinen auf, Arbeiter bedienten, kontrollierten und warteten diese Maschinen.
Bald darauf konstruierte Edmund Cartwright einen mechanischen Webstuhl und später eine Webmaschine. Die Zahl der neuen Textilmaschinen wuchs nun rasch an, sodass die Wasserkraft zum Antrieb nicht mehr ausreichte. Erfinder suchten nach einer neuen, stärkeren Antriebskraft.

Unternehmer „warten" auf die Dampfmaschine

Die Lösung fand James Watt, ein junger Mechaniker aus Glasgow. Seit Anfang des 18. Jahrhunderts wurden in englischen Bergwerken mit Wasserdampf betriebene Pumpen benutzt um Grundwasser aus den Kohlegruben zu pumpen. Sie arbeiteten jedoch unzuverlässig und ihre Leistung blieb gering. James Watt untersuchte die Wirkungsweise dieser Pumpen und fand die Ursachen für ihre Schwächen. Fünf Jahre lang studierte und experimentierte er mit Dampfkraft. Ein Eisenhütten- und Grubenbesitzer unterstützte ihn finanziell, verlangte aber dafür zwei Drittel des zu erwartenden Gewinns. 1769 war es so weit: James Watt meldete seine Dampfmaschine zum Patent an. Zehn Jahre später hatte er die Dampfmaschine so weiterentwickelt, dass sie andere Maschinen antreiben konnte. Nun wurde noch schneller und billiger produziert. England wurde zum ersten Industrieland der Welt.

2 Dampfmaschine in einer Fabrik um 1860
Große Dampfmaschinen, die über ihre Achse viele Maschinen antrieben, hatten oft Schwungräder von mehreren Metern Durchmesser. – Überlege, welche Arbeiten und Rohstoffe benötigt wurden um eine solche Industrieanlage zu bauen.

3 Erfindungen leiteten die Industrielle Revolution ein:

1705 Thomas Newcomen erfindet eine Kolbendampfpumpe, die in Bergwerken zum Herauspumpen des Grundwassers verwendet wird.

1733 Der Weber John Kay erfindet das „fliegende Weberschiffchen", das die Produktion des Webstuhls und damit die Nachfrage nach Garn verdoppelt.

1735 Der Eisenhersteller Abraham Darby gewinnt aus Kohle Koks um damit Eisen besser zu schmelzen als mit Holzkohle.

1750 Erste Eisenwalzwerke werden in England und Frankreich gegründet.

1764 James Hargreaves erfindet die „Spinning-Jenny".

1766 Der erste Hochofen wird in England in Betrieb genommen.

1769 James Watt meldet das erste Patent auf seine Dampfmaschine an.

1771 Richard Arkwright errichtet die erste Textilfabrik.

1782 Watt konstruiert eine Dampfmaschine, die die Kolbenbewegung in eine Drehbewegung übersetzt.

1785 Dampfmaschinen dienen in der Spinnerei als Antriebsmaschinen.

1785 Edmund Cartwright entwickelt den ersten brauchbaren mechanischen Webstuhl.

1797 Henry Maudslay konstruiert die erste eiserne Drehbank für schwere Werkstücke.

1803 Richard Travithik baut die erste Lokomotive für ein Kohlebergwerk.

4 Neue Techniken in der Eisenindustrie
Mrs. Darby schreibt in einem Brief um 1783:

Es war mein Schwiegervater, der versuchte eiserne Töpfe etc. in Sand anstatt in Lehm zu formen und zu gießen … Um 1709 kam er nach Coalbrookdale in Shropshire. Hier goss er Eisenwaren in Sand aus einem Hochofen, der mit Holzkohle befeuert wurde. Einige Zeit später machte er den Vorschlag, dass es durchführbar sei, das Eisen im Hochofen mit Steinkohle aus dem Erz zu schmelzen. Zuerst versuchte er es mit roher Kohle, so wie sie aus der Grube kommt, aber es klappte nicht. Unverzagt ließ er die Kohle verkoken, wie man es macht um damit Malz zu trocknen und so hatte er zu seiner Zufriedenheit Erfolg … Vor ungefähr 26 Jahren hatte mein Mann (Abraham Darby) den glücklichen Einfall, dass es möglich sei, Barreneisen zum Schmieden aus Koksroheisen herzustellen. Nachdem er gehört hatte, dass dies funktioniere, errichtete er Hochöfen um die Hersteller von Schmiedeeisen mit Koksroheisen zu beliefern. Wären diese Erfindungen nicht gemacht worden, wäre die englische Eisenherstellung eingegangen, denn Wälder für Holzkohle wurden sehr selten und die landbesitzenden Gentlemen erhöhten die Holzpreise ungeheuer. Er hat noch viele andere Verbesserungen eingeführt. Er ließ Wege bauen, auf denen Schwellen und Schienen verlegt wurden. So ließ er die Rohstoffe in Waggons zu den Hochöfen transportieren. Und ein Waggon mit drei Pferden bespannt bringt so viel wie früher zwanzig Pferde trugen.

Zit. nach: P. Wende, England als Vorbild Europas. Stuttgart 1988, S. 65 f.

5 Schnitt durch eine Dampfmaschine
Ihre Wirkungsweise beruht auf James Watts Erfindung von 1792: Weil der Dampf abwechselnd durch das linke und rechte Einlassventil einströmte, wurde der Kolben gleichmäßig bewegt. Die Maschine lief dadurch ruhiger als ihre Vorgänger. – Erkläre mithilfe der Zeichnung, wie die Dampfmaschine funktioniert.

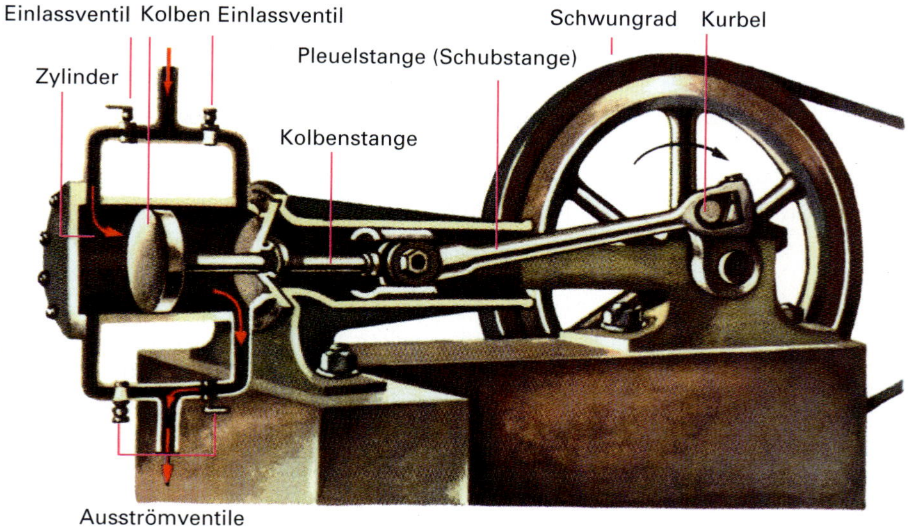

6 Pläne eines Unternehmers
Matthew Boulton und James Watt gründeten in Soho gemeinsam eine Firma für den Bau von Dampfmaschinen. Über seine Motive schrieb Boulton 1769 an Watt:

Zwei Motive begeistern mich Ihnen meine Hilfe anzubieten, und zwar meine Zuneigung zu Ihnen und zu einem lukrativen, sinnvollen Projekt. Um den größtmöglichen Gewinn zu erzielen dachte ich eine Fabrik in der Nähe der meinen zu errichten, an meinem Kanal, wo ich alle für die Herstellung von Maschinen notwendigen Einrichtungen erstellen würde und von wo aus wir die ganze Welt mit Maschinen aller Größe versorgen könnten. Ich finde es nicht lohnend, nur für drei Grafschaften zu produzieren, wohl aber, die ganze Welt zu beliefern.

Zit. nach: Braun u.a. (Hrsg.) Industrielle Revolution. Wirtschaftliche Aspekte. Köln 1972, S. 143.

7 Baumwollverarbeitung in England

Zeitraum	Ertrag (in 1 000 £ jährlich)	Beschäftigte (in 1 000)
1750–1759	2 820	400
1790–1799	28 645	
1830–1839	302 000	1500
1870–1879	1 244 000	

Zit. nach: Peter Mathias, The first industrial Nation. London 1969, S. 486.

8 Die industrielle Produktion
(in Millionen Pfund)

	1780	1820	1860	1888
England	177	290	577	870
Frankreich	147	220	380	485
Deutschland	50	85	310	583
USA	15	55	392	1443

Nach: M. G. McMullhall, The Dictionary of Statistics, London 1892.

a) Erläutere, wie unterschiedliche Erfindungen einander bedingten und weiterentwickelten. Welche neuen Industriezweige entstanden dadurch (VT, M2–M4)?

b) Sprecht darüber, wie sich die Rolle des Menschen im Arbeitsprozess durch die Industrielle Revolution änderte. Überlegt, welche Auswirkungen diese Änderungen auf den Alltag hatten. Nennt Veränderungen in der heutigen Arbeitswelt, die durch wissenschaftlich-technische Neuerungen hervorgerufen werden und diskutiert ihre Folgen (VT, M1, Zeitleiste auf der ADS).

c) Zeige am Beispiel von Darby, Watt und Boulton, von welchen Zielen und Motiven sich Erfinder und Unternehmer der Industriellen Revolution leiten ließen. Welche Ziele erfüllten sich (VT, M4, M6–M8)?

d) Wie hat sich die Industrialisierung wohl auf die Versorgung der Bevölkerung ausgewirkt? Vergleiche mit der Zeit vor 1760 (VT, M7).

2. Warum im 18. Jahrhundert? Warum in England?

Die Bevölkerung wächst stark an

Seit der Mitte des 18. Jahrhunderts wuchs die Bevölkerung Englands stark an. Dieses Wachstum ergriff mehr oder weniger schnell auch andere europäische Staaten, Nordamerika und im Laufe des 19. Jahrhunderts die ganze Welt. Neue naturwissenschaftliche Erkenntnisse führten zu besserer Hygiene und 1796 zur ersten Impfung gegen die gefürchteten Pocken. Außerdem gründeten mehr Menschen Familien, weil die oft engen Beschränkungen des Rechts zu heiraten aufgehoben wurden. Konnten jetzt überhaupt noch alle ernährt werden und musste man nicht mit Hungersnöten rechnen, fragten sich viele. Der englische Pfarrer und Nationalökonom Robert Malthus faßte 1803 seine Sorgen so zusammen: „Ein Mensch, der in einem bereits übervölkerten Land geboren wird, ist überflüssig in der Gesellschaft. Es gibt für ihn kein Gedeck an dem großen Gastmahl der Natur.“ Malthus forderte deshalb eine Geburtenkontrolle, die notfalls auch mit staatlichen Zwangsmaßnahmen durchgesetzt werden sollte.

Die Landwirtschaft verändert sich

Die befürchteten Folgen des Bevölkerungswachstums blieben jedoch aus. Dazu trugen zahlreiche Neuerungen in der Landwirtschaft bei. Bauern und Grundbesitzer legten kleine, verstreut liegende Äcker und Gemeindeland zusammen und hegten sie hauptsächlich zum Schutz vor fremdem Vieh durch Zäune oder Hecken ein; sie kauften neue, bessere Landmaschinen und wandten wissenschaftliche Methoden der Bodenbearbeitung an. Auf diese Weise konnten so viele Lebensmittel produziert werden, dass die Ernährung der weiter anwachsenden Bevölkerung gesichert war. Durch die steigende Nachfrage an Nahrungsmitteln wurde die Landwirtschaft zu einem solch einträglichen Geschäft, dass sogar reiche Stadtbewohner Land kauften und bewirtschafteten.

Arbeitskräfte für die junge Industrie

Viele kleine und mittlere Bauern konnten es sich oft nicht leisten, die modernen Methoden einzuführen. Dadurch waren sie bald nicht mehr konkurrenzfähig und mussten ihre Höfe verkaufen. Um sich und ihre Familien ernähren zu kön-

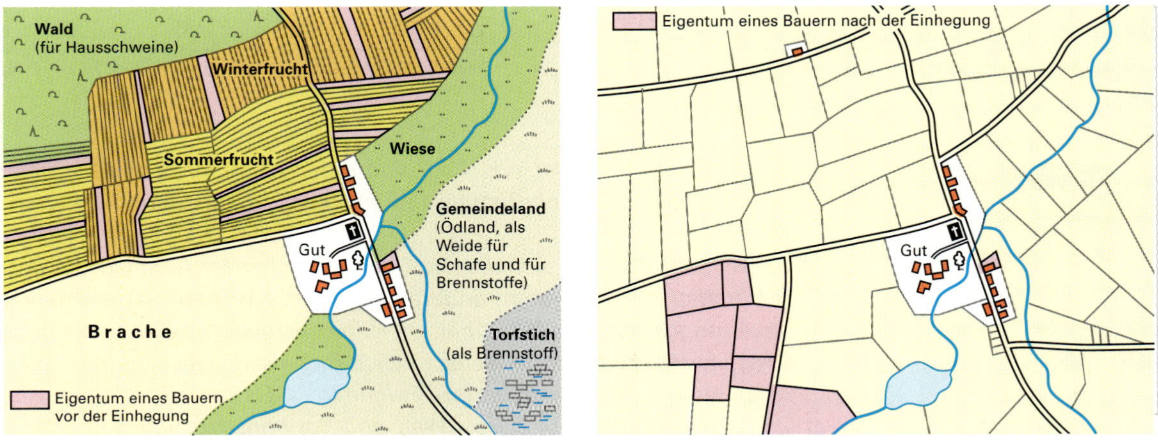

1 ***Ein englisches Dorf vor und nach den Einhegungen.*** *Die mittelalterliche Dreifelderwirtschaft wurde vom Fruchtwechsel abgelöst: Ackerland blieb nicht mehr brach liegen. Der Boden erholte sich, weil unterschiedliche Pflanzen in einer bestimmten Reihenfolge abwechselnd angebaut wurden. Gemeindeland wurde Eigentum von Bauern und Grundbesitzern. – Welche Folgen hatten die Veränderungen?*

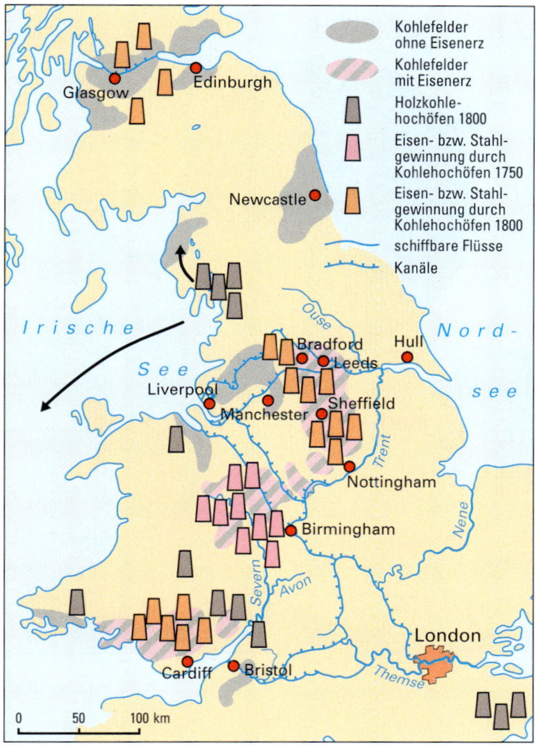

2 Mittelengland am Beginn der Industriellen Revolution
In Kohle- und Eisenerzbergwerken wurde die Wasserkraft zum Heben der Förderkörbe und dem Entwässern der Gruben genutzt. Schon vor dem Bau von Kanälen wurden Eisenerze und Kohle preiswert zum Verarbeitungsort transportiert.

3 Kanalbau, *zeitgenössischer Stich (Mansell Collection, London). Francis Egerton, Herzog von Bridgewater, ließ 1759 einen 10 km langen Kanal von seinem Kohlebergwerk in Worsley nach Manchester bauen, der den Fluss Irwell überbrückte. Der Unternehmer senkte damit die Transportkosten für seine Kohle um 83 Prozent. – Wie werden die Schiffe bewegt?*

nen blieb ihnen fast immer nur ein Ausweg: Sie zogen in die Städte und versuchten in den vielen neu entstandenen Fabriken Arbeit zu finden. Dadurch wurde auch die Industrialisierung vorangetrieben: Den Unternehmern standen jetzt mehr als genug Arbeitskräfte zur Verfügung. Andererseits musste die wachsende Bevölkerung nicht nur mit Nahrungsmitteln versorgt werden, sondern auch mit Kleidung und Hausrat. Dadurch stieg die Nachfrage an Waren, die industriell hergestellt wurden. Die Unternehmer suchten deshalb nach immer neuen Möglichkeiten mehr und kostengünstiger zu produzieren.

Woher kommt das Kapital?

Um Industrieanlagen zu bauen und in die Entwicklung technischer Neuerungen zu investieren benötigten die Unternehmer viel Geld. In England war es zu dieser Zeit vorhanden, denn Kaufleute und Handelsgesellschaften hatten durch den Handel mit den Kolonien große Gewinne gemacht. Auch Adlige betätigten sich hier als Kaufleute, was in Europa sonst nicht üblich war. Englische Händler verkauften in England und auch auf ausländischen Märkten Kolonialwaren wie Baumwolle, Tee, Zucker und Tabak. In die Kolonien exportierten sie englische Gebrauchsgüter. Der Verkauf von Millionen afrikanischer Sklaven war ebenfalls ein einträgliches Geschäft.

4 Die Entwicklung des britischen Außenhandels *von 1750 bis 1900. Die Kreisdiagramme zeigen, wie sich der Anteil der Kontinente am britischen Außenhandel veränderte. – Beschreibe die Entwicklung von Ausfuhr und Einfuhr, die aus dem Schaubild ersichtlich ist. Wie verändert sich der Anteil der Kontinente am britischen Außenhandel? Ziehe Schlüsse aus dieser Entwicklung.*

Nach: J. L. Gayler, J. Richards, J. A. Morris, A Sketch-Map Economie History of Britain. London 1975, S. 182.

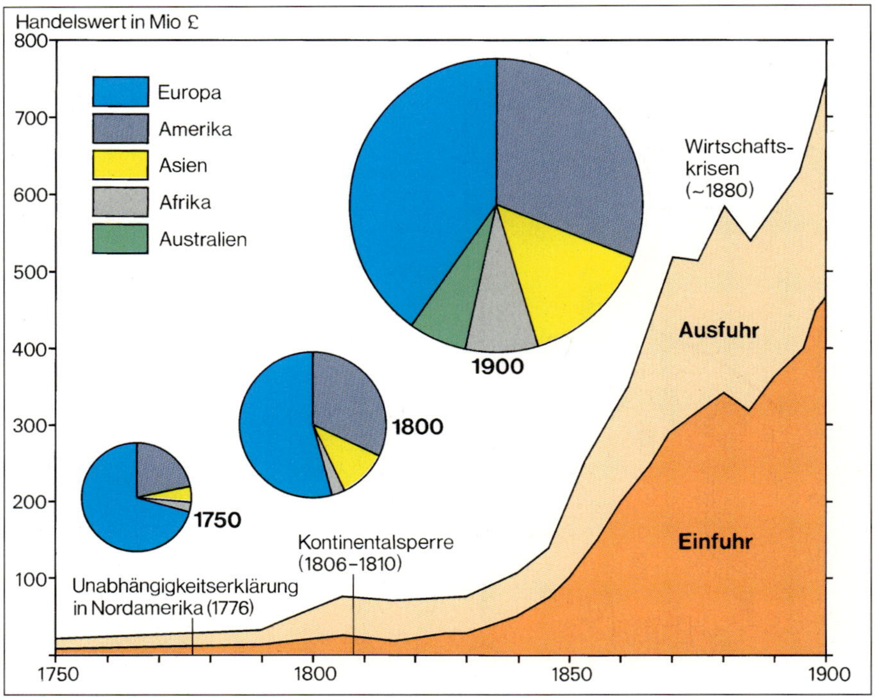

Calvinismus: Religion und Wirtschaft

Aber auch die Religion spielte eine Rolle: Viele Kaufleute und Unternehmer waren Anhänger der Lehre Calvins. Darin werden die Gläubigen zu Fleiß und Gewinn bringender Tätigkeit zur Ehre Gottes aufgerufen, jedoch zugleich zu einem bescheidenen Leben verpflichtet. Folglich investierten sie ihre Gewinne zum größten Teil wieder um ihre Unternehmen zu vergrößern oder neue zu gründen. Doch trug die Aussicht reich und mächtig zu werden ebenso dazu bei, dass Unternehmer Firmen gründeten und erweiterten.

Eine Politik für Kaufleute und Unternehmer

Kaufleute und Unternehmer wurden auch ins Unterhaus des englischen Parlaments gewählt oder hatten einen Sitz im Oberhaus. Dort machten sie Gesetze, die Handel und produzierendes Gewerbe unterstützten. Die Regierung erließ z. B. schon 1651 ein Gesetz, wonach Überseewaren nur auf englischen Schiffen eingeführt werden durften. Zunftgesetze, die Firmengründungen erschwerten, und Bestimmungen, die die Freizügigkeit der Menschen einschränkten, wurden abgeschafft. Den Unternehmern wurde großer Spielraum für ihre Geschäfte eingeräumt. Der Professor für Volkswirtschaft, Adam Smith, begründete 1776 in seinem Buch „Untersuchung des Wohlstandes von Nationen“ die Lehre von einer freien Wirtschaft, den Wirtschaftsliberalismus. Danach sollte sich der Staat auf Außenpolitik, Kriegswesen, Sicherheit für die Bürger und Rechtsprechung beschränken. Die Wirtschaft sollte Sache der Unternehmer bleiben.

Die Natur hilft mit

Für den Bau und den Betrieb von Fabriken mit Dampfmaschinen, für den Maschinenbau und andere Industriezweige wurden Kohle und Eisen benötigt. Der Bergbau und die Hüttenindustrie konnten sich in England leichter als in den meisten Ländern ausweiten, denn Kohle und Eisenerz gab es reichlich und waren nicht weit voneinander zu finden. Außerdem begünstigten die langen Küsten, der Lauf der Flüsse und ein Netz von neu gebauten Kanälen den Transport schwerer Güter. Denn zu Lande gab es vor der Erfindung der Eisenbahn außer Packeseln und Pferdekarren auf schlechten Straßen keine Verkehrsmittel.

5 ***Der Agrarwissenschaftler*** *Arthur Young schrieb 1771 nach einer Reise durch Norfolk:*

Große Fortschritte hat man durch folgende Maßnahmen erreicht:

1. Durch Einhegungen
2. Durch entschiedene Bodenverbesserung mithilfe von Mergel und Lehm
3. Durch die Einführung eines hervorragenden Fruchtwechsels
4. Durch den Rübenhackbau
5. Durch den Anbau von Klee …
6. Durch langfristige Pachtverträge
7. Durch die Aufteilung der Grafschaft in große Höfe …

Angesichts der … Aufzählung wird deutlich, dass kein kleiner Bauer so Großes bewirkt haben würde, wie es in Norfolk der Fall war. Ausschließlich Großbauern verfügen über die Voraussetzung Einhegungen und Bodenverbesserungen vorzunehmen, zu düngen, indem sie eine Herde Schafe in einem Pferch halten … Große Farmen sind von jeher das Herzstück der Landwirtschaft in Norfolk gewesen: Teilt sie in Pachtlandzellen mit einem Jahresertrag von jeweils 100 Pfund auf und ihr werdet im ganzen Land nur Bettler und Unkraut finden. Der reiche Mann erhält den Reichtum dieser Kulturlandschaft.

Zit. nach: Peter Wende, England als Vorbild Europas. Stuttgart 1988, S. 60 f.

6 ***Die Lehre von der freien Wirtschaft***
Adam Smith schrieb 1776:

Da nun aber der Zweck jeder Kapitalanlage Gewinnerzielung ist, so wenden sich die Kapitalien den rentabelsten Anlagen zu, d. h. denjenigen, in denen die höchsten Gewinne erzielt werden. Indirekt wird aber auf diese Weise auch die Produktivität der Volkswirtschaft am besten gefördert. Jeder glaubt nur sein eigenes Interesse im Auge zu haben, tatsächlich aber erfährt so indirekt auch das Gesamtwohl der Volkswirtschaft die beste Förderung … Welche Kapitalanlage wirklich die vorteilhafteste ist, das kann jeder Einzelne besser beurteilen als etwa der Staat. Das natürliche Bestreben jedes Menschen seine Lage zu verbessern, ist, wenn er sich mit Freiheit … geltend machen darf, ein so mächtiges Prinzip, dass es nicht nur allein und ohne alle Hilfe die Gesellschaft zum Wohlstand und Reichtum führt, sondern auch hundert unverschämte Hindernisse überwindet, mit denen die Torheit menschlicher Gesetze es nur allzu oft zu hemmen suchte.

A. Smith, Untersuchungen über Natur und Ursache des Wohlstandes der Nationen. London 1776; dt. v. F. Grünefeld, Bd. 1, Jena 1923, S. 18 ff.

7 ***Über die Bedeutung der Industrialisierung für Englands Politik*** *schrieb der englische Volkswirtschaftler Edward Baines 1835:*

Der Aufschwung unserer Baumwollindustrie fiel in einen kritischen Zeitpunkt; denn kurz zuvor hatte England seine amerikanischen Kolonien verloren. Einen reichen Ersatz für diesen Verlust gewährte uns eben jedoch dieses neu eröffnete Gebiet der Betriebsamkeit und so machte der Erfindungsgeist unserer Mechaniker das Unheil wieder gut … Und als bald darauf die Französische Revolution uns in einen langen und gefährlichen Kampf verwickelte und nur der Handel uns Kräfte verleihen konnte diesen auszuhalten, war es wieder dieser jüngste Geschäftszweig, der unserm Handel bei weitem die meiste Tätigkeit verschaffte. Wohl lässt sich daher behaupten, dass an Englands Siegen Watt und Arkwright größeren Anteil hatten als Nelson und Wellington.*

* Hohe englische Offiziere, die wichtige militärische Siege errangen.

Zit. nach: K.-H. Ludwig, Der Aufstieg der Technik im 19. Jahrhundert. Stuttgart 1982, S. 76.

a) Stelle die Faktoren zusammen, die dazu führten, dass das Industriezeitalter in England begann. Erläutere, wie einzelne Faktoren miteinander zusammenhingen (VT, M1–M6).

b) Welche Rolle spielten Kohle und Eisen für die Industrielle Revolution? Erkundige dich, welche Probleme Bergbau und Stahlindustrie in den Industrieländern heute haben (VT, M2).

c) Erkläre die wichtigsten Gedanken der Lehre von Adam Smith anhand des VT und M6. Wessen Interessen vertrat er damit? Welche damals in Europa vorherrschende Wirtschaftsordnung kritisierte Smith? Diskutiert, inwieweit die Lehre von der freien Wirtschaft heute noch gültig ist.

d) Lies die Kapitel „Der Kampf um die Unabhängigkeit …" und „Die Völker Europas ertragen keine Vorherrschaft" und setze dich mit Baines' Meinung zur politischen Bedeutung der Industrialisierung auseinander (M7).

3. Deutschland auf dem Wege zur Industrialisierung

Ohne Industrie keine Zukunft

1828 erscheint in Tübingen ein Buch des Wirtschaftswissenschaftlers Moriz Mohl. Darin beschreibt er das Schicksal, das der Bevölkerung beschieden ist, wenn Deutschland nicht auch den Weg zur Industrialisierung findet: „Ist nun der Ackerbau das einzige Gewerbe einer Nation, so teilt die stets wachsende Bevölkerung den Boden in immer kleinere Teile, der Mensch … wühlt mühselig mit der Hände Arbeit sein kleines Erbteil um: Es gilt, dem kleinen Raume noch einen Überschuss abzugewinnen für den Marktverkauf. Doch dies ist nicht allein das Schreckliche, dass in solchen Gegenden der Landmann sich zum Krüppel, vor der Zeit zum Greisen abarbeitet; was sein Elend vollendet, ist, dass er bei dem Überfluss darbt, dass er immer nur das Schlechteste von dem genießen darf, was ihm der Himmel und sein Fleiß bescheren … er darf den Wein nicht genießen, den er pflanzt … spart er selbst das Brot und füllt den Magen schon des zartesten Alters mit einer schwer verdaulichen Kartoffelmasse an …“
Als Moriz Mohl das schrieb, waren fast 60 Jahre vergangen, seit James Watt seine Dampfmaschine zum Patent angemeldet hatte. Englands Fabrikproduktion hatte einen Wert von über 300 Millionen Pfund Sterling erreicht, in Deutschland waren es etwa 85 Millionen. 1839 wurden in England 173 000 t Rohbaumwolle verarbeitet, in Deutschland knapp 9 000 t. Zwar waren auch in England die sozialen Probleme gewaltig und Elend weit verbreitet, doch dort schuf jede neue Fabrik mehr Arbeitsplätze für die wachsende Bevölkerung, als sie vernichtete. In Deutschland war davon noch wenig zu merken. Wie war es zu erklären, dass die Entwicklung in diesen Ländern so unterschiedlich verlief?

Voraussetzungen für die Industrialisierung werden geschaffen

Gelegentlich wurde vor 1840 die Meinung geäußert, die Deutschen seien für den Aufbau einer eigenen Industrie nicht genügend begabt. Die weitere Entwicklung hat diese Vermutung widerlegt. Allerdings mussten in Deutschland erst Voraussetzungen für eine Industrialisierung geschaffen werden, die in England schon lange vorhanden waren. Solange die Zunftgesetze galten, war es den Handwerkern verboten, ihre Geschäfte nach eigenen Vorstellungen zu erweitern sowie Preise und Löhne selbst festzusetzen. Um Fabriken zu betreiben fehlten in den Städten auch Arbeitskräfte. Der größte Teil der Bevölkerung lebte auf dem Land und war vom Grundherren abhängig. Mit den Reformen, die durch die deutsche Niederlage gegen Napoleon ausgelöst wurden, änderten sich die Bedingungen allmählich: Der Zunftzwang wurde aufgehoben und Gewerbefreiheit eingeführt. Für Unternehmer eröffneten sich damit ganz neue Geschäftsmöglichkeiten. Nach der Abschaffung der Leibeigenschaft konnten nun auch die Menschen, die in der Landwirtschaft kein Auskommen mehr fanden, in die Städte ziehen, einen Beruf erlernen und in der noch jungen Industrie arbeiten.
Trotz aller Verbesserungen konnten nicht alle Hindernisse beseitigt werden: Die Vorkommen von Kohle und Eisen lagen ungünstiger als in Großbritannien. Und Deutschland hatte kein dichtes Netz von Flüssen und Kanälen, die den Transport schwerer Güter hätten erleichtern und die Standortnachteile ausgleichen können. Vor allem war der Deutsche Bund kein gemeinsamer Markt. Die 38 Staaten erhoben Zölle an ihren Grenzen, was die Waren erheblich verteuerte.

Staatliche Hilfen für Unternehmer

Wer in den ersten Jahrzehnten des 19. Jahrhunderts in Deutschland einen Industriebetrieb gründen wollte, musste viele Schwierigkeiten überwinden. Außer Kenntnissen, Erfahrung, Facharbeitern und Werkzeug fehlte vor allem das Kapi-

1 Die erste Druckmaschinenfabrik der Welt *richteten Friedrich Koenig und Andreas Bauer 1817 im ehemaligen Kloster Oberzell (gegr. 1128) bei Würzburg ein (Ausschnitt eines Kupferstichs von Kirchhoff). Friedrich Koenig hatte längere Zeit in England gelebt. Dort erfand er 1814 die Schnellpresse (Bild unten), auf der massenhaft Zeitungen gedruckt werden konnten.*

tal um die verlustreiche Zeit des Aufbaus zu überstehen. Geldgeber hatten noch wenig Vertrauen in deutsche Unternehmen und viele Käufer zogen die bewährten englischen Industriewaren vor. Zahlreiche neue Firmen konnten nur überleben, weil Regierungen sie unterstützten. Sie liehen ihnen Geld zu niedrigen Zinsen, überließen ihnen Gebäude und stellten ihnen Maschinen zur Verfügung, die z. B. in Preußen nach sechsjährigem Gebrauch Firmeneigentum wurden. Sie schafften Einfuhrzölle für wichtige Industriegüter ab und finanzierten Reisen zum Studium ausländischer Produktionsanlagen. 1815 führte die preußische Regierung ein Patentrecht ein: Eine als Patent angemeldete Erfindung galt nun als „geistiges Eigentum" des Erfinders, das von anderen nicht ohne seine Einwilligung und damit auch nicht ohne Bezahlung verwendet werden durfte.

Technische Bildung

Ein Hindernis für den industriellen Fortschritt war die unzureichende Schulbildung allzu großer Teile der Bevölkerung. Vor allem fehlte es an Bildung, die in technischen Berufen gebraucht wurde. Deshalb gründeten die Regierungen Gewerbeschulen und zwischen 1821 und 1831 die technischen Hochschulen in Berlin, Karlsruhe, München, Dresden, Stuttgart, Darmstadt und Hannover. Aber erst 1900 wurde der Abschluss der Realschulen – den heutigen mathematisch-naturwissenschaftlichen Gymnasien vergleichbar – ohne Latein als Abitur anerkannt. Auch Mädchen wurde der Weg zum Abitur und damit zum Hochschulstudium erst um die Jahrhundertwende eröffnet.

Wandel in der Landwirtschaft

Mit der Industrialisierung veränderte sich auch das Leben auf dem Land. Neue Landmaschinen erleichterten die Arbeit der Bauern. Die Landwirte wandten wissenschaftliche Methoden an, z. B. die künstliche Düngung, die der Chemiker Justus von Liebig entwickelt hatte, oder die Zucht von Pflanzen und Tieren. Damit steigerten sie die Erträge gewaltig. Unternehmer gründeten Fabriken zur Verarbeitung landwirtschaftlicher Produkte. 1801 wird beispielsweise die erste Rübenzuckerfabrik gebaut. Das war der Anfang einer Lebensmittelindustrie.

2 Bitte um „ein ausschließliches Privilegium"

Aus dem Gesuch Johann Gottfried Brügelmanns an den Herzog von Jülich, Cleve und Berg ihm das Privileg zur Errichtung einer Baumwollspinnerei zu gewähren (1783):

Durch beträchtlichen Kostenaufwand erfuhr ich schließlich, dass in England die Baumwolle durch Handmaschinen und Wassermühlen gesponnen wird, durch welche der Faden eine … vollkommene Gleichheit und Kraft erhielte … Ich gab mir alle Mühe eine solche Mühle oder wenigstens deren Modell zu bekommen, allein ich konnte niemand ausfindig machen, welcher mir eine derartige Maschine überschickte, indem das Parlament (in Westminster) die Ausführungen (Ausfuhr) derselben sowohl als auch deren Arbeiter unter der schwersten Strafe verboten hatte … Durch neuen Kostenaufwand und große Gefahr wurde mir endlich vor zwei Jahren eine Kratzmaschine verschafft, welche die Baumwolle reinigt und säubert …, da diese Mühlen den Grund zu neuen Fabriken von baumwollenen Mützen, Strümpfen, Manchester, Barchent, Kattun … und Musselin[1] legen, welche Höchstdero Staatskasse bereichern und vielen tausend Menschen eine neue Quelle zum Unterhalt eröffnen, … so bitte ich Ew. Kurfürstliche Durchlaucht … mir ein ausschließliches Privilegium[2] in Höchstdero Herzogtümern Jülich und Berg auf 40 Jahre mildest zu erteilen.

1 Verschiedene Sorten von Baumwoll- und Leinenstoffen
2 alleiniges Recht

Zit. nach: K.-H. Ludwig, Der Aufstieg der Technik im 19. Jahrhundert. Stuttgart 1974, S. 10 f.

4 Eine Dampfmaschine im Eigenbau

Der Tischler und Mechaniker Franz Dinnendahl schrieb über seine Arbeit:

Das ganze Personal im Märkischen Bergamte (Verwaltung der Bergwerke in der Grafschaft Mark an der Ruhr) …, selbst fremde Bergleute, welche Dampfmaschinen zu sehen Gelegenheit gehabt hatten, zweifelten daran, dass ich ein solches Werk zu Stande bringen werde. Einige schworen geradezu, dass es unmöglich sei; und andere prophezeiten mir, weil es mir als einfachem Handwerker jetzt gut ging, meinen Untergang, weil ich mich in Dinge einließ, die über meine Sphäre hinausgingen … Freilich war es ein schwieriges Unternehmen, weil in der hiesigen Gegend nicht einmal ein Schmied war, der im Stande gewesen wäre eine ordentliche Schraube zu machen, geschweige denn andere zur Maschine gehörige Schmiedeteile als Steuerung, Zylinderstange und Kesselarbeit … hätte verfertigen können oder Bohren und Drechseln verstanden hätte. Schreiner- und Zimmermannsarbeiten verstand ich selbst; aber nun musste ich auch Schmiedearbeiten machen ohne sie jemals gelernt zu haben. Indessen schmiedete ich fast die ganze Maschine mit der Hand, selbst den Kessel, sodass ich 1–1 1/2 Jahre fast nichts anderes als Schmiedearbeiten verfertigt, und ersetzte also den Mangel an Arbeitern der Art selbst … Ich arbeitete selbst mit meinen Gesellen und einem Bruder Tag und Nacht, bis die Maschine fertig war … Dieses war im Jahre 1803 …

Franz Dinnendahl, Selbstbiografie, in: Treue, Pönicke, Manegold, Quellen zur Geschichte der industriellen Revolution. Göttingen, 1966, S. 52.

3 Arbeit mit der Dampfdreschmaschine

Solche teuren Maschinen konnten sich nur wohlhabende Bauern und Grundbesitzer leisten. Landarme Bauern waren ihnen im Konkurrenzkampf unterlegen und mussten oft ihre Höfe aufgeben. – Überlege, welche Alternativen sich ihnen boten um sich und ihren Familien den Lebensunterhalt zu verdienen.

5 *„Das Geschäft ist meine Kirche"*

Aus dem zweiten Drittel des 19. Jahrhunderts schilderte der Schriftsteller Karl Scheffler einen Malermeister, der Unternehmer wurde:

Es wurde … im Dorf und in der Stadt, vor allem von den anderen Malermeistern, viel über das Glück von Onkel Jochen gesprochen. Dieser aber geriet in Erregung, wenn er solche Reden hörte; er wollte nichts dem Glück, sondern alles seiner Tüchtigkeit verdanken. Er hätte eben nicht, sagte er, wie seine neidischen Kollegen in den Wirtschaften die Zeit versessen und träge auf den Erfolg gewartet. Er wies … mit einiger Selbstgerechtigkeit auf den Umstand hin, dass die Arbeit seine einzige Leidenschaft sei … Bei Familienfesten erschien er erst spät, von den Verwandten etwas theatralisch bedauert wegen seiner Arbeitslast, was er geschmeichelt anhörte; sonntags saß er bis tief in den Nachmittag hinein im Kontor, Reisen oder Vergnügungen kannte er nicht. Er hatte jene Leidenschaft zur Arbeit, die damals aufkam und die aus der geschäftlichen Tüchtigkeit etwas Moralisches, fast etwas Religiöses machte. „Ich brauche keine Kirche", sagte Onkel Jochen, „das Geschäft ist meine Kirche". Seine Tätigkeit nahm, ohne dass die handwerkliche Arbeit darunter litt, Züge eines Großunternehmens an, es musste kaufmännisch geführt werden.

K. Scheffler, Der junge Tobias, in: W. Fischer, Quellen zur Geschichte des deutschen Handwerks. Göttingen, 1957, S. 155 f.

6 Die Industrialisierung verändert das Handwerk

a) *Aus einer Schrift von F. A. Benedict über neue Technik und Handwerkerstand (1835):*

Der befangenste Beobachter kann nicht mehr zweifelhaft sein, dass mehrere Handwerker, z. B. Tuchscherer, Nadler, Hutmacher, Zeug- und Nagelschmiede und dergleichen, nicht mehr in ihrer seitherigen Gestalt bestehen können, seit die Anfertigung von Nadeln, Drahtgespinsten, Filzwaren, Watten, Nägeln, Sägen und anderem Eisengerät fabrikmäßig mit so wenig Kostenaufwand erfolgt, dass der Handwerker seine Handarbeit dafür nicht mehr liefern kann. Ebenso wenig ist es zu bestreiten, dass die Fabriken im Ganzen viele andere Erzeugnisse der Handwerker wesentlich besser und beträchtlich wohlfeiler (billiger) liefern, als die Handwerker es zu tun vermögen und dass eine Katastrophe bevorstehe, in der es darauf ankommen wird, in dem Handwerksstande den Mittelstand zu erhalten.

Zit. nach: K.-H. Ludwig, Der Aufstieg der Technik im 19. Jahrhundert. Stuttgart 1982, S. 57 f.

b) *Georg von Viebahn schreibt 1858:*

Dem kleineren über alle Örtlichkeiten verteilten Betriebe sind zunächst alle diejenigen Gewerbe geblieben, deren Erzeugnisse sogleich nach der Fertigstellung der Konsumtion (Verbrauch) zugeführt werden: Bäckerei, Fleischerei, Konditorei und Nahrungsbereich, auch persönliche Dienstleistungen wie Barbieren, Frisieren, Waschen … Die Aufgabe des Handwerkers ist es, neben und mit den Fabriken sein Fortkommen zu suchen, durch persönliche Vorzüge und besondere Fähigkeiten auch bei Fabrikwaren die Lücken auszufüllen, welche die Fabrikation in der Befriedigung der Bedürfnisse offen lässt … Verständige Handwerker tun dies mit dem besten Erfolg.

Zit. nach: Werner Pöls, Deutsche Sozialgeschichte. Dokumente und Skizzen. München 1976, S. 298 f.

a) Erkläre, wie die im VT genannten staatlichen Maßnahmen den Aufbau der Industrie in der ersten Hälfte des 19. Jahrhunderts unterstützten. Auch heute wird Gewerbe- und Industrieansiedlung gefördert. Nenne Beispiele.

b) Diskutiert die Argumente, mit denen der Fabrikant Brügelmann sein Gesuch an den Herzog begründete. Warum hatte das englische Parlament die Ausfuhr von Maschinen und Facharbeitern verboten (M2)?

c) Auf welchen Entwicklungsstand des Ruhrgebietes um 1800 lässt der Bericht Franz Dinnendahls schließen (M4)?

d) Nenne Handwerksberufe, die durch die Industrie verdrängt und solche, die neu entstanden sind (M2, M4, M5, M6). Welche Perspektiven hat das Handwerk heute?

e) Sucht in eurer Umgebung eine weiterführende Schule oder Hochschule, die im 19. Jahrhundert gegründet wurde. Erkundigt euch nach ihrer Geschichte.

4. Zollverein und Eisenbahn: „Siamesische Zwillinge“

1834	*18 Bundesstaaten schließen sich zum Deutschen Zollverein zusammen.*
1835	*Die erste deutsche Eisenbahn von Nürnberg nach Fürth wird eröffnet.*

Zollgrenzen fallen

„Als die Mitternachtsstunde dröhnte, öffneten sich die Schlagbäume und unter lautem Jubel eilten die Wagenzüge über die Grenze, die sie künftig mit voller Freiheit überschreiten dürfen.“ So schilderte eine Zeitung die Aufhebung der innerdeutschen Zollgrenzen in der Sylvesternacht 1833 auf 1834.
Schon 15 Jahre zuvor hatte der Professor der Staatsverwaltungspraxis Friedrich List den handelsfeindlichen Zustand beklagt: „Achtunddreißig Zoll- und Mautlinien in Deutschland lähmen den Verkehr im Innern und bringen ungefähr dieselbe Wirkung hervor, wie wenn jedes Glied des menschlichen Körpers unterbunden wird, damit das Blut ja nicht in ein anderes überfließe. Um von Hamburg nach Österreich … zu handeln hat man zehn Staaten zu durchschneiden, zehn Zoll- oder Mautordnungen zu studieren, zehnmal Durchgangszoll zu bezahlen … Trostlos ist der Zustand für Männer, welche wirken und handeln möchten.“ Voll Neid blickte List nach Frankreich, wo Binnenzölle seit langem abgeschafft waren, wo man vom Rhein bis zu den Pyrenäen keinem Zollbeamten begegnete und keine Straßen- oder Kanalgebühren zahlen musste.
Die preußische Regierung sah erst um 1830 ein, wie vorteilhaft ein einheitliches deutsches Zollgebiet wäre. Preußens Wirtschaft hatte sich gut entwickelt und die Unternehmer waren an günstigen Handelsbedingungen interessiert. Deswegen setzten sich preußische Politiker das Ziel ein einheitliches Handelsgebiet ohne Zollschranken zu schaffen. Am 1. Januar 1834 schlossen sich 18 Bundesstaaten im Deutschen Zollverein zusammen. Die anderen folgten nach und nach.

1 ***Feierliche Eröffnung der ersten deutschen Eisenbahnlinie*** *von Nürnberg nach Fürth 1835 (zeitgenössisches Gemälde). Die ersten Eisenbahnen wurden von privaten Gesellschaften gebaut. Später wurden die meisten Linien Staatsbahnen. Ab 1920 wurden diese Staatsbahnen zur Deutschen Reichsbahn vereinigt. 1993 entstand aus der Deutschen Bundesbahn und der Deutschen Reichsbahn der DDR die Deutsche Bahn AG.*

2 Eisenbahnviadukt
Bau der Überbrückung des Göltzschtals für die Sächsisch-Bayerische Staatsbahn um 1850. – Inwiefern illustriert das Bild den Eisenbahnbau als Wachstumsindustrie?

Die Eisenbahn – „ein Herkules in der Wiege“

Die Gründung des Zollvereins war ein erster Schritt den englischen, französischen und belgischen Vorsprung in der wirtschaftlichen und technischen Entwicklung einzuholen. Ebenso wichtig war es, ein leistungsfähiges Transportsystem zu schaffen, denn nur, wenn Rohstoffe und Waren bequem und billig transportiert werden können, lohnt sich die industrielle Produktion. Um 1825 war die erste Eisenbahnlinie für den Personenverkehr in England eröffnet worden. Zehn Jahre später war es auch in Deutschland so weit: Der erste Zug fuhr auf der kurzen Strecke von Nürnberg nach Fürth. Bis 1848 wurden ca. 5 000 Kilometer Strecke verlegt, 1859 waren es 10 648. Mit der Beseitigung der innerdeutschen Zollschranken und dem Bau eines Eisenbahnnetzes waren in Deutschland entscheidende Voraussetzungen für die Industrialisierung hergestellt worden. Für Unternehmer war das ein großer Anreiz Fabriken zu bauen oder zu erweitern.

Wirtschaftswachstum durch Eisenbahnbau

Der Eisenbahnbau hatte weit reichende Folgen: Tausende fanden bei den Eisenbahngesellschaften Lohn und Brot. Sie schütteten Bahndämme auf, gruben Tunnel, verlegten Schienen und bauten Brücken. Es wurden auch immer mehr Arbeiter gebraucht um Lokomotiven und Waggons zu bauen. Dazu waren große Mengen von Werkzeugen und Maschinen nötig. Folglich stieg der Bedarf an Eisen und Stahl. Der Eisenbahnbau war zu einer Wachstumsindustrie geworden. Der Berliner Lokomotivfabrikant August Borsig begann z.B. 1837 mit 50 Arbeitern. Vier Jahre später lieferte er die erste Lokomotive. 1870 war seine Fabrik mit 3 500 Arbeitern einer der größten Lokomotivproduzenten der Welt. Einzelne Unternehmer konnten das dafür nötige Kapital nicht mehr allein aufbringen. Sie gründeten deshalb Aktiengesellschaften, in denen viele Kapitalgeber Geld einzahlten und dafür Aktien (Anteilscheine) erhielten. Entsprechend ihres Aktienanteils wurden sie auch am Gewinn beteiligt. Und Eisenbahnaktien versprachen im 19. Jahrhundert hohe Gewinne, die die Aktionäre zum großen Teil wieder in neue Unternehmungen investierten.

3 Eisenbahnen in Deutschland bis 1866

1835: 6 km
1845: 2 143 km
1855: 7 826 km
1865: 13 900 km
1875: 27 970 km
1913: 63 378 km

Die ersten Züge wurden von englischen Lokomotiven gezogen. Als 1839 die erste Fernstrecke zwischen Leipzig und Dresden eingeweiht wurde, stellte Andreas Schubert die erste von ihm konstruierte deutsche Lokomotive vor. – Erkundige dich, wann deine Heimatregion an das Streckennetz angeschlossen wurde. Welche Industrieansiedlungen folgten danach?

4 Reiseerfahrungen dreier Generationen

beschrieb die Schriftstellerin Fanny Lewald in ihren Erinnerungen 1862:

Im Jahre 1832 war das Reisen noch nicht so leicht wie in unseren Tagen und doch nahm man es schon als einen ungemeinen Fortschritt an, dass man den Weg von Königsberg (heute Kaliningrad) nach Berlin, der auf der Chaussee etwa achtzig Meilen (592 km) lang war, in zweiundsiebzig Stunden zurücklegen konnte. Man liebte es zu erzählen, wie unsere Großväter und zum Teil auch noch unsere Väter von Königsberg bis Berlin und Leipzig vierzehn Tage unterwegs gewesen wären, wie man auf der ordinären (normalen) Post elend und eng gesessen, wie die Wagen in den Löchern des Weges stecken geblieben wären und umgeworfen hätten, wie die Passagiere unter dem Gepäck zu liegen gekommen wären und wie gewissenhafte Familienväter ihr Testament gemacht hätten, bevor sie einmal solche Reise unternommen.

Dagegen war nun die pünktliche, wohlgepolsterte Schnellpost, die ihren Dienst auf den glatten Chausseen tadellos verrichtete, ein ganz andres Ding! Indess man musste doch recht frisch und kräftig sein um zweiundsiebzig Stunden unausgesetzter Fahrt, um drei Nächte in Kleidern, ohne alle Ruhe, nicht als etwas höchst Ermüdendes zu empfinden …

Aber die Vorstellungen von der Bequemlichkeit wechseln mit der Möglichkeit sie zu befriedigen, und es kommt vielleicht noch die Zeit, in der man es als eine große Strapaze und als etwas sehr Unangenehmes betrachten wird, mit Hunderten von Menschen auf einmal, ohne alle persönliche Freiheit, als menschliches Frachtgut auf den Eisenbahnen befördert zu werden. Damals aber, als ich im Jahre 1832 meine erste Reise unter dem Schutze meines Vaters machte, empfand ich nichts als ein fortdauerndes Vergnügen über das Glück zu reisen und über all das Neue, das ich sah. Was aber war mir, die ich meine Vaterstadt nie verlassen, die ich die Welt nicht weiter gesehen hatte als in einem Umkreis von sechs Meilen, was war mir nicht neu?

Fanny Lewald, Meine Lebensgeschichte, Band II. Berlin 1862, S. 3 ff.

5 Hohe Erwartungen

äußerte Friedrich List vor der Eröffnung der ersten deutschen Eisenbahnlinie:

Was die Dampfschifffahrt für den See- und Flussverkehr, ist die Eisenbahn-Dampfwagenfahrt für den Landverkehr, ein Herkules in der Wiege, der die Völker erlösen wird von der Plage des Kriegs, der Theuerung und Hungersnoth, des Nationalhasses und der Arbeitslosigkeit, Unwissenheit und des Schlendrians, der ihre Felder befruchtet, ihre Werkstätten und Schachte beleben und auch den Niedrigsten unter ihnen Kraft verleihen wird sich durch den Besuch fremder Länder zu bilden, in entfernten Gegenden Arbeit und an fremden Heilquellen und Seegestaden Wiederherstellung ihrer Gesundheit zu suchen.

Friedrich List, zit. nach: C. von Rotteck und C. Welcker, Staatslexikon, Bd. 4. Altona 1835, S. 650 ff.

6 Bedenken

Aus einer Eingabe im Königreich Hannover:

Den Eisenbahnbau kann nur die größte Unkunde über die wahren Quellen des Nationalerwerbs anpreisen; denn die Eisenbahn wird die Einfuhr erleichtern und die notwendige Folge wird ein noch tieferes Sinken der Korn- und Holzpreise sein. Auch wird der Verdienst der Frachtwagenführer aufhören, wie derjenige der Gastwirte, Schmiede und Radmacher!

Zit. nach: Das Zeitalter der Restauration und des Liberalismus. in: Wege der Völker, Geschichtliche Quellenhefte 8. Frankfurt a. M. 1951, S. 46.

7 Ängste

Aus einem Ärztegutachten zur Eisenbahn 1835:

Ortsveränderungen mittels irgendeiner Art von Dampfmaschinen sollten im Interesse der öffentlichen Gesundheit verboten sein. Die raschen Bewegungen können nicht verfehlen bei den Passagieren die geistige Unruhe, „Delirium furiosum" genannt, hervorzurufen. Selbst zugegeben, dass Reisende sich freiwillig der Gefahr aussetzen, muss der Staat wenigstens die Zuschauer beschützen, denn der Anblick einer Lokomotive, die in voller Schnelligkeit dahinrast, genügt diese schreckliche Krankheit zu erzeugen. Es ist daher unumgänglich nötig, dass eine Schranke … auf beiden Seiten der Bahn errichtet werde.

Zit. nach: Dieter Bradtke, Die Industrielle Revolution in Deutschland. Stuttgart 1985, S. 20.

8 Deutsche Einigung durch Eisenbahnen?

1841 schrieb Friedrich List:

Der Zollverein und das Eisenbahnsystem sind siamesische Zwillinge; zur gleichen Zeit geboren … eines Geistes und Sinnes, unterstützen sie sich wechselseitig, streben nach Vereinigung der deutschen Stämme zu einer großen und gebildeten, zu einer reichen, mächtigen und unantastbaren Nation. Ohne den Zollverein wäre ein deutsches Eisenbahnsystem nie zur Sprache, geschweige denn zur Ausführung gekommen … Das deutsche Eisenbahnsystem wirkt … auch als Stärkungsmittel des Nationalgeistes; denn es vernichtet die Übel der Kleinstädterei und des provinziellen Eigendünkels und Vorurteils.

Friedrich List, Das nationale System der politischen Ökonomie, hrsg. von H. Voss. München 1942, S. 179 f.

9 Zollverein und deutsche Einheit

Der preußische Finanzminister schrieb 1829:

Wenn es staatswissenschaftliche Wahrheit ist, dass Zölle nur die Folge politischer Trennung von Staaten sind, so muss es auch Wahrheit sein, dass Einigung dieser Staaten zu einem Zoll- und Handelsverbande zugleich auch Einigung zu einem und demselben politischen System mit sich führt … In dieser auf gleichem Interesse ruhenden Verbindung wird erst wieder ein in Wahrheit verbündetes Deutschland unter dem Schutz und Schirm Preußens bestehen.

Zit. nach: H. v. Treitzschke, Deutsche Geschichte im 19. Jahrhundert. Bd. 3, Leipzig 1903, S. 670.

a) Erläutere den Zusammenhang zwischen Eisenbahnbau und Industrialisierung in Deutschland (VT, M2, M3). Vergleiche mit England.

b) Nenne die Etappen der Entwicklung des Verkehrs, die Fanny Lewald in M4 beschreibt. Ordne sie zeitlich ein. Frage ältere Menschen, wie sich das Verkehrswesen während ihres Lebens verändert hat.

c) Warum bezeichnete List Zollverein und Eisenbahnbau als siamesische Zwillinge (M8)? Welche Erwartungen knüpfte er an die Eisenbahn? Welche erfüllten sich, welche nicht? Sprecht über die Ursachen (VT, M5, M9).

d) Nimm zu den Einwänden gegen den Eisenbahnbau Stellung (M6, M7). Gibt es auch heute ähnliche Sorgen vor den Folgen neuer Techniken ?

5. Lebensverhältnisse und Arbeitsbedingungen ändern sich

Die Stadt als „Magnet"

Jahr für Jahr brachten im Deutschland des 19. Jahrhunderts mehr Frauen Kinder zur Welt. 1816 lebten in Deutschland 24,8 Millionen Menschen, 1849 waren es 35,1 Millionen und bis 1910 wuchs die Bevölkerung auf 64,9 Millionen an. Nach 1850 zog es immer mehr Menschen vom Land in die Städte. Besonders viele kamen aus den landwirtschaftlichen Gebieten im Osten Deutschlands in die entstehende Industrie des Ruhrgebietes. Das waren Kleinbauern, deren Höfe nicht genug zum Leben hergaben; das waren Töchter und Söhne von Knechten und Mägden, das waren Tagelöhner und das waren Heimarbeiter, die mit den billigen Waren aus den Fabriken nicht mehr konkurrieren konnten. Auf den Dörfern fanden sie keine Arbeit mehr, denn die Landwirte konnten die Erträge durch die Modernisierungen steigern ohne mehr Arbeitskräfte zu benötigen. Sie alle hofften auf bessere Arbeits- und Lebensmöglichkeiten in der Stadt. Aber nicht jeder fand Arbeit, besonders in der Zeit, als es erst wenige Fabriken gab. Die Not war auch in den Städten groß, deswegen wanderten viele aus Deutschland aus.

Ungleiche Vertragspartner

Die meisten Menschen in den Städten hatten nur eine Möglichkeit ihren Lebensunterhalt zu verdienen: Sie verkauften ihre Arbeitskraft an die Unternehmer. Fabrikanten und Arbeiter schlossen einen Arbeitsvertrag ab, der als freiwillige Abmachung zwischen zwei Bürgern galt. Den Arbeitern und Arbeiterinnen blieb dabei nichts anderes übrig als die Bedingungen der Unternehmer zu akzeptieren. Sie mussten sich einer Arbeitsorganisation unterwerfen, die genau nach der Uhr ablief, denn die Maschinen durften nicht stillstehen. Wer nicht 14 oder 16 Stunden am Tag arbeiten wollte oder konnte, sollte es bleiben lassen, es gab ja genügend andere Arbeitskräfte. Wenn z. B. eine Arbeiterin, die ein Kind erwartete oder stillte, der Arbeit fernblieb, brach sie den Arbeitsvertrag und der Fabrikant konnte sie entlassen. Dagegen waren die Arbeiter fast wehrlos, denn Zusammenschlüsse wie Gewerkschaften galten lange Zeit als ungesetzlich.

1 ***Auswanderer*** *in Bremerhaven (kolorierter Holzstich von J. Gehrts). Im 19. Jahrhundert verließen ganze Ströme von Auswanderern Deutschland, anfangs auf den Balkan und nach Russland. Später wanderten die meisten nach Amerika aus. Von 1820 bis 1913 gingen fast 6 Millionen Menschen aus Deutschland weg. – Welche Stimmung hat der Künstler festgehalten?*

2 **Baracken der Obdachlosen** in Berlin (Stich, Leipziger Illustrierte Zeitung, 1872). Allein 1871 waren 170 000 Menschen nach Berlin gezogen, mehr als die Hälfte davon waren junge Leute. Wohnungen für sie gab es nicht. Viele bauten sich am Stadtrand Behelfsunterkünfte. – Beschreibe die Lebensumstände, die der Künstler dargestellt hat. Wo in der Welt müssen heute Millionen ähnlich hausen?

Unglaublich niedrige Löhne – besonders für Frauen und Kinder

Fabrikarbeiter konnten von ihrem Lohn eine Familie meist nicht satt machen. Die Arbeitslöhne waren vor allem zu Beginn der Industrialisierung für unsere Begriffe unvorstellbar niedrig, auch wenn sie meist höher lagen als für Land- oder Heimarbeit. Folglich mussten die Frauen und sogar Kinder mitarbeiten. Das hatten sie früher in der Landwirtschaft, am heimischen Webstuhl oder im Handwerksbetrieb auch getan. Aber nun wurden sie auf dem Arbeitsmarkt Konkurrenten für die Männer. Männer behaupteten daher verstärkt, dass sie zuallererst Anspruch auf einen Arbeitsplatz hätten, weil sie verpflichtet wären die Familie zu ernähren. Mit der gleichen Begründung stellten die Unternehmer Frauen – und auch Kinder – für besonders schlecht bezahlte Arbeiten ein. Sie sollten froh sein, wenn sie ein paar Groschen dazuverdienen konnten. Dabei war ihre Arbeit nicht leichter oder angenehmer als die der Männer. Die Löhne waren auch von der Ausbildung abhängig: So verdiente z. B. ein geschickter Handwerker oder Techniker wesentlich mehr als ein ungelernter Arbeiter.

Zwei Klassen von Menschen

Durch die Industrialisierung gewannen zwei Bevölkerungsgruppen an Bedeutung, die es vorher in dieser Form nicht gegeben hatte: wohlhabende Fabrikbesitzer – die Kapitalisten – und Fabrikarbeiter, die auf Lohn angewiesen waren – die Proletarier. Vor allem Kaufleute und erfindungsreiche Handwerker, selten auch Aufsteiger aus der Unterschicht, waren zu Fabrikbesitzern geworden. Damit gelangten sie zu Reichtum, Macht und Einfluss und wurden dem Adel ebenbürtig. So entstand in vielen Teilen Deutschlands ein aufstrebendes, wirtschaftlich aktives Bürgertum, das die Industrialisierung vorantrieb und dadurch eine Verbesserung seiner Lage erlebte. In den Fabriken nahm die Zahl der von diesen Unternehmern abhängigen Arbeiter zu. Diese waren dem Risiko von Arbeitslosigkeit und Hunger ausgesetzt und lange Zeit besserte sich ihre Lage kaum. Der Abstand zwischen diesen beiden Gruppen wurde zunehmend größer. Die von Lohn abhängigen Arbeiter und die besitzenden Bürger erlebten sich immer mehr als Klassen mit entgegengesetzten Interessen. Die Industriegesellschaft im 19. Jahrhundert wird deshalb auch Klassengesellschaft genannt.

3 Arbeitsbedingungen

Aus dem Reisebericht des Regierungsrates Keller an den preußischen Staatsminister von Altenstein 1834:

Von da eilte ich nach Gladbach, wo ich … mich durch die interessantesten Fabriken geleiten ließ. Am auffallendsten war mir das Gebäude und die Einrichtung der Spinnereien der Gebrüder Busch, die eher einer Mördergrube als einer Fabrik gleichsieht. Die Säle sind so niedrig, dass man unwillkürlich mit gebücktem Kopfe durch sie hindurchschreitet, weil man besorgt an die Decke zu stoßen, was denn doch nicht möglich ist; so überfüllt, dass man angsthaft seine Kleidungsstücke zu wahren hat um nicht bei der geringsten … Bewegung hier ein Tuch, dort einen Rockzipfel der Maschine preiszugeben und von ihr zerfetzen zu lassen; die Luft in den Sälen und die Wände mit dem Schmutze des zu verarbeitenden Materials und den faserigen Partikelchen des Stoffes ganz angefüllt und überkleidet; die Kinder dementsprechend wahre Gebilde des Jammers, hohläugig und bleich wie der Tod.

Zit. nach: D. Bradtke, Die Industrielle Revolution in Deutschland, Stuttgart 1985, S. 45.

4 Kinderarbeit

a) Besser als Müßiggang und Betteln?

In dem Gesuch um ein Privileg zur Errichtung von Fabriken 1783 argumentierte der Antragsteller:

Die Anlage der Fabriken ist der Stadt von Nutzen, indem eine Menge armer Einwohner und kleinerer Kinder von 6 bis 10 Jahren, welche nun gar zu häufig dem Müßiggang und Betteln nachgehen, ihren täglichen Unterhalt verdienen und dadurch von Jugend an zu Arbeit und Fleiß angehalten werden.

Zit. nach: K.-H. Ludwig, Der Aufstieg der Technik im 19. Jahrhundert. Stuttgart 1974, S. 10 f.

b) Ist Fabrikarbeit besser als Landarbeit?

In einem Bericht über die württembergische Gewerbeindustrie von 1828 hieß es:

Die Nachlässigkeit, womit die Kinder der Fabrik-Arbeiter in ihren ersten Lebensjahren behandelt werden mögen, kann nicht größer seyn, als die schreckliche Verwahrlosung, welche in Gegenden ländlicher Ueberbevölkerung Kinder von Eltern erfahren, denen (es) an Mitteln fehlt …

Bei dem kleinen Grundbesitz der Eltern … müssen sie Sommers mühselig Futter für Vieh an Straßen und Hecken, Winters Brennmaterial in Feld und Wald sammeln … Noch unerwachsen müssen Knaben in Weingegenden Bütten voll Erde den Berg hinan … in unmäßigen Ladungen, kleine Mädchen schon Futterbündel und andere Lasten schleppen und häufig zeigen ein verkrüppelter Körperbau … die … Folgen einer solchen … Anstrengung. Dabei schlechte und unreinliche Kleidung, oft kaum mehr als Lumpen, häufig keine Fußbedeckung, schlechte Nahrung und schlechte Betten …

Mögen die Kinder von Fabrik-Arbeitern vielleicht ein paar Jahre früher und zu einer einförmigeren Arbeit angehalten werden, immer werden sie weniger zu beklagen seyn.

M. Mohl, Über die württembergische Gewerbeindustrie. Stuttgart und Tübingen 1828, S. 46 ff.

c) Kinderarbeit weltweit – heute

Eine Reportage vom November 1993:

Hinter den hohen Ziegelmauern von Attik Traders (in Pakistan), dem Handelspartner des deutschen Importeurs, hockt Akram, 15, zwischen feuchter Ziegenwolle und gesalzenen Häuten. Ohne aufzublicken zupft der Junge das übel riechende Fell vom Leder. Seit er 5 ist, hockt er Tag für Tag so da, den ekligen Geruch faulenden Fleisches in der Nase. Kein Wort ist aus ihm herauszubringen, so verschüchtert ist er. Der Vater hat ihn mitgebracht. Bei Stücklöhnen von zwei Rupien pro Fell ist Akram nicht der einzige Sohn, der mit anfassen muss. Der Fabrikbesitzer Rehman rechtfertigt sich: „Sie würden auf die schiefe Bahn geraten. Und die Eltern könnten die Familie nicht ernähren" … Der Gedanke die Löhne seiner Arbeiter auf ein Niveau zu heben, das es ihnen erlauben würde, ihre Kinder statt in die Fabrik in die Schule zu schicken, liegt dem weltgewandten Unternehmer fern. Das wäre weder gut fürs Geschäft noch für die Klassentrennung: „Man stelle sich vor, alle Pakistani wären gebildet. Wer soll dann noch die Arbeit in den Fabriken tun?"

Rehmans Argumente sind so alt wie das Problem selbst: Europäische Manufakturbesitzer machten Anfang des 19. Jahrhunderts mit der Warnung, Fabriken müssten schließen und Familien Hungers sterben, Front gegen Forderungen die Kinderarbeit abzuschaffen.

Damals wie heute *enthebt* der Verweis auf die Zwänge der Armut alle, vom Lederproduzenten über den Orangenimporteur bis zum Teppichkonsumenten, *der Verantwortung* zum Handeln.

Der Spiegel 47/1993, S. 189.

5 ***Arbeit in der Fabrik***
Johann Bahr nannte sein Bild „Unfall in der Maschinenfabrik" (Bild a). Es entstand 1889. Das Bild „Vor der Vollendung" (Bild b) malte Paul Meyerheim zwischen 1873 und 1876 im Auftrag des Lokomotivfabrikanten August Borsig für dessen Villa. – Welche Aspekte der Industrialisierung sind ihre Themen? Lässt sich eine Wertung erkennen?

5 a

6 ***Die Fabrikordnung** der Baumwollspinnerei Staub & Söhne in Altenstadt von 1853 enthält neben anderen die folgenden Paragraphen:*

§6: Jeder Arbeiter ist für die ihm anvertrauten Gegenstände persönlich verantwortlich. Wenn er dieselben bei Nachfragen nicht gleich vorweisen kann, werden sie auf seine Kosten durch neue ersetzt.

§7: Wenn in einem Arbeitssaal während der Arbeitszeit, … ein Gegenstand beschädigt wird, … so sind die Arbeiter des ganzen Saales bis zur Nachweisung des Täters für den Schaden haftbar.

§9: Ferner werden bestraft:
1. Unehrerbietiges Betragen gegen die Aufseher …
4. Störung anderer Arbeiter.
5. Verspätung und Versäumnisse besonders der Unfug des blauen Montags und des Herbeiholens von Speise und Trank.
6. Unvorsichtigkeit mit Feuer und Licht.
7. Das Tabakrauchen.
8. Lärm machen auf dem Weg zu und von der Fabrik.

§13: Die erhobenen Geldstrafen … werden zur Unterstützung kranker und beschädigter Arbeiter verwendet.

§22: Die Fabrikbesitzer sind jedoch zur augenblicklichen Entlassung des Arbeiters ohne Vergütung von Lohn berechtigt, wenn dieser das eine oder das andere der nachstehenden Vergehen sich zuschulden kommen lässt.

5 b

1. Diebstahl oder Untreue.
2. Prügelei, Unzucht oder Betrunkenheit im Fabrikgebäude.
3. Komplotte oder Auflehnung gegen die Fabrikordnung.
4. Beschimpfung der Aufseher …

Zit. nach P. Borscheid, Textilarbeiterschaft in der Industrialisierung. Industrielle Welt, Bd. 25, hrsg. v. W. Conze. Stuttgart 1978, S. 545 ff.

7 Frauenarbeit

***a)** Über die Folgen der Frauenarbeit schrieb der Deutsche Friedrich Engels 1845, nachdem er in England die sozialen Verhältnisse der Arbeiter kennen gelernt hatte:*

Die Arbeit der Weiber löst vor allen Dingen die Familie gänzlich auf; denn wenn die Frau den Tag über 12–13 Stunden in der Fabrik zubringt und der Mann ebendaselbst oder an einem anderen Orte arbeitet, was soll da aus den Kindern werden? Sie wachsen wild auf wie Unkraut.

F. Engels, Die Lage der arbeitenden Klassen in England, 1845, in: Marx, K. u. Engels, F., Werke (MEW), hrsg. v. Institut für Marxismus-Leninismus, Berlin. 1962–1971 ff., Bd. 2, S. 253 ff.

***b)** Der Wirtschaftswissenschaftler Wilhelm Roscher schrieb über Frauenarbeit um 1880:*

Ein großer Teil der Maschinen erfordert zu seiner Wartung so wenig menschliche Kraft, dass sie ebenso gut durch Frauen und Halberwachsene wie durch Männer bedient werden können. In manchen Fällen ist die schwache, feine Hand sogar technisch wirksamer als die kräftige, grobe; aber schon bei gleicher Wirksamkeit (ist) ist die Frauen- und Kinderarbeit wegen der bedeutend geringeren Unterhaltskosten für den Unternehmer vorteilhafter … Auf die Dauer freilich darf man nicht übersehen, wie die unüberschreitbare Minimalgrenze des Arbeitslohnes dadurch sinkt: Der Mann könnte jetzt weniger verdienen und seine Familie … dessen ungeachtet leben … Die ärgste Seite dieses Vorganges erblicken wir in der Zerstörung des Familienlebens. Hat der Mann aufgehört der Ernährer seiner Familie zu sein, so ist die natürlichste, unzweifelhafteste Grundlage seiner väterlichen und ehelichen Autorität angegriffen.

Zit. nach: W. Roscher, System der Volkswirtschaft Bd. 1, Stuttgart/Berlin 1922, S. 193 f.

8 Tagesablauf

Aus einer Bittschrift Augsburger Textilarbeiter an den König um Arbeitszeitverkürzung 1865:

In den hiesigen Fabriken ist von jeher die Arbeitszeit von 5 Uhr morgens bis abends 7 Uhr festgesetzt … An diese Arbeitszeit sind sämtliche Arbeiter, Erwachsene wie Kinder, gebunden … Sie kommen nach der Arbeit erst gegen 8 Uhr wieder nach Hause. Dieses ist bei den Kindern wie bei den erwachsenen Arbeitern nur bei jenen der Fall, welche in der Stadt selbst wohnen. Die Augsburger Bevölkerung wohnt bereits zur Hälfte in den umliegenden Dörfern. Diese Ortschaften sind von den Fabriken eine halbe bis ein und eine halbe Stunde entfernt. Um nun rechtzeitig an ihrer Arbeit einzutreffen sind diese Arbeiter genötigt morgens schon um 3 Uhr aufzustehen. Bis die Arbeiter nach Hause kommen, wird es 9 Uhr und bis sie zur Nacht gegessen und sie ihre Ruhestätte aufsuchen können, wird es 10 Uhr. So bleibt diesen Arbeitern, wovon die Hälfte Kinder und Weibspersonen sind, nur 5 Stunden zur Ruhe.

Zit. nach: Hefte zur bayerischen Geschichte und Kultur Band 1/2: Augsburg auf dem Weg ins Industriezeitalter, S. 60.

9 Schichtlöhne von Männern und Frauen *1888 im Bezirk Oppeln (Schlesien) in Mark:*

Industriezweig	Männer gelernte	Männer ungelernte	Frauen
Walzwerk	2,46	2,16	0,98
Ziegelei	2,28	1,62	0,87
Porzellanfabrik	1,32	1,17	0,34
Baumwollspinnerei	2,08	1,95	0,63
Zigarrenfabrik	2,08	1,95	1,06
Pulverfabrik	1,86	1,14	0,61

H. Rosenbaum, Formen der Familie. Frankfurt a. M. 1982, S. 405.

a) Errechne, wie viel Stunden in der Woche Arbeiterinnen und Arbeiter in der zweiten Hälfte des 19. Jahrhunderts ungefähr arbeiten mussten (VT, M8). Frage deine Eltern und Großeltern, welche Wochenarbeitszeiten sie in ihrem Berufsleben kennen gelernt haben.

b) Welche Einstellungen zur Arbeit von Frauen in den Fabriken gab es im vorigen Jahrhundert? Wie wurden sie begründet (VT, M7a und b, M9)? Welche unterschiedlichen Meinungen zur Berufstätigkeit von Frauen sind dir bekannt? Diskutiert die Argumente.

c) Stelle zusammen, was du im VT und in M4 über Kinderarbeit im 19. Jahrhundert und heute erfährst. Nimm zu den Rechtfertigungen Stellung.

d) Auf welches unerwünschte Verhalten bei Arbeitern lässt die Fabrikordnung schließen (M6)? Versuche Aussagen über die Einstellung des Fabrikanten zu seinen Arbeitern daraus abzuleiten.

6. Die moderne Großstadt entsteht

Wohin mit den Massen?

Gedrängt von Not und Unsicherheit, getrieben vom Willen zu einem besseren Leben, suchten Hunderttausende ihr Glück in den Städten, bei denen Industrie entstand. So wuchsen auch immer mehr kleine Orte in kurzer Zeit zu Großstädten heran. Aber wie sollte man genügend Häuser und Wohnungen schaffen für so viele Menschen? Die Antwort gaben reiche Haus- und Grundstücksbesitzer. Sie hatten schnell erkannt, dass sie kräftige Gewinne erzielen konnten, wenn sie Mietwohnungen bauen ließen. Dabei galt: Je mehr Mieter auf einer Fläche wohnten, desto höher waren die Mieteinkünfte. Die polizeilich erlaubte Höchstzahl lag oft bei 1500 pro Hektar. So begann der Bau großer Mietshäuser mit mehreren Hinterhöfen, in die kaum ein Sonnenstrahl drang, mit engen Wohnungen ohne Bad, die Toiletten waren auf dem Hof. Möglich wurde das, weil die vermögenden Bauherren die Macht hatten die Baugesetze zu bestimmen. Denn das Zensuswahlrecht gab ihnen den Hauptanteil der Wählerstimmen. Sie stellten z. B. in Berlin die absolute Mehrheit der Stadtverordneten, obwohl sie nur ein Prozent der Wähler ausmachten. Trotz des schnellen Baus von „Mietskasernen“ nahm die Wohnungsnot nicht ab. Die Bevölkerung wuchs zu schnell.

Bessere Leute wohnen besser

Auch die wohlhabenden Bürger wohnten meist in Mietshäusern – allerdings in eleganten Etagenwohnungen – in der Nähe des Stadtzentrums. So konnten sie Geschäfte, Cafés, Theater, Behörden und ihre Bekannten schnell erreichen ohne allzu weite Wege zurücklegen zu müssen. Solche Wohnungen waren geräumig, mit einem Salon für geselliges Leben, ein oder zwei Kammern für das Dienstpersonal und einem besonderen Aufgang „Nur für Dienstboten“. Denn zwei und mehr Hausangestellte waren im Haushalt eines Hauptmanns, Gymnasialprofessors oder Geschäftsmanns nichts Seltenes. Die sehr Reichen wohnten in Villen mit oft parkartigen Gärten.

1 ***Berlin: Das Entstehen einer Großstadt.*** *So entwickelte sich die Einwohnerzahl: 1800: 172 000; 1850: 419 000; 1900: 1 889 000; 1910: 3 730 000. In den 25 größten deutschen Städten wohnten: 1800: 876 000; 1850: 1 647 000; 1910: 12 433 000. Vergleiche diesen Stadtplan mit einem heutigen.*

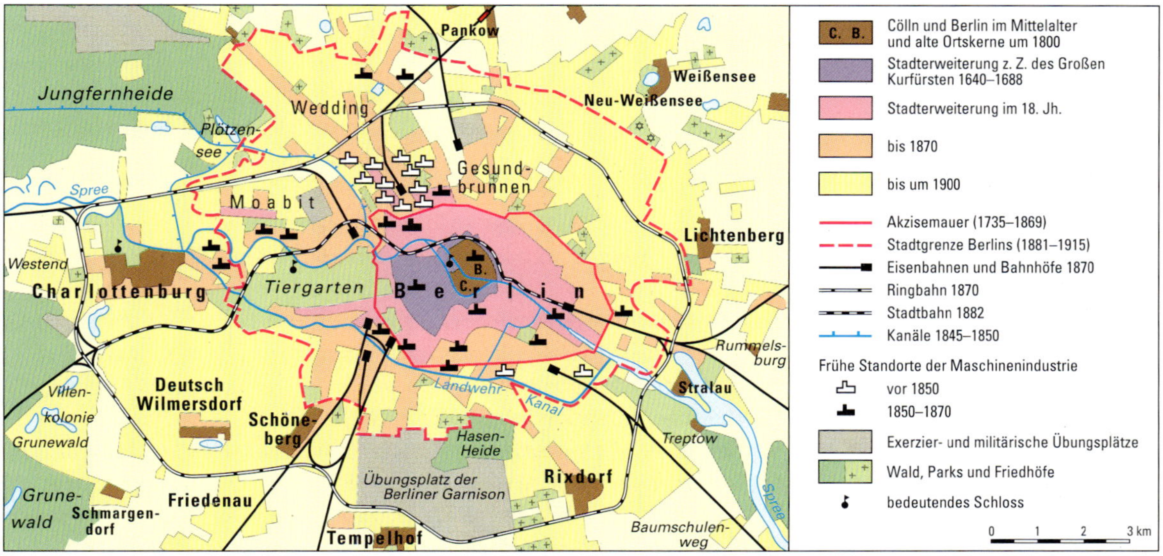

2

***Bau von Mietshäusern** in den 70er-Jahren des 19. Jahrhunderts (zeitgenössisches Gemälde). Man baute nicht viel anders als 150 Jahre zuvor. – Nenne heutige technische Mittel, die den Bauarbeitern damals nicht zur Verfügung standen.*

3 ***Die Wohnverhältnisse der Arbeiter um 1900***
schilderte der Volkswirtschaftler Werner Sombart 1906:

Wer würde es glauben, dass eine ganze Anzahl Menschen bei uns heutigentags in Wohnungen kampiert, die überhaupt kein heizbares Zimmer haben? Und doch belehrt uns die Statistik, dass es deren in Berlin über 15 000, in Barmen über 8 000 gibt ... Ja, in den meisten deutschen Großstädten wohnt ... annähernd die Hälfte aller Menschen in Wohnungen, die nicht mehr als ein Zimmer umfassen. Überbevölkert nennt die Statistik eine Wohnung, wenn 6 Personen und mehr in 1 Zimmer, 11 Personen und mehr in 2 Zimmern hausen. Und selbst davon gibt es eine recht erkleckliche Anzahl: in Berlin nahezu 30 000, in Breslau 7 000, in Chemnitz 50 000. ... Man denke: 6 Personen und mehr in 1 Raum, 11 und mehr in 2 Räumen.

W. Sombart, Das Proletariat. Jena 1906, S. 23 f.

4 ***Technik verändert die Lebensbedingungen in den Städten***

1826 Die erste deutsche Gasanstalt in Hannover schafft die Voraussetzung für bequeme und gute Beleuchtung von Wohnungen und Straßen.

1832 In New York fährt der erste Pferdeomnibus als regelmäßiges Verkehrsmittel.

1846 Der Pferdeomnibus wird in Berlin als erstes Stadtverkehrsmittel eingesetzt.

1853 In London wird die erste unterirdische Eisenbahn (Vorläufer der U-Bahn) in Betrieb genommen.

1856 In Paris beendet der Bau der Kanalisation die nächtlichen Kloakentransporte.

1856 In Berlin fährt die erste Pferdestraßenbahn.

1873 In Berlin werden die Abwässer durch die Kanalisation entsorgt.

1881 Die erste elektrische Straßenbahn nimmt in Berlin ihren Betrieb auf.

a) Für wie viele Menschen musste in den 25 größten Städten zwischen 1850 und 1910 Wohnraum geschaffen werden (M1)?

b) Welche Probleme einer Großstadt wurden mit den in M4 genannten Erfindungen besser gelöst? – Wie mussten sie vorher bewältigt werden?

c) Wer sind die Leser, von denen Sombart annimmt, dass sie von der Not in ihrer Zeit keine Vorstellung haben (M3)?

d) Suche die Wachstumsringe auf dem Plan deiner Gemeinde oder einer dir gut bekannten Stadt. Wo gibt es Mietskasernen, Bürgerhäuser, Villen, Fabriken aus dem 19. Jahrhundert? Du könntest eine kleine Führung durch den Ort oder einen Bericht über die Geschichte einer Firma vorbereiten.

7. Die soziale Frage im 19. Jahrhundert

Wer stellt die soziale Frage?

Die elenden Arbeits- und Lebensbedingungen der Fabrikarbeiter lösten nach 1820 heftige Diskussionen über die sozialen Folgen der Industrialisierung aus. Vor allem gebildete Bürger kritisierten in Schriften und Zeitungsartikeln die gesellschaftlichen Zustände und machten Vorschläge, wie den Proletariern geholfen werden könnte. Sie maßen die Wirklichkeit jetzt an den Idealen der Französischen Revolution von Freiheit, Gleichheit und Brüderlichkeit. Nach ihrer Überzeugung waren Armut und extreme Ungleichheit der Lebensverhältnisse in einem Lande nicht mehr gottgegebene Zustände, die der Mensch ohnmächtig hinnehmen musste. Sie sahen darin vielmehr von Menschen verursachte Missstände, für die sie den Begriff „Arbeiterfrage“ oder „soziale Frage“ prägten. Folglich mussten die Probleme von den Menschen selbst gelöst werden. Über die Ursachen der Not vieler Familien und die Möglichkeiten Abhilfe zu schaffen vertraten die Kritiker jedoch ganz unterschiedliche Meinungen.

Revolution als Lösung

Karl Marx (1818–1883)

Friedrich Engels (1820–1895) Briefmarken der DDR

Vor allem die Theorie der Gelehrten Karl Marx und Friedrich Engels fand große Verbreitung und wirkt bis in die Gegenwart. Sie führten die soziale Frage auf eine grundlegende Ursache zurück: auf den Privatbesitz an Produktionsmitteln. Danach besaßen die „Kapitalisten“, die Fabrikbesitzer, alles, was zur Herstellung von Waren benötigt wurde: Fabriken, Maschinen, Rohstoffe; die Arbeiter dagegen hatten nichts als ihre Arbeitskraft, die sie den Kapitalisten verkauften. Der Lohn, den sie dafür erhielten, war viel geringer als der Wert der von ihnen produzierten Güter. Diesen „Mehrwert“ behielten die Kapitalisten für sich und wurden dadurch immer reicher, während die Proletarier immer ärmer wurden und verelendeten. Marx und Engels schlussfolgerten daraus, dass die Arbeiter ihren Ausbeutern die Produktionsmittel gewaltsam wegnehmen und zum Eigentum aller machen müssten um die Unterschiede zwischen Arm und Reich zu überwinden. Diesen Kampf zwischen Proletariern und Kapitalisten nannten sie „Klassenkampf“. Sie waren der Überzeugung, dass es Klassenkämpfe zwischen Ausbeutern und Ausgebeuteten immer gegeben habe und dass dadurch die Geschichte maßgeblich bestimmt worden sei. Diese Theorie von der gesetzmäßigen Abfolge von Klassenkämpfen in der Geschichte nannten sie „historischen Materialismus“. Für Marx und Engels stand fest, dass ein Ende der Unterdrückung von Menschen und ein Ende von Klassenkämpfen und Kriegen erst durch eine proletarische Revolution erreicht werde. In dieser Revolution würden die Ausgebeuteten eine „klassenlose Gesellschaft“ ohne Privateigentum an Produktionsmitteln, ohne wirtschaftliche und soziale Unterschiede errichten. Diese Gesellschaftsordnung nannten Marx und Engels Kommunismus.

Der Marxismus macht Geschichte

Ihre Geschichtstheorie veröffentlichten Marx und Engels 1848 im „Kommunistischen Manifest“, das weltweit bekannt wurde. 1867 erschien ihr großes Werk „Das Kapital“, in dem sie die Klassengegensätze der industriellen Gesellschaft beschrieben. Der Marxismus hatte eine außerordentliche Wirkung. Er schien einen sicheren Ausweg aus der Unterdrückung zu zeigen und die Entwicklung auf ein erstrebenswertes und sinnvolles Ziel zu lenken. Im 20. Jahrhundert ergriffen in vielen Staaten Kommunisten die Herrschaft, die sich auf Marx beriefen und eine gerechte Gesellschaft verwirklichen wollten oder behaupteten es zu wollen. Zur erhofften Befreiung der Menschheit kam es jedoch nicht. Die meisten kommunistischen Regierungen wurden 1990/91 gestürzt.

1 „Capital and Labour".
Anonyme Karikatur aus der englischen Zeitschrift „Punch", 1843.
Beschreibe die Einzelheiten des Bildes. – Mit welchen Mitteln macht der Zeichner auf die soziale Frage in England aufmerksam?

2 Aus dem „Kommunistischen Manifest":

Die kommunistische Revolution ist das radikalste Brechen mit den überlieferten Eigentumsverhältnissen; kein Wunder, dass in ihrem Entwicklungsgange am radikalsten mit den überlieferten Ideen gebrochen wird. Wir sahen … oben, dass der erste Schritt in der Arbeiterrevolution die Erhebung des Proletariats zur herrschenden Klasse, die Erkämpfung der Demokratie ist.

Das Proletariat wird seine politische Herrschaft dazu benutzen, der Bourgeoisie[1] nach und nach alles Kapital zu entreißen, alle Produktionsinstrumente[2] in den Händen des Staates, d.h. des als herrschende Klasse organisierten Proletariats, zu zentralisieren und die Masse der Produktionskräfte[3] möglichst rasch zu vermehren.

1 besitzendes Bürgertum
2 alles, was der Mensch benötigt um Waren zu produzieren, z.B. Werkzeuge, Maschinen, Fabrikanlagen usw.
3 alle bei der Produktion eingesetzten Kräfte, also neben den Produktionsinstrumenten auch die menschliche Arbeitskraft und Energieträger

Marx-Engels Werke Bd. 4. Berlin 1969, S. 462 ff.

3 Eine Fügung Gottes?

Die Arbeiterin Anna Altmann erinnert sich, weshalb sie um 1870 fristlos entlassen wurde:

Zu dieser Zeit wurde in Wien der „Volkswille" herausgegeben, eine Arbeiterzeitung. Mein Vater hielt das Blatt und ich las es. Ich fing nun an zu denken. Bisher hatte ich es immer für eine Fügung Gottes betrachtet, dass wir nur dazu da seien um zu leiden, wofür uns im Jenseits große Freuden erwarten. Ich kam zu dem Schlusse, dass es denn doch nicht gerecht sei, wenn die große Masse des Volkes am Hungertuch nagt und frühzeitig elend in die Grube fährt, während einige Tausend schon hier auf Erden in Saus und Braus leben. Das Blatt, durch welches mir die Augen geöffnet wurden, wollte ich auch meine Mitarbeiterinnen gerne lesen lassen. Damit es nicht auffällig werde, wickelte ich mir mein Vesperbrot hinein und dann ging das Blatt von Hand zu Hand …

Nach: Wolfgang Emmerich (Hg.), Proletarische Lebensläufe. Reinbek 1974, S. 191 ff.

a) Nenne geschichtliche Ereignisse, die man als Klassenkämpfe (vgl. VT) bezeichnen könnte. Sprich über deren Ursachen und Folgen.
b) Erörtert die Frage, ob es außer im 19. auch in anderen Jahrhunderten eine soziale Frage gab. Wie sieht es damit heute in Deutschland aus?
c) Erläutere am Beispiel der Anna Altmann, wie Arbeiterinnen und Arbeiter selbstbewusster wurden. Wie reagierten die Unternehmer darauf (M3)?
d) Worin sahen Marx und Engels die Ursachen der sozialen Frage und welche Schlussfolgerungen zogen sie daraus (VT, M2)?

8. Wer löst die soziale Frage?

Sind die Maschinen schuld?

Viele Arbeiter und Handwerker sahen in den Maschinen die Ursachen ihres Elends. In England stürmten sie deshalb häufig Fabriken und zerstörten die Maschinen. In Deutschland erhoben sich 1844 in Schlesien über 3000 Weber gegen einige Fabrikanten. Mit den Maschinen in den Fabriken konnten die Weber am häuslichen Webstuhl nicht konkurrieren und mussten ihre Stoffe zu einem Hungerlohn an die Unternehmer verkaufen. In ihrer Verzweiflung stürmten sie deren Villen und Fabriken, zerstörten die Inneneinrichtungen und zwangen die Fabrikanten zur Flucht. Solche Aufstände blieben in Deutschland aber die Ausnahme. Die Arbeiter erkannten, dass gewaltloser Streik ein wirkungsvolleres Mittel war um höhere Löhne und bessere Arbeitsbedingungen zu erkämpfen, obwohl es kein Streikrecht gab und die Anführer gewöhnlich fristlos entlassen wurden.

Arbeiter organisieren sich in Gewerkschaften, Arbeitervereinen …

Zunächst waren Streiks und Forderungen an die Unternehmer spontane Aktionen, die auf einzelne Fabriken beschränkt blieben. Allmählich wurden sich aber überall die Arbeiterinnen und Arbeiter ihrer gemeinsamen Interessen bewusst. Dieses „Klassenbewusstsein" entwickelte sich allmählich, seit Arbeiter zu Hunderten oder Tausenden in einer Fabrik arbeiteten und in den Arbeitervierteln der Städte massenweise eng beieinander wohnten. Um vereint gegen ihre soziale Not vorgehen zu können schlossen sie sich in Arbeiterbildungs- und Gewerkevereinen zusammen. Hier tauschten sie Erfahrungen aus, bereiteten gemeinsame Aktionen vor und gründeten Kassen um sich in besonderen Notfällen gegenseitig helfen zu können. Die Emanzipationsbestrebungen der Arbeiterklasse waren nicht mehr aufzuhalten: 1869 mussten die staatlichen Behörden das Streikverbot aufheben und Gewerkschaften zulassen.

… und Arbeiterparteien

In der Arbeiterbewegung begann sich die Meinung durchzusetzen, dass die soziale Frage nur durch Änderungen der politischen Verhältnisse gelöst werden konnte. Dazu war es notwendig, dass die Arbeiter um ihre Teilhabe an der poli-

1 Wirtshausszene
(E. Henseler, 1877). Hier ist ein sozialdemokratischer Agitator am Werk, der umherzieht um die Arbeiter in den Dörfern und städtischen Außenbezirken über die Ziele und das Wirken seiner Partei aufzuklären. In den ersten Jahren der Arbeiterbewegung waren nur wenige Arbeiter in politischen Parteien organisiert. 1895 hatte die SPD 150 000 Mitglieder.

tischen Macht kämpften. Der Politiker und Journalist Ferdinand Lassalle gründete 1863 den „Allgemeinen Deutschen Arbeiterverein". Eines seiner Ziele war das allgemeine und gleiche Wahlrecht, allerdings nicht geheim und nicht für Frauen, zu erkämpfen. Die Verfassung von 1871 erfüllte diese Forderung und gab erstmals Arbeitern die Möglichkeit Abgeordnete in den Reichstag zu wählen.
1869 gründeten der Philosoph Wilhelm Liebknecht und der Drechsler August Bebel eine zweite deutsche Arbeiterpartei – die Sozialdemokratische Arbeiterpartei –, die sich 1875 mit dem „Allgemeinen Deutschen Arbeiterverein" zur „Sozialistischen Arbeiterpartei Deutschlands" vereinigte. Seit 1890 nannte sie sich „Sozialdemokratische Partei Deutschlands", SPD.

Reform oder Revolution?

Innerhalb der SPD wurden bis ins 20. Jahrhundert hinein heftige Auseinandersetzungen darüber geführt, auf welchem Wege die politischen Ziele der Arbeiterbewegung verwirklicht werden sollten: Die Anhänger von Karl Marx wollten durch eine große Revolution die kommunistische Gesellschaft herbeiführen. Andere wollten durch schrittweise Verbesserungen, d. h. durch Reformen, die Gleichberechtigung der Arbeiter in Staat und Gesellschaft erreichen.

Unternehmer: Fürsorge in wohlverstandenem Eigeninteresse

Einige Unternehmer, so z. B. Alfred Krupp, verbesserten die Arbeitsbedingungen und Löhne, vor allem für ihr Stammpersonal, da sie einsahen, dass ein Betrieb mit vielen zufriedenen Arbeitern leistungsfähiger ist. Werner v. Siemens beteiligte seine Arbeiterinnen und Arbeiter am Gewinn der Siemens-Werke. Ernst Abbe gab 1889 sein Eigentum an den optischen Werken auf und machte sie zur gemeinnützigen Carl-Zeiss-Stiftung, in der er nur leitender Angestellter war. Die Mehrzahl der Fabrikanten aber zahlte freiwillig nicht mehr Lohn und bot keine besseren Arbeitsbedingungen, als Marktlage und Gesetz forderten. Der Zwang dazu wurde jedoch umso größer, je knapper in Zeiten des wirtschaftlichen Aufschwungs gelernte und verlässliche Arbeitskräfte wurden. So ließen z. B. manche Unternehmer Arbeitersiedlungen bauen oder führten bezahlten Urlaub ein, noch ehe er nach 1919 schrittweise gesetzlich vorgeschrieben wurde.

2 ***„Raues Haus"*** *bei Hamburg. Der evangelische Pfarrer Johann Hinrich Wichern erwarb das Haus mit Spendengeldern und richtete ein Heim für verwaiste und verwahrloste Kinder ein. Gebet und Arbeit bestimmten ihr Leben. Hier lernten sie lesen, schreiben und rechnen und wurden auf ihr Berufsleben als Handwerker oder Dienstmädchen vorbereitet.*

3 Arbeiterinnenversammlung *(„Illustrierte Zeitung", Leipzig 1890). Die Teilnahme an den sozialen Kämpfen stärkte das Selbstbewusstsein der Frauen. Zunehmend forderten sie gleiche politische Rechte wie die Männer, vor allem das Wahlrecht, gleichen Arbeitslohn und das gleiche Recht auf Bildung.*

Kirchen: Predigt und Nächstenliebe

Auch katholische und evangelische Geistliche kritisierten die sozialen Zustände und versuchten mit tätiger Nächstenliebe die drückendste Not der Arbeiterfamilien zu lindern. Dazu gründeten sie soziale Hilfsorganisationen, z. B. 1848 die evangelische Innere Mission und 1897 die katholische Caritas. Auf Initiative des Mainzer Bischofs Emanuel von Ketteler wurden christliche Gewerkschaften gegründet. Der sozialistischen Arbeiterbewegung standen die Kirchen jedoch misstrauisch oder ablehnend gegenüber; denn diese sah in Kirche und Religion vorwiegend Mittel die Unterdrückten fügsam zu machen. Religion sei, wie es bei Marx hieß, „das Opium des Volkes".

Sozialpolitik durch Gesetze

Auch die Regierungen kamen nicht umhin sich der sozialen Frage anzunehmen. Die Abneigung der Arbeiter gegen einen Staat, der sich nicht um ihr Schicksal kümmerte, konnte den herrschenden Schichten politisch gefährlich werden, wenn die Notleidenden gewaltsam um ihre Rechte kämpften. So wurde z. B. in Preußen 1839 ein Gesetz zur Einschränkung der Kinderarbeit in Fabriken verabschiedet, das für Kinder ab 10 Jahren bis zu 9 Stunden Arbeitszeit zuließ. Ab 1883 traten verschiedene gesetzliche Versicherungen wie Kranken-, Unfall- und Rentenversicherung in Kraft. Damit sollte den Arbeitern nicht nur geholfen werden; man wollte sie auch dem Einfluss der Sozialdemokratie entziehen.

Kapitalismus: So nennt man eine Wirtschaftsordnung, in der vorwiegend private Eigentümer ihr Kapital vermehren wollen, indem sie es wirtschaftlich nutzen, also investieren. Die Produktionsstätten, die sie schaffen, betrachten sie als ihr Eigentum, über das sie frei verfügen können. Da sie steigende Gewinne erzielen wollen, halten sie ihre Kosten, also auch die Löhne, so niedrig wie möglich, bewirken aber andererseits wirtschaftliches Wachstum. Ihr einziger Maßstab ist der Erfolg im Wettbewerb am Markt. Da Kapital und Produktion auf diese Weise eine immer wichtigere Rolle in der Gesellschaft spielen, gewinnen die Herren über Kapital und Produktion immer mehr Einfluss auch auf politische Entscheidungen und Gesetzgebung.

Sozialismus: Darunter versteht man eine Gesellschaftsordnung, in der Kapital und Produktionsmittel, also Grund und Boden, Maschinen, Fabriken u. a., in Gemeineigentum überführt worden sind. Die Gewinne sollen nicht den privaten Unternehmern und Kapitaleignern zufließen, sondern der ganzen Gesellschaft, die sie zum Nutzen aller verwenden soll.

Die meisten heutigen Wirtschaftsordnungen sind Mischformen einer freien (kapitalistischen) Marktwirtschaft mit erheblichen, gesetzlich verbindlichen, sozialen Absicherungen.

4 ***Bureau für Arbeitsnachweis*** *um 1880 (Bild von L. Koch). Arbeitsvermittlung war zunächst Sache privater Agenturen. Erst Ende des 19. Jahrhunderts richteten größere Städte öffentliche Arbeitsämter ein. Seit 1927 hat der Staat, d. h. das damalige Deutsche Reich, diese Aufgabe übernommen.*

5 Fürsorge

Von 4850 Betrieben in Preußen hatten im Jahre 1876 eingerichtet:

439 Reingewinnbeteiligung (darunter Werner v. Siemens, Begründer der Siemenswerke)
1655 Fürsorge für Wohnung
1043 Fürsorge für Wohnung und Ernährung
1637 Fürsorge für Gesundheitspflege

Insgesamt waren 1875 35 % der Arbeiter gegen Krankheit versichert.

Nach: F.-W. Henning, Die Industrialisierung in Deutschland 1800–1914. Paderborn 1973, S. 199.

6 Aus dem Programm der SPD, *beschlossen auf dem Parteitag zu Erfurt 1891:*

3. Erziehung zur allgemeinen Wehrhaftigkeit. Volkswehr an Stelle der stehenden Heere. Entscheidung über Krieg und Frieden durch die Volksvertretung …

5. Abschaffung aller Gesetze, welche die Frau in öffentlich- und privatrechtlicher Beziehung gegenüber dem Manne benachteiligen …

7. Weltlichkeit der Schule, obligatorischer Besuch der öffentlichen Volksschulen, Unentgeltlichkeit des Unterrichts, der Lehrmittel und der Verpflegung in den öffentlichen Volksschulen sowie in den höheren Bildungsanstalten für diejenigen Schüler und Schülerinnen, die kraft ihrer Fähigkeiten zur weiteren Ausbildung geeignet erachtet werden.

8. … Abschaffung der Todesstrafe.

9. Unentgeltlichkeit der ärztlichen Hilfeleistung …

10. Stufenweise steigende Einkommens- und Vermögenssteuer zur Bestreitung aller öffentlichen Ausgaben … Abschaffung aller direkten Steuern, Zölle und sonstigen wirtschaftspolitischen Maßnahmen, welche die Interessen der Allgemeinheit den Interessen einer bevorzugten Minderheit opfern.

Zum Schutze der Arbeiterklasse fordert die Sozialdemokratische Partei Deutschlands zunächst:

1. Eine wirksame nationale und internationale Arbeiterschutzgesetzgebung auf folgender Grundlage:

a) Festsetzung eines höchstens acht Stunden betragenden Normalarbeitstages;

b) Verbot der Erwerbsarbeit für Kinder unter vierzehn Jahren;

c) Verbot der Nachtarbeit, außer für solche Industriezweige, die ihrer Natur nach, aus technischen Gründen oder aus Gründen der öffentlichen Wohlfahrt, Nachtarbeit (erfordern);

d) eine ununterbrochene Ruhepause von mindestens sechsunddreißig Stunden in jeder Woche für jeden Arbeiter.

Geschichte in Quellen, Bd. 5. München 1980, S. 883 f.

7 Durchschnittliche Wochenarbeitszeit von Arbeitern in Deutschland

Wie zeigen sich in der Entwicklung der Arbeitszeit die Erfolge der Gewerkschaften und Arbeiterparteien? Erkläre, warum trotz kürzerer Arbeitszeit mehr produziert und verdient werden konnte. Nutze auch die Zahlen im Kapitel „Deutschland wird Industrieland“.

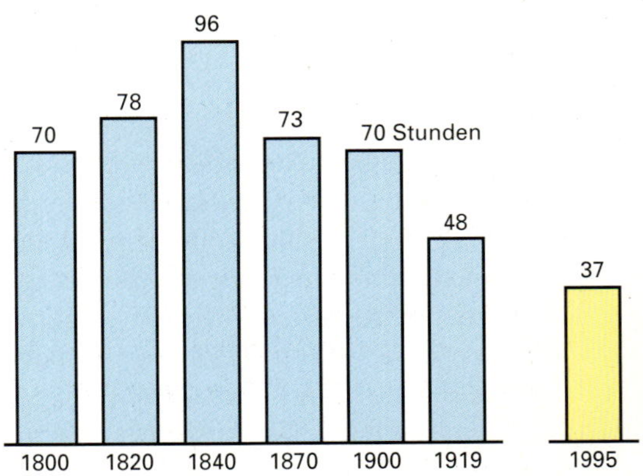

8 ***„Ideen …, die man nicht totschlagen kann" – die Arbeiterbewegung aus den verschiedenen Sichten von Behörden und Bürgern***

a) *In einem Geheimbericht über politische Aktivitäten der Arbeiterbewegung schrieb der Berliner Polizeipräsident am 22. November 1889:*

Beim Vergleich der heutigen Lage der sozialdemokratischen und revolutionären Bewegung mit der zuletzt vor zwei Jahren geschilderten ergibt sich wiederum eine erhebliche Erweiterung der zwischen der Arbeiterschaft und den übrigen Gesellschaftsklassen entstandenen Kluft. Die Unzufriedenheit mit ihren politischen und wirtschaftlichen Verhältnissen, die Anschauung, dass die ebenso notwendige wie mögliche Besserung von den übrigen Klassen nur aus Eigennutz und bösem Willen hintertrieben werde und dass deshalb in den übrigen Klassen Feinde zu erblicken seien, die bekämpft werden müssen, greift auch unter den noch nicht der Sozialdemokratischen Partei angehörigen Arbeitern immer mehr um sich. Die Arbeiter fühlen auch, dass sie, wenn einig, die Macht besitzen würden … zu siegen.

Zit. nach: R. Höhn, Die vaterlandslosen Gesellen, Bd. I. Köln 1964, S. 319.

b) *Der Geschichtsprofessor Heinrich von Treitschke schrieb im Jahre 1878:*

Die Sozialdemokratie bildet einen Staat im Staate. Es wird höchste Zeit, dass der Staat für längere Zeit die Vereine der Sozialdemokratie schließt, ihre Zeitungen verbietet, ihre Agenten aus den großen Mittelpunkten der Arbeiterbevölkerung ausweist. Diese Menschen trotzen auf die Gewalt der Fäuste und sie verstehen nur die Sprache der Gewalt.

H. v. Treitschke, Der Sozialismus und der Meuchelmord. Berlin 1878, S. 638 ff.

c) *Der Schriftsteller Theodor Fontane schrieb 1878 in einem Brief:*

Millionen von Arbeitern sind gerade so gescheit, so gebildet, so ehrenhaft wie Adel und Bürgerstand, vielfach sind sie ihnen überlegen … Alle diese Leute sind vollkommen ebenbürtig und deshalb ist ihnen weder der Beweis zu führen, dass es mit ihnen nichts sei, noch ist ihnen mit der Waffe in der Hand beizukommen. Sie vertreten nicht bloß Unordnung und Aufstand, sie vertreten auch Ideen, die zum Teil ihre Berechtigung haben und die man nicht totschlagen oder durch Einkerkerung aus der Welt schaffen kann.

Zit. nach: W. Müller-Seidel, Der deutsche Roman. Struktur und Geschichte, Bd. 2. Düsseldorf 1962, S. 166.

9 ***„So, der läuft mir nicht mehr davon!"***
Karikatur von A. Staehle (1905)

10 ***Recht statt Gnade***

1865 schrieb die Zeitung „Der Social-Demokrat" zum Tode eines wohltätigen Industriellen:

Humanität einzelner Fabrikanten gegen ihre Arbeiter ist ohne Zweifel eine höchste nennenswerte Sache, aber mit der sozialen Frage haben diese Dinge nichts zu tun. Hierfür ist es ganz gleichgültig, ob es edle Fabrikanten gibt oder nicht, denn es handelt sich nicht darum, im Kleinen, sondern im Großen andere Zustände herzustellen und nicht darum, die Gnade oder den guten Willen einzelner Fabrikanten in Anspruch zu nehmen, sondern die Rechte – man verstehe wohl! – die Rechte der Arbeiter zu erkämpfen.

Zit. nach: J. E. Joerg, Geschichte der socialpolitischen Parteien in Deutschland. Freiburg 1867, S. 213.

11 ***„Herr im Hause"***

1872 gab der Unternehmer Alfred Krupp seinen Arbeitern Folgendes bekannt:

Ich erwarte und verlange volles Vertrauen, lehne jedes Eingehen auf ungerechtfertigte Anforderungen ab, werde wie bisher jedem gerechten Verlangen zuvorkommen, fordere daher alle diejenigen, welche damit sich nicht begnügen wollen, hiermit auf, je eher, desto lieber zu kündigen um meiner Kündigung zuvorzukommen … Ich (will) in meinem Hause wie auf meinem Boden Herr sein und bleiben.

Zit. nach: H. M. Enzensberger (u. a. Hg.), Klassenbuch 2. Darmstadt 1972, S. 87.

12 „Konsumanstalt"
im Nürnberger Werk der Firma Siemens (Foto von 1908). In Konsumläden konnten Arbeitnehmer eines Betriebs Lebensmittel und Waren des täglichen Bedarfs ohne „Profit", also billiger als im Handel, kaufen. Es entstanden auch Konsumgenossenschaften, in denen jeder für ein geringes Eintrittsgeld Mitglied werden konnte. Damit wurden die Lebenshaltungskosten gesenkt.

13 Trotz aller Schwierigkeiten

Franz Wieber erinnert sich an die Gründung einer Gewerkschaft:

Trotz aller Schwierigkeiten versuchten die Arbeiter sich zu organisieren. Zu Anfang der Siebzigerjahre bildeten sich auch christlich-soziale Arbeitervereine. Es reifte daher bei mir der Plan einen Fachverein für meinen Beruf zu gründen. Das war schneller gedacht als ausgeführt, denn … die Polizei witterte hinter jeder Arbeitervereinigung revolutionäre Verbindungen. Auch war es nicht so einfach, meine Formerkollegen für den Plan zu begeistern; die Furcht vor Entlassung hielt viele zurück. Im Laufe der Zeit gelang es aber, eine Anzahl tüchtiger und treuer Kollegen zu gewinnen. Im Jahre 1887 gründeten wir den „Christlichen Fachverein der Former und verwandter Berufsgenossen Duisburg". Um die Statuten von der Polizei genehmigt zu erhalten musste alles vermieden werden, was bei den Behörden Anstoß erregen konnte. Von Streik oder Lohnbewegung durfte im Statut nicht die Rede sein. Deshalb hieß es: „Der Zweck des Vereins ist die Ehre und das Interesse der Former und verwandter Berufsgenossen zu wahren." Das war immerhin eine Form, in der man alles Nötige unterbringen konnte.

Zit. nach: D. Bradtke, Die Industrielle Revolution in Deutschland. Stuttgart 1985,. S. 323 ff.

a) Stelle fest, ob die Forderungen im Programm der SPD von 1891 mehr auf Reform oder mehr auf Revolution im Sinne von Karl Marx zielen. Welche Veränderungen wurden angestrebt? Welche der Forderungen sind heute erfüllt (VT, M6)?

b) Vergleiche die Texte M8a–c miteinander und schließe auf die politische Einstellung der Verfasser.

c) Wie beurteilt der Verfasser des Nachrufs auf einen Industriellen (M10) die Rolle der Fabrikanten bei der Lösung der sozialen Frage? Nimm Stellung dazu und vergleiche mit Krupps Auffassung (M11).

d) Stelle in einer Tabelle die dir bekannten Versuche die soziale Frage im 19. Jahrhundert zu lösen chronologisch zusammen (VT, M1–M13). Erkundigt euch, wie und von wem heute in Deutschland etwas getan wird um sozial schwachen Menschen zu helfen und soziale Not zu verhindern.

9. Deutschland wird Industrieland

Wachstumsschübe …

Im 19. Jahrhundert führten zahlreiche Erfindungen zu einem Wachstumsschub der Wirtschaft mit Hunderttausenden neuer Arbeitsplätze. Am 17. Januar 1867 hielt Werner von Siemens vor der Akademie der Wissenschaften zu Berlin einen Vortrag „über die Umwandlung der Arbeitskraft in elektrischen Strom" und gab damit die Erfindung des Dynamos bekannt. Diese Erfindung und die der Glühbirne durch den Amerikaner Thomas A. Edison bildeten die Grundlage für einen neuen Industriezweig: die Elektroindustrie. Zwei Jahre zuvor hatte mit der Gründung der Badischen Anilin- und Sodafabrik (BASF) in Ludwigshafen am Rhein der Aufstieg der chemisch-pharmazeutischen Industrie begonnen. Neun Jahre später erfand der Ingenieur Nikolaus Otto den Verbrennungsmotor und Carl Benz und Gottlieb Daimler bauten 1885/86 das erste Automobil. Damit entstand in kurzer Zeit ein weiterer neuer, gewaltiger Industriezweig.

… aber auch Krisen

Vor der Industrialisierung lebten und arbeiteten bis zu 80 Prozent der Bevölkerung in sehr bescheidenen Verhältnissen auf dem Lande und versorgten sich weit gehend selbst. Infolge der Industrialisierung waren nun immer mehr Menschen in den Städten darauf angewiesen, Lebensmittel und Gebrauchswaren zu kaufen. Dazu mussten sie Geld verdienen. Ihre Arbeitsplätze hingen aber von der Produktion und dem Verkauf von Waren ab. Wurde weniger gekauft, als die Hersteller erwartet hatten, weil z. B. der Bedarf gedeckt war oder weil die Verbraucher nicht genug Geld hatten, dann stockte der Absatz. Die Unternehmer

1 Industrie und Alltag
Deutschlands Aufstieg zum Industrieland war überall im Alltag zu spüren. In großen Städten gehörte z. B. um die Jahrhundertwende die elektrische Straßenbahn zum Straßenbild. Das Bild oben zeigt eine Berliner Bahn um 1881. Werbeplakate wie das der Opel-Werke aus dem Jahr 1898 (Bild rechts) lockten Kunden an. Schon damals wurden zunehmend Frauenbilder für die Werbung verwendet.

2 Montagesaal der AEG *(Allgemeine Elektrizitätsgesellschaft) um 1900. Die AEG beschäftigte zu dieser Zeit über 7 000 Arbeiter und Angestellte. Ihre Elektromotoren, Generatoren, Umformer und Glühlampen fanden im In- und Ausland reißenden Absatz. – Vergleiche die Abbildung mit heutigen Montagehallen.*

mussten die Produktion einschränken und entließen Arbeiter. Im schlimmsten Fall machten Firmen Bankrott. Betrifft eine solche Rezession (Rückgang) nahezu alle Wirtschaftszweige eines Landes, spricht man von einer Wirtschaftskrise oder Depression. Durch Missernten hervorgerufene Teuerungen und Hungersnöte wie in der vorindustriellen Zeit gab es allerdings nicht mehr.

Konjunkturzyklen

Je stärker die Unternehmen miteinander verknüpft waren – durch Zulieferverträge etwa – und je mehr sich internationale Handelsbeziehungen entwickelten desto mehr Menschen wurden von Wirtschaftskrisen betroffen. Wenn sich die Wirtschaftslage wieder besserte, weil neue Industrien entstanden oder neue Märkte erschlossen wurden, fassten die Unternehmer neuen Mut, stellten Leute ein und erweiterten ihre Firmen. Ein solches Auf und Ab von Wachstum und Rückgang des Umsatzes in der Wirtschaft nennt man Konjunkturzyklus.

Firmen schließen sich zusammen

Neue technische Verfahren, z. B. Elektromotoren als Antriebskraft, hatten eine rationellere Produktion zur Folge. Für ihren Einsatz waren aber zunächst große Investitionen erforderlich. Kleinere Betriebe konnten das dafür nötige Kapital jedoch oft nicht aufbringen. Viele gingen Bankrott oder ließen sich von kapitalkräftigen Firmen aufkaufen. Um diesem Schicksal zu entgehen und im Wettbewerb besser bestehen zu können schlossen sich viele Unternehmen zusammen. In manchen Wirtschaftszweigen vereinbarten konkurrierende Firmen sich im Preis gegenseitig nicht mehr zu unterbieten. Sie einigten sich auf gemeinsame Preise und teilten den Markt unter sich auf. Ein Beispiel für ein solches „Kartell" war der Zusammenschluss von 98 Steinkohlezechen zum Rheinisch-westfälischen Kohlensyndikat. Aber auch ganz unterschiedliche Firmen schlossen sich zusammen. Diese Großbetriebe, Konzerne genannt, waren von fremden Zulieferbetrieben weit gehend unabhängig. Zur Firma Krupp gehörten 1899 z. B. Rüstungsfabriken, Kohle- und Eisenerzgruben, eine Eisenhütte, Stahlwerke, eine Gussstahlfabrik, ein Kraftwerk und ein Gaswerk. Wie in anderen Ländern konzentrierte sich in Deutschland die wirtschaftliche Macht in wenigen Händen.

Ohne Banken geht es nicht

Auch Großunternehmer konnten die Produktion oft nicht selbst finanzieren, besonders, wenn sie neue Anlagen bauen wollten, die sich erst später rentierten. Sie nahmen deshalb Bankkredite auf. Nun schlossen sich auch kleinere Banken zu Großbanken zusammen um die notwendigen gewaltigen Geldbeträge zur Verfügung stellen zu können. Diese wurden für die Industrie bald unentbehrlich.

Zahlen als historische Quelle für die Industrialisierung

Zur Zeit der Industrialisierung veränderten sich die Lebensbedingungen vieler Menschen innerhalb einer recht kurzen Zeitspanne erheblich. Berichte der direkt Betroffenen zeigen, wie sehr dieser Wandel die Menschen beschäftigte. Sie geben aber immer nur einen kleinen Ausschnitt der Wirklichkeit wieder. Sie lassen uns lediglich nachempfinden, wie Einzelne oder Gruppen von Menschen die Erscheinungen ihrer Zeit erlebten. Allgemeine Tendenzen und objektive Rahmenbedingungen, z.B. Geburtenziffern, Lohn- und Preisentwicklung, Veränderungen der Arbeitsproduktivität, Zusammensetzung der Bevölkerung usw., die auf das Leben des Einzelnen einwirkten, werden dadurch kaum deutlich. Dazu braucht man statistisches Material. Durch Ordnen und Verknüpfen der Zahlen lassen sich Aussagen über solche Trends und Bedingungen gewinnen. Statistiken werden somit zur historischen Quelle. Gerade im 19. Jahrhundert wurden viele Zahlen zur Industrialisierung festgehalten, die es Historikern heute erlauben, die Voraussetzungen und den Verlauf der Industriellen Revolution mit ihren Folgen für die Menschen zusammenzufassen und zu erklären.

Die Einkommen steigen – was eine Statistik zeigt

Doch die Zahlen allein sagen noch wenig aus, man muss mit ihnen umgehen können um die richtigen Schlüsse daraus zu ziehen: Als Deutschland nach 1870 zu einem der führenden Industrieländer wurde, stieg auch das Einkommen der Menschen. Die folgende Tabelle zeigt, wie sich die durchschnittlichen Löhne (Nominallöhne) von Arbeitern in Industrie, Handel und Verkehr entwickelten.

Jahr	Durchschnittlicher Jahresverdienst in Mark	in Prozent 1895 = 100	Jahr	Durchschnittlicher Jahresverdienst in Mark	in Prozent 1895 = 100
1871	493	74	1895	665	100
1875	651	98	1900	784	118
1880	545	82	1905	849	128
1885	581	87	1910	979	147
1890	650	98	1913	1083	163

Im genannten Zeitraum veränderten sich aber nicht nur die Löhne, sondern auch die Preise. Deswegen ist es notwendig, die Lohnentwicklung auf die Preise umzurechenen. Mit diesen errechneten Reallöhnen kann man beurteilen, ob höhere Einkommen tatsächlich mehr Kaufkraft brachten. Außerdem müssen wir berücksichtigen, dass sich die Lebenshaltungskosten insgesamt änderten: Z.B. stiegen die Mieten, bisher nicht gekannte Waren verdrängten althergebrachte, neue Dienstleistungen oder Versicherungen wurden selbstverständlich. Die folgende Tabelle zeigt, wie sich die Reallöhne und die Lebenshaltungskosten entwickelten.

Jahr	Jahresverdienst (real) (in Prozent)	Lebenshaltungskosten	Jahr	Jahresverdienst (real) (in Prozent)	Lebenshaltungskosten
1871	70	105,8	1895	100	100,0
1875	87	112,7	1900	111	106,4
1880	79	104,0	1905	114	112,4
1885	89	98,6	1910	119	124,2
1890	96	102,2	1913	125	129,8

3 Entwicklung der Lohn- und Lebenshaltungskosten
Erst der Vergleich der drei Kurven in einem Diagramm macht es möglich, Aussagen darüber zu treffen, wie sich der Lebensstandard von Arbeitnehmern in Deutschland nach 1870 veränderte. – Erkläre die Kurven unter diesem Gesichtspunkt.

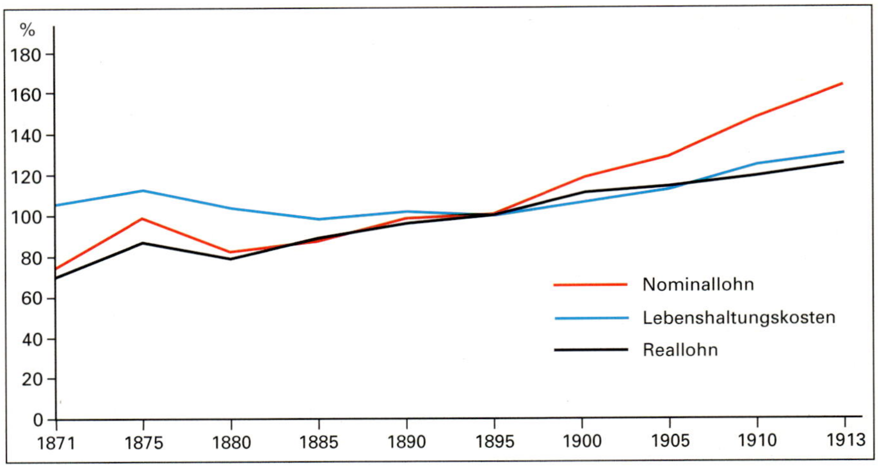

Nach: Joachim Rohlfes, Staat und Nation im 19. Jahrhundert. Stuttgart 1991, S. 129.

Können Statistiken lügen?

Auf den ersten Blick scheint es, als wären Statistiken völlig objektiv in ihrer Aussage, denn Zahlen lügen nicht. Trotzdem soll der britische Premierminister Disraeli einmal gesagt haben: „Es gibt drei Arten von Lügen: Lügen, verdammte Lügen und Statistiken." Abgesehen davon, dass Zahlenmaterial gefälscht sein kann, kommen falsche Aussagen zu Stande, wenn Statistiken – bewusst oder unbewusst – manipuliert werden: Eine stark gestauchte Kurve in einem Diagramm erweckt z. B. den Anschein eines starken Aufwärtstrends. Werden Daten nicht korrekt kombiniert und zu anderen Bezugsgrößen ins Verhältnis gesetzt, können ganz falsche Vorstellungen entstehen. In Deutschland stieg z. B. die Anzahl der Beschäftigten in Manufakturen, Fabriken und Bergwerken zwischen 1780 und 1850 von 80 000 auf 600 000. Man könnte meinen, die meisten arbeiteten nun in Industriebetrieben. In Wirklichkeit waren das aber nur 4 Prozent aller Beschäftigten, d. h. die Industrialisierung steckte noch in den Anfängen.

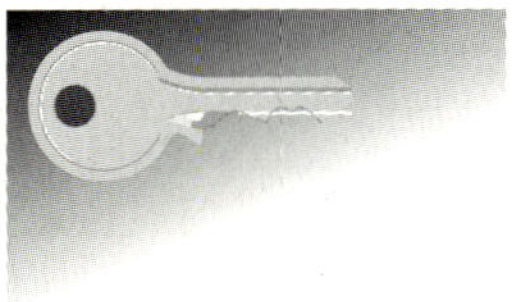

Statistiken als historische Quelle

Die genauen Daten einer Statistik erlauben uns größere Zusammenhänge, Entwicklungen, Trends oder Kräfteverhältnisse in der Geschichte zu erkennen und darzustellen. Um die gewünschten Informationen zu gewinnen muss das Zahlenmaterial richtig interpretiert werden. Die folgenden Fragen und Arbeitsschritte sollen dir dabei helfen:

1. *Zu welchem Sachverhalt trifft das vorliegende statistische Material Aussagen? Welche Zeiträume umfasst es? Woher stammen die Daten und wie zuverlässig sind sie vermutlich? Können wir von einer vollständigen Erfassung des Materials ausgehen oder ist mit einer Dunkelziffer zu rechnen?*
2. *Überlege, mit welchen anderen wichtigen Bezugsgrößen die Zahlen und Daten zusammenhängen. Überprüfe, ob dir genügend Informationen zu diesen Bezugsgrößen zur Verfügung stehen. Wenn das nicht der Fall ist, musst du entsprechendes statistisches Material suchen.*
3. *Sind die Zahlen und Daten übersichtlich zusammengestellt? Zeichne gegebenenfalls ein geeignetes Diagramm, in dem du alle wichtigen statistischen Größen unterbringst. Achte auf einen geeigneten Maßstab.*
4. *Vergleiche nun die in Tabellen, Kurven, Säulen oder Kreissegmenten dargestellten Verläufe, Mengen oder Verhältnisse. Welche Zusammenhänge siehst du? Schlussfolgere hinsichtlich historischer Entwicklungstrends bzw. unterschiedlich ausgeprägter Zustände zu einem bestimmten Zeitpunkt.*

4 Entwicklung der drei Beschäftigungsbereiche. *In Deutschland waren von hundert Beschäftigten tätig:*

Jahr	im 1. Sektor Land- und Forstwirtschaft, Fischerei	im 2. Sektor Produktion von Gütern (gewerblich/industriell)	im 3. Sektor Dienstleistungsbereiche	Beschäftigte insgesamt in Millionen
1800	62 %	21 %	17 %	10,5
1850	55 %	24 %	21 %	15,8
1900	38 %	37 %	25 %	25,5
1984 (BRD)	5 %	42 %	53 %	26,4
1991 (D)	3 %	39 %	58 %	37,4

Nach: F. W. Henning, Die Industrialisierung in Deutschland 1800–1914. Paderborn 1973, S. 130.

5 Eisenproduktion 1870 bis 1910
(in Millionen Tonnen)

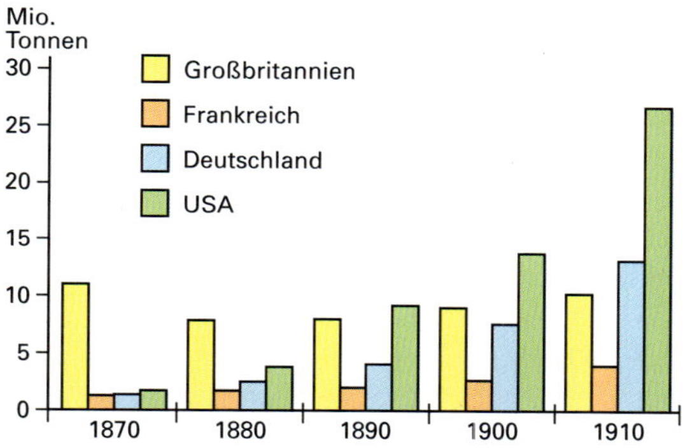

Nach: W. Mickel (Hg.), Geschichte, Politik und Gesellschaft. Frankfurt a. M. 1987, S. 203.

6 Bank- und Kreditwesen

Jahr	1858	1907
Anzahl der Firmen	306	1 318
Beschäftigte insgesamt	741	21 835
Beschäftigte je Firma	2,4	16,6
davon in Berlin	33 %	78 %

Nach: W. Sombart, Die dt. Volkswirtschaft im 19. Jh. Stuttgart 1954, S. 479.

7 Anteil an der Weltindustrieproduktion 1870 bis 1913 *(in Prozent)*

Jahr	GB	F	D	USA
1870	32	10	13	23
1900	18	7	16	31
1910	14	7	16	35
1913	14	6	16	36

Nach: Jürgen Kuczynski, Geschichte des Alltags des deutschen Volkes, Bd. 4. Berlin 1983, S. 62.

8 Beschäftigte in Fabriken, Bergwerken und Heimarbeit in Deutschland 1780 bis 1913

in Fabriken und Bergwerken:				
1780	80 000	=	1 %	aller
1850	600 000	=	4 %	Beschäftigten
1913	7 200 000	=	23 %	
in Heimarbeit:				
1780	869 000	=	8,5 %	aller
1850	1 500 000	=	10 %	Beschäftigten
1913	500 000	=	2 %	

Nach: F.-W. Henning, a. a. O., S. 130.

a) Veranschauliche die Statistik zur Entwicklung der Beschäftigungsbereiche (M4) in Kreisdiagrammen. Worauf sind die Veränderungen zurückzuführen? Was ist von der weiteren Entwicklung zu vermuten? Welche Auswirkungen wird das vermutlich auf euer Berufsleben haben?

b) Allein zwischen 1882 und 1885 wurden 4218 neue Berufe statistisch erfasst. Nenne Berufe, die durch die Erfindungen von Siemens und Edison (siehe VT) entstanden sind.

c) Was sind die Folgen von Preiskartellen für die Käufer (VT)? Warum sind solche Preisabsprachen in der Bundesrepublik Deutschland verboten?

d) Diskutiert, welche Bedeutung das Wirtschaftswachstum, das vor allem von Unternehmern erstrebt wurde, für eine Lösung der sozialen Frage hatte.

10. Die Industrielle Revolution beendet eine Epoche

Eine Epoche von neun Jahrtausenden

Wäre ein ägyptischer Kupferschmied des Jahres 2500 v. Chr. eingeschlafen und in einer Schmiede im Berlin des Jahres 1750 n. Chr. erwacht, so hätte es nicht sehr lange gedauert, bis er die technischen Fortschritte der 4250 Jahre, die er verschlafen hatte, begriffen hätte. Ein Schmied aus dem Jahre 1750 in Berlin hingegen würde von der technischen Welt des Jahres 1900 oder gar unserer Gegenwart fast nichts begreifen. Denn in den 150 oder gar 250 Jahren, die ihn von der Welt trennten, aus der er kam, hat sich viel mehr geändert als in den 4250 Jahren zuvor.

Es gibt nur eine Veränderung aller Lebensverhältnisse, deren Ausmaß die Historiker mit dem der Industriellen Revolution verglichen, und das ist der Übergang von den Jahrhunderttausenden der Lebensweise der Jäger und Sammler zu der der Viehzüchter und Ackerbauern. Dieser Übergang, der im 8. Jahrtausend im Nahen Osten begann, ermöglichte wie die Industrialisierung eine Vervielfachung der menschlichen Bevölkerung und führte zu einer tief greifenden Umwandlung des Lebensstils, der Gesellschaftsordnung und des Weltbildes. Er wird deshalb auch die jungsteinzeitliche (Neolithische) Revolution genannt, obwohl sie natürlich sehr viel langsamer vor sich ging als die Industrielle Revolution. Dennoch: Keine der vielen Veränderungen, Erfindungen und kulturellen Leistungen, die in den etwa neun Jahrtausenden zwischen diesen beiden „Revolutionen" stattfanden, hat das Leben der Masse der Bevölkerung mehr verändert. Denn noch Mitte des 18. Jahrhunderts lebte auch die große Mehrheit der Bevölkerung heutiger Industrieländer in sehr einfachen und ärmlichen bäuerlichen Verhältnissen. Städte und städtische Kultur haben zwar das Interesse und die Aufmerksamkeit von Zeitgenossen, Nachfahren und Historikern auf sich gezogen, blieben aber vor 1800 immer die Lebensform einer recht kleinen Minderheit.

Industrialisierung …

… Fortschritt …

… oder Bedrohung?

Die Schnelligkeit, mit der sich seit Beginn der Industrialisierung alle Lebensverhältnisse änderten, rief unterschiedliche Reaktionen hervor. Auf der einen Seite stand der Glaube an die Wohltaten des technischen Fortschritts, auf der anderen Seite die Angst vor dem „Maschinenwesen", das alle überlieferte Ordnung zerstörte. Eisenbahnen, Straßen und Flussregulierungen veränderten das vertraute, vorwiegend von herkömmlichen Bauerndörfern geprägte Landschaftsbild. Wiesen und Felder, mittelalterliche Stadtmauern und historische Gebäude fielen dem Wohnungsbau und der Ansiedlung von Industrie und Gewerbe zum Opfer. Dagegen wurde um 1900 zum ersten Mal Widerstand laut. Ein Naturschutzbund rief zum Schutz bedrohter Pflanzen und Tiere auf. Der 1904 in Dresden gegründete „Bund Heimatschutz" hatte großen Zulauf. Seinen Mitgliedern ging es darum, die historisch gewachsenen Dörfer und Städte zu erhalten. Ihr Protest gegen den Bau eines Kraftwerkes über den Rheinschnellen bei Laufenberg fand großes Echo. Das Vorhaben wurde aber wie geplant ausgeführt.

Der Wunsch nach höherem Lebensstandard und steigendem Wohlstand war stärker als die Naturliebe. Die Veränderungen und Belastungen der natürlichen Umwelt in Grenzen zu halten war nicht möglich. Viele neue Gefährdungen entstanden durch die unaufhaltsame Motorisierung, die Ausbreitung der Städte, die Zersiedlung der Landschaft, die wachsende Produktion und den steigenden Verbrauch. Doch wurde die Öffentlichkeit erst 70 Jahre nach der Gründung von Natur- und Heimatschutzbund allmählich auf den Preis für die Industrialisierung und das Ausmaß der Umweltbelastung aufmerksam.

1 Die Heimat ist bedroht

Im März 1904 veröffentlichten viele deutsche Zeitungen einen Aufruf zur Gründung des Bundes Heimatschutz. Darin hieß es:

Die Verwüstungen des Dreißigjährigen Krieges haben nicht so verheerend gewirkt, so gründlich in Stadt und Land mit dem Erbe der Vergangenheit aufgeräumt wie die Übergriffe des modernen Lebens mit seiner rücksichtslosen einseitigen Verfolgung praktischer Zwecke. Die Heimat sei mittlerweile ernsthaft von den einheimischen Vandalen bedroht. Dringend sei daher geboten, alle Gleichgesinnten um einen Mittelpunkt zu sammeln … und … die deutsche Heimat mit ihren Denkmälern … und der Poesie ihrer Natur vor weiteren Verunglimpfungen zu schützen.

Zit. nach: Damals. Das aktuelle Geschichtsmagazin, Heft 8/1993, S. 22.

2 Zukunft optimistisch

In einem Flugblatt der SPD zum 1. Mai 1904 heißt es:

Ihr Arbeiter werdet einst in eigenen Wagen fahren, auf eigenen Schiffen touristisch die Meere durchkreuzen … und schönheitstrunken durch die Gelände des Südens, der Tropen schweifen … Oder ihr saust mit eurem Luftgespann über die Erde im Wettflug mit den Wolken, Winden und Stürmen dahin. Nichts wird euch mangeln, keine irdische Pracht der Erde gibt es, die euer Auge nicht schaut. Was je eure Herzen ersehnt, was euer Mund erwartungsschauernd in stammelnde Worte gekleidet, dann habt ihr das wahrhaftige Evangelium des Menschenglücks auf Erden.

Zit. nach: Stern Nr. 16/1977, S. 105 f.

3 Landschaft mit Baum *(Gemälde von Lutz Brandt, 1981). – Vergleiche die Aussage des Bildes mit dem SPD-Flugblatt.*

4 Produkte der Leder- und Bekleidungsindustrie

a) Nenne wichtige Unterschiede der Lebensweise der Jäger und Sammler gegenüber der der Bauern. Ziehe, wenn möglich, den 1. Band dieses Unterrichtswerkes zur Information heran.

b) In welcher Hinsicht hat sich das Leben in der Zeit zwischen Neolithischer und Industrieller Revolution wenig verändert? Denke an die Möglichkeiten der Erzeugung von Lebensmitteln und Waren, der Fortbewegung und des Transports sowie der Nachrichtenübermittlung.

c) Nenne Erfindungen im 15. und 16. Jahrhundert, die die Industrielle Revolution vorbereiteten.

d) Nehmt zu M1 und M2 Stellung. Wie weit haltet ihr den Optimismus, wie weit die geäußerte Kritik an der industriellen Entwicklung für berechtigt?

e) Welche Gruppe der Gesellschaft wird sich vor allem für Natur- und Heimatschutz eingesetzt haben: Arbeiter, Bauern, gebildete Bürger? Begründe deine Meinung. Kannst du den Optimismus des SPD-Flugblattes erklären?

f) Nenne Kritikpunkte, die heute im Vordergrund stehen, aber in den Texten M1, M2 keine Rolle spielen. Diskutiert das in M4 angesprochene Problem.

Deutsche kämpfen für Einheit, Freiheit und soziale Gerechtigkeit

Die vereinten Nationen von Europa, Lithografie von Frederic Sorrieu um 1848.
Ganz oben: „Schlusssitzung in der Paulskirche“, Karikatur aus der Buddelmeyer-Zeitung 1849, darunter: „Gefährliche und schwankende Stellung eines deutschen Ministers“, Karikatur aus den Düsseldorfer Monatsheften, 1848.

1. Erhalten, was besteht, oder wiederherstellen, was war? – Der Wiener Kongress

1814/15	*Wiener Kongress: Monarchen schaffen eine neue Ordnung in Europa*
1815	*Die 39 deutschen Einzelstaaten schließen sich im Deutschen Bund zusammen.*

In Wien soll Europa neu geordnet werden

Zwischen September 1814 und Juni 1815 trafen sich die führenden Staatsmänner fast aller Herrscherhäuser Europas in Wien um darüber zu beraten, wie es nach der Niederlage Napoleons weitergehen sollte. Inwieweit waren die Grenzveränderungen des französischen Imperators Napoleon wieder rückgängig zu machen? Und: Konnte man sich gegen neue Revolutionen schützen?
Darüber, wie die neue europäische Ordnung aussehen sollte, gingen die Vorstellungen der einzelnen Mächte weit auseinander. Zar Alexander I. beanspruchte ganz Polen für sich, Preußen das Königreich Sachsen als Entschädigung für seine ehemals polnischen Besitzungen. England und Österreich wollten eine Machtausdehnung Russlands und Preußens verhindern. Dem österreichischen Staatskanzler Clemens Metternich gelang es schließlich mit seiner geschickten Verhandlungstaktik, tragfähige Kompromisse zu erzielen. Die Teilnehmer verhandelten nämlich nicht in Gesamtsitzungen. Die wichtigsten Ergebnisse wurden in Einzelgesprächen erzielt – oft am Rande gesellschaftlicher Ereignisse: Preußen verlor die meisten seiner polnischen Gebiete an Russland, gewann die nördliche Hälfte von Sachsen und die Rheinprovinz. Russland erhielt den größten Teil Polens in Personalunion. England hatte mit den Inseln Helgoland, Malta, Mauritius, Ceylon und mit der südafrikanischen Kapkolonie wesentliche Stützpunkte gewonnen und festigte dadurch seine Stellung als See- und Kolonialmacht. Frankreich wurde auf seine Grenzen von 1792 festgelegt. Das als wesentliches Kongressergebnis hergestellte Mächtegleichgewicht zwischen den fünf europäischen Großmächten hatte 50 Jahre lang Bestand. Während dieser Zeit blieb Europa von größeren kriegerischen Auseinandersetzungen verschont.

Gemeinsame Prinzipien: Legitimität, Restauration, Solidarität

Der Idee der Volkssouveränität stellten die Vertreter der Herrscherhäuser ihre Ideologie der „Legitimität" entgegen. Als rechtmäßig, also legitim, sollte nur noch die von Gott abgeleitete Herrschaft der Fürstendynastien gelten. Dafür war zunächst auch eine Restauration der legitimen Ordnung notwendig. Mit gegenseitig bekundeter Solidarität wollte man das „Drachenhaupt der Revolution" niederhalten. Der russisch-orthodoxe Zar Alexander I. von Russland, der römisch-katholische Kaiser Franz I. von Österreich und der protestantische König Friedrich Wilhelm III. von Preußen schlossen auf Vorschlag des Zaren eine „Heilige Allianz": Man wollte „entsprechend den Worten der Heiligen Schrift, welche alle Menschen heißt sich als Brüder zu betrachten, … sich bei jeder Gelegenheit und an jedem Ort Hilfe und Beistand … leisten". Jeder Versuch diese Ordnung zu stören sollte ein Eingreifen der Bündnispartner veranlassen. Fast alle europäischen Herrscher traten der Allianz bei.

Deutscher Bund, kein deutscher Bundesstaat

Restauration der alten Ordnung – das traf auf das „Heilige Römische Reich Deutscher Nationen" mit seinen ehemals fast 1800 Herrschaftsgebieten nicht zu. Stattdessen schlossen sich die 38 deutschen Einzelstaaten, wie sie im Reichsdeputationshauptschluss von 1803 übrig geblieben waren, unter dem Vorsitz Österreichs zum „Deutschen Bund" zusammen. Dieser locker organisierte Staa-

1 *Europa 1815–1850*

tenbund beschränkte die Selbstständigkeit der Einzelstaaten kaum und es gab auch kein gemeinsames Oberhaupt. Einzige zentrale Einrichtung war der „Bundestag“ in Frankfurt. Er setzte sich aus den Gesandten der Mitgliedstaaten zusammen und konnte nur mit Zwei-Drittel-Mehrheit Beschlüsse fassen, die dann für die Einzelstaaten bindend waren. Der neue Staatenbund enttäuschte viele Deutsche, die gehofft hatten der Wiener Kongress würde einen deutschen Bundesstaat mit einem vom Volk gewählten Parlament schaffen.

Restauration (lat. „restaurare“, d. h. wiederherstellen): Auf dem Wiener Kongress 1814/15 sollte die alte Ordnung, wie sie vor der Französischen Revolution bestanden hatte, wiederhergestellt werden. Dies galt vor allem für die Macht der Monarchen, die ihre Herrschaft durch den Anspruch begründeten, sie werde in göttlichem Auftrag wahrgenommen (Gottesgnadentum). Deshalb sollte ihre Macht nicht durch gewählte Parlamente eingeschränkt werden. Die europäische Epoche von 1815 bis 1848 bezeichnet man daher auch als Zeitalter der Restauration. Heute verwendet man den Begriff ebenso für Bestrebungen gesellschaftliche, politische und staatliche Ordnungen nach „alten“ Prinzipien, die als bewährt gelten, wiederherzustellen.

2 ***„Republikanische Energie für die Despoten"***
(französische Karikatur, 1800). Auf der Scheibe steht: „Erklärung der Menschenrechte"; auf der Leitung: „Freiheit, Gleichheit, Brüderlichkeit, Einheit und Unteilbarkeit der Republik".

3 ***Was tun in stürmischen Zeiten?***
Metternich schrieb 1820 an den badischen Gesandten am österreichischen Hof:

Die Zeit rückt unter Stürmen vorwärts; ihren Ungestüm aufhalten zu wollen würde vergebliches Bemühen sein. Festigkeit, Mäßigung und endlich Vereinigung in wohl berechneten Kräften, dies allein bleibt der Macht der Beschützer und den Freunden der Ordnung übrig ... die Erhaltung dessen, was besteht, muss folglich die erste und wichtigste aller Sorgen sein ...

Auf keine Weise von der bestehenden Ordnung, welchen Ursprunges sie auch sei, abzuweichen, Veränderungen, wenn sie durchaus nötig scheinen, nur nach reiflich überlegtem Entschluss vorzunehmen, dies ist die erste Pflicht einer Regierung ... Zwei große Rettungsmittel sind gegenwärtig jeder Regierung zugesichert ... Das eine dieser Mittel beruht auf der befriedigenden Überzeugung, dass unter den europäischen Mächten durchaus kein Missverständnis obwalte ... Das andere Mittel ist ... eine Vereinigung, die mit Gottes Hilfe durch Festigkeit und Treue unauflösbar werden wird.

Aus Metternichs nachgelassenen Papieren, hrsg. v. Fürst R. von Metternich-Winneburg, 2. Teil, Wien 1881, S. 372 ff.

4 ***„Mein Wunsch für Deutschland"***
1812 äußerte sich Freiherr vom Stein in einem Brief an den für Hannover zuständigen Minister in London:

Es tut mir Leid, dass Eure Exzellenz in mir den Preußen vermuten und in sich den Hannoveraner entdecken. Ich habe nur ein Vaterland, das heißt Deutschland ... so bin ich auch nur ihm und nicht einem Teil desselben von ganzem Herzen ergeben. Mir sind die Dynastien in diesem Augenblick großer Entwicklung vollkommen gleichgültig, es sind bloß Werkzeuge; mein Wunsch ist, dass Deutschland groß und stark werde um seine Selbstständigkeit, Unabhängigkeit und Nationalität wiederzuerlangen und beides in seiner Lage zwischen Frankreich und Russland zu behaupten; das ist das Interesse der Nation und ganz Europas; es kann auf dem Wege alter zerfallener und verfaulter Formen nicht erhalten werden; dies hieße ein System einer militärischen, künstlichen Grenze auf den Ruinen der alten Ritterburgen und den mit Mauern und Türmen befestigten Städten gründen zu wollen ... Mein Glaubensbekenntnis ... ist Einheit.

Freiherr vom Steins Ausgewählte Schriften, hrsg. v. Klaus Thiede, Jena 1929, S. 178.

a) Stelle die wichtigsten Grundsätze und Beschlüsse des Wiener Kongresses zusammen und erläutere, welche Ziele mit ihnen verfolgt wurden (VT, M2).
b) Was verstand Metternich unter der „Erhaltung dessen, was besteht" (M3)?
c) Welche Neuordnung Deutschlands strebte Freiherr vom Stein an (M4)?
d) Dem Deutschen Bund gehörten auch Monarchen anderer europäischer Staaten an, die Länder des Deutschen Bundes in Personalunion regierten, und es gab deutsche Monarchen, die auch Gebiete außerhalb des Deutschen Bundes beherrschten. Stelle die Informationen darüber aus der Karte M1 zusammen.

2. Die politische Opposition wird unterdrückt – das „System Metternich"

1817	*Studenten fordern auf dem Wartburgfest bürgerliche Freiheit und nationale Einheit.*
1819	*Mit den „Karlsbader Beschlüssen" unterdrücken die Regierungen liberale und nationale Bestrebungen.*
1821–1828	*Freiheitskampf der Griechen gegen die türkische Fremdherrschaft.*

Das Verlangen nach Freiheit und Gleichheit

In Europa war seit der Zeit der Aufklärung vor allem im Bürgertum der Wunsch nach persönlicher Freiheit und nach politischer Mitbestimmung erwacht. Freiheitlich-fortschrittlich gesinnte Menschen, so genannte Liberale, verlangten die Macht der Monarchen einzuschränken, bei politischen Entscheidungsprozessen mitzubestimmen und Grundrechte wie die Religions-, Meinungs- und Pressefreiheit zu verwirklichen. Einige Fürsten des Deutschen Bundes, darunter die Herrscher von Nassau, Bayern, Baden, Württemberg und Hessen, waren zu kleineren Zugeständnissen bereit. Sie setzten zwischen 1818 und 1821 Verfassungen in Kraft, die wichtige Grundrechte gewährleisteten und Bürgern, die Steuern bezahlten, das Wahlrecht für Volksvertretungen zubilligten. Die Monarchen der beiden größten Staaten des Deutschen Bundes, Österreich und Preußen, ließen jedoch bis 1849 keine Verfassung zu.

Für „Ehre, Freiheit, Vaterland"

Viele Deutsche wollten sich nicht damit abfinden, dass es keinen gemeinsamen deutschen Nationalstaat mit gewählter Volksvertretung gab. Vor allem Studenten und Professoren, die als Freiwillige an den Freiheitskriegen gegen Napoleon teilgenommen hatten, waren anschließend enttäuscht über die Restauration und die Zerrissenheit Deutschlands in 38 Kleinstaaten. Um ein erstes Zeichen der Einheit zu setzen schlossen sich 1815 Studenten in Jena zu einer deutschen Burschenschaft zusammen. Bald gab es an fast allen deutschen Universitäten ähnliche Verbindungen. „Ehre, Freiheit, Vaterland" war ihr Wahlspruch. Als Fahne wählten sie Schwarz-Rot-Gold – Farben, die bereits die Fahne eines Freiwilligenregiments im Krieg gegen Napoleon geschmückt hatten. Ihre erste gemeinsame Kundgebung veranstalteten die Studenten 1817 auf der Wartburg bei Eisenach anlässlich der Dreihundertjahrfeier der Reformation und des vierten Jahrestages der Völkerschlacht bei Leipzig. Dort forderten sie einen Nationalstaat mit einer Verfassung und den Menschenrechten als Grundlage. Großes Aufsehen erregten einige Studenten, als sie im Anschluss an die Feier „schlechte, das Vaterland entehrende" Schriften verbrannten, darunter den Code Napoléon und eine Sammlung preußischer Polizeigesetze. Auch Symbole der Fürstenmacht, z. B. ein Korporalstock (Zeichen des Kasernenhofgeistes) und ein Zopf (Zeichen der Bürokratie), wurden in die Flammen geworfen.

Attentat

Die Demonstration der Studenten löste bei den konservativen Regierungen große Besorgnis aus. Die „legitimen" Monarchen schienen in Gefahr zu sein. Zwei Jahre später bot sich Gelegenheit zum Eingreifen. Der 23-jährige Theologiestudent Karl Ludwig Sand ermordete 1819 in Mannheim den Schriftsteller August von Kotzebue, der in einem Wochenblatt die nationale und liberale Gesinnung verspottet und die Regierungen vor den revolutionären Ideen der Studenten gewarnt hatte.

1 Liberaler Bürgerverein um 1840
Zeitgenössischer Stich von F. W. Gubitz. Die Obrigkeit verschärfte das Versammlungsverbot. Mehr als 20 Personen durften nur noch zu rein privaten Anlässen zusammenkommen. – Erläutere anhand des Bildes, wie man die Verbote politischer Treffen unterlief. Welchen Berufen würdest du die Personen zuordnen?

Karlsbader Beschlüsse gegen „revolutionäre Umtriebe"

Der österreichische Staatskanzler Fürst Metternich, auf den die Ordnung nach dem Wiener Kongress zurückging, veranlasste, dass sich die Vertreter der größeren deutschen Staaten in Karlsbad trafen und sich 1819 auf die „Karlsbader Beschlüsse" einigten. Alle Studentenverbindungen, besonders die Burschenschaften, wurden verboten. Die Universitäten sollten überwacht und die Presse noch rigider zensiert werden. In Mainz wurde eine zentrale Untersuchungskommission zur Aufdeckung „revolutionärer Umtriebe" eingerichtet. Viele liberal gesinnte Persönlichkeiten wurden als Demagogen (Volksverführer) verfolgt, so z. B. der Dichter Ernst Moritz Arndt. Er erhielt als Professor 20 Jahre Berufsverbot. „Turnvater" Jahn wurde ohne Prozess sechs Jahre in Haft gehalten. Jahn hatte 1811 in Berlin den ersten Turnplatz eingerichtet und im gleichen Jahr zur Volkserhebung und zur Errichtung eines deutschen Nationalstaates aufgerufen. Als Freiwilliger hatte er gegen die napoleonische Fremdherrschaft gekämpft.

Liberalismus (lat. „liber", d. h. frei): So nennt man eine weltanschauliche Richtung, die die persönliche Freiheit jedes Menschen in den Vordergrund stellt. Jeder soll seine Kräfte und Möglichkeiten im Rahmen der Rechtsordung ungehindert entfalten können. Die Wurzeln des Liberalismus liegen in der Aufklärung. Seit der Französischen Revolution verbanden sich damit konkrete politische Forderungen. Liberale Bürger verlangten Grundrechte, wie Glaubens-, Versammlungs- und Pressefreiheit und die Teilung der Staatsgewalt in Legislative, Exekutive und Judikative. Die deutschen Liberalen forderten nach dem Wiener Kongress entsprechende Verfassungen für die Einzelstaaten, die vor allem den besitzenden und gebildeten Bürgern die Teilnahme an der Gesetzgebung und der Festlegung des Staatshaushalts ermöglichen sollten. Außerdem erstrebten sie den Abbau wirtschaftlicher Hemmnisse, vor allem der Zollschranken und einen geeinten deutschen Nationalstaat.

Konservatismus (lat. „conservare", d. h. bewahren, erhalten): Diese geistige Grundhaltung stellt die geschichtliche Kontinuität und die Erhaltung der überlieferten gesellschaftlichen und politischen Ordnung in den Vordergrund ohne jedoch Reformen und Veränderungen prinzipiell auszuschließen. Allen Einrichtungen, die Althergebrachtes verkörpern (Kirche, Monarchie, Ständeordnung, Familie, Eigentum), wird hohe Bedeutung zugemessen. Im 19. Jahrhundert verband sich konservatives Handeln mit dem Interesse des Adels seine Macht zu erhalten und zielte gegenüber siegreichen Revolutionen auf *Restauration* oder erschien gegenüber fortschrittlichen Bestrebungen als *Reaktion.*

2 **„Die gute Presse"** *(Karikatur aus dem „Leuchtturm", 1847). Ordne den dargestellten Symbolen und Figuren folgende Sachverhalte zu: Zensur, Presse, reaktionäre Obrigkeit. Warum wurde als voranschreitender Fahnenträger ein Maulwurf gewählt? Inwiefern wird mit dem Krebs auf der Fahne der hier dargestellte „Fortschritt" lächerlich gemacht? Was bringt der Zeichner mit den Fledermäusen am Himmel zum Ausdruck?*

Karikaturen – historische Quellen zur eigenen Urteilsbildung

Karikaturen sind Zeichnungen, die bewusst Personen und Sachverhalte anstößig, nicht wirklichkeitsgetreu wiedergeben. Sie bedienen sich dazu der Mittel der Übertreibung, der symbolischen Darstellung und der Verfremdung (Personen werden z. B. in völlig andere, ihnen normalerweise fremde, ja irreale Zusammenhänge gestellt). Diese Darstellungsweise hängt damit zusammen, dass Karikaturen den Betrachter nicht einfach informieren, sondern über eine Provokation zur eigenen Stellungnahme bewegen wollen. Die Übertreibungen und Einseitigkeiten von Karikaturen ermöglichen es auch im Nachhinein, unterschiedliche Positionen von Zeitgenossen zu einem bestimmten Sachverhalt schnell zu erfassen und fordern die Urteilsbildung des historischen Betrachters heraus.

Das methodische Vorgehen erfolgt zunächst wie bei der Bildinterpretation: die Darstellung genau betrachten, alle Einzelheiten beschreiben und sich über die wesentlichen Quellenangaben informieren (Wann und von wem erstellt? Wo und in welchem Organ veröffentlicht?).

Dann sind folgende, für Karikaturen besonders typische Fragen zu klären:

- *Welcher Sachverhalt, welche Personen werden karikiert?*
- *Was weicht von der Wirklichkeit ab (was wirkt übertrieben, was ist irreal)?*
- *Welche Symbole werden verwandt? Was soll damit jeweils zum Ausdruck gebracht werden?*
- *Lässt sich jetzt eine Position des Zeichners ausmachen?*
- *Welches Publikum konnte die Karikatur überhaupt erreichen?*
- *Welche Wirkung sollte die Karikatur bei den Zeitgenossen auslösen? Welche Wirkung hat sie auf den heutigen Betrachter?*

3 ***Zeitgenössisches Flugblatt zum griechischen Freiheitskampf*** *von 1821 bis 1828 gegen die türkische Fremdherrschaft. Der Aufstand wurde von den Mächten der „Heiligen Allianz" teilweise militärisch unterstützt. Die Erinnerung an das antike Griechenland begeisterte die Gebildeten Europas für den Freiheitskampf, an dem sich Freiwillige aus vielen christlichen Ländern Europas beteiligten. Die Türkei wurde besiegt und musste die Unabhängigkeit Griechenlands anerkennen. 1820 erhoben sich auch in Spanien freiheitlich gesinnte Bürger und verlangten liberale Verfassungen. Die Aufstände griffen auf Italien über. In Neapel, Piemont und Lombardo-Venetien forderten Italiener die Loslösung von Österreich und ein geeintes Italien. Im Auftrag der „Heiligen Allianz" besiegten österreichische Truppen 1821 die aufständischen Italiener und französische Truppen 1823 die Spanier. – Warum verfuhr die „Heilige Allianz" so unterschiedlich? Das Bild hilft bei der Antwort: Welche Gegenstände werden zerbrochen? Was sollen sie darstellen? Mit welchen Symbolen wird das christliche Abendland gekennzeichnet?*

4 ***Karlsbader Beschlüsse***

a) *Beschluss des Bundestages vom 20. 9. 1819:*

Die Bundesregierungen verpflichten sich gegeneinander Universitäts- und andere öffentliche Lehrer, die durch erweisliche Abweichung von ihrer Pflicht oder Überschreitung der Grenzen ihres Berufes, durch Missbrauch ihres rechtmäßigen Einflusses auf die Gemüter der Jugend, durch Verbreitung verderblicher, der öffentlichen Ordnung und Ruhe feindseliger oder die Grundlagen der bestehenden Staatseinrichtungen untergrabender Lehren ihre Unfähigkeit zur Verwaltung des ihnen anvertrauten … Amtes unverkennbar an den Tag gelegt haben, von den Universitäten und sonstigen Lehranstalten zu entfernen … Ein (solcher) Lehrer darf in keinem anderen Bundesstaat bei irgendeinem öffentlichen Lehrinstitute wieder angestellt werden … Solange der gegenwärtige Beschluss in Kraft bleiben wird, dürfen Schriften, die in der Form täglicher Blätter oder heftweise erscheinen, desgleichen solche, die nicht über 20 Bogen im Druck stark sind, in keinem deutschen Bundesstaate ohne Vorwissen und vorgängige Genehmhaltung der Landesbehörden zum Druck befördert werden.

E. R. Huber (Hg), Dokumente zur deutschen Verfassungsgeschichte, Bd. 1, Stuttgart 1961, S. 91 f.

b) *Ein Deutscher, der 1823 aus den Niederlanden in die Heimat zurückkehrte, schrieb:*

Die Ströme, die Berge, die alten Türme erkenne ich noch, aber die Menschen nicht mehr … Als ich hier anfangs, noch unbekannt mit den neuen Verhältnissen, nach alter Gewohnheit von der Politik des Tages reden wollte, erhielt ich kaum eine Antwort; der eine wich aus, der andere brach ab, viele stahlen sich weg. – Wo niemand über öffentliche Angelegenheiten öffentlich spricht, da ist gewiss keine Freiheit; wenn aber gebildete Männer selbst in der Mitte ihrer Bekannten solche Gegenstände zu berühren vermeiden …, dann hat entweder die feige Selbstsucht oder der Despotismus den Gipfel erreicht …
Überall ist die Polizei mit ihren Spionen tätig – selbst die Briefe werden geöffnet. Eine eigene Inquisition ist eingerichtet um Verschwörungen nachzuspüren, die nirgends existieren … Daher liefern die Berichte der Mainzer Kommission nichts als Thermometer des Hasses und den Maßstab, wie sehr der gegenwärtige Zustand im Widerspruch ist mit den Meinungen und Wünschen aller.

H. von Gagern, Das Leben des Generals Friedrich von Gagern, Bd. 1, Heidelberg 1856, S. 270 ff.

5 **Der Denkerklub** *(anonyme Karikatur um 1825). Der Text auf der Tafel rechts lautet: „Gesetze des Denker-Klubs: I. Der Präsident eröffnet präzise 8 Uhr die Sitzung. II. Schweigen ist das erste Gesetz dieser gelehrten Gesellschaft. III. Auf dass kein Mitglied in Versuchung geraten möge seiner Zunge freien Lauf zu lassen, so werden beim Eintritt Maulkörbe ausgeteilt. IV. Der Gegenstand, welcher in jedmaliger Sitzung durch ein reifes Nachdenken gründlich erörtert werden soll, befindet sich auf einer Tafel mit großen Buchstaben deutlich geschrieben.“*

6 ***Brief des Jurastudenten Heinrich von Gagern,*** *Mitbegründer der Jenaer Burschenschaft von 1818, an seinen Vater:*

Wir wünschen, dass Deutschland als *ein* Land und das deutsche Volk als *ein* Volk angesehen werden könne. So wie wir dies so sehr als möglich in der Wirklichkeit wünschen, so zeigen wir dies in der Form unseres Burschenlebens. Landsmannschaftliche Parteien sind verbannt und wir leben in einer deutschen Burschenschaft, im Geiste als ein Volk, wie wir es in ganz Deutschland gerne in der Wirklichkeit täten … Wir wünschen eine Verfassung für das Volk nach dem Zeitgeiste und nach der Aufklärung desselben, nicht dass jeder Fürst seinem Volke gibt, was er Lust hat und wie es seinem Privatinteresse dienlich ist. Überhaupt wünschen wir, dass die Fürsten davon ausgehen und überzeugt sein möchten, dass sie des Landes wegen, nicht aber das Land ihretwegen existiere. Die bestehende Meinung ist auch, dass überhaupt die Verfassung nicht von den einzelnen Staaten ausgehen solle, sondern dass die eigentlichen Grundzüge der deutschen Verfassung gemeinschaftlich sein sollten, ausgesprochen durch die deutsche Bundesversammlung.

Geschichte in Quellen, Bd. 5, S. 83.

a) Nenne die verschiedenen Bewegungen und ihre Ziele in Europa, die sich gegen die Prinzipien des Wiener Kongresses richteten (VT, M1, M3, M6).

b) Womit wurden die Amtsenthebungen von Professoren und Lehrern (M4a) gerechtfertigt? Auch in der Bundesrepublik hat es Berufsverbote gegeben. Erkundige dich danach und diskutiert in der Klasse, ob und wann ein demokratischer Staat dazu berechtigt ist.

c) Stelle einen Zusammenhang zwischen M4a und M5 her.

d) Findest du es richtig, dass die Studenten beim Wartburgfest Bücher verbrannten? Begründe deine Meinung.

3. „Singst du das Lied der Freiheit …" – das Schicksal eines Liberalen

1830	*Die Julirevolution in Frankreich führt zu neuen nationalen und liberalen Erhebungen in Europa.*
1832	*An einer Volksversammlung auf Schloss Hambach in der Pfalz bei Neustadt (Hambacher Fest) nehmen fast 30 000 freiheitlich gesinnte Menschen teil.*
1837	*Mit der Amtsenthebung von sieben Göttinger Professoren, den „Göttinger Sieben", erreichen die „Demagogenverfolgungen" einen neuen Höhepunkt.*

Philipp Jakob Siebenpfeiffer: Berufsausbildung …

Bürger, die in den Staaten des Deutschen Bundes für mehr Freiheit und größere politische Rechte eintraten, mussten mit polizeistaatlichen Schikanen und beruflichen Nachteilen rechnen. Einer von denen, die den Mut aufbrachten sich in der Öffentlichkeit zu liberalen Ideen zu bekennen war Philipp Jakob Siebenpfeiffer. Er wurde 1789 als Sohn eines Schneiders in Lahr (Baden) geboren. Durch den frühen Tod der Eltern war der begabte Philipp Jakob gezwungen als Schreiber zu arbeiten um seine Ausbildung finanzieren zu können. Erst als er genügend gespart hatte, konnte er sich 1810 als Jurastudent an der Universität Freiburg einschreiben. Nach juristischem Examen und Doktorprüfung wollte er eine wissenschaftliche Laufbahn einschlagen. Dieser Wunsch scheiterte aus finanziellen Gründen: Professoren wurden nur selten bezahlt. Deshalb trat Siebenpfeiffer in den österreichischen Verwaltungsdienst ein, wo er in den linksrheinischen Gebieten eingesetzt wurde. Er unterbrach diese Tätigkeit um 1814 als Freiwilliger am Kampf gegen die napoleonische Herrschaft teilzunehmen.

… und Karriere

Nachdem die Pfalz durch den Wiener Kongress an Bayern gefallen war, wurde der kenntnisreiche junge Beamte mit 29 Jahren mit der Leitung des Landkommissariats Homburg betraut, zu dem 79 Gemeinden mit etwa 40 000 Einwohnern gehörten. Bevölkerung und bayerische Regierung schätzten Siebenpfeiffers Amtsführung. Verbesserungsvorschläge für den Verwaltungsablauf aber, die der junge Landkommissär häufig der bayerischen Regierung unterbreitete, stießen dort auf kein Interesse. Auch seine Hoffnung, der bayerische Monarch werde der Bevölkerung mehr politische Rechte zugestehen, erwies sich als Irrtum, sodass Siebenpfeiffer zunehmend resignierte.

Julirevolution 1830 in Paris – neue Hoffnungen

Die französische Julirevolution von 1830 gab ihm neue Hoffnung: Nach der Verbannung Napoleons 1815 hatten sich in Frankreich erneut Großbürgertum und alter Adel durchgesetzt. Folglich wurde in der neuen Verfassung das Wahlrecht zur zweiten Kammer der Nationalversammlung an einen sehr hohen Zensus gebunden. Von 28 Millionen Franzosen waren nur 100 000 Männer wahlberechtigt und 18 000 wählbar. Als König Karl X. auch noch die Pressefreiheit aufhob, kam es erneut zur Revolution. Am 27. Juli 1830 zogen Druckereiarbeiter, Handwerker und Studenten in Paris durch die Straßen und bauten aus Pflastersteinen, Möbeln und gefällten Bäumen Barrikaden gegen das anrückende Militär. Nachdem ein Teil der Soldaten zu den Aufständischen übergegangen war, eroberten sie in blutigen Straßenkämpfen ganz Paris. König Karl dankte ab. Sein Nachfolger Louis Philippe von Orléans, der „Bürgerkönig", beendete die Pressezensur und erweiterte das Wahlrecht. Siebenpfeiffer war begeistert. Er hoffte, der revolutionäre Funke würde nach Deutschland überspringen.

Auswirkungen in Polen und in Deutschland

Es waren vor allem die Polen, die das französische Beispiel nachahmten. Das 1815 entstandene Königreich Polen („Kongresspolen“) regierte der russische Zar, sodass Polen völlig von Russland abhängig war. Im November 1830 wagten Offiziere, Studenten und Adelige den Aufstand. Sie konnten die russischen Truppen zehn Monate lang abwehren, erst dann wurden sie geschlagen. In Deutschland waren die Sympathien für den polnischen Freiheitskampf groß: Polenvereine wurden gegründet und polnische Flüchtlinge bereitwillig aufgenommen. In vielen Residenzstädten der deutschen Landesfürsten zogen Bürger vor die Schlösser, forderten Pressefreiheit und liberale Verfassungen. Manche von ihnen wollten, wie Siebenpfeiffer, die Fürsten vollständig entmachten und eine deutsche Republik einführen. Liberal gesinnte Menschen bezeichneten solche Forderungen als demokratisch, konservativ denkende empfanden sie als radikal.

Siebenpfeiffer als politischer Journalist

Die Ereignisse ermutigten Siebenpfeiffer einen lang gehegten Plan zu verwirklichen: die Herausgabe einer politischen Zeitschrift. Das erste Heft mit einer Auflage von 3000 Stück, in dem er die Missstände in der bayerischen Pfalz kritisierte, provozierte die Regierung zur ersten Gegenmaßnahme: Siebenpfeiffer wurde auf die Stelle eines Zuchthausdirektors umgesetzt und wenig später pensioniert. Als er 1831 eine Tageszeitung herausgab und dazu ohne Genehmigung eine Druckerei errichtete, folgten weitere Unterdrückungsmaßnahmen: Zensur, Beschlagnahme der gedruckten Exemplare, zeitweise Stilllegung der Druckmaschine. Aus Geldmangel musste Siebenpfeiffer im März 1832 die Druckerei verkaufen. Zwei Monate später gehörte er zu den Hauptakteuren beim „Hambacher Fest“, genannt nach der Schlossruine Hambach bei Neustadt an der Hardt.

1 ***Philipp Jakob Siebenpfeiffer, 1832.*** *Er schrieb eigenhändig unter die Lithografie: „Singst du das Lied der Freiheit, gleich stimmet der Völker jauchzender Chor ein.“*

2 ***Zeitungsverbot*** *durch den Deutschen Bund im Fürstentum Schaumburg-Lippe. Die Bekanntmachung wurde auch in anderen Staaten des Deutschen Bundes veröffentlicht.*

Nro. 12.

Anzeigen des Fürstenthums Schaumburg-Lippe.

Sonnabend, den 24. März 1832.

Höhere Bekanntmachung.

Die hohe deutsche Bundes-Versammlung hat in ihrer neunten dießjährigen Sitzung am 2. d. M. nachstehenden Beschluß gefaßt:

Die Bundesversammlung hat sich aus den von der Bundestags-Commission in Preßangelenheiten erstatteten Vorträgen und vorgelegten Artikeln der in Rheinbayern erscheinenden Zeitblätter: die „Deutsche Tribüne“ und der „Westbote“, so wie auch der in Hanau erscheinenden „Neuen Zeitschwingen“, überzeugt, daß diese Zeitblätter die Würde und Sicherheit des Bundes und einzelner Bundes-Staaten verletzen, den Frieden und die Ruhe Deutschlands gefährden, die Bande des Vertrauens und der Anhänglichkeit zwischen Regenten und Volk aufzulösen sich bestreben, die Autorität der Regierungen zu vernichten trachten, die Unverletzlichkeit der Fürsten angreifen, Personen und Eigenthum durch Aufforderung zur Gewalt bedrohen, zum Aufruhr anreitzen, eine politische Umgestaltung Deutschlands und Anarchie herbeyzuführen und staatsgefährliche Vereine zu bilden und zu verbreiten suchen, — sie hat daher, auf den Grund des provisorischen Preßgesetzes vom 20. September 1819, §. 1, 6 und 7, welches, nach den einstimmig und wiederholt gefaßten Beschlüssen aller Bundesglieder, so lange in Kraft besteht, bis der deutsche Bund sich über neue gesetzliche Maßregeln vereinigt haben wird, so wie in pflichtmäßiger Fürsorge für die Erhaltung des Friedens und der Ruhe im Bunde, im Namen und aus Autorität desselben, beschlossen:

1., Die in Rheinbayern erscheinenden Zeitblätter: die „Deutsche Tri-

3 Zug zum Schloss Hambach *am 27. Mai 1832 (kolorierte Lithografie 1832)*

Das „Hambacher Fest"

Um den Jahrestag der bayerischen Verfassung von 1818 zu begehen kamen fast 30 000 Menschen – Studenten, Bürger, Arbeiter und Bauern, polnische und französische Emigranten – zu dieser ersten Massenversammlung der Liberalen und Demokraten. Zu dem Fest hatten Siebenpfeiffer und der Journalist August Wirth eingeladen. Auch Frauen wurden zur Teilnahme aufgerufen und verfassten eigene Resolutionen, u. a. mit Forderungen nach rechtlicher Gleichstellung von Männern und Frauen. Im Zentrum der Veranstaltung standen jedoch andere Themen: nationale Einheit, Freiheit und soziale Gerechtigkeit. Das musste die konservativen Regierungen tief beunruhigen. Die Wortführer von Hambach wurden festgenommen. Nach 14 Monaten Untersuchungshaft kam es in Landau vor einem Geschworenengericht, wie es die Franzosen während ihrer Herrschaft eingeführt hatten, zum Prozess. In dem überfüllten Gerichtssaal konnte Siebenpfeiffer in einer Verteidigungsrede seine politischen Ziele ausführlich darstellen. Der Prozess endete für ihn und die Mitangeklagten mit einem Freispruch.

Siebenpfeiffer im Exil

Damit war die bayerische Regierung nicht zufrieden. Wirth und Siebenpfeiffer wurden erneut angeklagt, diesmal wegen Beamtenbeleidigung, und von einem Polizeigericht zu je zwei Jahren Freiheitsstrafe verurteilt. Siebenpfeiffer konnte vor Antritt der Strafe 1833 in die Schweiz entkommen. Dort erhielt er eine Professur für Staatswissenschaft an der Universität Bern. 1842 wurde er wegen einer psychischen Krankheit dienstunfähig. Er starb 1845 in einer Irrenanstalt.

Neue Demagogenverfolgungen

Das Hambacher Fest hatte Folgen: Die Regierungen verschärften die Pressezensur und hoben die Rede- und Versammlungsfreiheit auf. Hunderte von Personen verschwanden als so genannte „Demagogen" hinter Gefängnismauern, andere emigrierten in die Schweiz oder nach Frankreich. Paris wurde zu einem Zentrum deutscher Künstler und Philosophen. Die Dichter Ludwig Börne und Heinrich Heine, der Philosoph Karl Marx, der Komponist Richard Wagner lebten dort im Exil. 1837 hob der König von Hannover die während der Julirevolution 1830 gewährte Verfassung wieder auf. Göttinger Professoren, die „Göttinger Sieben", die gegen diesen Rechtsbruch protestierten, wurden entlassen und drei von ihnen, darunter Jacob Grimm, des Landes verwiesen.

4 **Die Deutschen im Vormärz**, *zwei Gedichte von Hoffmann von Fallersleben (1798–1874), der in seiner Dichtung die politischen und sozialen Verhältnisse im Vormärz beleuchtete. Er wurde 1842 wegen seiner politischen Haltung als Professor aus dem preußischen Staatsdienst entlassen und des Landes verwiesen. (Als „Vormärz“ wird die Zeit zwischen 1830 und der Märzrevolution 1848 bezeichnet.)*

a) *Aus dem Lied vom deutschen Philister, 1843*

Der deutsche Philister, das bleibet der Mann,
Auf den die Regierung vertrauen noch kann,
Der passet zu ihren Beglückungsideen,
Der lässt mit sich alles gutwillig geschehn.

Befohlenermaßen ist stets er bereit
Zu stören, zu hemmen den Fortschritt der Zeit,
Zu hassen ein jegliches freie Gemüt
Und alles, was lebet, was grünet und blüht.

Was schön und erhaben, was wahr ist und recht,
Das kann er nicht leiden, das findet er schlecht.
So ganz wie er selbst ist, so kläglich, gemein,
Hausbacken und ledern soll alles auch sein.

Solang der Philister regieret das Land,
Ist jeglicher Fortschritt daraus wie verbannt:
Denn dieses erbärmliche feige Geschlecht,
Das kennet nicht Ehre, nicht Tugend und Recht.

b) *Michels-Ode, 1843 (Der Michel ist die Symbolgestalt für den schläfrigen Deutschen.)*

Ihr habt Anno 13 den Michel gewecket
Und ihn aus dem bleiernen Schlafe geschrecket:
Wache nur, bis den Feind du gejagt übern Rhein –
Doch den Michel, den schläfert ihr nie wieder ein!

Ihr habt Anno 14 auf euren Kongressen
Des tapferen Michels so ziemlich vergessen
Und habt ihm gegeben ein Schlaftränkelein –
Doch den Michel, den schläfert ihr nie wieder ein!

Ihr habt Anno 15 in Frankfurt gegründet
Den Deutschen Bund und den Deutschen verkündet
Jetzt könnten sie frei und glücklich erst sein –
Doch den Michel, den schläfert ihr nie wieder ein!

Ihr habt Anno 19 in Karlsbad gesprochen,
Der Michel, der habe gar vieles verbrochen,
Er müsse wieder schlafen zu seinem Gedeih'n –
Doch den Michel, den schläfert ihr nie wieder ein!

Ihr habt die Zensur gelobt und gepriesen
Und ihre Notwendigkeit Micheln bewiesen:
Um seinetwillen geschäh's nur allein –
Doch den Michel, den schläfert ihr nie wieder ein!

Zit. nach: D. Steinbach (Hg.), Vormärz Lyrik. Stuttgart 1980, S. 38 f., 46 f.

5 **Die Familie Begas**
1821, gemalt von Karl Joseph Begas. Das Bild gehört zur Kunstepoche des Biedermeier (1815 bis 1848).
(1) Inwiefern verdeutlicht es den Rückzug des Bürgertums ins Private und Beschauliche?
(2) Auf welche politischen Zustände und Entwicklungen ist diese Haltung zurückzuführen?
(3) Zu welchen Deutschen würde Hofmann von Fallersleben (vgl. M4) die Familienmitglieder zählen?

6 Das Hambacher Fest, 1832

Rede des Journalisten Siebenpfeiffer (1789 bis 1845) auf dem Hambacher Fest:

Und es wird kommen der Tag, der Tag des edelsten Siegstolzes, wo der Deutsche vom Alpengebirg und der Nordsee, vom Rhein, der Donau und Elbe den Bruder im Bruder umarmt, wo die Zollstöcke und die Schlagbäume, wo alle Hoheitszeichen der Trennung und Hemmung und Bedrückung verschwinden samt den Constitutiönchen, die man etlichen mürrischen Kindern der großen Familie als Spielzeug verlieh; wo freie Straßen und freie Ströme den freien Umschwung aller Nationalkräfte und Säfte bezeugen; ... wo das deutsche Weib nicht mehr die dienstpflichtige Magd des herrschenden Mannes, sondern die freie Genossin des freien Bürgers, unsern Söhnen und Töchtern schon als stammelnden Säuglingen die Freiheit einflößt; ... wo der Bürger nicht in höriger Untertänigkeit den Launen des Herrschers, ... sondern dem Gesetze gehorcht und auf den Tafeln des Gesetzes den eigenen Willen liest und im Richter den frei erwählten Mann seines Vertrauens erblickt; wo die Wissenschaft das Nationalleben befruchtet und die würdige Kunst als dessen Blüte glänzt ...

Es lebe das freie, das einige Deutschland!

Hoch leben die Polen, der Deutschen Verbündete! Hoch leben die Franken, der Deutschen Brüder, die unsere Nationalität und Selbstständigkeit achten!

Hoch lebe jedes Volk, das seine Ketten bricht und mit uns den Bund der Freiheit schwört!

Vaterland – Volkshoheit – Völkerbund hoch!

Zit. nach: J. G. A. Wirth, Das Nationalfest der Deutschen zu Hambach, Neustadt 1832, S. 34 ff.

7 Ein Emigrant dichtet unsere Nationalhymne

Heinrich Hoffmann von Fallersleben schrieb 1841 in der Emigration auf der Insel Helgoland, die damals zu England gehörte, das „Lied der Deutschen". Haydns Musik machte es volkstümlich. Erst nach der Niederlage des Deutschen Kaiserreiches im Ersten Weltkrieg und dem Ende der Monarchie knüpfte die junge Weimarer Republik wieder bewusst an die demokratischen und liberalen Traditionen des 19. Jahrhunderts an und erklärte deshalb das Lied zur Nationalhymne. Die Nationalsozialisten missbrauchten die erste Strophe im Sinne großdeutscher Überheblichkeit. Deshalb verboten die Alliierten die Hymne nach 1945. Seit 1952 wird auf Vorschlag des ersten Bundespräsidenten der Bundesrepublik, Theodor Heuss, die dritte Strophe als Nationalhymne gesungen.

Deutschland, Deutschland über alles, / Über alles in der Welt, / Wenn es stets zu Schutz und Trutze / Brüderlich zusammenhält; / Von der Maas bis an die Memel, / Von der Etsch bis an den Belt; / Deutschland, Deutschland über alles / Über alles in der Welt!

Deutsche Frauen, deutsche Treue, / Deutscher Wein und deutscher Sang / Sollen in der Welt behalten / Ihren alten, schönen Klang, / Uns zu edler Tat begeistern / Unser ganzes Leben lang: / Deutsche Frauen, deutsche Treue, / Deutscher Wein und deutscher Sang!

Einigkeit und Recht und Freiheit / Für das deutsche Vaterland! / Danach lasst uns alle streben / Brüderlich mit Herz und Hand! / Einigkeit und Recht und Freiheit / Sind des Glückes Unterpfand: / Blüh im Glanze dieses Glückes, / Blühe, deutsches Vaterland!

a) Nenne wichtige Stationen des Lebensweges von Philipp Jakob Siebenpfeiffer. Was findest du bemerkenswert (VT)?

b) Welche Forderungen und Wünsche Siebenpfeiffers (VT, M6) sind dir von der Französischen Revolution bekannt? Welche Hoffnungen beziehen sich vornehmlich auf deutsche Zustände?

c) Womit begründete der Bundestag in Frankfurt das Verbot von Siebenpfeiffers Zeitung „Der Westbote" (M2)?

d) Wie beeinflussten die Ereignisse in Polen und Frankreich das Handeln Siebenpfeiffers (VT, M6)?

e) Erläutere die politische Einstellung von Fallerslebens an M4. In welcher Lebenseinstellung sah er Hindernisse für seine politischen Ziele? Was sind seine Hoffnungen? Welche historischen Ereignisse erwähnt er?

f) Erkläre, welche Bedeutung die einzelnen Strophen der Nationalhymne (M7) zur Zeit ihrer Entstehung hatten. Welche Aussagen findest du heute noch aktuell, welche überholt? Tauscht eure Meinungen in der Klasse aus.

4. Revolution in Deutschland

Frankreich	Deutsche Kleinstaaten	Österreich	Preußen
24. Februar 1848: *Paris: Ein Volksaufstand erzwingt die Abdankung des Königs. Frankreich wird Republik. Das Recht auf Arbeit für alle wird eingeführt.*	*März 1848:* *Volksversammlungen und Kundgebungen führen zu Regierungen mit bürgerlichen Ministern. Bauernunruhen zwingen den Adel auf Vorrechte zu verzichten.*	*15. März 1848:* *Wien: Ein Volksaufstand erzwingt den Rücktritt Metternichs. Budapest, Mailand, Venedig: Aufständische fordern nationale Selbstbestimmung.*	*18. März 1848:* *Berlin: In Straßenkämpfen wird der Abzug des Militärs erzwungen. Der König bekennt sich zu demokratischen Reformen und der deutschen Einigung.*

Berlin im Februar 1848

Mitte Februar 1848 in Berlin: 204 Polizisten genügten um Ruhe und Ordnung unter den 400 000 Einwohnern der preußischen Hauptstadt zu bewahren. Auf den Straßen, insbesondere entlang des Boulevards „Unter den Linden", bummelten am Sonntag gut gekleidete Frauen, Beamte, Journalisten, Offiziere, Kaufleute und Fabrikbesitzer ebenso wie Studenten, Handwerksgesellen, Fabrikarbeiter, Kindermädchen, Dienstboten und Bettler.

Aber die Ruhe trog. Wie überall in Deutschland herrschte bei Bürgern, Handwerkern und Studenten tiefe Enttäuschung: Noch immer war Deutschland in die 38 Staaten des Deutschen Bundes aufgeteilt, ohne gemeinsame Verfassung und ohne ein Parlament und noch immer hatten die Fürsten eine große Machtfülle. Preußens König Friedrich Wilhelm IV., der 1840 den Thron bestiegen hatte, lehnte eine Beteiligung seiner Untertanen an der politischen Macht besonders entschieden ab.

Wie die anderen Fürsten fand auch er für die sozialen Probleme keine Lösung. Die meisten der immer zahlreicher werdenden Fabrikarbeiter bekamen trotz langer Arbeitszeit nur geringe Löhne und litten unter einer kaum vorstellbaren Armut. Auch Handwerkslehrlinge und Gesellen beobachteten die Industrialisierung mit Sorge. Es gab bereits viel zu viele Handwerksbetriebe, die kaum Aufträge hatten. Viele Gesellen fürchteten durch billige Massenproduktion der Fabriken arbeitslos zu werden oder selbst nur noch als Fabrikarbeiter ein sehr bescheidenes Auskommen zu finden. Der „Kartoffelkrieg" von 1847 war noch jedermann in Berlin im Gedächtnis. Nach einer Kartoffelkrankheit, die zu Missernten geführt hatte, waren die Kartoffelpreise um mehr als das Doppelte gestiegen. Ähnlich wie in anderen deutschen Städten waren ärmere Bewohner der Berliner Vororte deshalb zu Tausenden in die Innenstadt geströmt und plündernd durch die Straßen gezogen, bis sie vom Militär verjagt wurden. Fast jeder der Berliner, die im Februar durch die Straßen schlenderten, war von der Unhaltbarkeit der bestehenden Zustände überzeugt. Kaum einer konnte sich allerdings eine Revolution vorstellen.

Barrikadenkämpfe

Aber es kam anders: Am 18. März schrieb der Diplomat und Schriftsteller von Ense in sein Tagebuch: „Von den Linden heimgehend sah ich schon alles an der Arbeit … Eine gemischte Menge, Hausknechte, Bürger, Alt und Jung waren eifrig am Werk; Droschken und Wagen wurden angehalten und umgestürzt … und

1 ***Vor den Barrikaden:*** *Kampf um die große Barrikade auf dem Alexanderplatz in Berlin am 18. März 1848 (zeitgenössisches Gemälde von A. Klaus).*

das Pflaster aufgerissen … Gewehrfeuer und bald auch Kanonenschüsse erschollen aus der Ferne." In Berlin war eine Revolution ausgebrochen. Wie hatte es dazu kommen können?

Februarrevolution in Frankreich

Das Signal kam erneut aus Paris: Die Revolutionen von 1789 und 1830 hatten in Frankreich vor allem dem Besitzbürgertum politische Rechte beschert. Kleinbürger und Arbeiter waren weiterhin benachteiligt, sie durften nicht einmal wählen. Ihre Unzufriedenheit mit der Regierung wuchs noch mehr, als 1848 wegen vorangegangener Missernten bei Kartoffeln und Getreide auch noch die Preise stiegen und die Zahl der Arbeitslosen in die Höhe schnellte. Obwohl Demonstrationen für die Einführung des allgemeinen Wahlrechts von der Regierung verboten worden waren, gingen am 23. Februar 1848 in Paris viele Studenten und Arbeiter auf die Straße. Dies war der Beginn der Februarrevolution. Eine Schießerei mit Soldaten forderte Tote und Verwundete. Ein blutiger Barrikadenkampf begann. Als am 24. Februar der Kampflärm schon in der Nähe des Schlosses zu hören war, floh der „Bürgerkönig" Louis Philippe. Durch einen unterirdischen Gang entkam er aus den Tuilerien und begab sich ins Exil nach England. Die Nationalversammlung erklärte Frankreich zur Republik und führte das allgemeine Wahlrecht für alle männlichen Franzosen über 21 Jahren ein. Die neue Regierung versprach das „Recht auf Arbeit". Arbeitslose fanden in „Nationalwerkstätten" Beschäftigung, wo sie z. B. bei Straßenbauarbeiten eingesetzt und dafür aus der Staatskasse entlohnt wurden.

2 ***Hinter den Barrikaden:*** *Die Barrikaden an der Kronen- und Friedrichstraße am 18. März 1848. Aus Fensterumrahmungen werden Bleikugeln gegossen (Farblithografie von F. C. Nordmann, 1848). – Vergleiche die Bewaffnung der Soldaten vor und der Aufständischen hinter den Barrikaden.*

Deutsche Märzrevolution

In fast allen Staaten des Deutschen Bundes wurden bei Volksversammlungen und Demonstrationen im März 1848 ähnliche Forderungen erhoben. In Süddeutschland, wo die meisten Bauern oft noch den Gutsbesitzern Abgaben bezahlten und Frondienste leisten mussten, zogen die Bauern mit Sensen und Äxten vor die Schlösser der Gutsherrn und zwangen sie auf ihre Vorrechte zu verzichten. Die erschreckten Fürsten der meisten Kleinstaaten verzichteten auf den Einsatz von Militär oder Polizei und machten stattdessen Zugeständnisse. Sie erfüllten die Forderungen nach Presse-, Versammlungs- und Vereinsfreiheit, erlaubten die Bildung von Bürgergarden, hoben Vorrechte der Grundbesitzer gegenüber den Bauern auf und führten Verfassungen ein, wo es sie noch nicht gab. Viele Landesherren beriefen liberale Politiker aus dem Bürgertum in ihre Regierungen, so genannte „Märzminister". In den Kleinstaaten waren damit die meisten Forderungen der Bauern erfüllt und das Bürgertum hoffte nun auf rasche Fortschritte bei der Verwirklichung der deutschen Einheit. Nun aber brach in den beiden Großstaaten, deren Monarchen sich bisher allen Einheits- und Freiheitsbestrebungen widersetzt hatten, die Revolution aus.

Metternich flieht

In Wien waren zunächst ähnliche Forderungen erhoben worden wie in den deutschen Kleinstaaten. Als am 13. März aber demonstrierende Studenten den Rücktritt von Staatskanzler Metternich, dem Urheber der Restauration von 1815 und der Demagogenverfolgungen, verlangten und gleichzeitig Arbeiter und Handwerker Leihhäuser und Steuerämter stürmten und auch Läden plün-

3 Friedrich Wilhelm IV. *auf einer anonymen Karikatur. – Beschreibe die dargestellten Personen. Welche Bevölkerungsgruppen symbolisieren sie jeweils?*

derten, schritt Militär ein. Die Demonstranten bauten Barrikaden, rissen Gaslaternen aus ihrer Verankerung und entzündeten das ausströmende Gas. Metternich dankte ab und floh nach England. Der Kaiser versprach eine Verfassung zu gewähren und die Dienste und Abgaben der Bauern aufzuheben. Trotzdem kam Österreich nicht zur Ruhe. In dem Vielvölkerstaat stand dem Einheitswillen der Deutschen das Streben der Ungarn und Tschechen nach Autonomie (Selbstständigkeit) entgegen. Auch die von Österreich regierten Staaten Norditaliens verlangten die Befreiung von der habsburgischen Herrschaft. Mailand und Venedig erklärten sich zur Republik.

Revolution in Berlin

Anfang März strömten in Berlin Tag für Tag Tausende Menschen zu Volksversammlungen im Tiergarten zusammen. Ihre Unruhe wuchs, als überall in der Stadt Militär stationiert wurde. Am Abend des 13. März kam es zu ersten Straßenkämpfen. Abordnungen der Bürger forderten vom König Reformen und den Rückzug der Truppen. Unter dem Eindruck des Sturzes von Metternich entschloss sich Friedrich Wilhelm IV. schließlich zu begrenzten Zugeständnissen, nicht aber zum Truppenabzug. Am 18. März hob er die Zensur auf und versprach eine Verfassung. Eine große Menschenmenge, die sich an diesem Tag vor dem Schloss versammelt hatte, dankte dem König mit lautem Beifall. Aus der Menge ertönten aber auch Rufe nach dem Abzug der Soldaten aus der Stadt. Der verärgerte König ließ umgehend den Schlossplatz räumen. Dabei lösten sich zwei Gewehrschüsse. Das schien Verrat zu sein. Sofort errichteten Demonstranten mehrere hundert Barrikaden um gegen die Soldaten zu kämpfen. Mehr als 230 Barrikadenkämpfer fielen, darunter viele Arbeiter und Handwerker.
Friedrich Wilhelm IV. gab erneut nach. Er zog die Truppen aus Berlin ab und verneigte sich am 19. März vor den im Schlosshof aufgebahrten toten Aufständischen. Zwei Tage später ritt der König mit Prinzen und Ministern, mit schwarz-rot-goldener Armbinde versehen, feierlich durch Berlin. In einer Rede bekannte er sich zu mehr Freiheit und zur deutschen Einheit. Er nahm Liberale in die Regierung auf, der Kaufmann Ludolf Camphausen wurde Ministerpräsident, der Bankier David Hansemann Finanzminister. In allgemeinen, gleichen und geheimen Wahlen, an denen allerdings nur Männer teilnehmen durften, ließ er ein Parlament wählen, die preußische Nationalversammlung.

4 Bauernunruhen in Baden 1848

Aus dem Tagebuch eines Mannheimer Bürgers:
In der Nacht vom 7./8. März wurde der Schlosshof der Freiherrn von Adelsheim der Schauplatz einer wütenden Bauernmenge. Der in die dunkle Märznacht hineinleuchtende Schein eines riesigen Feuers, das man aus Büchern und Akten der Grundherrschaft gemacht hatte, beleuchtete eine tobende und lärmende Menge von Bauern, die aus der Nachbarschaft herbeigekommen war. Frauen, Mädchen und Kinder jubelten dem Beginnen zu. Aus dem oberen Stockwerk des hohen Flügels des Schlosses schleppten zerstörungswütende Bauernfäuste Bücher und Papiere, die ihre Leistungspflicht an die Herrschaft enthielten, Rechnungen und Schuldscheine herbei und warfen sie in das lodernde Feuer.

Friedrich Lautenschlager (Hg.), Volksstaat und Einherrschaft. Dokumente aus der badischen Revolution 1848/1849, Konstanz 1920, S. 50 ff.

5 Märzforderungen

a) *In Köln wurde am 3. März ein Flugblatt mit „Forderungen des Volkes" verbreitet:*

1. Gesetzgebung und Verwaltung durch das Volk. Allgemeines Wahlrecht und allgemeine Wählbarkeit in Gemeinde und Staat.
2. Unbedingte Freiheit der Rede und der Presse.
3. Aufhebung des stehenden Heeres und Einführung einer allgemeinen Volksbewaffnung mit vom Volke gewählten Führern.
4. Freies Vereinigungsrecht.
5. Schutz der Arbeit und Sicherstellung der menschlichen Lebensbedürfnisse für alle.
6. Vollständige Erziehung aller Kinder auf öffentliche Kosten.

b) *Wenige Stunden später erschien ein Extrablatt der Kölnischen Zeitung mit einer Bekanntmachung des Regierungspräsidenten:*
Die Ruhe der Stadt Köln ist heute Abend in bedauerlicher Weise gestört worden. Es hat eine Anzahl von Personen gewagt, den in Ausübung seines Berufs im Rathaus versammelten Gemeinderat … mit „Forderungen des Volkes" zu bestürmen … Es wurde unter aufrührerischen Reden die Versammlung der Gemeindeverordneten eine geraume Zeit in dem Rathause belagert, bis die bewaffnete Macht den Rathausplatz von der zahlreich versammelten Menge säuberte und einer der Rädelsführer, der seit längerem der Behörde als länger bekannt bezeichnet war, zur Haft gebracht wurde.

Zit. nach: J. Hansen, H. Boberach (Hg.), Rheinische Briefe und Akten zur Geschichte der politischen Bewegung 1830-1850. Bonn 1967.

6 Zwei Reden König Friedrich Wilhelms IV.

a) *am 11. April 1847:*
Es ist Gottes Wohlgefallen gewesen, Preußen durch das Schwert groß zu machen, durch das Schwert des Krieges nach außen, durch das Schwert des Geistes nach innen … Es drängt Mich zu der feierlichen Erklärung, dass es keiner Macht der Erde je gelingen soll, Mich zu bewegen das natürliche, gerade bei uns durch eine innere Wahrheit so mächtig machende Verhältnis zwischen Fürst und Volk in ein … konstitutionelles (verfassungsmäßiges) zu wandeln und dass Ich es nun und nimmermehr zugeben werde, dass sich zwischen unserem Herrgott im Himmel und diesem Lande ein beschriebenes Blatt, gleichsam als eine zweite Vorsehung eindränge um uns mit seinen Paragraphen zu regieren und durch sie die alte heilige Treue zu ersetzen.

Geschichte in Quellen, Band 5, München 1980, S. 136.

b) *am 21. März 1848:*
An mein Volk und an die deutsche Nation! … Ich habe heute die alten deutschen Farben angenommen und Mich und Mein Volk unter das ehrwürdige Banner des deutschen Reiches gestellt. Preußen geht fortan in Deutschland auf … Allgemeine Einführung wahrer konstitutioneller Verfassungen, mit Verantwortlichkeit der Minister in allen Einzelstaaten … werden allein solche sichere und innere Einheit bewirken und zu befestigen im Stande sein.

Ernst Rudolf Huber (Hg.), Dokumente zur deutschen Verfassungsgeschichte, Bd. 1, Stuttgart 1961, S. 365.

a) Nenne Ursachen, Anlässe und Folgen der Märzrevolution in den Kleinstaaten des Deutschen Bundes, in Österreich und in Preußen (VT).
b) Vergleiche die Reden König Friedrich Wilhelms IV. vor und nach der Revolution in Berlin (M6a und b).
c) Informiere dich, ob es 1848 in der Gegend, in der du lebst, revolutionäre Unruhen gab. Wie haben sich die damals Regierenden dazu verhalten?

5. Wie soll ein deutscher Nationalstaat aussehen?

5.1 Das erste Nationalparlament berät eine Verfassung

18. Mai 1848 ——— *In der Frankfurter Paulskirche tritt die erste deutsche Nationalversammlung zusammen.*

27. März 1849 ——— *Die Reichsverfassung wird angenommen und Friedrich Wilhelm IV. von Preußen wird zum „Kaiser der Deutschen" gewählt.*

Das Vorparlament und die Nationalversammlung

Politische Versammlungen, Barrikadenkämpfe und Bauernunruhen hatten bisher die revolutionären Geschehnisse in den deutschen Einzelstaaten bestimmt. Um ihre Macht zu retten hatten die Fürsten einige der Märzforderungen nach mehr politischer Gleichheit erfüllt. Aber wie konnte die nationale Einheit verwirklicht werden? Am 5. März 1848 trafen sich in Heidelberg 51 süddeutsche Liberale und Demokraten um darüber zu beraten. Sie beschlossen die Mitglieder sämtlicher Volksvertretungen aus allen Ländern des Deutschen Bundes und weitere angesehene Persönlichkeiten nach Frankfurt einzuladen.
So wurde ein „Vorparlament" mit mehr als 500 Mitgliedern gebildet, das vom 31. März bis zum 3. April tagte. Es forderte die Wahl einer gesamtdeutschen verfassunggebenden Nationalversammlung. Darin sollte ein Abgeordneter jeweils 50 000 Wähler vertreten. Die Regierungen der Einzelstaaten waren einverstanden und ließen die Wahlen durchführen. Die Mehrzahl der Abgeordneten, die erstmals am 18. Mai 1848 in der Frankfurter Paulskirche zusammentraten, kamen aus dem Bürgertum: Richter, Universitätsprofessoren, Lehrer, Schriftsteller, Kaufleute, Beamte, Pfarrer oder Ärzte. Sie besaßen hohes Ansehen und galten als einflussreiche Persönlichkeiten. Bauern, Handwerker und Arbeiter hatten kaum eine Chance gewählt zu werden, denn sie waren zu wenig bekannt.

Monarchie oder Republik?

Das neue Parlament hatte die Aufgabe einen Nationalstaat zu gründen und ihm eine Verfassung zu geben. Vieles musste dabei entschieden werden: War eine Monarchie oder eine Republik vorzuziehen? Sollte ein starker Zentralstaat gebildet werden oder eine Föderation weit gehend selbstständiger Einzelstaaten? Konnte der Vielvölkerstaat Österreich dem neuen Staat angehören? War es sinnvoll, den preußischen König an die Spitze des neuen Staates zu berufen? Die einzelnen Abgeordneten hatten darüber sehr unterschiedliche Vorstellungen.
Politische Parteien gab es noch nicht. Aber unter den Abgeordneten bildeten sich politische Interessengruppen oder Klubs. Die Klubs trafen sich außerhalb des Parlaments in Frankfurter Gasthäusern und berieten dort über ihr weiteres politisches Vorgehen. In den Sitzungen der Nationalversammlung traten sie als Fraktionen mit gemeinsamen Programmen auf, die sie in den Klubsitzungen erarbeitet hatten. Die Mitglieder der einzelnen Fraktionen saßen auch in der Paulskirche beieinander und schon bald konnte man an der Sitzordnung erkennen, welche politischen Ziele die Abgeordneten vertraten: Demokraten, die sich für eine Republik einsetzten, saßen – von der Rednerbühne aus gesehen – auf der linken Seite des Parlaments. Liberale, die eine konstitutionelle Monarchie anstrebten, saßen in der Mitte und Liberalkonservative, die den Fürsten der Einzelstaaten weiterhin viel Macht belassen wollten, auf der rechten Seite. Man sprach deshalb auch von Fraktionen der „Linken", „Rechten" und der „Mitte". Die Fraktionen traten mit ihren politischen Anhängern in ganz Deutschland in Verbindung um sich mit ihnen zu beraten. Auch in der Presse informierten sie über ihre Arbeit.

1 **Sitzung der Nationalversammlung** *(zeitgenössische Farblithografie). Links auf dem Podium stehend der Präsident der Versammlung, Heinrich von Gagern, am Rednerpult der sächsische Abgeordnete Robert Blum.*

Bildung einer provisorischen Zentralregierung

Die Nationalversammlung wählte den hessischen Abgeordneten Heinrich von Gagern zu ihrem Präsidenten. Auf seinen Vorschlag hin wurde eine provisorische Regierung gebildet und der populäre Erzherzog Johann von Österreich als „Reichsverweser" (Reichsoberhaupt bis zu einer endgültigen Lösung) eingesetzt. Diese neue Regierung hatte jedoch kaum Machtmittel um die Beschlüsse des Parlaments durchzusetzen. Sie hatte keine festen Einnahmen, keine eigene Verwaltung und kein eigenes Heer. Entscheidend für den Fortgang der Reichseinigung und die Durchsetzung von Reformen wurde nun, wie sich die Regierungen der Einzelstaaten, vor allen Preußen und Österreich, verhalten würden.

Die Grundrechte werden beraten

Die Abgeordneten berieten zunächst über die „Grundrechte des deutschen Volkes", die Teil der Verfassung sein sollten. Danach würde die Macht der Fürsten durch die Rechte des Einzelnen eingeschränkt werden. Damit konnte eine wichtige Forderung der Revolutionäre vom März 1848 nach mehr Freiheit erfüllt werden. Die Diskussion darüber dauerte jedoch mehrere Monate. Und je länger die Abgeordneten berieten, desto mehr Zeit hatten die Fürsten Teile ihrer alten Herrschaft zurückzugewinnen.

Großdeutsch oder kleindeutsch?

Im Oktober 1848 begannen die Beratungen über die Staats- und Regierungsform des neu zu schaffenden Nationalstaates. Ein entscheidendes Problem war dabei das Schicksal Österreichs. Das Habsburgerreich gehörte nur mit seinen österreichischen Gebieten sowie mit Böhmen und Mähren, nicht aber mit Ungarn und Norditalien zum Deutschen Bund. In der Paulskirche befürworteten die „Großdeutschen" die Einbeziehung der deutschsprachigen Teile der Donaumonarchie in einen deutschen Nationalstaat. Die österreichische Regierung war damit nicht einverstanden. Sie bestand auf der Einheit des Vielvölkerstaates. Die „Kleindeutschen" wollten dagegen einen deutschen Staat ohne Österreich unter Führung der Wirtschaftsmacht Preußen. Dadurch hätte eine starke Zentralgewalt entstehen können. Bei der Aufnahme zweier rivalisierender Großmächte in ein geeintes Deutschland wäre das nicht möglich gewesen. Die kleindeutsche Partei setzte sich deshalb schließlich durch. Im März 1849 nahm die Nationalversammlung die Reichsverfassung an und wählte gleichzeitig mit 290 Stimmen und 248 Enthaltungen den preußischen König zum „Kaiser der Deutschen".

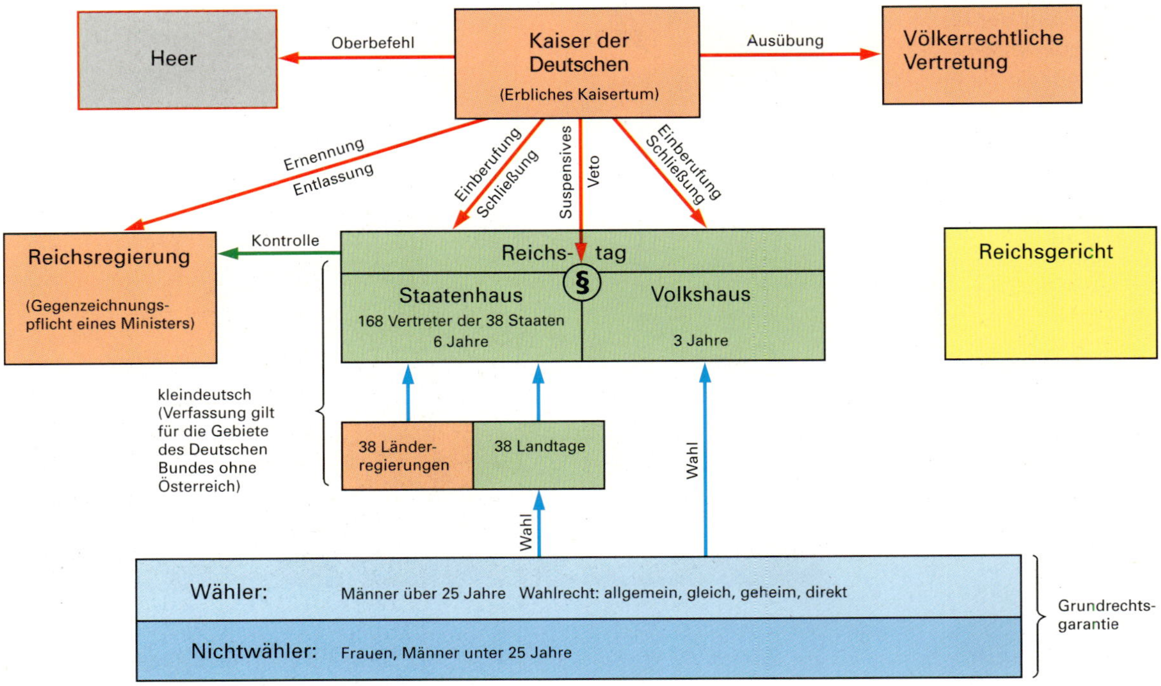

2 ***Die geplante Reichsverfassung von 1849***

3 *Und ihre Herzen glühten und kämpften mit …*

Der Abgeordnete Wilhelm Zimmermann berichtete:

Unten waren große Räume für die Zuhörer abgeteilt … Oft drängten sich gegen tausend Zuhörer hier zusammen, Herren und Damen, deren Galerien jedoch voneinander abgeschieden waren. Nach der Rechten hin, gegenüber vom Präsidium war die sogenannte Diplomatengalerie. Da sah man die Gesandten von Frankreich und England, von Russland und Nordamerika, von Königen und Fürsten jeden Ranges, wie sie die Geburt und das Wachstum einer deutschen Nation belauschten und überwachten, und um sie her die Bankiers von Frankfurt … Die damals schon in drei Linien vollendeten Eisenbahnen brachten von drei Seiten täglich viele Auswärtige und eine große Zahl von Fremden oft aus weiter Ferne her … Oben auf der Galerie saß die Mehrheit der Journalisten, die in Hunderten von Blättern, selbst in französischen oder englischen, über die Sitzungen berichteten. Schon auf dieser Galerie waren einige Bänke für die Damen abgeteilt. Die meisten zogen es vor, (lieber) vier und fünf Stunden links zu stehen als rechts zu sitzen … und ihre Herzen glühten und kämpften mit und folgten jedem Ausfall eines ihrer Lieblinge.

Zit. n.: H. Pleticha (Hg.), Deutsche Geschichte, Bd. 9, Gütersloh 1983, S. 224 f.

4 *Grundrechte des deutschen Volkes*

Sie wurden 1849 als Paragraphen 130 bis 189 der Reichsverfassung angefügt:

§ 137: Vor dem Gesetz gilt kein Unterschied der Stände. Der Adel als Stand ist aufgehoben. Alle Standesvorrechte sind abgeschafft. Die Deutschen sind vor dem Gesetz gleich … Die Wehrpflicht ist für alle gleich.

§ 138: Die Freiheit der Person ist unverletzlich …

§ 139: Die Todesstrafe, ausgenommen, wo das Kriegsrecht sie vorschreibt …, sowie die Strafen des Prangers, der Brandmarkung und der körperlichen Züchtigung sind abgeschafft.

§ 140: Die Wohnung ist unverletzlich …

§ 143: Jeder Deutsche hat das Recht durch Wort, Schrift, Druck und bildliche Darstellung seine Meinung frei zu äußern …

§ 144: Jeder Deutsche hat volle Glaubens- und Gewissensfreiheit …

§ 161: Die Deutschen haben das Recht sich friedlich und ohne Waffen zu versammeln …

§ 178: Das Gerichtsverfahren soll öffentlich und mündlich sein …

§ 181: Rechtspflege und Verwaltung sollten getrennt und voneinander unabhängig sein.

E. R. Huber (Hg.), Quellen zum Staatsrecht der Neuzeit, Bd. 1, Tübingen 1949, S. 257 ff.

5 Das Zweikammersystem *(aus dem „Leuchtthurm" 1848). Eine Zweiteilung des gesetzgebenden Parlaments in zwei Kammern gibt es auch heute in vielen Staaten. Die Erste Kammer ist entweder ein feudales Oberhaus, wie in England, oder eine regionale Vertretung (Vertreter der Einzelstaaten), wie in den USA. Die Zweite Kammer ist eine demokratisch gewählte Vertretung der Gesamtbevölkerung.*

6 Debatte über das Staatsoberhaupt und über das Staatsgebiet im Januar 1849:

a) *Der württembergische Abgeordnete Uhland:*

Meine Herren! Ich erkläre mich für die periodische Wahl des Reichsoberhauptes durch die Volksvertretung … Die Revolution und ein Erbkaiser – das ist ein Jüngling mit grauen Haaren. Ich lege noch meine Hand auf die alte offene Wunde, den Ausschluss Österreichs. Ausschluss, das ist doch das aufrichtige Wort; denn wenn ein deutsches Erbkaisertum ohne Österreich beschlossen wird, so ist nicht abzusehen, wie irgendeinmal Österreich noch zu Deutschland treten werde … Eine wahre Einigung muss aber alle Ländergebiete zusammenfassen … Verwerfen Sie die Erblichkeit, schaffen Sie keinen herrschenden Einzelstaat, stoßen Sie Österreich nicht ab, retten Sie das Wahlrecht, dieses kostbare Volksrecht, dieses letzte Wahrzeichen des volksmäßigen Ursprungs der neuen Gewalt. Glauben Sie, meine Herren, es wird kein Haupt über Deutschland leuchten, das nicht mit einem vollen Tropfen demokratischen Öls gesalbt ist.

F. Wigard (Hg.), Stenografische Berichte über die Verhandlungen der deutschen konstitutionellen Nationalversammlung zu Frankfurt a. M. 1848/49, Bd. 6, S. 4708 ff.

b) *Der sächsische Abgeordnete Biedermann:*

Das Volk muss wissen, dass es eine feststehende, nicht wandelbare Macht an der Spitze der Geschäfte hat und das ist das Erbkaisertum … Es kann niemand die Kaiserwürde erhalten als der Beherrscher des mächtigsten Staates und das ist Preußen … Preußen ist ein starker Militärstaat, der nötigenfalls auch allein, wenn die anderen Staaten lässig wären oder gar sich weigerten, dem Auslande die Spitze bieten kann; kein anderer kann es … Österreich wird zerfallen … Wenn aber Österreich zerfällt, meine Herren, dann kommt zu uns nicht das Starke, mächtige Österreich, welches berufen ist dem Erdball zu gebieten, sondern es kommen zu uns einzelne zerstreute Glieder dieses Körpers.

F. Wigard (Hg.), a. a. O.

a) Führt ein Streitgespräch: Versetzt euch jeweils in die Rolle eines preußischen und eines österreichischen Abgeordneten der Paulskirche. Diskutiert die Frage des zukünftigen Staatsoberhauptes.

b) Wer kämpfte im März 1848 hinter bzw. auf den Barrikaden? (M2 im Kap. „Revolution in Deutschland"). Wie war die Nationalversammlung zusammengesetzt? Vergleiche und nimm Stellung dazu.

c) Besorge dir das Grundgesetz der Bundesrepublik Deutschland. Lies Art. 2 Abs. 2, Art. 3 Abs. 1, Art. 4 Abs. 1, Art. 5 Abs. 1 u. 3, Art. 8 Abs. 1, Art. 14 Abs. 1 und suche ähnliche Formulierungen in der Reichsverfassung von 1849 (M4).

5.2 Deutsche im Ausland – Fremde in Deutschland

Die Nationalversammlung berät die nationale Frage

Innerhalb des Deutschen Bundes, vor allem in den habsburgischen Ländern, lebten nicht nur Deutsche, sondern auch Angehörige anderer Völker. Umgekehrt lebten in benachbarten Staaten auch Deutsche, so im Herzogtum Schleswig, das überwiegend von Deutschen besiedelt war und in dem vorwiegend im nördlichen Teil eine dänische Minderheit lebte. Ebenso lag das mehrheitlich deutschsprachige Ost- und Westpreußen außerhalb der Bundesgrenzen. Sollte ein deutscher Nationalstaat also alle von Deutschen bewohnten Gebiete umfassen? Was sollte mit den Gebieten geschehen, in denen viele Nichtdeutsche lebten? Über diese schwierige Frage mussten die Parlamentarier entscheiden. Bereits das Vorparlament hatte beschlossen, dass Ost- und Westpreußen mit seinem polnischen sowie Schleswig mit seinem dänischen Bevölkerungsanteil Deutschland angehören sollten. Über die Grenzen des Großherzogtums Posen, in dem 70 Prozent der Bevölkerung Polen waren, gab es im Juli 1848 eine heftige Debatte. Schließlich wurden zwei Drittel Posens Deutschland zugeschlagen.

***1** Der Deutsche Bund 1848/49 – Nationalitätsfragen in Mittel- und Ostmitteleuropa*

2 Über die Zukunft Posens

***a)** Der preußische Regierungspräsident in Posen Eduard Flottwell erinnerte sich 1841:*

Während meiner Wirksamkeit habe ich die der Verwaltung dieser Provinz gestellte Aufgabe darin verstehen zu müssen geglaubt ..., dass die ihren polnischen Einwohnern eigentümlichen Richtungen, Gewohnheiten und Neigungen, die einer solchen Verbindung [mit Preußen] widerstrebten, allmählich beseitigt, dass dagegen die Elemente des deutschen Lebens ... immer mehr in ihr verbreitet, damit endlich die gänzliche Vereinigung beider Nationalitäten als der Schluss dieser Aufgabe durch das entschiedene Hervortreten deutscher Kultur erlangt werden möge.

Zit. nach: Martin Broszat, Zweihundert Jahre deutsche Polenpolitik, Frankfurt a. M. 1972, S. 103.

***b)** Der Abgeordnete Arnold Ruge sagte am 24. Juli 1848 in der Paulskirche:*

Darum ist es ein richtiges Gefühl ..., dass die Teilung Polens ein schmachvolles Unrecht war ... Im Namen der Humanität und der Gerechtigkeit verlange ich, dass Polen wiederhergestellt werde ... An der Ehre Deutschlands ist es, dass es die lang fortgesetzte Unterdrückung der slawischen Völker aufhebe; an der Ehre Deutschlands ist es, dass Deutschland die Freiheit nach Osten propagiere und nicht an der Grenze von Russland und Polen damit stehen bleibe. An unserer Ehre ist es, dass wir aufhören Unterdrücker zu sein, dass wir Freunde aller befreiten Völker werden, dass wir die Italiener befreien und ihre Freunde werden und dass wir die Polen befreien und ihre Freunde werden.

F. Wigard (Hg.), Stenografische Berichte über die Verhandlungen der deutschen konstitutionellen Nationalversammlung zu Frankfurt a. M. 1848/49, Bd. 2, S. 1184.

***c)** Der Abgeordnete Wilhelm Jordan meinte dazu:*

Wer da sagt, wir sollen diese deutschen Bewohner von Posen und Polen hingeben und unter polnische Regierung stellen, den halte ich mindestens für einen unbewussten Volksverräter ... Ich sage, die Politik, die uns zuruft: Gebt Polen frei, es koste, was es wolle, ist eine kurzsichtige, eine selbstvergessene Politik, eine Politik der Schwäche, eine Politik der Furcht, eine Politik der Feigheit. Es ist hohe Zeit für uns, endlich einmal zu erwachen ... zu einem gesunden Volksegoismus ... Aber eben dieser Egoismus, ohne den ein Volk niemals eine Nation werden kann, wird von den Polenfreunden als höchst verdammlich bezeichnet ... Unser Recht ist kein anderes, als das Recht des Stärkeren, das Recht der Eroberung. Ja, wir haben erobert.

F. Wigard (Hg.), a. a. O., Bd. 2, S. 1143 ff.

3 Schutz von Minderheiten

Am 31. Mai 1848 verabschiedete die Nationalversammlung mit großer Mehrheit die folgende Erklärung:

Die verfassunggebende deutsche Nationalversammlung erklärt feierlich: Dass sie im vollen Maß das Recht anerkenne, welches die nichtdeutschen Volksstämme auf deutschem Bundesboden haben den Weg ihrer volkstümlichen Entwicklung ungehindert zu gehen und in Hinsicht auf das Kirchenwesen, den Unterricht, die Literatur und die innere Verwaltung und Rechtspflege sich der Gleichberechtigung ihrer Sprache, so weit deren Gebiete reichen, zu erfreuen, wie es sich denn auch von selbst verstehe, dass jedes der Rechte, welche die im Bau begriffene Gesamtverfassung dem deutschen Volk gewährleisten wird, ihnen gleichmäßig zusteht. Das fortan einige und freie Deutschland ist groß und mächtig genug um den in seinem Schoße erwachsenen anders redenden Stämmen eifersuchtslos in vollem Maße gewähren zu können, was Natur und Geschichte ihnen zuspricht; und niemals soll auf seinem Boden weder der Slawe noch der dänisch redende Nordschleswiger ... noch wer sonst in fremder Zunge spricht, zu klagen haben, dass ihm seine Stammesart verkümmert werde.

F. Wigard (Hg.), a. a. O., Bd. 1, S. 183.

a) Welche Minderheiten lebten innerhalb der Grenzen des Deutschen Bundes, wo lebten Deutsche außerhalb dieser Grenzen (M1)? Wie ist das heute?

b) Beschreibe die jeweiligen Grenzveränderungen,

– die das Vorparlament beschloss,

– die die Nationalversammlung im Juli 1848 entschied,

– die sich durch den Abstimmungserfolg der Kleindeutschen ergab (M1).

c) Wie sahen die Abgeordneten Ruge und Jordan jeweils die Zukunft Posens (M2b und M2c)? Nimm Stellung dazu.

5.3 Politische Gleichheit – auch für Arbeiter und Frauen?

Vertritt die Nationalversammlung alle Deutschen?

Arbeiter und Frauen waren in der Nationalversammlung nicht vertreten. Dennoch nahmen sie mit Interesse zur Kenntnis, was die Abgeordneten über Deutschlands Zukunft berieten. Allerdings waren Arbeiter und Handwerker zunehmend enttäuscht darüber, dass über ihre soziale Lage in den Parlamentsdebatten kaum gesprochen wurde. Aber gerade niedrige Löhne, lange Arbeitszeiten, nicht selten drückende Not waren ihre größten Probleme. Vor allem auch deswegen hatten sie an den revolutionären Kämpfen teilgenommen. Und sie hatten gehofft, dass sich nun die Abgeordneten ihrer Sorgen annehmen würden.
Viele Arbeiter kamen zu der Ansicht, dass sie selbst für die Verbesserung ihrer Lage kämpfen mussten. Die Bedingungen dafür hatten sich mit der Revolution verbessert: Versammlungs- und Redefreiheit, Pressefreiheit und das Recht zur Vereinsbildung galten auch für sie. So schlossen sich 1848 in vielen Orten Arbeiter und Handwerksgesellen zu „Arbeitervereinen" zusammen. Auf dem Berliner Arbeiterkongress (23. August bis 3. September 1848) gaben sie sich eine zentrale Organisation für ganz Deutschland. Dazu gehörten nun 170 Vereine mit mehr als 12 000 Mitgliedern. Auch Frauen wurden in die Vereine aufgenommen.

Frauen verlangen gleiche Rechte

An der politischen Rechtlosigkeit der Frauen und ihrer Abhängigkeit von den Männern hatte sich nichts geändert. Sie durften nicht wählen, ihre Bildungsmöglichkeiten waren stark eingeschränkt und Berufe, die einflussreiche Stellungen und wirtschaftliche Unabhängigkeit ermöglichten, z. B. Jurist oder Arzt, blieben ihnen verschlossen. Vor allem Frauen aus dem Bürgertum fanden sich deswegen in Klubs zusammen. Dort diskutierten sie ihre Lage und forderten mehr Verantwortung und Rechte. In politischen Schriften, Briefen an Regierungen und neu gegründeten Frauenzeitungen forderten sie öffentlich Gleichberechtigung. Auch Frauen aus ärmeren Bevölkerungsschichten organisierten sich. Ihnen ging es allerdings zunächst darum, ihre soziale Lage zu verbessern.

1 Politischer Damenklub: *Die Forderungen auf der Karikatur lauten: „kein Mann darf ohne Frau ausgehen", „jeder Mann muss heiraten", „keine Schläge mehr", „der Kaffee steht zu hoch im Preis" (Lithografie von Wilhelm Völker 1848).*

2 Arbeiter überreichen 1848 dem städtischen Magistrat in Düsseldorf ihre Forderung nach Arbeit.
Gemälde von J. P. Hasenclever, 1849, dem eine wahre Begebenheit zu Grunde liegt. – Welche Haltungen kommen in Gesichtsausdruck und Körpersprache der dargestellten Personen zum Ausdruck?

3 Forderungen von Handwerkern und Arbeitern

a) *Aus dem Manifest des deutschen Arbeiterkongresses vom 2. September 1848 an die Nationalversammlung:*

Mit der gespanntesten Aufmerksamkeit und mit hingebender Erwartung haben die Arbeiter … die Beratungen der hohen deutschen Nationalversammlung verfolgt. Sie haben nunmehr leider die Überzeugung erlangt, dass auch in der Verfassungsurkunde für Deutschland die soziale Frage ebenso wenig wie in anderen Verfassungsarbeiten, eine Stelle finden könne … Wir Arbeiter und unsere Angelegenheiten stehen den Augen der Staatsmänner, wie diese bisher durch das Staatsleben gebildet wurden, zu fern, ja für die meisten waren die Arbeiter eigentlich gar nicht als Staatsbürger da und sichtbar, sondern nur als Ziffern in den Bevölkerungslisten und in den Berechnungen der Volksmacht. Der Staat kennt nur den Besitz als etwas Bleibendes und die Besitzenden … Es ist vor allem erforderlich, dass die Arbeiter … sich selbst als lebendige Gemeinschaften, gleichsam als politisch-beseelte Körperschaften, unter die übrigen Bürger hinstellen und den Staatsmännern bemerklich machen. Dieses konnte nur von den Arbeitern selbst ausgehen. Es war bisher versäumt worden, ist aber von uns … nachgeholt worden.

Zit. nach: Karl Obermann (Hg.), Flugblätter der Revolution 1848/49, München 1972, S. 109 ff.

b) *Der Schriftsetzer Stephan Born hatte in Berlin einen der ersten deutschen Arbeitervereine gegründet. In einer von ihm herausgegebenen Zeitung forderte er am 10. Juni 1848:*

1. Bestimmung des Minimums des Arbeitslohns und der Arbeitszeit durch Kommissionen von Arbeitern und Meistern oder Arbeitgebern.
2. Verbindung der Arbeiter zur Aufrechterhaltung des festgesetzten Lohnes.
3. Aufhebung der indirekten Steuer, Einführung progressiver Einkommenssteuer mit Steuerfreiheit derjenigen, die nur das Nötigste zum Leben haben.
4. Der Staat übernimmt den unentgeltlichen Unterricht …
5. Unentgeltliche Volksbibliotheken …
9. Beschäftigung von Arbeitslosen in Staatsanstalten …

E. Bernstein (Hg.), Dokumente des Sozialismus, Bd. 3, Stuttgart 1903, S. 40 f.

4 Die Frauenbewegung

a) *Louise Otto-Peters gilt als Gründerin der deutschen Frauenbewegung. 1847 schrieb sie:*

Es wird in unserem Schulen vielleicht alles gelehrt, was der weibliche Verstand bis in sein vierzehntes Jahr fassen kann – aber dann, in einem Alter, in dem alle Geisteskräfte sich erst recht zu entfalten beginnen, in dem wir erst die rechte Liebe zu wissenschaftlichen Interessen fassen, in dem wir erst einsehen können, wie notwendig es sei, sich Kenntnisse zu erwerben, wo wir erst die Fähigkeit gewinnen, nicht alles, was man sagt, auf Treu und Glauben blindlings hinzunehmen – in einem solchen Alter wird die weibliche Bildung für vollendet betrachtet … Für die Töchter der Bemittelten gibt es auch jetzt … eine Menge von Anstalten, welche namentlich für Mädchen von dreizehn bis achtzehn Jahren bestimmt sind. Aber wie sind sie beschaffen! Die Mädchen lernen darin nichts wie Französisch und Englisch sprechen, Tanzen, Musizieren, Zeichnen und Sticken. Diese Dinge mögen mit zur weiblichen Bildung gehören – aber sie sind Nebensache … Aber es tut Not, dringend Not, dem Weibe Gelegenheit zu verschaffen, sich, wenn es sein muss, den Lebensunterhalt selbst verdienen zu können. Schon bei den untersten Schichten steht der Verdienst der Frauen, die entweder für Tagelohn oder bei einer Herrschaft dienen, im auffallenden Missverhältnis zu dem der Männer! … Aber in höheren Ständen ist dem weiblichen Geschlecht fast jede Gelegenheit genommen sich selbstständig durchs Leben zu helfen. Eine Stickerin und Näherin kann bei den jetzigen Zeiten den Tag über kaum fünf Neugroschen verdienen! Anderes lernen aber eben jetzt die Mädchen selten, denn um in fremden Sprachen unterrichten zu können, gehört schon eine große Fertigkeit in denselben dazu, zu welcher es auch selten gebracht wird. Allerdings ist aber dieses Unterrichten im Französischen, namentlich sei es nun im Privatunterricht oder in der Stellung als Erzieherin, fast das einzige Mittel der Frauen sich allein durchs Leben zu helfen, was demnach auch eine große Menge ergreifen … Wie schmachvoll … für Deutschland selbst, das zu seinen Töchtern sagt: Seht zu, dass ihr euch bald an einen Mann verkauft, der euch anständig ernähren kann und ihr dafür sein Hauswesen führt.

b) *1849 gab sie – für eine Frau in damaliger Zeit ganz ungewöhnlich – eine politische Frauenzeitung heraus. Bereits 1852 musste die Zeitung wieder eingestellt werden, weil nach einem neuen Gesetz die Schriftleitung nur ein Mann haben durfte. In ihrer Zeitung schrieb sie 1849:*

Mitten in den großen Umwälzungen, in denen wir uns alle befinden, werden sich die Frauen vergessen sehen, wenn sie selbst an sich zu denken vergessen! Wohlauf denn, meine Schwestern, vereinigt euch mit mir, damit wir nicht zurückbleiben, wo alles um uns und neben uns vorwärts drängt und kämpft … Wir wollen unseren Teil fordern: … Das Recht der Mündigkeit und Selbstständigkeit im Staat.

Louise Otto, Die Teilnahme der Frauen an den Interessen des Staates. In: Vorwärts! Volks-Taschenbuch für das Jahr 1847, Hg. Robert Blum, 5. Jg., Leipzig 1847, S. 51 ff.

5 Louise Otto-Peters *(zeitgenöss. Lithografie)*

a) Beschreibe die Karikatur „Politischer Damenklub" (M1). Vergleiche die Zeichnung mit der Darstellung der Nationalversammlung (M1 im Kap. „Das erste Nationalparlament berät eine Verfassung"). Was wollte die Frauenbewegung wirklich erreichen (M4, M5)?

b) Ziehe Schlüsse aus den Forderungen Stephan Borns (M3b) auf die damaligen politischen Verhältnisse. Welche Forderungen sind heute verwirklicht?

6. Warum scheiterte die Revolution?

Frankreich	Deutsche Kleinstaaten	Österreich	Preußen
Juni 1848: Nach der Auflösung der Nationalwerkstätten erheben sich in Paris die Arbeiter. Der Aufstand wird niedergeschlagen. Dezember 1848: Louis Napoleon wird zum Präsidenten der französischen Republik gewählt. 1852: Louis Napoleon wird als Napoleon III. Kaiser der Franzosen.	*Mai 1849: Erhebungen für die Reichsverfassung werden im Rheinland, in Baden, in der Pfalz und in Sachsen von preußischen Truppen niedergeworfen. Die Fürsten schränken das Wahlrecht und andere Grundrechte ein.*	*Juni bis Oktober 1848: Kaiserliche Truppen schlagen Aufstände in Wien, Oberitalien und Böhmen nieder. März 1849: Ministerpräsident Fürst Schwarzenberg oktroyiert (verfügt) eine zentralstaatliche Verfassung.*	*Dezember 1848: König Friedrich Wilhelm IV. oktroyiert eine Verfassung. Mai 1849: Das Dreiklassenwahlrecht wird für die Wahl des preußischen Abgeordnetenhauses eingeführt. Preußen bleibt Militär- und Polizeistaat.*
	1850: Der „Deutsche Bund" wird unter österreichischer Führung wiederhergestellt.		

Das Ende der Revolution in Frankreich

Im Juni 1848 flammte in Frankreich die Revolution noch einmal auf. Nachdem die Regierung im Februar das Recht auf Arbeit für alle eingeführt hatte, fanden in Paris mehr als 100 000 Erwerbslose in Nationalwerkstätten Arbeit. Sie wurden aus der Staatskasse entlohnt. Das verursachte allerdings so hohe Kosten, dass die Nationalwerkstätten bereits im Juni wieder geschlossen werden mussten. Dagegen demonstrierten empörte Handwerker und Arbeiter. Sie wurden in viertägigen Straßenkämpfen von Regierungstruppen besiegt. Bei den Kämpfen wurden mehr als tausend Menschen getötet.

Im November verkündete die Regierung eine republikanische Verfassung. Sie garantierte allen männlichen Franzosen über 21 Jahren das direkte, allgemeine und geheime Wahlrecht zum Parlament und übertrug einem auf vier Jahre zu wählenden Präsidenten die ausführende Gewalt. Die Präsidentschaftswahl gewann im Dezember 1848 Louis Napoleon, ein Neffe Napoleons. Nach einem Staatsstreich ließ dieser sich am 2. Dezember 1852, dem Jahrestag der Kaiserkrönung Napoleons I. im Jahre 1804, als Napoleon III. zum Kaiser ausrufen.

Die Gegenrevolution in Österreich …

Die Gegenrevolution in Österreich begann im Juni 1848 in Prag. Kaiserliche Truppen schlugen dort einen Aufstand tschechischer Studenten nieder, die nationale Unabhängigkeit gefordert hatten. Im Oktober eroberte die Armee nach fünftägigen Kämpfen Wien zurück, das zuvor fast einen Monat lang in der Gewalt aufständischer Arbeiter und Handwerker gewesen war. Die führenden Revolutionäre wurden hingerichtet, unter ihnen der Abgeordnete der Nationalversammlung Robert Blum, der auf den Barrikaden mitgekämpft hatte. Die Verurteilung eines ihrer Abgeordneten zeigte, wie machtlos dieses Parlament war. Ministerpräsident Fürst Schwarzenberg löste den verfassunggebenden Reichstag auf und oktroyierte (verfügte) eine Verfassung. Ungarn wurde in den österreichischen Vielvölkerstaat einbezogen. Als im April 1849 Ungarn seine Unabhängigkeit von Österreich erklärte, erzwangen österreichische und zu Hilfe gerufene russische Streitkräfte die Kapitulation der ungarischen Aufständischen.

... und in Preußen

In Berlin hofften radikal-demokratische Abgeordnete der preußischen Nationalversammlung noch immer Preußen eine demokratische Verfassung geben zu können. Die Zerstrittenheit der Abgeordneten über den Inhalt der Verfassung nutzte der König aus. Im September 1848 berief er einen Ministerpräsidenten, der bereit war mithilfe des Militärs für Ruhe und Ordnung zu sorgen. Gleichzeitig ließ er Berlin durch 40 000 Soldaten unter Führung General Wrangels besetzen, der drohte: „Die Truppen sind gut, die Schwerter haarscharf geschliffen, die Kugeln im Lauf." Im Dezember löste der König die preußische Nationalversammlung auf und oktroyierte eine Verfassung. Da sie viele demokratische Rechte versprach, war das Bürgertum zufrieden und gab jeden Widerstand auf. Später wurden allerdings viele Bestimmungen wieder zurückgenommen; z. B. wurde das allgemeine, gleiche und geheime Wahlrecht zum „Dreiklassenwahlrecht" abgeändert.

Die Machtlosigkeit der Nationalversammlung

Fast ein Jahr lang hatten in Frankfurt die Abgeordneten der Nationalversammlung daran gearbeitet, ein einheitliches Deutschland zu schaffen und ihm eine Verfassung zu geben. Nach wie vor bestanden aber 38 deutsche Einzelstaaten. Und den Regierungen blieb es selbst überlassen, ob sie die Beschlüsse des Parlaments anerkannten oder nicht. Die Nationalversammlung hatte keinerlei Machtmittel in der Hand um ihre Entschließungen durchzusetzen, denn die Armeen, die Polizei und die gesamte Beamtenschaft standen auf der Seite der Fürsten.
Aus Angst vor Unruhen hatten 28 von 38 Regierungen die Reichsverfassung anerkannt. Die zentrale Frage blieb jedoch, wie sich der preußische König verhalten würde. Unter Führung ihres neuen Präsidenten Simson fuhr eine Abordnung der Nationalversammlung nach Berlin um Friedrich Wilhelm IV. die Wahl zum deutschen Kaiser mitzuteilen. Der Preußenkönig lehnte sie am 28. April 1849 ab, weil er keine Krone vom Volk haben wollte. Nun gaben auch die Liberalen die Hoffnung auf ihre Ziele auf dem Weg der Vereinbarung mit den Fürs-

1 ***Neue Wrangelsche Straßenreinigungsmaschine.*** *Karikatur von Caspar Braun, 1848 (oben).*

2 ***Heinrich von Gagern und Borussia:*** *„Wat heulst'n, kleener Hampelmann?" – „Ick hab Ihr'n Kleenen 'ne Krone jeschnitzt, nu will er se nich!" Karikatur von F. Schröder, 1849.*

3 Situation Deutschlands *vor und nach der Revolution (zeitgenössische Karikatur).*

Wappen für das deutsche Volk

vor 1848 — und 1849.

ten zu erreichen. Die meisten Abgeordneten traten aus der Nationalversammlung aus. Ungefähr 100 Abgeordnete der Linken übersiedelten Anfang Mai nach Stuttgart und bildeten dort ein „Rumpfparlament", das nach kurzer Zeit von württembergischem Militär auseinander getrieben wurde.

Aufstände für die Reichsverfassung

Die Ablehnung der Reichsverfassung belebte noch einmal die Revolution. Fast überall in Deutschland versuchten die politischen Linken mit Volksversammlungen, Demonstrationen und Petitionen Druck auf die Regierungen auszuüben und die Durchsetzung der Verfassung zu erzwingen. Es kam aber auch zu bewaffneten Auseinandersetzungen. Aufstände in Sachsen, an denen sich u. a. der Arbeiterführer Stephan Born, der Architekt Gottfried Semper und der Komponist Richard Wagner beteiligten, im Rheinland, in der Pfalz und in Baden wurden von preußischen Truppen niedergeworfen. Im Juli 1849 endete die Revolution mit der Kapitulation von 6 000 badischen Aufständischen in Rastatt.

Wiederherstellung des Deutschen Bundes

Nach den gescheiterten Maiaufständen begannen die Fürsten damit, die Grundrechte und das Wahlrecht einzuschränken und die Arbeit der Einzelparlamente zu behindern. Preußen blieb mit seiner im Dezember 1848 oktroyierten Verfassung ein Verfassungsstaat, während Österreich seine Verfassung 1851 aufhob und zur absoluten Monarchie zurückkehrte. 1850 vereinbarten Preußen und Österreich die Wiederherstellung des alten Deutschen Bundes unter österreichischer Führung. Im August 1851 hob der neu zusammengetretene Frankfurter Bundestag die in der Paulskirche verabschiedeten „Grundrechte des deutschen Volkes" auf.

Dreiklassenwahlrecht: Nach der Steuerleistung abgestuftes, 1849 in Preußen eingeführtes Wahlrecht. Gewählt wurde öffentlich (also nicht geheim) und indirekt, d. h. über Wahlmänner. Das gesamte Steueraufkommen eines Wahlkreises wurde gedrittelt und dementsprechend wurden die Wähler in drei Klassen eingeteilt. Jede dieser Klassen wählte im Wahlkreis ein Drittel der Wahlmänner, diese wiederum wählten die Abgeordneten. 1849 entstammten der 1. Klasse 4,4 %, der 2. Klasse 12,6 % und der 3. Klasse 82,6 % der Wähler. Rheinische Liberale hatten dieses Wahlrecht vorgeschlagen, da es den einzelnen Bürgern ein Stimmrecht nach Maßgabe „des Gewichts ihrer Beiträge zu den Staatslasten" zuweisen sollte. Es galt in Preußen bis 1918.

4 Sächsische Aufständische werden in Gefangenschaft geführt *(Neuruppiner Bilderbogen, 1849). Vor dem Dresdener Stadtgericht mussten sich 869 Aufständische vom Mai 1849 verantworten, darunter 50 Handwerksmeister, 285 Gesellen und 28 Arbeiter.*

5 Ein „Reif aus Dreck und Letten"

Schon als die Möglichkeit einer Wahl diskutiert wurde, hatte im Dezember 1848 Friedrich Wilhelm IV. an seinen Freund Freiherr von Bunsen geschrieben:

Ich will weder der Fürsten Zustimmung zu *der* Wahl noch *die* Krone. Verstehen Sie die markierten Worte? ... *Die* Krone ist ernstlich keine Krone. Die Krone, die ein Hohenzoller nehmen dürfte, ... ist ... eine, die den Stempel Gottes trägt ... *Die* aber, die Sie – leider – meinen, verunehrt überschwänglich mit ihrem Ludergeruch der Revolution von 1848, der albernsten, dümmsten, schlechtesten, wenn auch gottlob nicht der bösesten dieses Jahrhunderts. Einen solchen imaginären Reif, aus Dreck und Letten gebacken, soll ein legitimer König von Gottes Gnaden und nun gar der König von Preußen sich geben lassen? ... Ich sage es Ihnen rund heraus: Soll die tausendjährige Krone deutscher Nation, die 42 Jahre geruht hat, wieder einmal vergeben werden, so bin *ich* es und meinesgleichen, die sie vergeben werden; und wehe dem, der sich anmaßt, was ihm nicht zukommt.

Zit. nach: Helmut Berding, Die deutsche Revolution von 1848/49. in: Quellen zur Geschichte und Politik, Stuttgart 1991, S. 84

6 „Fürchten sie etwa die Frau?"

a) Aus dem preußischen Gesetz gegen den Missbrauch des Versammlungs- und Vereinigungsrechtes (11. März 1850):

§ 8: Für Vereine, welche bezwecken politische Gegenstände in Versammlungen zu erörtern, gelten ... nachstehende Beschränkungen: Sie dürfen keine Frauenspersonen, Schüler und Lehrlinge als Mitglieder aufnehmen ... Frauenspersonen, Schüler und Lehrlinge dürfen den Versammlungen und Sitzungen solcher politischer Vereine nicht beiwohnen. Werden dieselben auf die Aufforderung des anwesenden Abgeordneten der Obrigkeit nicht entfernt, so ist Grund zur Auflösung der Versammlung oder Sitzung vorhanden.

Zit. n.: Ute Gerhard, Verhältnisse und Verhinderungen, Frauenarbeit, Familie und Rechte der Frauen im 19. Jahrhundert, Frankfurt a. M. 1978, S. 443 ff.

b) Die „Abendpost", eine Berliner Zeitung, nahm in einem mit „Hermine" unterzeichneten Kommentar zu dem Gesetz Stellung:

Was denken diese Kammer-Herren, fürchten sie etwa die Frau? Fürchten sie, wir blicken ihnen zu tief in die Karten und beteiligen uns bei einer möglichen deutschen Volkserhebung? Fürchten sie das Weib seinen häuslichen Pflichten ... zu entziehen, wollen sie die Frau nur in der Küche und Kinderstube sehen, verlangen sie, die Frau solle eine tote Arbeitsmaschine sein? Das wird ihnen nicht gelingen! Die Frau hat so gut wie der Mann fünf Sinne, so gut wie er Geist und Verstand ... Fürchten sie die Frau, weil sie kein gutes Gewissen haben? – Nicht ohne Grund wollen sie die Frauen fern halten von den Vereinen; diese Kammer-Herren haben Gründe ... Sie fürchten, die Frau könne ihre Gewalt über den Mann geltend machen; sie fürchten, dass durch ihre Mitwirkung, ihre Ermutigung, ja durch ironische Äußerungen Scham in dem Manne erwacht und er umso eher ermutigt und mit Ernst, Ausdauer und Festigkeit die endliche Einlösung der königlichen Versprechungen fordert. Sie fürchten in der Frau die Mutter des kommenden Geschlechts, die Stamm-Mutter eines neuen Zeitalters! Und mit Recht! Die deutsche Frau weiß, was sie der Gegenwart, was sie der Zukunft, sie weiß, was sie dem großen deutschen Vaterlande schuldig ist! ... Nein, wir, die deutschen Frauen haben erkannt ..., dass in unserer Hand die Zukunft der deutschen Freiheit liegt.

Zit. nach: Ute Gerhard, a. a. O.

7 ***Ironie der Zeit.*** *Zeitgenössiche Karikatur*

Im Jahre 1848

U: „Guten Tag ooch, Herr Hofrat Gumpel."

H: „Ihr Diener! Bester Freund, ein Wort im Vertrauen – nennen Sie mich einfach Herr Gumpel und lassen Sie den Hofrat weg."

Im Jahre 1849

U: „Guten Tag ooch, Herr Gumpel."

H: „Guten Tag! Lieber Mann, ein Wort im Vertrauen – nennen Sie mich einfach Herr Hofrat und lassen Sie den Gumpel weg!"

8 ***Dreiklassenwahlrecht***

Aus einer Denkschrift der preußischen Regierung vom 12. August 1849:

Es liegt daher nahe, nach dem Verhältnis der Besteuerung das Stimmrecht zu regeln, indem man damit der Forderung „gleiche Pflichten, gleiche Rechte" zu genügen strebt und dabei insbesondere … gedenkt, dass ein sehr wichtiges Recht der Abgeordneten, um deren Wahl es sich handelt, in der Steuerbewilligung besteht … Die Verhältnisse (sind) im Großen und Ganzen so gestaltet, wie den ärmeren Mitgliedern der Staatsgesellschaft die größere Summe der physischen (körperlichen), so in den reicheren das höhere Maß der geistigen Kräfte zu liegen pflegt, und somit dasjenige Gewicht, welches man anscheinend dem materiellen Vermögen beilegt – in der Tat der höheren Intelligenz zugute kommt. Dass außerdem die Größe des Besitzes mehr oder weniger für das Interesse an dem diesen Besitz schützenden Staatsorganismus maßgebend ist, bedarf einer weiteren Ausführung nicht.

Zit. nach: Helmut von Gerlach, Die Geschichte der preußischen Wahlrechts, Berlin 1908, S. 12 ff.

a) Als Ursachen für das Scheitern der Revolution werden von heutigen Historikern unter anderem genannt:
- *die Zerstrittenheit zwischen Liberalen und Demokraten,*
- *die Angst des Bürgertums vor einer sozialen Revolution,*
- *die Ablehnung der Kaiserkrone durch Friedrich Wilhelm IV.,*
- *der Rückzug der Bauern von der Revolution, nachdem ihre Forderungen weit gehend erfüllt waren,*
- *die Unmöglichkeit einen Nationalstaat zu schaffen, in dem nur Deutsche lebten,*
- *die unpolitische Grundhaltung der Mehrheit der Bevölkerung.*

Prüfe jedes dieser Argumente und nimm Stellung dazu.

b) Das Ergebnis der Revolution war nicht nur ihr Scheitern. Sie zeigte auch Wirkungen. Nenne solche Wirkungen.

c) Warum verzichtete Friedrich Wilhelm IV. auf die Kaiserkrone (M5)? Vergleiche seine Haltung mit derjenigen vom März 1848.

d) Warum bevorzugte das Bürgertum in Preußen das Dreiklassenwahlrecht gegenüber dem allgemeinen Wahlrecht (M7 und M8)?

e) Wie beurteilt die Berliner „Abendpost" die Diskriminierung der Frauen nach der Revolution durch das preußische Versammlungsgesetz (M6a und b)?

Doch noch ein deutscher Nationalstaat – die Erfüllung der deutschen Geschichte?

Bayerische Kavallerie-Division bei einem Manöver in Elsass-Lothringen im Jahr 1908.
Links: Begrüßung des Reichsverwesers Erzherzog Johann durch Berliner Bürger am 6. August 1848 (Neuruppiner Bilderbogen).
Oben: Proklamation des deutschen Kaisers Wilhelm I. am 18. Januar 1871 im Spiegelsaal des Schlosses von Versailles, Gemälde von Anton v. Werner, 1877.
Rechts: Gefallen für das Vaterland. Postkarte aus dem Ersten Weltkrieg.

1. Völker wollen Nationalstaaten werden

1859–1861 — *Ein italienischer Nationalstaat entsteht unter Führung von Piemont-Sardinien.*
1863 — *Aufstand der Polen gegen Russland wird niedergeworfen.*
1867 — *Ungarn wird selbstständig, bleibt aber Österreich in Personalunion verbunden.*

Nationen und Völker in Mittel- und Osteuropa

Im 19. Jahrhundert kam es in vielen Ländern Mittel- und Osteuropas immer wieder zu blutigen Aufständen, bei denen Völker um ihre nationale Selbstbestimmung kämpften. Wie kam es dazu?
Im Gegensatz zu Franzosen und Engländern, die seit Jahrhunderten in eigenständigen Staaten lebten, beschränkte sich die Gemeinsamkeit der Deutschen auf ihre gemeinschaftliche Kultur und Sprache. Seit Jahrhunderten war Deutschland in Kleinstaaten zersplittert, denn bereits im Mittelalter hatten die Fürsten ihre Machtansprüche gegen die Zentralgewalt – den Kaiser – durchgesetzt. Obwohl die Deutschen keinen Nationalstaat hatten, fühlten sie sich aber doch als eine Kulturnation. Ähnlich ging es den Italienern, deren Land in sieben Staaten aufgeteilt war, die zum größten Teil von fremden Herrschern regiert wurden. Auch die Polen hatten seit den polnischen Teilungen (1772 bis 1795) keinen Nationalstaat mehr und lebten unter preußischer bzw. österreichischer oder russischer Fremdherrschaft. In der Habsburger Monarchie lebten neben Deutschen und Ungarn nicht nur Polen und Italiener, sondern auch Tschechen, Ukrainer, Slowaken, Kroaten, Serben und Slowenen. Kultur und Religionen dieser Minderheiten wurden oft unterdrückt: ihre Sprachen waren als Amts- und Gerichtssprachen nicht zugelassen und die Kinder erhielten in der Schule keinen Unterricht in ihrer Muttersprache. Die Unzufriedenheit darüber wurde immer größer und so strebten Menschen gleicher Nationalität nach selbstständigen Nationalstaaten, deren Grenzen mit denen ihrer Kulturnation übereinstimmten. Sie wollten keine fremden Regierungen und glaubten, dass sie ihre politische Mitbestimmung in Nationalstaaten leichter durchsetzen könnten als in Staaten mit unterschiedlichen Völkern.

Italien will die Einheit

In den Revolutionsjahren 1848/49 war die italienische Einigung ebenso gescheitert wie die deutsche. Die österreichische Regierung und die anderen fremden Herrscher waren mit großer Härte gegen die Aufständischen vorgegangen, die Fremdherrschaft war geblieben. Nur Piemont-Sardinien besaß mit dem populären König Victor Emanuel II. einen Italiener als Monarchen. Das Land hatte 1848 eine Verfassung erhalten und der Ministerpräsident Camillo Cavour förderte durch rege Handelspolitik und zügigen Ausbau des Eisenbahnnetzes die Wirtschaftskraft. Cavour war auch bereit sich an die Spitze der italienischen Einigungs- und Befreiungsbewegung zu stellen. Dazu erbat er die Unterstützung Frankreichs. Napoleon III. war einverstanden, da auch er an der Schwächung der Vormachtstellung Österreichs in Europa interessiert war. Im Juni 1859 gelang es den verbündeten Franzosen und Piemontesen, die österreichische Armee zu schlagen und die Lombardei zu erobern. Nachdem sich auch in anderen Landesteilen die Italiener von der Fremdherrschaft befreit hatten, trat im März 1860 das erste Parlament Italiens in Turin zusammen und Victor Emanuel II. nahm den Titel eines Königs von Italien an.

1 ***Die Einigung Italiens*** *(1859/1860). Noch während des Krieges gegen Österreich stürzten Aufständische in den mittelitalienischen Staaten Parma, Modena, Toskana und Teilen des Kirchenstaates ihre Herrscher und setzten provisorische Regierungen ein, die den Anschluss an Piemont-Sardinien herbeiführten. Im Mai 1860 gelang es den von Guiseppe Garibaldi geführten Freiheitskämpfern, Sizilien zu erobern. Die Eingliederung Venedigs gelang 1866, die des restlichen Kirchenstaates (Rom) 1870.*

Ungarn bleibt ein Vielvölkerstaat

Die Niederlage Österreichs in Italien hatte den Vielvölkerstaat geschwächt. Um den häufigen Unruhen in Ungarn ein Ende zu setzen gab Kaiser Franz Joseph 1867 den Ungarn die Unabhängigkeit, die er ihnen 1849 mit Waffengewalt verweigert hatte. Er war nun Kaiser von Österreich und König von Ungarn. Die Reichsteile Österreich und Ungarn (mit dem größten Teil von Kroatien, Slowenien und Siebenbürgen) bekamen eigene Parlamente und Regierungen, behielten aber gemeinsame Ministerien für die Militär-, Außen- und Finanzpolitik. Doch die Probleme des Vielvölkerstaates bestanden weiter. Vor allem die Tschechen und die Balkanvölker verlangten weiterhin eigenständige Nationalstaaten.

Nation, Nationalstaat (von lat. nasci = geboren werden): Wenn eine große Zahl von Menschen eine gemeinsame Abstammung, Sprache, Kultur, Geschichte, oft auch Religion und ein gemeinsames Siedlungsgebiet hat, spricht man von einer Nation, genauer von einer Kulturnation. Eine solche Kulturnation kann auf verschiedene Staaten verteilt leben, wie es für die deutsche Nation lange Zeit bestimmend war. Stimmen die Staatsgrenzen mit denen der Kulturnation ungefähr überein, spricht man von einem Nationalstaat. 1870 fand der französische Schriftsteller Ernest Renan eine andere Erklärung für den Begriff Nation: „Eine Nation ist eine große Gemeinschaft … Sie setzt die Übereinstimmung, den klar ausgedrückten Willen voraus das gemeinsame Leben fortzusetzen. Die Existenz einer Nation ist ein täglich erneutes Plebiszit (Volksbeschluss)." In der Schweiz zum Beispiel leben Menschen unterschiedlicher Sprachen, in den USA unterschiedlicher Abstammung zusammen und fühlen sich als Schweizer bzw. Amerikaner. Man spricht in solchen Fällen von Staatsnationen. Sie beruhen auf dem Willen jedes Einzelnen (volonté générale) gemeinsam mit den anderen einen Staat zu bilden.

2 ***Ministerpräsident Cavour*** *unterrichtete im Juli 1853 König Victor Emanuel über sein Gespräch mit Kaiser Napoleon III.:*

Kaum war ich in das Kabinett des Kaisers getreten, so eröffnete dieser das Gespräch … Er sagte zunächst, er wäre bereit Sardinien bei einem Kriege gegen Österreich aus allen Kräften zu unterstützen, vorausgesetzt, dass dieser Krieg für eine nicht revolutionäre Sache unternommen werde, sodass er in den Augen der Diplomatie und besonders vor der öffentlichen Meinung Frankreichs und ganz Europas gerechtfertigt erscheine … Wir durchliefen zusammen alle italienischen Staaten um diese so schwer zu findende Kriegsursache zu suchen. Nachdem wir auf der ganzen Halbinsel erfolglos umhergewandert, verfielen wir, fast unversehens, auf Massa (Herzogtum, seit 1829 dem habsburgischen Modena unterstellt) … und entdeckten dort, was wir so eifrig suchten … Wir kamen dahin überein, die Einwohner zu veranlassen, eine Adresse an Ew. Majestät (Victor Emanuel) zu richten, in der sie um Schutz bitten … sollten. Ew. Majestät würde als Beschützer der unterdrückten Bevölkerung auftreten und eine herausfordernde Note an den Herzog von Modena richten. Bei dem Halt, den er an Österreich hat, würde der Herzog wahrscheinlich in grobem Ton antworten. Damit würde Ew. Majestät Massa besetzen lassen und der Krieg würde beginnen … Nachdem das künftige Schicksal Italiens festgestellt war, fragte mich der Kaiser, was denn Frankreich erhalten sollte und ob Ew. Majestät geneigt sei Savoyen und Nizza abzutreten. Ich antwortete: infolge des Nationalitätenprinzips, zu dem sich Ew. Majestät bekenne, werde sie einsehen, dass Savoyen mit Frankreich vereinigt werden müsse, und werde folglich auch bereit sein dieses Opfer zu bringen.

Luigi Chiala (Hg.), Camillo Cavours gedruckte und ungedruckte Briefe, Bd. 3. Leipzig 1886, S. 2 ff.

3 ***Kampf der Polen für Unabhängigkeit und Freiheit***

Während eines Aufstandes der Polen gegen Russland 1863 erklärte die neu gebildete polnische Regierung:

Wir haben den Kampf begonnen … um das uns verhasste Joch abzuwerfen und vollständige Unabhängigkeit und Freiheit zu erkämpfen. Die Nation vergießt ihr Blut, denn sie will politische Existenz, denn sie will Unabhängigkeit, will eine selbstständige Nation bilden … Wir haben das Schwert ergriffen, das Schwert allein wird unseren Streit mit Moskau entscheiden.

Zit. nach: Geschichte in Quellen, Bd. 5, München 1980, S. 319.

4 ***Die Ungarn*** *gaben sich nach der Trennung von Österreich ein Nationalitätengesetz, das später allerdings häufig nicht beachtet wurde:*

§ 1: Da kraft der politischen Einheit der Nation die Staatssprache Ungarns die ungarische ist, so ist die Beratungs- und Geschäftssprache des ungarischen Reichstages auch künftighin die ungarische; die Gesetze werden in ungarischer Sprache erlassen, sind aber auch in den Sprachen aller anderen das Land bewohnenden Nationalitäten in beglaubigter Übersetzung hinauszugeben …

§ 20: Die Gemeindeversammlungen wählen selbst ihre Protokoll- und Geschäftssprache. Das Protokoll ist gleichzeitig auch in der Sprache zu führen, welche ein Fünftel der stimmberechtigten Mitglieder für nötig erachtet.

§ 21: Die Gemeindebeamten sind verpflichtet im Verkehr mit den Gemeindeangehörigen deren Sprache zu gebrauchen …

§ 24: In Gemeinde- und Kirchenversammlungen können die zum Sprechen Berechtigten ihre Muttersprache frei gebrauchen.

R. Wittram (Hg.), Die Nationalitätenkämpfe in Europa und die Erschütterung des Europäischen Staatensystems 1848–1917. Stuttgart 1973, S. 26 f.

a) Auf welche Art und Weise wollten Cavour und Napoleon Österreich zu einem Krieg provozieren (M2)? Was waren ihre Kriegsziele?

b) Welche Wirkungen hinterließ die Einigung Italiens auf Polen und Ungarn (M3, M4)?

c) Suche im Register nach dem Stichwort „Polen“. Schlage bei den angegebenen Seitenzahlen nach. Wie erging es den Polen 1772, 1793, 1795, 1815 und 1830? Welchen Wunsch hatten die Polen auch 1863 (M3)?

d) Beurteile das ungarische Nationalitätengesetz (M4).

e) Welche Völker streben heute nach Nationalstaaten in den Grenzen ihrer Kulturnation? Erkläre die Begriffe Staat und Nation in Deutschland zwischen 1945 und 1990.

2. Die Einigung Deutschlands – durch Krieg statt durch Revolution

2.1 Die Rivalität zwischen Preußen und Österreich

Preußen als Führungsmacht?

Nachdem der Versuch 1848/49 die deutsche Frage durch eine Revolution zu lösen gescheitert war, hofften viele Vertreter des Bürgertums, dass sich – ähnlich wie in Italien – einer der Fürsten des Deutschen Bundes bereit fände die deutsche Einigung selbst in die Hand zu nehmen. Erneut stand dabei die Frage auf der Tagesordnung, ob die klein- oder großdeutsche Lösung eines Nationalstaates verwirklicht werden sollte. Die Mehrheit des liberalen Bürgertums bevorzugte den kleindeutschen Weg mit dem preußischen König an der Spitze. Denn Preußen war mit seinen Industriezentren in Oberschlesien, dem Ruhrgebiet und dem Saarland die wirtschaftlich stärkste Macht des Deutschen Bundes.

Heereskonflikt in Preußen

Aber zunächst enttäuschte der preußische König Wilhelm I. die Liberalen. Er plante nämlich eine umfassende Heeresreform. Sie sah vor die Zahl der jährlich auszubildenden Soldaten um jeweils ein Drittel zu erhöhen. Das Abgeordnetenhaus, in dem die Liberalen über eine Mehrheit von fast zwei Dritteln der Stimmen verfügten, forderte im Gegenzug die dreijährige Dienstzeit auf zwei Jahre

1 ***Königgrätz.*** *König Wilhelm I. inmitten seiner Truppen, nachdem das von Generalstabschef Helmuth von Moltke geführte preußische Heer die entscheidende Schlacht bei Königgrätz (3. 7. 1866) über die Österreicher gewonnen hatte. Neben dem König der Kronprinz, hinter ihm Bismarck und links Generalstabschef Helmuth von Moltke (Ausschnitt aus einem Gemälde eines Augenzeugen, Christian Sell).*

zu verkürzen. Der König empfand die Forderung des Parlaments als Angriff auf seine traditionellen Rechte und war nicht bereit nachzugeben. Daraufhin lehnte das Abgeordnetenhaus die geforderte Erhöhung der Ausgaben für das Heer ab. In dieser Situation berief Wilhelm I. den preußischen Gesandten in St. Petersburg, Otto von Bismarck, zum preußischen Ministerpräsidenten. Dieser bewilligte nun ohne die Zustimmung der Volksvertretung die Gelder für die Heeresreform. Das war ein eindeutiger Bruch der Verfassung, durch den sich Bismarck bei vielen Liberalen außerordentlich unbeliebt machte.

Militärische Erfolge gegen Dänemark und Österreich

Umso mehr wollte Bismarck seine innenpolitischen Gegner durch Erfolge bei der Schaffung der deutschen Einheit beeindrucken. Dabei ging es ihm allerdings auch darum, die Macht des monarchisch-preußischen Staates zu erhalten und zu vertiefen. Als Ergebnis zweier Kriege gegen Dänemark und Österreich gewann Preußen Gebiete in Norddeutschland. Damit wurde eine Verbindung zwischen den preußischen Kerngebieten im Osten und der Rheinprovinz im Westen hergestellt. Im Frieden von Prag (1866) musste Österreich seine Zustimmung zur Neuordnung Deutschlands ohne österreichische Beteiligung geben. Weil Bismarck eine weitere Zusammenarbeit mit Österreich und dessen süddeutschen Verbündeten ermöglichen wollte, verzichtete er auf österreichische Gebietsabtretungen und hielt auch das preußische Militär davon ab, feierlich in Wien einzumarschieren. Der Erfolg im Krieg und der besonnene Friedensschluss hoben das Ansehen Bismarcks beim deutschen Bürgertum. Als er 1867 vom preußischen Parlament verlangte nachträglich die Staatsausgaben für die Heeresreform zu billigen, stimmten die Abgeordneten mit großer Mehrheit zu.

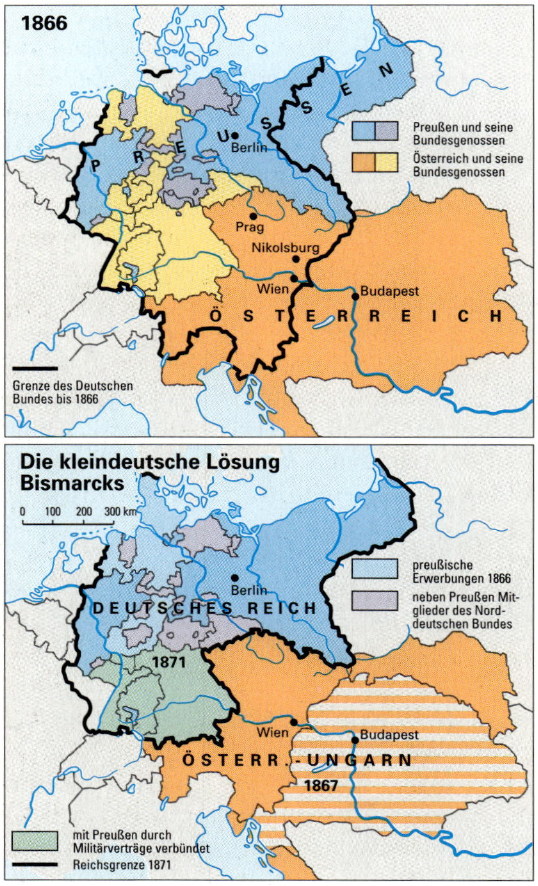

2 „Kommt es unter einen Hut? Ich glaube, es kommt eher unter eine Pickelhaube!"
Karikatur von 1864 aus dem „Kladderadatsch"

3 Der Weg zur kleindeutschen Lösung (1866/71)

4 Kriege gegen Dänemark und Österreich

1864 Österreich und Preußen fordern die Aufhebung einer 1863 vom dänischen Reichstag beschlossenen Verfassungsänderung, die die Einverleibung Schleswigs in den dänischen Nationalstaat vorsieht. Der dänische König lehnt ab. Bismarck gewinnt die österreichische Regierung für ein militärisches Eingreifen gegen Dänemark. Im Frieden von Wien tritt Dänemark die Herzogtümer Schleswig und Holstein an Preußen und Österreich ab.

1865 Die beiden Besatzungsmächte können sich über die Zukunft der beiden Herzogtümer, die sie gemeinsam verwaltet hatten, nicht einigen. Die österreichische Regierung will Schleswig-Holstein zu einem selbstständigen Bundesstaat machen, Bismarck dagegen hofft die Herzogtümer Preußen einverleiben zu können. Die wachsenden Spannungen veranlassen Bismarck zu Kriegsvorbereitungen gegen Österreich. Es gelingt ihm, Napoleon III. zu einem Neutralitätsversprechen zu bewegen. Russlands Neutralität ist ihm sicher, da er 1863 die Niederschlagung des polnischen Aufstandes in dem von Russland beherrschten Teil Polens unterstützt hatte.

1866 Im Streit um Schleswig und Holstein kämpft Preußen zusammen mit 17 kleineren norddeutschen Staaten und Italien gegen Österreich und das übrige Deutschland. Nach seinem Sieg bei Königgrätz verzichtet Preußen auf österreichische Gebietsabtretungen, annektiert aber Schleswig, Holstein, Hannover, Kurhessen, Nassau und Frankfurt a.M.

1867 Die Staaten nördlich des Mains gründen den Norddeutschen Bund. Ihm gehören 21 Kleinstaaten und Freie Städte an. Ihre Bevölkerung wählt im allgemeinen, gleichen, direkten und geheimen (Männer-)Wahlrecht den verfassunggebenden Norddeutschen Reichstag.

5 „... sondern durch Eisen und Blut ...“

***a)** Bismarck äußerte 1856 über das Verhältnis zu Österreich:*

Nach der Wiener Politik ist einmal Deutschland zu eng für uns beide, solange ein ehrliches Arrangement (Vereinbarung) über den Einfluss eines jeden in Deutschland nicht getroffen und ausgeführt ist, pflügen wir beide denselben streitigen Acker ... Der deutsche Dualismus* hat seit Karl V. in jedem Jahrhundert regelmäßig durch einen gründlichen inneren Krieg seine gegenseitigen Beziehungen reguliert und auch in diesem Jahrhundert wird kein anderes als dieses Mittel die Uhr der Entwicklung auf ihre richtige Stunde stellen können.

* Machtrivalität zwischen den Habsburgern und den anderen deutschen Fürstenhäusern, ab dem 18. Jahrhundert zwischen Preußen und Österreich.

Bismarck, die gesammelten Werke, Bd. 2. Berlin 1924, S. 142.

***b)** Vor dem preußischen Abgeordnetenhaus erklärte Bismarck 1862:*

Nicht auf Preußens Liberalismus sieht Deutschland, sondern auf seine Macht: Bayern, Württemberg, Baden mögen den Liberalismus indulgieren [nachsichtig ihm gegenüber sein], darum wird ihnen doch keiner Preußens Rolle anweisen; Preußen muss seine Kraft zusammenfassen und zusammenhalten auf den günstigen Augenblick, der schon einige Male verpasst ist; Preußens Grenzen nach den Wiener Verträgen sind zu einem gesunden Staatsleben nicht günstig; nicht durch Reden und Majoritätsbeschlüsse werden die großen Fragen der Zeit entschieden – das ist der große Fehler von 1848 gewesen – sondern durch Eisen und Blut.

Bismarck, Die Gesammelten Werke, Bd. 10. Berlin 1928, S. 140.

a) Wie stand Bismarck zu den während der Revolution von 1848/49 erhofften Zielen von Einheit und Freiheit für Deutschland (M5a, M5b)? Welche Bedeutung hätte eine großdeutsche Lösung (M3) für den österreichischen Gesamtstaat gehabt?

b) Erkläre die Karikatur „Deutschlands Zukunft“ (M2). Schlage in einem Lexikon nach, was eine Pickelhaube ist.

c) Bismarck war der Meinung, in der Politik zähle nicht die Idee, sondern der Erfolg. Nenne Beispiele für diese „Realpolitik“ Bismarcks. Auf welche Weise sollten nach Bismarcks Meinung politische Entscheidungen durchgesetzt werden (M4, M5a und b)?

2.2 Der Deutsch-Französische Krieg und die Reichsgründung

Annäherung an die süddeutschen Staaten

Mit der Gründung des Norddeutschen Bundes war die Neugestaltung Deutschlands noch nicht abgeschlossen. Bismarck wollte auch die vier süddeutschen Staaten Bayern, Baden, Württemberg und Hessen in den Bund einbeziehen. Dieses Vorhaben stieß auf den Widerstand Frankreichs, das sich vor der militärischen Stärke eines von Preußen beherrschten Deutschlands fürchtete. Napoleon III. hatte gehofft, dass Frankreich für seine Neutralität im deutsch-dänischen Krieg von Preußen belohnt würde. Als die französische Regierung deshalb immer wieder Gebietsabtretungen am Rhein forderte, gelang es Bismarck, mit den besorgten süddeutschen Staaten geheime „Schutz- und Trutzbündnisse" abzuschließen.

Streit um eine Thronkandidatur

Diese Spannungen zwischen dem nach nationaler Einheit strebenden Preußen und dem um seine Vormachtstellung in Europa bangenden Frankreich nahmen noch weiter zu und entluden sich schließlich im Deutsch-Französischen Krieg. Anlass dazu war die Kandidatur des Prinzen Leopold von Hohenzollern-Sigmaringen, eines entfernten Verwandten des preußischen Königs, für den spanischen Königsthron. Auf Anraten Bismarcks hatte Wilhelm I. der Thronkandidatur zugestimmt. Als die Kandidatur bekannt geworden war, erklärte der französische Außenminister, es bedeute eine Veränderung des europäischen Gleichgewichts, wenn eine fremde Macht „einen ihrer Prinzen auf den Thron Karls V. setzt". Obwohl der Hohenzollernprinz daraufhin auf seine Kandidatur verzichtete, verlangte die französische Regierung durch ihren Gesandten Graf Benedetti, der König von Preußen solle sich verpflichten „niemals wieder" seine „Zustimmung zu geben, wenn die Hohenzollern auf ihre Kandidatur zurückkämen". Dieses Verlangen wies Wilhelm I. als unzumutbare Einmischung in seine Politik zurück. Der Konflikt spitzte sich derart zu, dass eine militärische Auseinandersetzung immer wahrscheinlicher wurde.

Der Deutsch-Französische Krieg

Am 19. Juli 1870 erklärte Frankreich den Krieg gegen Preußen. Sofort vereinigten die süddeutschen Staaten ihre Truppen mit denen des Norddeutschen Bundes. Den 400 000 deutschen Soldaten standen zunächst nur 200 000 Franzosen gegenüber. Am 2. September geriet Napoleon III. mit 100 000 Mann nach der Schlacht bei Sedan in Gefangenschaft. Der Krieg zog sich noch weitere sechs Monate hin, bis er im Februar 1871 durch einen Waffenstillstand beendet wurde. Am 10. 5. 1871 wurde in Frankfurt am Main ein Friedensvertrag unterzeichnet: Frankreich musste das Elsass und Lothringen an das Deutsche Reich abtreten und 5 Milliarden Francs Kriegsentschädigung zahlen. Dieses Geld kam vor allem der deutschen Wirtschaft zugute. Denn damit wurden Kredite finanziert, mit deren Hilfe Unternehmer Firmen gründen oder ausbauen konnten.

Die Gründung des Deutschen Reiches

Nach dem erfolgreichen Kriegsverlauf konnte Bismarck die süddeutschen Staaten zum Eintritt in einen kleindeutschen Nationalstaat bewegen. Das Deutsche Reich wurde am 18. 1. 1871 im Spiegelsaal des Schlosses von Versailles proklamiert (ausgerufen) und König Wilhelm I. von Preußen zum deutschen Kaiser ernannt. Tatsächlich bestand das Deutsche Reich nach intensiven Verhandlungen zwischen den Regierungen des Norddeutschen Bundes und den süddeutschen Staaten bereits seit dem 1. Januar 1871. Die abgeschlossenen Verträge wurden gültig, nachdem der Norddeutsche Reichstag und die süddeutschen Länderparlamente sie gebilligt hatten. Später wurde die Kaiserproklamation als großes politisches Ereignis und Festtag für das deutsche Volk gefeiert.

1 **Ausrufung von König Wilhelm I.** *von Preußen zum deutschen Kaiser (Gemälde von Anton von Werner, 1885). Bismarck in der Mitte des Bildes, vor ihm Generalstabschef Helmuth von Moltke, im Hintergrund Kriegsminister Albrecht von Roon, den der Maler auf ausdrücklichen Wunsch des Kaisers in das Bild aufgenommen hatte, obwohl er wegen Krankheit nicht teilnehmen konnte. Der Großherzog von Baden bringt ein „Hoch auf Kaiser Wilhelm" aus. Bereits 1877 hatte Werner ein anderes Bild (Abbildung auf der ADS) über die Kaiserproklamation geschaffen. Er war selbst Zeuge des Ereignisses, das nach seinen Worten „in prunkloser Weise und äußerster Kürze vor sich ging". Beschreibe den Eindruck, den die beiden Bilder auf dich machen. Vergleiche, wie Bismarck jeweils dargestellt ist.*

Historienmalerei – was hat sie mit Geschichte zu tun?

Gemalte Geschichte, bei der die Erinnerung an das Geschehene vom Maler idealisiert und überhöht dargestellt wird, bezeichnet man als Historienmalerei. Geschichte erscheint dabei überwiegend als spektakuläres, dramatisch zugespitztes Ereignis, das deutlich aus der Sicht des Malers oder seines Auftraggebers interpretiert wird. Oftmals rückt er ihm wichtig erscheinende Persönlichkeiten, manchmal sogar den Auftraggeber in den Mittelpunkt. In monumentalen Bildformaten und intensiven Farben, die den Betrachter beeindrucken sollen, drückt der Maler die Bedeutung aus, die er bzw. sein Auftraggeber dem dargestellten Ereignis beimisst. Historienbilder sind deshalb Geschichtsquellen, weil wir daran Ideen, Programme, Selbst- und Wunschbilder des Malers und seiner Auftraggeber erkennen können.
Damit du Historienbilder richtig beurteilen kannst, musst du fragen:

- *Wann und von wem wurde das Bild gemalt? Wer war sein Auftraggeber?*
- *Welches Thema hat der Maler dargestellt? Wie hat er es gestaltet? Welche Personen oder Geschehnisse hat er in den Mittelpunkt gerückt?*
- *Wie viel Zeit lag zwischen dem dargestellten Ereignis und der Entstehung des Bildes? Warum war das Thema für den Maler bedeutsam? War er Zeuge des Geschehens? Was wollte er mit dem Bild bewirken? Vergleiche mit anderen Bildern oder schriftlichen Überlieferungen zu dem Ereignis.*

2 ***Zur geplanten Annexion von Elsass-Lothringen*** *meinte 1870 der liberale preußische Abgeordnete Johann Jacoby:*

Kaum ist von Berlin die Parole ausgegangen und schon sehen wir, wie aller Orten – in der Presse, in Versammlungen, in Adressen – ein tausendfacher Chor sich erhebt die Annexion von Elsass und Lothringen zu verlangen. Vor wenigen Tagen noch war es ein Verteidigungskrieg, den wir führten, ein heiliger Kampf für das liebe Vaterland; und heute – wenn man die Zeitungen liest – ist es ein Eroberungskrieg, ein Kampf für die Oberherrschaft der germanischen Rasse in Europa! … Elsass und Lothringen – sagt man – waren deutsches „Eigentum" und müssen wieder deutsch werden! Wie – fragen wir –, hat denn Elsass und Lothringen keine Bewohner? Oder sind etwa die Bewohner dieser Länder eine willenlose Sache, die man so ohne weiteres in Besitz nehmen, mit der man nach Belieben schalten und walten darf? Sind sie durch den Krieg rechtlos – sind sie Sklaven geworden, über deren Geschick der Sieger willkürlich verfügen kann? Selbst der eifrigste eingefleischte Annexionist räumt ein, dass die Elsässer und Lothringer mit Leib und Seele Franzosen sind und Franzosen bleiben wollen … Sprechen wir es aus als unsere tief innerste Überzeugung, dass jede Einverleibung fremden Ländergebiets wider den Willen seiner Bewohner eine Verletzung des Selbstbestimmungsrechtes der Völker – und daher ebenso verwerflich und verderblich ist.

Harry Pross (Hg.), Deutsche Politik 1803–1870. Dokumente und Materialien. Frankfurt a. M. 1963, S. 284 ff.

3 ***Die deutsche Einigung im Urteil von Zeitgenossen:***

a) *Der Philosoph Rudolf Eucken schrieb 1922 in seinen Lebenserinnerungen:*

Die Bismarcksche Politik dagegen stellte die Lage unter einen völlig neuen Anblick. Hatten wir bis dahin die Einigung Deutschlands vom gemeinsamen Willen des ganzen Volkes erwartet, so wurde uns nun jene Leistung von oben her entgegengebracht. Die Einzelnen hatten kaum etwas Eigenes zu tun, sondern nur sich willfährig der gebotenen Gestaltung einzufügen. Die überwiegende Mehrzahl folgte dieser Richtung: Es wirkte wohltuend und befestigend, dass sich aus dem wirren Getriebe der Parteien und der sich gegenseitig widersprechenden Programme eine feste Hand hervorhob und ein deutliches Ziel vorhielt … Die Schuld jener Wendung lag freilich weniger an Bismarck, dessen unermessliche Verdienste über aller Kritik stehen, als an der Schlaffheit und Trägheit des deutschen Bürgertums, das völlig zufrieden war, wenn es ihm nur wirtschaftlich gut ging … Ich habe in jenen Zeiten wohl an das bekannte Wort Gladstones [englischer Ministerpräsident] gedacht, Bismarck habe Deutschland größer, die Deutschen aber kleiner gemacht.

Geschichte in Quellen, Bd. 5. München 1980, S. 346 f.

b) *Der britische Oppositionsführer Benjamin Disraeli sagte 1881 im Unterhaus:*

Dieser Krieg bedeutet die deutsche Revolution (the German revolution), ein größeres politisches Ereignis als die Französische Revolution des vergangenen Jahrhunderts. Ich will nicht sagen, dass es ein größeres oder gleich großes soziales Ereignis sei … Wir stehen vor einer neuen Welt, neue Einflüsse sind am Werk; neuen und unbekannten Gegenständen und Gefahren muss man sich gewachsen zeigen, die noch verhüllt sind mit der Dunkelheit der neuen Lage. Wir pflegen in diesem Hause die Frage des Gleichgewichtes (balance of power) zu erörtern … Was aber hat sich jetzt ereignet? Das Gleichgewicht der Macht ist völlig zerstört; und das Land, welches am meisten darunter leidet und welches die Wirkungen dieses großen Wechsels am meisten zu spüren bekommt, ist England.

Nach: W. Bußmann (Hg.), Bismarck im Urteil der Zeitgenossen und der Nachwelt. Stuttgart o. J., S. 34 f.

a) Die Frage, wer für den Deutsch-Französischen Krieg verantwortlich sei, war vor allem zwischen Deutschen und Franzosen lange Zeit umstritten. Bilde dir eine Meinung dazu.

b) Die Reichsgründung wird oft als „Revolution von oben" bezeichnet. – Wie äußern sich Eucken (M3a) und Disraeli (M3b) zu diesem Sachverhalt?

c) Suche im Register den Begriff „Nation". Schlage nach, wie dieser Begriff erklärt ist. Warum gehörten Elsass und Lothringen nicht zur deutschen Nation? Lies dazu auch die Meinung von Johann Jacoby (M2).

3. Das Deutsche Reich – eine konstitutionelle Monarchie

Bismarcks Verfassung sichert Preußens Vorherrschaft

Die Verfassung des Deutschen Reiches entsprach in allen wesentlichen Teilen der des Norddeutschen Bundes, die Bismarck selbst entworfen hatte. Sie garantierte Preußen die Führung innerhalb des aus 25 Einzelstaaten gebildeten Bundesstaates. Diese Vormachtstellung entsprach seiner territorialen Größe. Preußen verfügte über fast zwei Drittel des Reichsgebietes und drei Fünftel der Bevölkerung des Reiches. Politisch wurde seine Vorherrschaft durch besondere Verfassungsbestimmungen begründet. Das Amt des Kaisers war mit dem des preußischen Königs verbunden. Der Kaiser ernannte den Reichskanzler. Dies war in der Regel der preußische Ministerpräsident. Der Reichskanzler war Regierungschef und besaß gleichzeitig den Vorsitz in der Vertretung der Bundesstaaten, dem Bundesrat. Dort verfügte Preußen über 17 von 56 Stimmen. In Bismarcks Verfassung war keine dem Reichstag verantwortliche Regierung vorgesehen. Kein Parlamentsbeschluss konnte den Kanzler stürzen, er war ausschließlich an das Vertrauen des Kaisers gebunden. Trotzdem war er gezwungen mit dem Reichstag zusammenzuarbeiten, da der Reichstag neben dem Bundesrat das Gesetzgebungsrecht besaß und dem Staatshaushalt zustimmen musste.

Ein demokratisches Wahlrecht?

Durch das allgemeine, gleiche, direkte und geheime Männerwahlrecht zum deutschen Reichstag waren die Männer aller Bevölkerungsschichten stimmberechtigt. Die Einteilung der Wahlkreise erfolgte nach der Einwohnerzahl und blieb bis 1918 unverändert, auch wenn sich später die Proportionen verschoben: 1871 lebten rund 64 Prozent der Menschen auf dem Lande, 1913 nur noch 38 Prozent. Dadurch hatten konservative Parteien mit ländlicher Anhängerschaft Vorteile gegenüber den Arbeiterparteien mit städtischer Wählerschaft.

1 ***Die Verfassung des Deutschen Reiches 1871***

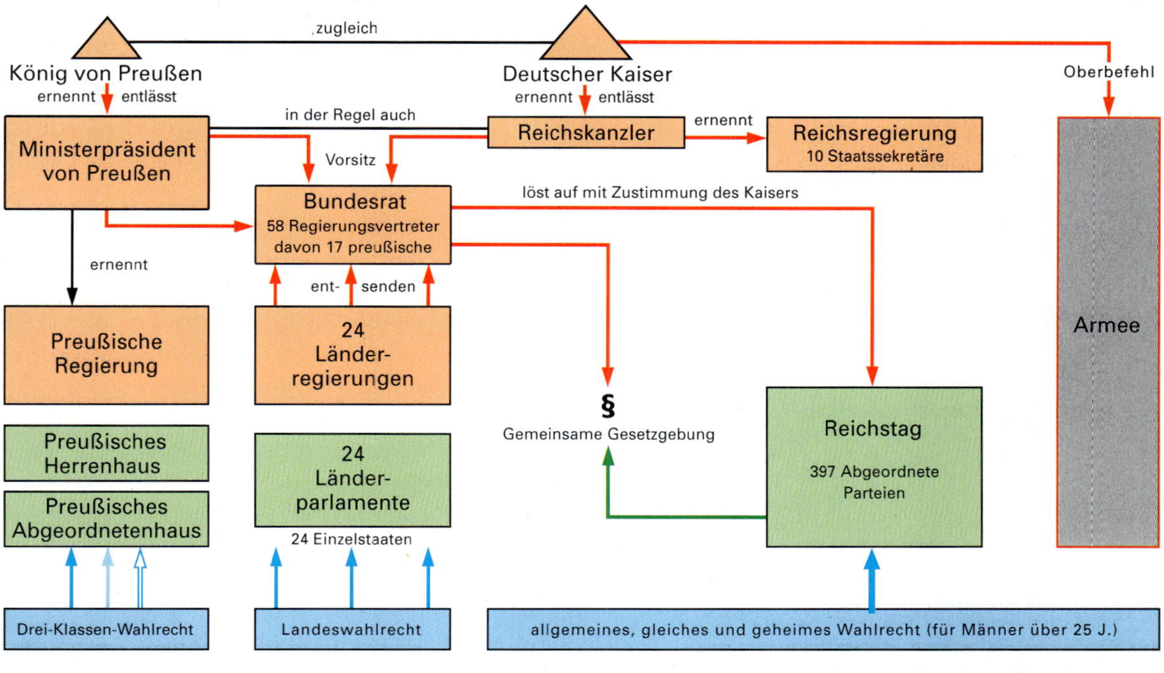

2 Deutsche Nationalitätenpolitik

a) *In Preußen war jeder zehnte Einwohner polnischer Nationalität. Die meisten Polen wollten keine deutsche Staatsangehörigkeit, sondern strebten nach Autonomie. 1885 wurden 32 000 Polen in russisch oder österreichisch besetzte Gebiete ausgewiesen (darunter 9 000 Juden), weil sie angeblich keine preußische Staatsangehörigkeit hatten. Deutsche Gesetze sollten eine „Germanisierung" der Polen durchsetzen.*

- *1872 Polnischen Geistlichen wird die Aufsicht über die Schulen entzogen, in der überwiegend polnische Kinder lernen.*
- *1873 In allen Schulen darf außer im Religionsunterricht nur noch deutsch gesprochen werden.*
- *1876 In allen Behörden und Ämtern darf nur noch deutsch gesprochen werden, auch wenn polnische Angelegenheiten behandelt werden.*
- *1877 Auf den Gerichten darf nur noch deutsch gesprochen werden.*
- *1886 Mit Staatsgeldern werden Güter des polnischen Adels aufgekauft. Deutsche Bauern werden angesiedelt.*
- *1908 Besitz bis zu 70 000 Hektar kann „zur Stärkung des Deutschtums in den Provinzen Westpreußen und Posen" gegen Entschädigung enteignet werden. In allen öffentlichen Versammlungen darf nur noch deutsch gesprochen werden, mit Ausnahme von Kreisen, in denen mehr als 60 Prozent Polen leben.*

b) *Der Publizist Georg Wagner schrieb 1899 über den fünf Jahre zuvor gegründeten „Deutschen Ostmarkenverein", der die angeblich bedrohten deutschen Interessen in den Ostteilen des Landes schützen sollte:*

Es ist wohl noch nicht da gewesen, dass eine herrschende Nation, die eine geschlossene Masse von etwa 50 Millionen Menschen bildet, die über das stärkste, bestausgebildete Heer der Gegenwart verfügt, deren Beamte in den angeblich bedrohten Landesteilen sämtliche Ämter besetzt halten – dass eine solche Nation einen „Schutzverein" gründet gegen eine kaum $2^1/_2$ Millionen zählende Minorität, gegen ein Völkchen, das unter absoluter Botmäßigkeit jener herrschenden Nation lebt. Nur in Zeiten, in denen der blödeste Chauvinismus (übersteigerter Nationalismus) seine Blüten treibt, können die Verhältnisse derart auf den Kopf gestellt werden, wie dies im Osten heute tatsächlich der Fall ist.

Nach: Enno Meyer, Deutschland und Polen 1772–1914. Stuttgart o. J., S. 56.

c) *Der Mitbegründer des 1891 entstandenen „Alldeutschen Verbandes" Alfred Hugenberg wurde 1928 Vorsitzender der Deutschnationalen Volkspartei, die sich 1933 mit den Nationalsozialisten verbündete. Er schrieb 1902:*

Wäre es … möglich gewesen, z. B. die deutsche Volksschule nur als eine Einrichtung für die deutschen Bevölkerungsteile zu behandeln, an der teilzunehmen lediglich denjenigen Polen gestattet wurde, die eine Ehre und einen Vorteil darin erblickten, ferner … nur die in der deutschen Volksschule dazu Vorgebildeten zuzulassen … so würde das Polentum der jetzigen Provinzen Posen und Westpreußen mit ihrer anfangs so geringen Bevölkerungsdichtigkeit längst im Deutschtum aufgegangen sein … Wir sind nicht berufen hier als Philanthropen (Wohltäter) und Volksbeglücker zu wirken, sondern um mit rauer Hand den Einzelnen an den Platz zu stellen, den die Interessen der deutschen Sache ihm zuweisen um Pflichten zu erfüllen und zur Pflichterfüllung zu zwingen.

Nach: Enno Meyer, Deutschland und Polen 1772–1914. a. a. O., S. 57 f.

a) Vergleiche anhand der Schaubilder die Verfassung des Deutschen Reiches mit der von der Paulskirchenversammlung 1849 verabschiedeten Verfassung (Kap. „Das erste Nationalparlament berät eine Versammlung").

b) Suche im Register das Stichwort „Dreiklassenwahlrecht"; schlage nach, wie die Abgeordneten zum preußischen Landtag gewählt wurden. – Wie wurden dagegen die Abgeordneten zum Reichstag gewählt?

c) Der Historiker Heinrich von Sybel schrieb 1871 in einer englischen Zeitung: „Wir haben eine konstitutionelle Monarchie, aber wir haben keine parlamentarische Regierung." – Erkläre diesen Satz (VT, M1).

d) Setze dich mit der deutschen Nationalitätenpolitik auseinander (M2). Kennst du aktuelle Beispiele, wo Minderheiten unterdrückt werden?

4. Das neue Deutsche Reich – Unruhestifter oder Bewahrer des Friedens?

Unsicherheit durch veränderte Machtverhältnisse

Das Kräfteverhältnis in Europa hatte sich durch die deutsche Reichsgründung und den wirtschaftlichen Aufschwung Deutschlands nach 1871 entscheidend verändert. Deutschland war zur Großmacht aufgestiegen. Dagegen zeigten sich drei der alten Großmächte im letzten Drittel des 19. Jahrhunderts geschwächt: Frankreich durch seine militärische Niederlage 1871, der Vielvölkerstaat Österreich-Ungarn durch seine inneren Spannungen und Russland als wirtschaftlich schwaches Agrarland. In dieser Situation beobachteten die europäischen Regierungen das Deutsche Reich mit Misstrauen: Waren nach den Kriegen gegen Dänemark, Österreich und Frankreich weitere deutsche Eroberungen zu erwarten, zumal der Krieg als anerkanntes Mittel der Politik galt?

Diplomatie statt Krieg

Bismarck versuchte dieses Misstrauen abzubauen. Er erklärte, Deutschland wolle keine weitere Ausdehnung. In Zukunft gehe es ihm darum, den deutschen Staat nach außen abzusichern. Der Reichskanzler wusste aber auch, dass verlorene Kriege beim Unterlegenen den Wunsch nach Revanche wecken. Deutschland konnte durch seine Lage in der Mitte Europas von mehreren Seiten angegriffen werden. Deshalb wurde die Furcht vor einem Mehrfrontenkrieg für ihn zum Alptraum. Mit diplomatischen Mitteln wollte er insbesondere verhindern, dass Frankreich Verbündete fand, mit denen es Deutschland angreifen konnte. Als Ergebnis seiner Verhandlungen entstand zwischen 1879 und 1887 ein kompliziertes Bündnissystem. Vor allem durch sein staatsmännisches Geschick und seine persönliche Glaubwürdigkeit gelang es Bismarck, Deutschlands Bündnispartner davon zu überzeugen, dass sich das Reich im Falle eines Konflikts für dessen diplomatische Lösung einsetzen werde. Als 1878 ein europäischer Krieg auf dem Balkan drohte, konnte Bismarck das durch die Tat beweisen.

1 ***„Doctor Bismarck"*** *auf dem Berliner Kongress: Rezepte und Medizin für Bulgarien (?), Frankreich, Russland und die Türkei, „den kranken Mann am Bosporus" (Karikatur des „Punch"). „Es kann nicht bezweifelt werden, dass der Einfluss des Fürsten Bismarck und das Ansehen Deutschlands gegenwärtig die großen Faktoren ... der Politik Europas sind", urteilte der englische Morning Advertiser 1882.*

Der Balkan: eine Konfliktregion

Auf dem Balkan war eine schwierige politische Situation entstanden. Der Vielvölkerstaat Türkei (Osmanisches Reich) drohte durch das Streben der Völker nach Unabhängigkeit auseinander zu fallen. Die damit verbundenen gegensätzlichen Interessen der europäischen Mächte stießen nun offen aufeinander:

- Die russische Regierung wollte die Slawen Europas zu einem Staatenbund unter russischer Führung vereinen (Panslawismus). Sie unterstützte deshalb Unabhängigkeitsbestrebungen der Balkanvölker.
- Die Regierung in Wien suchte ihre Position auf dem Balkan zu festigen und ihr Staatsgebiet entlang der Adriaküste nach Süden auszudehnen.
- Die britische Regierung wollte die englische Vormacht im Mittelmeer behaupten und sperrte sich gegen die Öffnung des Bosporus für die russische Schwarzmeerflotte.
- Die Regierungen Frankreichs und Italiens erhofften sich Gebietsgewinne in Nordafrika, wenn das Osmanische Reich dort seinen Besitz verlieren würde.

Um den Zerfall des Osmanischen Reiches zu beschleunigen stießen russische Truppen 1878 erfolgreich bis Istanbul vor. Die russische Regierung konnte die Friedensbedingungen diktieren. Die europäische Türkei wurde fast ganz aufgeteilt; es entstanden selbstständige Staaten, u. a. ein großes bulgarisches Reich.

Die Diplomatie bewährt sich

In dieser explosiven Lage, die das eingespielte Kräfteverhältnis im Südosten Europas verändern musste, zeigte Bismarck, dass dem Deutschen Reich am Frieden in Europa gelegen war. Weil Deutschland keine direkten Interessen auf dem Balkan hatte, konnte er als „ehrlicher Makler“ in Verhandlungen mit den europäischen Staatsmännern auf einem Kongress in Berlin (1878) den Orientkonflikt beilegen. Dabei ging es ihm vor allem darum, das Gleichgewicht in Europa zu erhalten. Weil seine diplomatischen Bemühungen aber bloß einen Kompromiss herbeiführen konnten, war die Balkanfrage nur vertagt. Die grundsätzlichen Rivalitäten zwischen den Mächten, die den „kranken Mann am Bosporus“ beerben wollten, blieben bestehen. Trotzdem hat der Berliner Kongress gezeigt, dass der Frieden sich auf dem Verhandlungsweg wenigstens eine Zeit lang sichern ließ. Die Verständigung wurde allerdings dadurch erleichtert, dass die Mächte 1878 noch nicht durch Bündnissysteme gebunden waren.

2 Das Bündnissystem Bismarcks
Wegen der Spannungen zwischen Österreich-Ungarn und Russland auf Grund ihrer unterschiedlichen Balkaninteressen wurde das Dreikaiserbündnis 1887 nicht verlängert. Damit Russland sich nicht mit Frankreich verbündete, brauchte Deutschland Russland als Bündnispartner und schloss deshalb den Rückversicherungsvertrag ab.

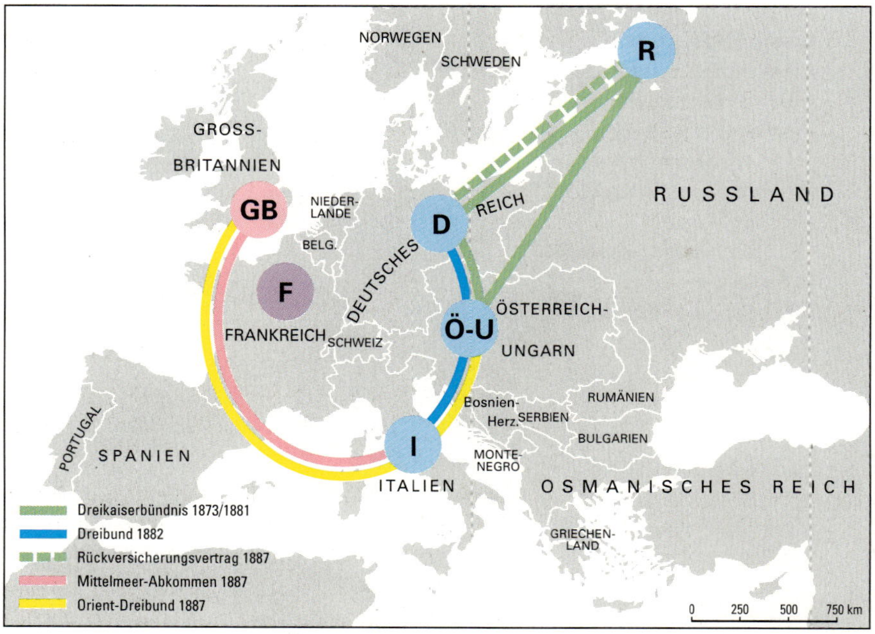

3 Das europäische Bündnissystem

***a)** Bündnisse des Deutschen Reiches*

Jahr	Bündnis	Bündnispartner	Bündniszweck
1879 bis 1918	Zweibund	D–Ö/U	gegen Angriff auf Deutschland oder Österreich-Ungarn
1881 bis 1887	Dreikaiserbündnis	D–Ö/U–R	Verringerung der Spannungen zwischen Österreich-Ungarn und Russland, Verhindern eines Zusammengehens Österreich-Ungarns oder Russlands mit Frankreich im Fall eines französischen Angriffs auf Deutschland
1882 bis 1914	Dreibund	D–Ö/U–I	gegenseitige Hilfszusage im Fall eines nicht provozierten Angriffs Frankreichs auf einen der drei Bündnispartner
1887 bis 1890	Rückversicherungs-vertrag	D–R	gegenseitiges Neutralitätsabkommen mit „ganz geheimem“ Zusatzprotokoll als Ersatz für das Dreikaiserbündnis

***b)** Vom Deutschen Reich geförderte Bündnisse*

Jahr	Bündnis	Bündnispartner	Bündniszweck
1887	Mittelmeerabkommen	GB–I	Garantie des Status quo (gegenwärtiger Zustand) im Mittelmeer- und Balkanraum
1887	Orientdreibund	GB–I–Ö/U	

4 *Veto **Bismarcks** gegen Erweiterung und Verschiebung des Zweibundes.*

Aus einem Schreiben an den Chef des Militärkabinetts General von Albedyll vom 19. Dezember 1887:

Das Bestreben Österreichs oder doch derjenigen österreichischen Staatsmänner und Militärs, welche die Gelegenheit* wahrnehmen wollen um die deutsche Armee für spezifisch österreichische Zwecke einzusetzen, auch für solche, an denen Deutschland kein Interesse hat, ist auf Erweiterung und Verschiebung unseres Bündnisses gerichtet. Dazu die Hand zu bieten ist für uns nicht möglich, schon aus Rücksicht auf geheime Verträge, welche wir mit anderen europäischen Regierungen haben. Auch abgesehen hiervon liegt es nicht in unserem politischen Interesse, das österreichische Kabinett zum Beginn oder zur Beschleunigung des Krieges mit Russland zu ermutigen. Unsre Politik hat die Aufgabe den Krieg, wenn möglich, ganz zu verhüten und geht das nicht ihn doch zu verschieben. An einer anderen würde ich nicht mitwirken können.

* Gemeint sind Besprechungen zwischen dem deutschen und österreichischen Generalstab.

Nach: Geschichte in Quellen, Bd. 5, München 1980, S. 484.

a) Überprüfe, welche Ziele Bismarck in seiner Außenpolitik verfolgte (VT, M2). Warum setzte er sich aus wohl überlegter Berechnung diese Ziele für den neu entstandenen Nationalstaat? Welche Rolle spielte dabei die geografische Lage des Deutschen Reiches?

b) Beschreibe die Reaktion der Personen in der Karikatur zum Berliner Kongress (M1) auf die Behandlung durch „Doctor Bismarck“.

c) Die Tabelle (M3) zeigt Bismarcks „Spiel mit den fünf Kugeln“. Warum bezeichneten Zeitgenossen das Bündnissystem des Reichskanzlers mit diesem Ausdruck? Welche europäische Großmacht fehlt in der Tabelle? Nenne die Gründe dafür. Welches Bündnis dauert als Einziges bis in den Ersten Weltkrieg (ab 1914)? Was bedeutete dies für das Deutsche Reich?

5. Der Nationalismus – eine wachsende Gefahr

Die Reichsgründung bringt den Nationalstaat

Die Reichsgründung von 1871 wurde nach dem Krieg gegen Frankreich in Deutschland offiziell als ein Sieg der deutschen Waffen gefeiert. Kaiser Wilhelm I., sein Feldherr von Moltke und Reichskanzler von Bismarck wurden von vielen Deutschen bejubelt. In ihren Augen waren sie es, die Deutschland die Einheit und der deutschen Nationalbewegung ihr lang ersehntes Ziel gebracht hatten: den Nationalstaat. Aber nicht alle Deutschen waren mit der Reichsgründung zufrieden. Vor allem Vertreter der Großdeutschen waren enttäuscht; sie träumten davon, dass eines Tages alle Gebiete, in denen Deutsche lebten, zum Reich gehören würden. In einem solchen Großreich sollten nur die Deutschen die Politik des Landes bestimmen. Außerdem vertraten sie die Ansicht, dass einem wirtschaftlich und politisch starken Deutschland in Europa und der Welt eine ganz besonders führende Position zustehe. Menschen, die ihre eigene Nation derart über andere Völker erheben, bezeichnen wir als Nationalisten. Zunächst konnten sie sich in Deutschland nur wenig Gehör verschaffen. Aber im Laufe der Zeit gewannen sie zahlreiche Anhänger und ihre Vorstellungen – der Nationalismus – wurden immer gefährlicher. Wie konnte es dazu kommen?

1 ***Die Sieger von 1871.*** *Das Gemälde von Ferdinand Keller zeigt in einer allegorischen (gleichnishaften) Darstellung den Einzug von Kaiser Wilhelm I., Bismarck, Moltke und den deutschen Fürsten in Berlin. Wie verdeutlicht der Maler den Siegesenthusiasmus und die Gemeinsamkeit der deutschen Stämme? Achte besonders auf die Fahnen, Kronen und allegorischen Gestalten.*

2 Der „eiserne Kanzler"
Nach der Reichsgründung entwickelte sich ein Bismarck-Kult. Aus Spenden wurden dem Reichsgründer Säulen, Türme und Denkmäler errichtet; Bierseidel und Wandteller trugen sein Porträt. Die Abbildung zeigt eine Glückwunschkarte zu seinem 80. Geburtstag. – Was will der Zeichner damit ausdrücken? Beachte auch den Hintergrund.

Die Festigung der nationalen Gemeinschaft

Zunächst hatte es gegolten, das neu geschaffene Reich zu festigen. Alle Deutschen sollten sich unter der Autorität des Staates als nationale Gemeinschaft fühlen. Dagegen trat die Freiheit des Einzelnen zurück. Der Deutsche sollte sich in das große Ganze einordnen. Vaterländische Vereine, die Schule, das Militär, aber auch die protestantische Kirche unterstützten diese Tendenzen. Für die Nationalisierung der Massen war es wichtig, wie sich der Staat nach innen und außen darstellte. Und ein Staat, der seinen Untertanen das Gefühl gab, sie könnten ein Leben in Glück und Zufriedenheit erreichen, wenn sie nur fest zusammenhielten, konnte damit rechnen, akzeptiert zu werden. Die Bezeichnung „Das Reich" bürgerte sich schnell ein. Mit Wilhelm I., dem „alten Kaiser", stand ein besonnener Herrscher an der Spitze des Staates. Er konnte sich auf die breite Zustimmung der Bevölkerung stützen. Deren Sympathie ging später zunächst auf seinen Enkel Wilhelm II. (1888–1918) über. Aber dieser füllte das höchste Staatsamt derart machtbewusst aus, dass er dadurch so manchen Deutschen, vor allem aber das Ausland provozierte.

Nationale Symbole

Ein ähnlicher Wandel wie an der Staatsspitze vollzog sich auch mit den nationalen Feiertagen und Staatssymbolen. Zur Erinnerung an den Sieg über Frankreich in der Schlacht von Sedan wurde alljährlich am 2. September der Sedanstag gefeiert. Während er zunächst ein protestantisch-kirchliches Dankfest war, entwickelte er sich mit der Zeit zu einer militärischen Demonstration mit Paraden und säbelrasselnden Reden. An den Hymnen ließ sich die Entwicklung zu einem verstärkten Nationalismus ebenfalls feststellen. Während in den 70er-Jahren die Deutschen das eher patriotische Lied „Die Wacht am Rhein" gerne sangen, wurde es in den 90er-Jahren in der allgemeinen Gunst vom Deutschlandlied abgelöst. Dabei begriffen zunehmend mehr Deutsche den Vers „Deutschland, Deutschland über alles" (vergleiche mit Kapitel „Singst du das Lied der Freiheit …") als Weltmachtanspruch. Der Dichter Hoffmann von Fallersleben hatte ihn aber als Ausdruck einer Vaterlandsliebe gemeint, die die deutschen Einzelstaaten übergreifen sollte. Auch die schwarz-weiß-rote Flagge, in der neben dem Rot der Hansestädte die schwarz-weißen Farben Preußens hochgehalten werden sollten, wurde besonders in Form der Reichskriegsflagge zu einem Symbol des Machtstaates.

Abgrenzung gegen innere und äußere Feinde

Mit dem Ziel der Nationalisten die Massen mögen deutsch fühlen und handeln, wuchs ihr Streben sich von vermeintlichen Feinden im Reich und im Ausland abzugrenzen. Wer für eine Vielfalt der Meinungen eintrat, wer sozial-revolutionär wirken oder wer der Verfassung ihre autoritären Züge nehmen wollte, machte sich zum Feind und galt als „undeutsch“. Er galt als Gefahr für die Zukunft der Nation. Vor allem betraf dies die politische Opposition und die Minderheiten in Deutschland wie Juden und Polen. Aus Angst, sie könnten Deutsches verdrängen, wurden sie ohne Skrupel diskriminiert.

Noch stärkere Ängste richteten sich gegen das Ausland. Frankreich galt als „Erbfeind“, der auf Revanche für den verlorenen Krieg sann. England wurde mit dem deutschen Streben nach Weltgeltung immer mehr vom Rivalen zum gehassten Gegner. Ständige militärische Bereitschaft war angesagt. Gegen die äußeren Feinde musste allzeit „das Schwert scharf sein“. Überhaupt wurde das Schwert zum Symbol der Deutschen. Ihre bildhafte Darstellung, die Germania, trug das Schwert und viele der nach 1871 errichteten Denkmäler schmückte diese Waffe.

Diejenigen, die Bismarcks kleindeutsche Lösung von 1866/1871 nie akzeptiert hatten und alle Deutschen in einem Staat vereint wissen wollten, entwickelten die Vorstellung eines deutschen mitteleuropäischen Großreiches. Sie erhoben das deutsche Volk zum Idealvolk der Zukunft und missachteten die Rechte anderer Völker. Ihr übersteigerter Nationalismus wird als Chauvinismus bezeichnet.

Nationalismus war europäische Normalität

Obwohl der Nationalismus eine gesamteuropäische Erscheinung war und vor dem Ersten Weltkrieg in vielen Nationalstaaten eine gefährliche Dynamik entwickelte, fiel der Blick des Auslandes immer wieder auf Deutschland. Das lautstarke Machtgehabe Wilhelms II. und seiner Militärs, die Vorliebe des Kaisers für die Armee und vor allem für die Marine beunruhigte Deutschlands Nachbarn. Sie befürchteten Deutschlands neues Streben nach Weltgeltung könnte zu kriegerischen Auseinandersetzungen führen. Die militärische Durchdringung des Lebens in Deutschland, der Militarismus, der selbst vor der Kindererziehung nicht Halt machte, erweckte den Eindruck, als kämen die Deutschen schon mit der Pickelhaube zur Welt.

3 ***Die Kaiserhymne*** *auf einer Reklamekarte der Firma Liebig. Sie war mit geringen Veränderungen eine Übernahme der preußischen Königshymne. Auf dem Schild der wehrhaften Germania der Adler als Staatswappen. An die Stelle des traditionellen kaiserlichen Doppeladlers trat der einköpfige preußische Adler.*

4

ALTES GYMNASIUM
BREMEN

SEDANFEIER 1912

1. Jubelouvertüre .... Weber
   Schülerorchester
2. Vortrag:
   Die Schlacht bei Sedan am 1. September 1870
   Grosse, O I b
3. Die Wacht am Rhein .... Wilhelm
   Schülerchor
4. Des deutschen Knaben Tischgebet .... Gerok
   gesprochen von Wellmann, VI a
5. Aus dem Epos »Sedan« .... Wildenbruch
   gesprochen von Helmolt, O II b
6. Altniederländische Volkslieder
   a) Klage
   b) Wilhelmus von Nassauen
   c) Kriegslied
   d) Abschied
   e) Berg op Zoom
   f) Dankgebet
   verbindender Text gesprochen von Schünemann, U I b
7. Kaiserhoch
8. Gemeinsamer Gesang: Deutschland über alles

Sedanstag 1912 am Alten Gymnasium in Bremen

a) Programm der Feier. Wie an dieser Schule wurde überall in Deutschland der Sedanstag gefeiert. Worin bestand der Patriotismus des Festaktes?

b) Karl von Gerok: „Des deutschen Knaben Tischgebet"

Das war einmal ein Jubeltag!
Bei Sedan fiel der große Schlag!
Mac Mahon war ins Garn gegangen,
der Kaiser und sein Herr gefangen.
Und blitzschnell flog die Siegespost
am Draht nach Süd und Nord und Ost.
Da gab's ein Jubeln ohne Maßen,
von Flaggen wogten alle Straßen,
vieltausendstimmig scholl Hurra!
Und waren noch Kanonen da,
so schoss man auch Viktoria.
Doch jedenfalls die „Wacht am Rhein"
ward angestimmt von groß und klein.
Denn auch durch der Unmündgen Mund
wird Gottes Lob von alters Kund.
Und einer von den kleinsten Jungen,
der hat am lautesten mitgesungen;
die bunte Mütze auf dem Ohr,
die Höslein flott im Stiefelrohr,
marschiert er wacker mit im Chor,
beteiligt sich den Morgen lang
an jedem Schrei und jedem Sang.
So wichtig nahm's der kleine Wicht,
als ging's ohn ihn entschieden nicht,
war so mit Leib und Seel dabei,
als ob er selbst die Rheinwacht sei,
hat drum den Glockenschlag vergessen
und kam zu spät zum Mittagessen.
Mit heißen Wangen, rotem Kopf,
mit offner Brust, verwehtem Schopf
erscheint er endlich siegesmatt
die andern waren halb schon satt
grüßt obenhin, setzt sich zu Tisch
und greift nach seinem Löffel frisch.
Jedoch der biedre Vater spricht:
„Fritz, ungebetet isst man nicht!"
Worauf mein Fritz vom Stuhl ersteht,
die Hände faltet zum Gebet,
und weil sein Kopf noch stark zerstreut,
gibt's, wie der Geist ihm just gebeut,
spricht: „Lieber Gott, magst ruhig sein,
fest steht und treu die Wacht am Rhein."

Aus: Wolffs Poetischer Hausschatz des Deutschen Volkes. Leipzig, 30. Aufl. o. J., S. 44.

c) Max Schneckenburger: Die Wacht am Rhein (1840)

Es braust ein Ruf wie Donnerhall,
wie Schwertgeklirr und Wogenprall:
„Zum Rhein, zum Rhein, zum deutschen Rhein!
Wer will des Stromes Hüter sein?"
Lieb Vaterland, magst ruhig sein,
fest steht und treu die Wacht am Rhein!
Durch hunderttausend zuckt es schnell
und aller Augen blitzen hell;
der deutsche Jüngling, fromm und stark,
beschirmt die heilge Landesmark.
Lieb Vaterland, magst ruhig sein,
fest steht und treu die Wacht am Rhein!

Er blickt hinauf in Himmelsaun,
wo Heldengeister niederschaun,
und schwört mit stolzer Kampfeslust:
„Du, Rhein, bleibst deutsch wie meine Brust!"
Lieb Vaterland, magst ruhig sein,
fest steht und treu die Wacht am Rhein!
„Und ob mein Herz im Tode bricht,
wirst du doch drum ein Welscher nicht;
reich wie an Wasser deine Flut
ist Deutschland ja an Heldenblut."
Lieb Vaterland, magst ruhig sein,
fest steht und treu die Wacht am Rhein!

„Solang ein Tropfen Blut noch glüht,
noch eine Faust den Degen zieht,
und noch ein Arm die Büchse spannt,
betritt kein Feind hier deinen Strand!"
Lieb Vaterland, magst ruhig sein,
fest steht und treu die Wacht am Rhein!
Der Schwur erschallt, die Woge rinnt,
die Fahnen flattern hoch im Wind:
„Zum Rhein, zum Rhein, zum deutschen Rhein!
Wir alle wollen Hüter sein!"
Lieb Vaterland, magst ruhig sein,
fest steht und treu die Wacht am Rhein!

Aus: Wolffs Poetischer Hausschatz des Deutschen Volkes. Leipzig, 30. Aufl. o. J., S. 49.

5 Ich bin Soldat, doch bin ich es nicht gerne

Das Singen des Liedes war nach 1870 verboten.

1. Ich bin Soldat, doch bin ich es nicht gerne,
Als ich es ward', hat man mich nicht gefragt.
Man riss mich fort, hinein in die Kaserne,
Gefangen ward' ich, wie ein Wild gejagt.
Ja, von der Heimat und des Liebchens Herzen
Musst ich hinweg und von der Freunde Kreis;
Denk' ich daran, fühl' ich der Wehmut Schmerzen,
Fühl' in der Brust des Zornes Glut so heiß.

2. Ich bin Soldat, doch nur mit Widerstreben;
Ich lieb' ihn nicht, den blauen Königsrock,
Ich lieb' es nicht, das blut'ge Waffenleben,
Mich zu verteid'gen wär' genug ein Stock.
O sagt mir an, wozu braucht ihr Soldaten?
Ein jedes Volk liebt Ruhm und Frieden nur,
Allein aus Herrschsucht und dem Volke zum Schaden,
Lasst ihr zertreten, ach, die gold'ne Flur!

3. Ich bin Soldat, muss Tag und Nacht marschieren,
Statt an der Arbeit, muss ich Posten steh'n,
Statt in der Freiheit, muss ich salutieren
und muss den Hochmut frecher Buben seh'n.
Und geht's ins Feld, so muss ich Brüder morden,
Von denen keiner mir zuleid was tat,
Dafür als Krüppel trag' ich Band und Orden
Und hungernd ruf ich dann: „Ich war Soldat!"

4. Ihr Brüder all', ob Deutsche, ob Franzosen,
Ob Ungarn, Dänen, ob vom Niederland,
Ob grün, ob rot, ob blau, ob weiß die Hosen,
Gebt euch statt Blei zum Gruß die Bruderhand!
Auf, lasst zur Heimat uns zurückmarschieren,
Von den Tyrannen unser Volk befrei'n;
Denn nur Tyrannen müssen Kriege führen,
Soldat der Freiheit will ich gerne sein!

Nach: Andreas Kettel (Hrsg.), Volksliederbuch, Hamburg 1979, S.144 f.

6 Zur Reichweite des nationalen Patriotismus

schrieb der zeitgenössische Historiker Otto Pflanze:

Die Schulen, die Kirche, der Militärdienst und die jährlichen Feiern zum „Sedanstag" impften den Menschen die Überzeugung ein, dass die hergebrachte politische Ordnung dem Land in Krieg und Frieden gute Dienste geleistet habe. Eine Arbeiterwohnung, deren Wände mit Bildern von Wilhelm I., Moltke, Bismarck, Bebel, Liebknecht, Marx, Lassalle sowie diverser katholischer Heiliger geschmückt waren, scheint mir ein sprechendes Symbol für jenes seltsame Gemisch aus nationalem Patriotismus, politischem Radikalismus und ungebrochener Religiosität zu sein, das in deutschen Arbeiterfamilien öfters anzutreffen war.

Otto Pflanze: Bismarck – ein konservativer Revolutionär? in: Dieter Langewiesche (Hrsg.), Das deutsche Kaiserreich. Freiburg 1984, S. 48.

7 Nationaler Frühling in Deutschland

In einem Schulgeschichtsbuch aus dem Jahr 1885 heißt es über die damals jüngste Vergangenheit:

Der erste Krieg vielleicht, den die deutsche Nation seit ihrem Bestehen mit voller Einmütigkeit aufgenommen und durchgefochten hatte, war eine lange Kette von militärischen und politischen Erfolgen ohnegleichen; der Bruderkrieg von 1866 war vergessen, ein Stamm hatte für den anderen und für das große Ganze geblutet: Ein Kitt war damit für das neue Reich geschaffen, wie er stärker nicht gedacht werden konnte und „es war Frühling geworden in Deutschland". Das Größte aber war, dass Kaiser Wilhelm I., der Sieger in drei Kriegen und hundert Schlachten, die deutsche Nation mit dem Gelöbnis empfing „allzeit Mehrer des Reiches sein zu wollen, nicht in kriegerischen Eroberungen, sondern in den Werken des Friedens, auf dem Gebiete nationaler Wohlfahrt, Freiheit und Gesittung".

Gottlob Engelhaaf, Grundzüge der Geschichte. Dritter Teil: Die Neuzeit 1493–1885. Heilbronn 1885, S. 224.

8 Das Vorrecht des Kaisers

Am 3. 7. 1900 sagte Wilhelm II. anlässlich der Taufe des Schiffes „Wittelsbach":

Ich bin nicht der Meinung, dass unser deutsches Volk vor dreißig Jahren unter der Führung seiner Fürsten gesiegt und geblutet hat um sich bei großen auswärtigen Entscheidungen beiseite schieben zu lassen. Geschähe das, so wäre es ein für alle Mal mit der Weltmachtstellung des deutschen Volkes vorbei und Ich bin nicht gewillt es dazu kommen zu lassen. Hierfür die geeigneten und, wenn es sein muss, auch die schärfsten Mittel rücksichtslos anzuwenden ist Meine Pflicht nur, dass Ich hierbei Deutschlands Fürsten und das gesamte Volk fest geschlossen hinter Mir habe …

Ernst Johann (Hrsg.), Reden des Kaisers. Ansprachen, Predigten und Trinksprüche Wilhelms II. München 1966, S. 88 f.

9 Der Deutsche in der ausländischen Karikatur

Links: Französische Darstellung des furor teutonicus (der deutschen Kriegswut) von Louis Legrand (1888). Rechts: Der teutonische Milchersatz, wie ihn Wallis Mills 1914 in England gesehen hat. – Wie kam es zu solchen Darstellungen? Welches Selbstbild hatten die Franzosen? Waren die Ängste der Franzosen und Engländer berechtigt?

10 „Der Germanisierung zuführen"

Der Oberpräsident der preußischen Provinz Westfalen 1896 in einer vertraulichen Schrift:

Die Anhäufung großer Arbeitermassen slawischer Abkunft im rheinisch-westfälischen Industriegebiete bringt, da es sich um Elemente handelt, welche dem Deutschthume feindlich gegenüberstehen, sich auf einer niedrigen Stufe der Bildung und Gesittung befinden und zu Ausschreitungen geneigt sind, in ruhigen Zeiten mannigfache Schwierigkeiten mit sich; in Zeiten innerer oder äußerer Unruhe und Verwicklungen bedeutet sie eine ernste Gefahr.

Es entspricht dem wichtigsten Lebensinteresse des Staates, wenn diese Elemente möglichst rasch verschmolzen werden … Scharfe Überwachung der Agitation und Vereinstätigkeit, Fernhaltung nationalpolnischer Geistlicher, Beschränkung des Gebrauches der polnischen Sprache in öffentlichen Versammlungen, ausschließlich deutsche Schulbildung, das werden die Mittel sein, mit denen das Polenthum im Westen der Monarchie dem Einflusse der deutschfeindlichen Agitation entzogen und der Germanisierung zugeführt wird.

Paul Leidinger (Hrsg.), Deutsche und Polen im Kaiserreich und in der Industrialisierung, in: Geschichte, Politik und ihre Didaktik, Sonderheft 2. Paderborn 1982, S. 69 f.

a) Erkläre die Begriffe Patriotismus – Nationalismus – Chauvinismus. Schlage in einem Lexikon nach und überprüfe deine Erklärung.

b) Warum sind die Beispiele, die der Historiker Pflanze aus der Regierungszeit Wilhelms I. in M6 anführt, Ausdruck des Patriotismus und nicht des Nationalismus?

c) 1871 hatte Wilhelm I. bei der Reichsgründung gelobt „Mehrer des Reiches … in den Werken des Friedens" zu sein (M7). Welchen Wandel lässt die Rede Wilhelms II. (M8) demgegenüber erkennen?

d) Untersuche, welche politische Haltung in der Sprache des Oberpräsidenten von Westfalen in seiner Denkschrift (M10) über die Minderheit der Polen im Ruhrgebiet zum Ausdruck kommt.

6. Genügt den Deutschen der Obrigkeitsstaat?

1871–1890 ______ *Bismarck bekämpft nacheinander das Zentrum (bis 1878) und die Sozialdemokraten.*

1883–1889 ______ *Eine staatliche Sozialgesetzgebung soll die Arbeiter bei Krankheit, Unfall und im Alter sichern.*

Gewollte Machtlosigkeit der Parteien

Bismarck erklärte 1878 in einer Reichstagsrede, es sei ihm „vollständig gleichgültig", mit welcher Fraktion er zusammenarbeite. Sie müsse nur seine Staatsinteressen teilen. Damit zeigte er, für wie unbedeutend er die Parteien hielt. Ihr „politisches Gezänk" war ihm zuwider. Seine negative Einstellung teilten viele Deutsche. Sie sahen in ihrem Vertrauen in die Obrigkeit die Parteien nicht als tragende politische, sondern eher als staatsgefährdende Kräfte an. Parteigruppierungen waren in Deutschland nach der 48er-Revolution entstanden. Seit den 60er-Jahren des 19. Jahrhunderts hatten sich dann vier politische Hauptrichtungen zu festen Parteien formiert: die Konservativen, die Liberalen, die politisch gebundenen Katholiken und die Sozialisten. Von ihnen bewertete Bismarck nur Konservative und Nationalliberale als „staatstragend". Die anderen Parteirichtungen waren für ihn „Reichsfeinde", weil sie wie das katholische Zentrum konfessionell oder wie die Sozialdemokraten klassenkämpferisch ausgerichtet waren und daher nach seiner Meinung keine nationale Politik verfolgen konnten.

„Kulturkampf"

Die Katholiken waren mit ca. 37 Prozent im Kaiserreich eine Minderheit. Als ihre Partei, das Zentrum, sich mit anderen Minderheiten zu einer Koalition zusammenfand, sah Bismarck darin eine Bedrohung der inneren Einheit des Staates. Im Reichstag fand er die Zustimmung zu einer Reihe von Gesetzen gegen die katholische Kirche in Deutschland. Weil sich aber der katholische Klerus der antikirchlichen Kampagne nicht beugte, standen sich der Staat sowie die katholische Kirche und das Zentrum bald unversöhnlich gegenüber. Unterstützt von der katholischen Bevölkerung wurde das Zentrum 1881 zur stärksten Reichstagsfraktion. Bismarck, der erkannt hatte, dass er genau das Gegenteil seiner Ziele erreichte, hatte schon 1878 den zwecklosen Kampf abgebrochen.

Sozialistengesetz und Sozialgesetzgebung

1875 forderte die Sozialistische Arbeiterpartei Deutschlands in Gotha in ihrem Programm eine grundlegende Änderung der bestehenden Staats- und Gesellschaftsordnung. Obgleich gesellschaftliche Veränderungen nur „mit allen *gesetzlichen* Mitteln" angestrebt wurden, glaubte Bismarck nicht an die friedlichen Absichten der deutschen Sozialdemokraten. Nach zwei Attentaten auf Kaiser Wilhelm I. im Jahr 1878 beschuldigten Bismarck und die konservative Presse zu Unrecht die Sozialdemokraten als Drahtzieher. Bismarck fand im Reichstag jetzt mit den Stimmen des Zentrums eine Mehrheit für ein „Gesetz gegen die gemeingefährlichen Bestrebungen der Sozialdemokratie". Dieses Sozialistengesetz untersagte den Sozialdemokraten jegliche Öffentlichkeitsarbeit. Es ermöglichte der Polizei Verdächtige zu überwachen, festzunehmen und gegebenenfalls auszuweisen. Die Sozialdemokratische Partei selbst wurde nicht verboten und konnte mit wachsendem Erfolg an den Reichstagswahlen teilnehmen. Das Sozialistengesetz hat dazu beigetragen, viele Arbeiter dem Staat zu entfremden

1 Wilhelm II. und Bismarck
Links: „Der Lotse geht von Bord". Der Kaiser schätzte unter den Waffengattungen besonders die Marine. Er zeigte sich in der Öffentlichkeit gern in Admiralsuniform und benutzte in seinen Reden häufig Ausdrücke aus der Fachsprache der Seefahrt. „Mein Kurs ist der richtige und er wird weitergesteuert", war seine Haltung gegenüber Bismarck. Der „Punch" (englische Satirezeitschrift) karikierte ihn bei Bismarcks Rücktritt als Kapitän. Die Originalunterschrift lautet: „Dropping the pilot" (Wie der Lotse fallen gelassen wird). Rechts: Die Postkarte zeigt den Kaiser, der in einer seiner Reden an Bord eines Schiffes ein Bismarck-Wort aufgegriffen hatte.

und fester an die Lehren von Marx zu binden. Dabei hatte Bismarck gehofft sie ihrer Partei zu entziehen und durch ein Sozialgesetzgebungswerk für den Staat zu gewinnen. Nachdem eine kaiserliche Botschaft 1881 den Arbeitern staatliche Hilfe angekündigt hatte, wurden in den Jahren 1883 bis 1889 die Kranken-, Unfall-, Invaliditäts- und Altersversicherung geschaffen. Darin waren die Arbeiter pflichtversichert. Arbeitnehmer und Arbeitgeber finanzierten die Beiträge gemeinsam. Trotz zunächst niedriger Renten galt das deutsche Sozialversicherungssystem weltweit als vorbildlich.

Der „neue Kurs" entzweit Kaiser und Kanzler

Als 1888 der 29-jährige Enkel Wilhelms I. den Thron bestieg, kam es über den „neuen Kurs" des „jungen" Kaisers zu Differenzen mit Bismarck. Weil die Vorstellungen des Kaisers und des Reichskanzlers über die weitere soziale Entwicklung und den außenpolitischen Weg in der Weltpolitik weit auseinander lagen, forderte Wilhelm II. 1890 Bismarck zum Rücktritt auf. Der Reichskanzler folgte diesem Ansinnen verbittert. Die Nachfolger des ersten Reichskanzlers übernahmen einen Obrigkeitsstaat, der durch Bismarcks Misstrauen gegenüber der Arbeiterbewegung geprägt war und vor einer schwierigen Zukunft stand.

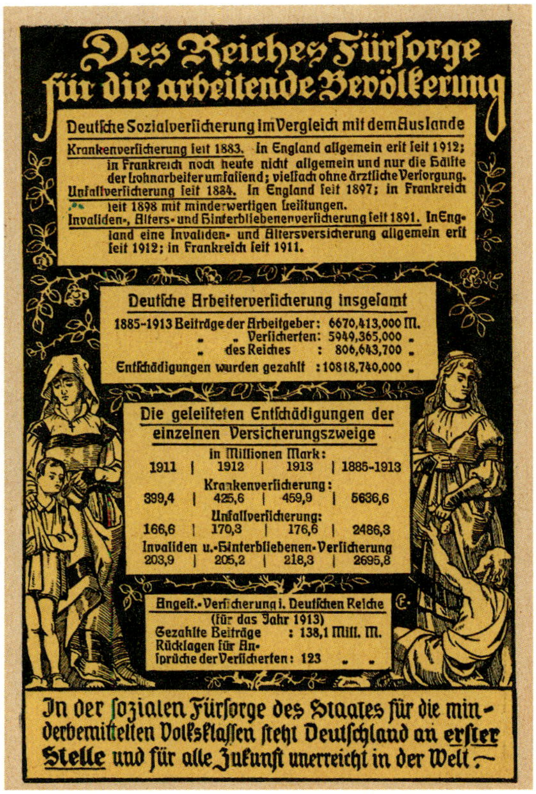

2 ***Die deutsche Sozialversicherung*** *im internationalen Vergleich. Die Postkarte stammt aus dem Ersten Weltkrieg. – Vergleiche die Sozialleistungen der genannten Länder. Warum wurde diese Karte gerade im Krieg verbreitet?*

3 ***Nach dem zweiten Attentat auf Kaiser Wilhelm I.*** *erklärte Bismarck laut Protokoll im Thronrat:*

Es sei gegen die Socialdemokratie, ohne die übrigen Parteien sich zu verfeinden, ein Vernichtungskrieg zu führen durch Gesetzesvorlagen, welche die socialdemokratischen Vereine, Versammlungen, die Presse, Freizügigkeit (durch die Möglichkeit von Ausweisungen und Internierung), vielleicht den Waffenbesitz und das Waffentragen träfen.

Michael Stürmer (Hrsg.), Das kaiserliche Deutschland, Politik und Gesellschaft 1870–1913. Düsseldorf 1970, Dok. 55.

4 ***Die Durchführung der Sozialistengesetze***

An die Zeit der Verfolgung erinnerte sich später August Bebel in seinen Memoiren:

Während der zwölfjährigen Dauer des Sozialistengesetzes war ich – ich darf das ohne Übertreibung sagen – der in Deutschland polizeilich am meisten verfolgte Mensch … Dass ich, wenn ich in Berlin zum Reichstag war, auf Schritt und Tritt überwacht wurde, das passierte auch meinen sozialdemokratischen Kollegen. Aber dass man den Telegrafen hinter mir in Bewegung setzte und von einer Stadt zur anderen telegrafierte, dass und wann ich ankommen würde, passierte nur mir. Das geschah meist in der Weise, dass der Polizist, der mich zu überwachen hatte, sobald ich auf dem Bahnhof eine Fahrkarte löste, hinter mir an den Schalter trat und sich erkundigte, wohin ich die Fahrkarte genommen …

In jenen Jahren stand jedoch nicht nur die Bahnverwaltung in intimen Beziehungen zur Polizei, sondern auch die Post. Dass Briefe und Pakete, die an bekannte Sozialdemokraten kamen, vor ihrer Ablieferung der Polizeibehörde mitgeteilt wurden, sodass diese hinter der Ablieferung der Gegenstände sofort in die Wohnung eintrat und die Beschlagnahme ausführte, kam in Tausenden Fällen vor …

A. Bebel, Aus meinem Leben. Berlin, Bonn-Bad Godesberg ²1976, S. 149 ff.

5 ***„Kulturkampf"***

Bismarck befürchtete die Einmischung der katholischen Kirche in innere Angelegenheiten des Staates, deshalb erließ er die folgenden Gesetze:

1871 Erweiterung des Strafgesetzbuches um den „Kanzelparagraphen", der es den Geistlichen verbietet, staatliche Angelegenheiten in Ausübung ihres Amtes zu behandeln.

1872 Im Schulaufsichtsgesetz werden in Preußen die geistliche Schulinspektion aufgehoben und öffentliche wie private Schulen unter staatliche Aufsicht gestellt.

1872 Verbot des Jesuitenordens.

1873 Für die Übernahme eines geistlichen Amtes werden das Reifezeugnis eines deutschen Gymnasiums, das Studium an einer deutschen Universität und ein sogenanntes Kulturexamen in Geschichte, Philosophie und deutscher Literatur verlangt.

1874 Nur noch die staatliche Beurkundung von Taufe, Trauung oder Todesfall ist rechtsgültig (Standesamt).

1875 Im „Brotkorbgesetz" werden der katholischen Kirche die staatlichen Geldzuwendungen gesperrt.

1875 In Preußen verbietet das Klostergesetz alle Orden (Ausnahme: Krankenpflege).

6 **„Der Arbeiter im Klubzimmer der regierenden Oberschicht"**
(Zeichnung von Thöny, 1898).

7 **Bismarck als Raubtierbändiger** *im Reichstag, ungarische Karikatur, 1879. – Welches Verhältnis zwischen Reichskanzler und Reichstag will der Karikaturist zum Ausdruck bringen?*

8 **Reichstagssitze der Sozialisten**

1878	1890	1903	1912
9	35	81	110

von 397 Sitzen

9 **Die Sozialdemokraten unter den Sozialistengesetzen**

Der Berliner Polizeipräsident berichtete im November 1884 über die Situation der SPD:

Die Beschränkungen, welche das Ausnahmegesetz der Partei auferlegt, werden zwar nach wie vor schwer empfunden; man hat sich aber im Lauf der Zeit gewöhnt mit demselben als einem Faktor zu rechnen und gelernt wesentliche Bestimmungen des Gesetzes systematisch zu umgehen. Organisation und Agitation sind danach eingerichtet, ja in gewisser Beziehung bietet das Gesetz selbst ein schätzbares Agitationsmittel, als Beweis für die vermeintliche Härte und Ungerechtigkeit, mit welcher die „Arbeiter" von den herrschenden Klassen behandelt werden.

R. Höhne (Hg.), Die vaterlandslosen Gesellen, Bd. 1. Köln 1964, S. 217.

a) Über Bismarcks Innenpolitik wird häufig geurteilt, der Reichskanzler habe mit „Zuckerbrot und Peitsche" regiert. Setze dich damit auseinander und erläutere, ob diese Einschätzung gerechtfertigt ist. (VT, M2 bis M5, M9).

b) Beschreibe die Bedeutung der „Kulturkampf"-Gesetze für die Kirche und die Gesellschaft (M5).

c) Auf welche Entwicklung innerhalb der Gesellschaft will Thöny aufmerksam machen? Welche Eigenschaft der Karikatur setzt er dazu ein (M6)?

d) Erläutere die Motive Bismarcks im Kampf gegen die Sozialdemokratie und die Wirksamkeit der getroffenen Maßnahmen. Worin erkennst du Denkweisen und Vorgehen eines Obrigkeitsstaates (M3, M4, M8, M9)?

e) Welche Beziehung kannst du zwischen den Bildquellen M1 herstellen? Welches Verhältnis zwischen Bismarck und Wilhelm II. wird deutlich?

7. „Die gute alte Zeit" – Leben im deutschen Kaiserreich

7.1 Schichten und Institutionen

Die „gute alte Zeit"?

Als „gute alte Zeit" bezeichneten gerade viele „kleine Leute" im Nachhinein die Jahrzehnte des Kaiserreiches bis zum Ausbruch des Ersten Weltkrieges im Jahre 1914. Das Deutsche Reich war stark, es herrschte Ruhe und Ordnung und eine stabile Währung garantierte sichere Zinsen auf die Sparguthaben. Waren diese Jahre für die Untertanen aber wirklich so glücklich?

Die adlige Oberschicht wahrt ihre Privilegien

An der Spitze der gesellschaftlichen Rangordnung (Hierarchie) stand immer noch der Adel, auch wenn Bürgerliche zunehmend hohe Positionen in Staat und Verwaltung einnahmen. Im Vergleich zu Industrieunternehmern und Bankiers mit gewaltigen Vermögen lebten jedoch manche verschuldete adlige Gutsbesitzer ausgesprochen bescheiden. Dennoch galt es als besonders vornehm, alten Adelsfamilien anzugehören, deren Wurzeln Jahrhunderte zurückverfolgt werden konnten. Zudem blieb es den Angehörigen des „alten" Adels vorbehalten, Ämter am kaiserlichen Hof und hohe Offiziersränge zu bekleiden. Reich gewordene Bürger ahmten deswegen oft den adligen Lebensstil nach. Besonders stolz waren sie, wenn sie einen Adelstitel verliehen bekamen, auch wenn sie damit in der Regel nicht die Vorrangstellung bei Hofe einnehmen konnten wie Altadlige.

1 ***Zwei Welten zur gleichen Zeit.*** *Links: Karikatur aus dem Jahre1895; „Um Gottes willen, Sie stehen ja auf dem Schatten seiner Durchlaucht!" Rechts: Der Physiker Braun führt die Braunsche Röhre vor, mit der er die Grundlage für die Fernsehtechnik schuf (Foto von 1897). Die neuen Großindustrien wie die Elektro- und Chemiebranche verhalfen Deutschland zu Weltgeltung. Systematisch wurde jetzt Forschung betrieben und die Zahl der angemeldeten Patente stieg beträchtlich. Damit entstand eine ganz neue Schicht: die technische Intelligenz. Deutsche Wissenschaftler erhielten von 1901 bis 1908 ein Drittel aller vergebenen Nobelpreise für Medizin, Physik und Chemie. – Vergleiche die Abbildungen. Welche unterschiedlichen Lebensauffassungen im kaiserlichen Deutschland werden deutlich?*

2 ***Kaiser Wilhelm II. und seine Familie*** *(Foto von 1898). Zu dieser Aufnahme ist der Hoffotograf bestellt worden. Er hat das Bild arrangiert.*
Es war nicht bloß für das Familienalbum des Herrschers gedacht, sondern auch für die Veröffentlichung bestimmt. Zu dieser Zeit wurde es in vielen Familien auch üblich, solche Herrscherbilder zu Hause aufzuhängen. –
Wie wollte der Kaiser sich und seine Familie dargestellt sehen? Was wurde mit der Veröffentlichung des Fotos bezweckt?

3 ***Empfang eines hohen Gastes auf dem Bahnhof einer Kleinstadt***
Es könnte so gewesen sein, aber …
Das Foto ist in Wirklichkeit ein Standfoto aus dem 1931 gedrehten Spielfilm „Der Stolz der dritten Kompanie". In einigen Geschichtsbüchern wurde es als authentisch für das Kaiserreich angegeben. –
Beschreibe die abgebildeten Personen.
Warum wirkt dieses Foto so echt?
Welchen Eindruck wollte der Regisseur mit seiner nachgestellten Szene von der „guten alten Zeit" erwecken?

Staatstragende Institutionen: Militär, Verwaltung und Schulen

Konservative Traditionen erhielten sich vor allem beim Militär. Es gab Regimenter, in denen Mitglieder bestimmter Adelsfamilien bereits in der dritten oder vierten Generation als Offiziere dienten. In der Wertschätzung durch die Bevölkerung stand der aktive Offizier weit oben. Hohes Ansehen genossen bereits diejenigen, die in der Armee gedient hatten, vor allem Reserveoffiziere, die in Staat oder Wirtschaft ein Amt bekleideten. Sie alle hatten in der „Schule der Nation" Disziplin für ihr ganzes Leben gelernt.
Ebenso wie Offiziere und Unteroffiziere flößten die Beamten als „Staatsdiener" Respekt ein, besonders wenn sie wie Schutzleute oder Post- und Bahnbeamte eine Uniform trugen. Da sie vorher größtenteils Berufsunteroffiziere gewesen

4 Antisemitismus. *Juden wurden nicht nur verspottet – links eine Postkarte aus dem böhmischen Kurort Karlsbad mit dem Poststempel vom 16. 6. 1917 –, sondern regelrecht ausgegrenzt; rechts eine Postkarte aus Frankfurt a. M. aus dem Jahre 1901.*

waren, verkehrten sie mit ihrem Publikum im schnarrenden Militärton. Das machte Deutschland besonders in den Augen von Ausländern zum Militärstaat. Neben dem Militär und den Beamten waren es vor allem die Schulen, die den Deutschen Ordnung – genauer: Unterordnung – beibrachten. Die Lehrer drillten ihre Schüler zu Fleiß, Gehorsam und Vaterlandsliebe. Solch eingeübtes Verhalten führte dazu, dass sich viele von ihnen auch als Erwachsene den Forderungen und Erwartungen derjenigen unterwarfen, die als Respektspersonen den Untertanen etwas zu sagen hatten.

Mittel- und Unterschichten wollen aufsteigen

Bildung zu erwerben bedeutete andererseits Anerkennung und Privileg. Wenn z. B. ein Schüler mit dem sogenannten „Einjährigen“ (dem Abschluss der 10. Klasse) die Höhere Schule verließ, verkürzte sich seine Militärdienstzeit auf ein Jahr. Angehörige der Mittel- und Unterschichten erhofften durch Bildung einen sozialen Aufstieg zu erreichen. Manche Karriere gründete sich auf ungeheuren Fleiß und äußerste Sparsamkeit. Eine gut bezahlte Stelle war dann der Lohn für tägliche Entbehrungen. Der Umzug in ein besseres Stadtviertel, eine vorteilhafte Heirat und eine gute Schulbildung für die eigenen Kinder konnten dadurch Wirklichkeit werden. Wer es geschafft hatte, auf der gesellschaftlichen Stufenleiter ein paar Sprossen nach oben zu steigen, wollte seine mühsam erworbene Position unbedingt halten. Die Angst war groß von Konkurrenten bedrängt zu werden oder in den Arbeiterstand abzusinken.

Am Rand der Gesellschaft: die Juden

In dieser Klassengesellschaft hatten es alle schwer, die sich nicht bevormunden lassen wollten oder die einer Minderheit angehörten. Das galt besonders für die Juden. Der wirtschaftliche Erfolg einer kleinen Gruppe unter ihnen rief Ängste und Konkurrenzneid hervor, förderte ihre Ausgrenzung und schürte den Antisemitismus, eine grundlegende feindselige Haltung gegenüber den Juden.

Kritik am Unzeitgemäßen

Am Ende des Jahrhunderts entwickelte sich zunehmend Kritik an den „herrlichen Zeiten“, die Wilhelm II. seinem Volk versprochen hatte. Adelsdünkel, „Kadavergehorsam“ beim Militär, übertriebener Patriotismus und die Unterdrückung der Arbeiter forderten zum Widerspruch heraus. Trotz staatlicher Zensur prangerten satirische Zeitschriften wie der „Kladderadatsch“ oder kritische Theaterstücke wie Gerhart Hauptmanns „Biberpelz“ die Missstände an, sodass mancher Deutsche Veränderungen der gesellschaftlichen Zustände forderte.

5 Frauenarbeit im Kaiserreich

Sieh dir die Frau auf dem rechten Bild genau an. Vermute, wo sie arbeitete und welche Tätigkeit sie ausführte. Das untere Bild zeigt die Gesamtaufnahme, aus der die Ausschnittvergrößerung rechts stammt: Arbeiterinnen verpacken Zigaretten. Das Foto entstand 1910. Welche Personengruppen sind auf dem Foto zu sehen? Wodurch unterscheiden sie sich? Was erfährst du über Arbeitsplatz, Arbeitsbedingungen und Arbeitsdisziplin? Was könnte der Anlass für dieses Foto gewesen sein? Vergleiche beide Abbildungen miteinander. Wodurch unterscheiden sie sich in ihren Informationen und Aussagen? Wähle ein beliebiges anderes Foto aus und versuche durch Abdecken einzelner Bildteile die Aussage zu verändern.

Fotos als historische Quelle

Mit der Erfindung der Fotografie im ersten Drittel des 19. Jahrhunderts konnten erstmals Ausschnitte der Realität unmittelbar und detailgetreu festgehalten werden. Für die Zeit davor sind wir auf Gemälde oder Zeichnungen angewiesen. Fotos muss man aber ebenso wie andere Geschichtsquellen kritisch befragen, denn der Fotograf bringt immer seine Sicht auf die Wirklichkeit zum Ausdruck. Folgende Arbeitsschritte sollen dir dabei helfen:

1. *Betrachte das Foto genau, nimm dir Zeit für das Studium der Einzelheiten.*
2. *Aus welcher Perspektive wurde das Foto aufgenommen? Welcher Moment eines Geschehens wurde festgehalten? Welche Personen oder Ereignisse hat der Fotograf hervorgehoben oder zurückgedrängt?*
3. *Entstand das Foto für einen Auftraggeber, wurde es aus eigenem Interesse aufgenommen oder war es ein zufälliger Schnappschuss? Wurde das Motiv extra für das Foto arrangiert? Kannst du erkennen, was eventuell mit dem Foto bewirkt werden sollte? Gibt es Möglichkeiten Näheres über den Hintergrund in Erfahrung zu bringen?*
4. *Gibt es Anhaltspunkte dafür, dass das Foto nachträglich verändert wurde (z. B. durch Ausschnittvergrößerung, Schnitt, Retusche oder Montage)? Welche Konsequenzen hat das für seine Aussage? Vergleiche eventuell mit anderen Fotos zum gleichen Thema.*

6 Schule im Kaiserreich

Karikatur von Th. Heine 1910/1911. Der Originaltext lautet: „An den preußischen Schulen soll jetzt ein neues Unterrichtsfach Staatsbürgerkunde eingeführt werden. Es ist wohl selbstverständlich, dass der Unterricht von Schutzleuten erteilt wird."

7 „Geringe Neigung zum Aufgehen im Deutschtum"

Aus dem „Konservativen Handbuch" von 1894:

Immer allgemeiner wird die Klage, dass der Jude, sei es als Wucherer und Ausbeuter oder umgekehrt als sozialdemokratischer Agitator, vorzugsweise immer dort zu finden sei, wo man an der Zersetzung und Vernichtung unseres Volkstums arbeitet; dass er im wirtschaftlichen Leben weniger durch schaffende Tätigkeit als durch erlaubte oder unerlaubte Übervorteilung anderer die Mittel gewinne, die in seinen gewandten Händen dann eine doppelt wirksame Waffe in dem weiteren Daseinskampf werden; dass er in den höheren Berufen, in der Rechtsanwaltschaft, in der Medizin, in der Literatur, im Zeitungs- und Theaterwesen durch rücksichtslose Hingabe an den Erwerbsinstinkt die gewissenhafteren Mitbewerber schädige … und dass bei seiner geringen Neigung zum Aufgehen im Deutschtum seine wachsende wirtschaftlich-soziale Macht zu einer immer ernsteren Gefahr für unsere nationale Entwicklung und Eigenart herauswachse.

Nach: B. Pollmann (Hg.), Lesebuch zur deutschen Geschichte, Bd. 3. Dortmund 1984, S. 82.

8 Ein guter Deutscher werden

Durch charakteristische Vor- und Familiennamen wie Isidor oder Cohn waren Juden leicht als solche zu erkennen. Häufig wurden diese Namen durch Witze diffamiert. Viele Juden bemühten sich daher um eine Namensänderung. 1911 wollte der Berliner Kaufmann Isidor Russ seinen Vornamen in „Oskar" geändert haben. Nach vergeblichen Versuchen wandte er sich schließlich an das Ministerium des Innern:

Ich *bitte* ganz unterthänigst meinem Gesuch in der vorliegenden Begründung die Genehmigung zu erteilen: Hohes Ministerium! Ich bin ein guter *deutscher* Staatsbürger, halte nichts vom Judentum, glaube an Gott und *seinen Sohn.* Gesellschaftlich verkehre ich in angesehenen kristlichen Familien und erziehe mein Kind im Sinne dieser Freunde. – Hohes Ministerium, *bitte bitte* versagen Sie mir die Genehmigung nicht. Lassen Sie mich einen guten Deutschen aber auch einen braven Kristen werden. Mit meinem früheren Namen Isidor komme ich nicht ans Ziel meiner Wünsche!

Dietz Bering, Der Name als Stigma: Antisemitismus im deutschen Alltag 1812–1933. Stuttgart 1991, S. 295.

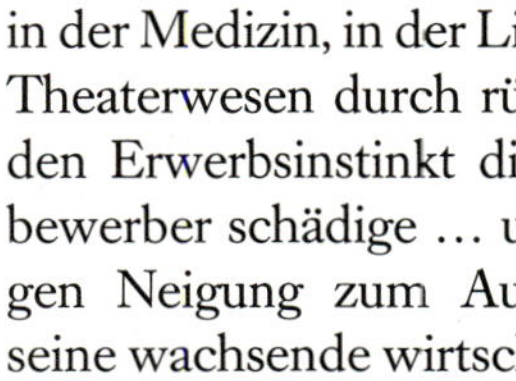

a) Das Deutsche Kaiserreich wird auch als Wilhelminisches Deutschland bezeichnet. Warum ist diese Bezeichnung gerechtfertigt (VT, M1 bis M3)?

b) Welche Beschuldigungen erhebt der Handbuchartikel gegen die Juden (M7)? Nenne Ursachen der einzelnen Vorwürfe. Warum reagierte Russ in seinem Bittbrief (M8) so extrem? Setze dich mit Vorurteilen gegenüber Minderheiten und Ausländern in der Gegenwart auseinander.

7.2 Familie und Beruf

Wertschätzung der Familie

Viele Familienfotos aus dem Kaiserreich belegen, wie wichtig für die Menschen die Familie als Lebensgemeinschaft war. Das galt gleichermaßen für Bürger und Arbeiter. Vater und Mutter hatten ihre festen Rollen: Die Mutter war an Heim und Herd gebunden, der Vater ging – normalerweise außer Haus – seinem Beruf nach und wollte daheim bedient werden. Zu Hause war er die Autorität, der sich Frau und Kinder unterzuordnen hatten. Kinderreiche Familien waren die Regel.

Die bürgerliche Familie

Gepflegte Häuslichkeit und Geselligkeit galt in der bürgerlichen Familie als Ideal. Auch diejenigen, die sparsam haushalten mussten, verzichteten nicht auf Einladungen und Besuche. Der Hausfrau stand meistens ein Dienstmädchen zur Seite, das sie beim Einkaufen, Kochen, Waschen und Flicken entlastete. Denn die Kinder sollten unter der Obhut der Mutter sorglos und behütet aufwachsen. Sie wurden von ihr in ihre Rollen eingewiesen: Die Jungen durften wild, die Mädchen hatten sanft zu sein. Während in die Ausbildung der Söhne so viel wie möglich investiert wurde um ihnen einen gesellschaftlichen Aufstieg zu ermöglichen, hatten sich die Töchter auf Ehe und Mutterschaft vorzubereiten. Sie sollten möglichst eine „gute Partie“ machen. Weil der Heiratskandidat eine ordentliche Mitgift erwartete, wurde oft mühsam Erspartes in die Aussteuer gesteckt.

Die Arbeiterfamilie

Im Arbeiterstand wurde früh geheiratet. Die Frau schied häufig nach dem ersten oder zweiten Kind aus dem Beruf aus. In Heimarbeit, z. B. als Näherin oder Wäscherin, besserte sie das Familieneinkommen auf. Freizeit gab es für sie nicht. Die Ungemütlichkeit der engen Wohnungen trieb die Männer häufig ins Wirtshaus. Oft gab es Streit um das wenige Haushaltsgeld und die Frauen erwarteten ihre Männer am Lohnzahlungstag nicht selten am Fabriktor. Der Spielplatz der Kinder waren Straße und Hinterhof. Sie mussten die Geschwister hüten, mitverdienen und möglichst bald ins Berufsleben eintreten. Nur durch strengste Sparsamkeit konnten Arbeiterfamilien ihr Leben etwas erträglicher gestalten.

1 *Laubenkolonie 1905*
Der Leipziger Arzt Dr. Schreber regte an Arbeitergärten anzulegen, damit sich vor allem die Kinder an der frischen Luft erholen konnten. 1914 gab es bereits 367 Kleingartenvereine. Neben Erholung und Geselligkeit lieferten die Schrebergärten den Arbeiterfamilien Obst und Gemüse. Zu ihrer Entspannung gründeten Arbeiter auch Sport-, Gesangs-, Wander- und andere Vereine.

2 Das Sozialgefälle am Beispiel des Wohnens:

***a)** großbürgerliches Wohnzimmer (Foto, 1912)*

***b)** kleinbürgerliches Wohnzimmer (Fotoausschnitt, 1911)*

***c)** Arbeiterfamilie in einer „Wohnküche" (Fotoausschnitt) – Vergleiche die drei Bilder und erläutere, an welchen Einzelheiten der Fotos das Sozialgefälle deutlich wird.*

3 Frauen und Mädchen im Kaiserreich

***a)** Ratschläge für die Hausfrau von 1894:*

Männer haben das wirkliche Leben da draußen. Entweder sie studieren oder sie widmen sich einer Fachwissenschaft, machen weite Reisen zu Wasser und zu Land, kämpfen mit Arbeit und Sorgen, haben ihr festes Ziel vor Augen, das sie erreichen müssen und wollen … In dem großen Haushalt des Lebens ist jedem sein Teil richtig zugewogen und es würde töricht sein, wollte sich die Frau dagegen auflehnen.

A. Breithaupt, Das goldene Buch der Frau. Chemnitz 1894.

***b)** Worte für den Lebensweg höherer Töchter:*

Schon ein auf dem Stuhle vergessenes Taschentuch, ein lässig geschlossenes Schubfach, ein offen liegen gebliebenes Buch geben dem Familienzimmer ein unordentliches, vernachlässigtes Aussehen. Da soll die Tochter mit leiser, lieblicher Hand die kleinen Fehler verbessern, jedem Familienmitglied sein vergessenes Eigentum nachtragen oder aufheben und sorgsam darüber wachen, dass jedes Ding am rechten Ort sei und seinen Platz ziere.

Julie Burow, Herzens-Worte. Mitgabe auf den Lebensweg, Deutschlands Töchtern gewidmet. Reutlingen o J., S. 32.

4 Im Programm des Allgemeinen Deutschen Frauenvereins *(1905) fordern Frauen u. a.:*

Die Frauenbewegung vertritt die Ansicht, dass die Mädchenbildung in ihrer gegenwärtigen Verfassung weder der Persönlichkeitsentfaltung der Frau noch ihren späteren häuslichen, beruflichen und bürgerlichen Aufgaben genügend Rechnung trägt. Sie verlangt von Staat und Gemeinden die Bestätigung des gleichen Interesses für die Bildung der Mädchen wie der Knaben … In Anbetracht der großen Zahl von Frauen, die unverheiratet bleiben, und der weiteren Zahl derer, die in der Ehe keine ausreichende wirtschaftliche Versorgung finden können, ist die Berufsarbeit der Frau eine wirtschaftliche und sittliche Notwendigkeit. Die Frauenbewegung betrachtet die berufliche Frauenarbeit aber auch in weiterem Sinne und unabhängig von jeder äußeren Notwendigkeit als Kulturwert, da auch die Frau Träger hervorragender spezifischer Begabung sein kann … In Bezug auf die wirtschaftliche Bewertung der beruflichen Frauenarbeit vertritt die Frauenbewegung den Grundsatz: Gleicher Lohn für gleiche Leistung.

Helene Lange, Die Frauenbewegung in ihren modernen Problemen. Leipzig 1908, S. 121 f.

5 ***Mit zunehmender Verwaltung*** *im Bereich der Wirtschaft wuchs die Zahl der Angestellten rasch. Obwohl sie Arbeitnehmer waren, unterschieden sie sich von den Arbeitern. Sie verrichteten keine „Dreckarbeit", erhielten ein monatliches Gehalt und keinen Wochenlohn und besaßen meist einen sicheren Arbeitsplatz. Auch Frauen eröffnete sich durch Schreibmaschine, Registrierkasse und Telefon ein neues Arbeitsfeld als Sekretärinnen, Kontoristinnen und Telefonistinnen.*
Links: Reklameprospekt für Kontorartikel, um 1900. Rechts: Telefonistin im Berliner Fernsprechamt, 1906.

6 ***Erziehung***

a) *… in „gutem Hause":*
Der Schriftsteller Stefan Zweig erinnert sich:

Um die jungen Mädchen (die „Höheren Töchter") zu schützen ließ man sie nicht einen Augenblick allein. Sie bekamen eine Gouvernante, die dafür zu sorgen hatte, dass sie gottbewahre nicht einen Schritt unbehütet vor die Haustür traten, sie wurden zur Schule, zur Tanzstunde, zur Musikstunde gebracht und ebenso abgeholt. Jedes Buch, das sie lasen, wurde kontrolliert und vor allem wurden die jungen Mädchen unablässig beschäftigt um sie von möglichen gefährlichen Gedanken abzulenken.

Stefan Zweig, Die Welt von gestern. Frankfurt a. M. 1970, S. 94 f.

b) *… bei „einfachen Leuten":*
In der Bielefelder „Volkswacht" war 1906 in einem Leitartikel zu lesen:

Solange die Eltern und besonders die Mutter in 10- bis 11-stündiger Brotfron stehen, bleibt ihnen keine Zeit sich liebevoll mit ihren Kindern zu beschäftigen. Die Kindererziehung wird mehr „nebenbei" betrieben, wenn Körper und Geist bereits durch die Berufsarbeit erschlafft und übermüdet sind. Von dem Hasten und Jagen nach Erwerb und Verdienst werden die Nerven stumpf und abgespannt. Dass unter solchen Verhältnissen der Stock oder die Rute die Hauptrolle in der Erziehung spielen, ist sehr leicht begreiflich.

Nach: Vogelsang, Bielefelds Weg ins Industriezeitalter. Bielefeld 1986, S. 202.

a) Vergleiche die Situation der Frauen und Kinder in M2, M3 und M6 mit der heutigen. Sind die Forderungen von M4 heute erfüllt?
b) Beschreibe die Tätigkeiten der Personen auf dem Werbeprospekt in M5. Welche Hierarchie stellst du fest?
c) Wer gehörte zum neuen Mittelstand? Erläutere seine Entstehung (VT, M5).

Imperialismus, Mächterivalitä

Das Zeitalter des Imperialismus (1914)

Otto Dix: Der Krieg (1929-1932), Mitteltafel des Triptychons, (Ausschnitt)

nd Erster Weltkrieg

„Ein Spuk am hellen, lichten Tage", Karikatur aus „Der wahre Jakob" vom 11. September 1900

Postkarte „Negerweiber an der Kette"; die handschriftlichen Grüße lauten: „Daressalam, 1.8.06. Die schönsten Grüße aus dem schwarzen Erdteil ergeb(endst, Unterschrift)"

1. Die Europäer verteilen die Welt

1881	*Tunesien wird französische Kolonie.*
1882	*Ägypten kommt unter englische Herrschaft.*
1884	*Frankreich erobert Annam und Tongking (Vietnam).*
1885	*Auf der Kongo-Konferenz in Berlin einigen sich 16 Staaten über Grundsätze für die weitere Aufteilung Afrikas.*
1885/86	*Großbritannien erobert die noch freien Gebiete Burmas.*
1889	*Italien erwirbt Gebiete in Eritrea und Somaliland. Der Versuch Abbessinien zu erobern scheitert aber.*

Ägypten – ein Land wird abhängig

Am Morgen des 11. Juli 1882 eröffnete ein britischer Flottenverband das Feuer auf die ägyptische Hafenstadt Alexandria. Es war, wie der Kapitän eines Schiffes in seinem Tagebuch notierte, ein „wunderschöner Anblick" und am Abend waren der Hafen und dessen Befestigungsanlagen ein einziges Trümmerfeld. Am folgenden Morgen begannen englische Truppen Ägypten militärisch zu besetzen und erst 1956 verließen die letzten englischen Soldaten dieses Land. Was war geschehen?

Seit der Eröffnung des Suezkanals 1869 war Ägypten für Großbritannien von großer Bedeutung. Das Land war eine wichtige Station auf dem Weg nach Indien, der reichsten englischen Kolonie in Asien. Aus diesem Grunde kaufte die englische Regierung von dem bankrotten ägyptischen Herrscher bereits 1875 die Mehrheit der Aktien der Gesellschaft, die den Kanal betrieb. Unter dem Druck Großbritanniens und Frankreichs musste die ägyptische Regierung wenig später auch einen großen Teil der eigenen Staatseinnahmen zur Rückzahlung der Kredite abtreten, die europäische Banken gegen sehr hohe Zinsen für den Bau des Kanals gewährt hatten. Die Bevölkerung empfand dies zunehmend als Bevormundung und Ausbeutung durch fremde Regierungen. Durch einen Aufstand versuchten die Ägypter daher 1882 die eigene Unabhängigkeit wiederherzustellen. Angesichts der militärischen Überlegenheit Englands war dieser Versuch jedoch aussichtslos. Ägypten musste nun auch akzeptieren, dass englische Beamte die formell weiterhin unabhängige Regierung kontrollierten und englische Truppen im Land stationiert wurden.

Alle wollen Kolonien

Die Beschießung der ägyptischen Hafenstadt Alexandria durch englische Kriegsschiffe war ein Wendepunkt in der Geschichte Europas, Afrikas und Asiens. Bis dahin hatten die alten Kolonialmächte Spanien, Portugal, Frankreich, Großbritannien und Holland ihre Herrschaft auf einige Küstenplätze in Afrika und Asien beschränkt. Nur wenige Forscher wie John Livingstone und Gustav Nachtigall oder Kaufleute wie Cecil Rhodes kannten das Innere dieser riesigen Kontinente. Dort regierten wie bisher einheimische Könige und Häuptlinge oder sogar Kaiser wie in China. Nach 1870 änderte sich die Lage jedoch allmählich: Viele Politiker und große Teile der Bevölkerung in fast allen europäischen Staaten begannen nun aus unterschiedlichen Gründen den Erwerb von Kolonien zu fordern. Gestützt auf ihre militärische, wirtschaftliche und technologische Überlegenheit unterwarfen die europäischen Mächte innerhalb weniger Jahre Afrika und Asien fast vollständig ihrer Herrschaft. Selbst winzige Inseln im Pazifischen Ozean wurden in diesem Wettrennen um Kolonien für so bedeutsam gehalten wie Kontinente. Kolonien waren bald zu Prestigeobjekten

1 Fassadenmalerei
Karikatur des „Kladderadatsch" vom 23. März 1884. Die Unterschrift lautet: „Wenn das gute Wetter sich hält, soll nächstens die Fassade unseres Erdballs frisch gestrichen werden, da an manchen Stellen die alte Farbe schlecht gehalten hat."
Beurteile die Haltung der europäischen „Maler" gegenüber dem Rest der Welt.

geworden. Oft drohte sogar ein Krieg auszubrechen, weil sich die Kolonialmächte über die Grenzen der Überseegebiete nicht einigen konnten. Russland war neben Österreich-Ungarn der einzige größere europäische Staat ohne Gebietserwerbungen in Afrika oder im Pazifik. Die russische Regierung konzentrierte sich vielmehr darauf, ihre Herrschaft über die Steppenvölker Mittelasiens und über China auszudehnen. Auch die USA und Japan reihten sich schließlich in den Kreis der Kolonialmächte ein.

Formen der Herrschaft

Die Art und Weise, wie die europäischen Mächte in ihren Kolonien herrschten, war höchst unterschiedlich. Großbritannien beschränkte sich in der Regel auf eine „indirekte Herrschaft" über die unterworfenen Völker: Die bisherigen Fürsten und Häuptlinge regierten weiter, wurden aber von englischen Beamten kontrolliert und hatten diesen auch einen Großteil der eingenommenen Steuern abzuliefern. Frankreich hingegen versuchte seine Kolonien rechtlich, wirtschaftlich und kulturell so weit wie möglich den Regelungen im Mutterland anzupassen. Daher griff es mit seiner Verwaltung auch viel direkter als z. B. England in den Alltag der Menschen in seinen Kolonien ein. Diese direkte oder formelle Herrschaft über abhängige Gebiete war aber nur eine Variante europäischer Expansion in Übersee. Gleichzeitig versuchten die Kolonialmächte sich in noch unabhängigen, aber innerlich geschwächten Staaten wie dem Osmanischen Reich oder China informelle Einflusszonen zu sichern. Dabei scheuten sie sich nicht zur Durchsetzung der eigenen Interessen und zur Einschüchterung der jeweiligen Regierung mit Gewalt zu drohen und Gewalt einzusetzen.

Imperialismus (von lat. imperium: Macht, Herrschaft, Reich): Ganz allgemein bedeutet der Begriff die (direkte oder indirekte) Herrschaft über die Bevölkerung eines fremden Landes, die auch zur wirtschaftlichen und kulturellen Abhängigkeit führt. Im engeren Sinne ist er eine Bezeichnung für die Jahre 1880 bis 1918. Er kennzeichnet einerseits die Expansionspolitik der europäischen Großmächte um in Übersee neue Territorien und Rohstoff- und Absatzmärkte in ihren Besitz zu bringen. Andererseits charakterisiert er die politische, militärische und wirtschaftliche Rivalität zwischen den europäischen Großmächten vor dem Ersten Weltkrieg.

2. „Die Bürde des weißen Mannes" – Warum teilen die Europäer die Welt auf?

Ist die „weiße Rasse" überlegen?

Der englische Dichter Rudyard Kipling forderte die Engländer 1895 in einem Gedicht auf „des weißen Mannes Bürde" auf sich zu nehmen und in die Welt zu ziehen um den „eingefangenen Völkerschaften, die halb Kinder sind und halb Teufel", zu essen zu geben und dort herrschende Seuchen zu bekämpfen. Wie viele Politiker, Missionare und Angehörige des Bildungsbürgertums war er von der Überlegenheit der „weißen Rasse" überzeugt. Davon leiteten sie das Recht und die Pflicht ab die oft noch in traditionellen Stammesgemeinschaften lebenden „Eingeborenen" Afrikas und Asiens nach westlichem Vorbild zu „zivilisieren". Auch höher entwickelte Kulturen wie die der Aschanti in Westafrika oder selbst alte Hochkulturen wie in Indien und China galten gleichermaßen als „unterentwickelt" und rückständig.

Wirtschaftliche Interessen und Ausbeutung

Dieses „Sendungsbewusstsein" war für viele Politiker, Industrielle und Kaufleute eine Rechtfertigung für die eigenen handfesten materiellen Interessen. Mit privaten oder staatlich unterstützten Handelsgesellschaften versuchten sie, z. B. durch die billige Ausbeutung von Rohstoffen oder die Anlage großer Plantagen, möglichst hohe Gewinne zu erzielen. Ihre Hoffnungen erfüllten sich aber nur in wenigen Fällen. Verwaltung und militärischer Schutz der Kolonien waren häufig sehr kostspielig. Der Handel mit diesen spielte im Vergleich zum Handel mit „entwickelteren" Staaten ebenfalls nur eine geringe Rolle. Auch als Siedlungsgebiete für weiße Auswanderer eigneten sich nur sehr wenige Kolonialländer.

„Kampf ums Dasein"

Aber die europäischen Mächte sahen in den Kolonien nicht nur aus materiellen Gründen ein „Objekt der Begierde". Große Teile der Bevölkerung waren damals in Europa davon überzeugt, dass nur Kolonien Macht, Wohlstand und Reichtum des eigenen Landes sichern würden. Ein weiteres Argument für koloniale Politik lieferte die Evolutionstheorie Charles Darwins: In der Tierwelt behaupte sich im „Kampf ums Dasein" nur derjenige, der am besten an seine Lebens- und Umweltbedingungen angepasst sei. Die „Sozialdarwinisten" übertrugen diese Gesetzmäßigkeit einseitig auf den Menschen: Nur der Stärkere könne, wie der Untergang großer Weltreiche in der Vergangenheit bewiesen habe, im Kampf der Nationen ums Dasein überleben. Und Kolonien stärkten die eigene Nation.

Die Opfer

Das Schicksal der Kolonialbevölkerung interessierte die Europäer nur wenig. So wurden z. B. die Einheimischen durch Gesetze und durch brachiale Gewalt gezwungen zu niedrigsten Löhnen auf Plantagen oder in Bergwerken zu arbeiten. Die Kolonialmächte bestimmten die weitere Wirtschaftsentwicklung ihrer Kolonien und zerschnitten durch neue Grenzziehungen oft traditionelle Stammesgebiete oder Wanderwege von Nomaden. Die Bodenschätze und die Produkte der Plantagen sollten vor allem den Mutterländern zugute kommen. Daher wurde die industrielle Entwicklung in den Kolonien nicht gefördert. Das Bildungswesen wurde weit gehend vernachlässigt. Indem westliche Wertvorstellungen und technische Errungenschaften das Leben der Einheimischen in den Kolonien zunehmend beeinflussten, bedrohten sie auch die alten Ordnungen und Lebensformen. Die Gegensätze zwischen westlicher Kultur und einheimischen Traditionen machten es den Menschen schwer, sich im Alltag neu zu orientieren. Die Folgen dieser Entwicklung belasten noch heute das Verhältnis zwischen den Staaten Europas einerseits, Afrikas und Asiens andererseits.

1 ***Rechts: Begrüßung des Bremer Zoologen Dr. Finsch*** *in Dallmannshafen (Kaiser-Wilhelm-Land, heute Neu-Guinea) auf einer Expedition 1884. Gemälde von Moritz Hoffmann, 1885/90. – Wie hat der Maler das Verhältnis zwischen dem Gast und den Einheimischen dargestellt?*

2 ***Die Aufgaben der englischen Rasse*** *nach Meinung des Kaufmanns und Politikers Cecil Rhodes (1877):*

Ich behaupte, dass wir die erste Rasse der Welt sind und dass es für die Menschheit umso besser ist, je größere Teile der Welt wir bewohnen … Darüber hinaus bedeutet es einfach das Ende aller Kriege, wenn der größere Teil der Welt in unserer Herrschaft aufgeht … Da (Gott) sich die Englisch sprechende Rasse offensichtlich zu seinem auserwählten Werkzeug geformt hat, … muss es auch seinem Wunsch entsprechen, dass ich alles in meiner Macht Stehende tue um jener Rasse so viel Spielraum und Macht wie möglich zu verschaffen. Wenn es einen Gott gibt, denke ich, so will er daher eines gern von mir getan haben: Nämlich so viel von der Karte Afrikas britisch-rot zu malen wie möglich und anderswo zu tun, was ich kann um die Einheit der Englisch sprechenden Rasse zu fördern und ihren Einflussbereich auszudehnen.

W. T. Stead (Hrsg.), The Last Will and Testament of Cecil J. Rhodes, London 1902, S. 58 f. u. S. 98 (Übersetzung von P. Alter).

3 ***a) Die Bedeutung von Kolonien für Frankreich*** *erläuterte der Ministerpräsident Jules Ferry am 28. Juli 1885:*

Man muss eine Wahl treffen, einerseits die Nützlichkeit neuer Erwerbungen und andererseits den Stand unserer Hilfsmittel erwägen. Diese kluge und maßvolle Kolonialpolitik ist für Frankreich einfach lebensnotwendig zu einer Zeit, in der alle Länder sich gegen ausländische Erzeugnisse sperren, was jedes Land nötigt sich die für seine Landwirtschaft und seine Industrie unentbehrlichen Absatzmärkte zu sichern … Die überlegeneren Rassen haben außerdem ein Recht gegenüber den unterlegenen Rassen und in dieser Hinsicht sollte Frankreich sich nicht der Pflicht entziehen die Völker zu zivilisieren, die mehr oder minder barbarisch geblieben sind … Wenn Frankreich verzichtet … werden andere seinen Platz einnehmen und während es auf den dritten oder vierten Platz herabfallen wird, werden sie auf den ersten gelangen.

Nach: L.Zimmermann, Der Imperialismus. Stuttgart 1971, S. 27.

b) „Missbrauch der Macht" *nannte der spätere französische Ministerpräsident Georges Clemenceau die Begründung Ferrys in einer Rede am 30. Juli 1885:*

Überlegene Rassen! Minderwertige Rassen! Das ist leicht gesagt! Ich für meinen Teil bin da vorsichtig, seit ich erlebt habe, wie deutsche Gelehrte wissenschaftlich nachgewiesen haben, dass Frankreich den Krieg gegen Deutschland verlieren musste, weil die Franzosen den Deutschen gegenüber eine minderwertige Rasse seien. Die Hindus – eine minderwertige Rasse …? Die Chinesen? … Nein! Nein, es gibt kein Recht für so genannte überlegene Nationen gegenüber unterlegenen Nationen. Wir sollten nicht die Gewalt mit der heuchlerischen Bezeichnung Kultur verhüllen. Sprechen wir nicht von Recht oder Pflicht. Die Eroberung, die Sie propagieren, ist nichts anderes als der Missbrauch der Macht, die die Wissenschaft unserer Kultur gegenüber zurückgebliebenen Kulturen gibt. Sie dient dazu, sich der Menschen zu bemächtigen, sie zu foltern oder alles aus ihnen herauszuholen zum Profit des angeblichen Kulturbringers. Das ist nicht das Recht, das ist seine Negation. In diesem Zusammenhang von Kultur zu sprechen bedeutet, zur Gewalt noch die Heuchelei hinzuzufügen.

Zit. nach: Klaus Wohlt, „Gloire à la plus grande France". Imperialismus – das französische Beispiel, in: Praxis Geschichte, 1/1993, S. 22.

4 ***„Frankreich lehrt seine Sprache** alle seine Adoptivkindern".*

5 Kolonialpolitik als Wirtschaftspolitik

Der deutsche Staatssekretär im Reichskolonialamt, Dernburg, erläuterte 1908 :

1. Sie sichert der stetig wachsenden Bevölkerung unseres Vaterlandes, die … auf den Export angewiesen bleibt, zunächst große und sich steigernde Aufträge, also: Arbeit …

2. Kolonien sichern der deutschen Produktion einen großen Teil derjenigen Rohstoffe, welche zum eigenen Gebrauch innerhalb der Nation und zum Zwecke der Veredelung … dienen.

3. Sie sichert dem deutschen Fabrikanten … einen Einfluss auf die Preisgestaltung dieser Rohmaterialien gegenüber monopolistischen Tendenzen des Auslandes …

4. Sie schützt und stärkt unsere nationale Zahlungsbilanz …

Das ist die Bedeutung einer deutschen kolonialen Wirtschaft im Lichte der gegenwärtigen handelspolitischen Weltlage. Ihre Ausführung bedeutet demnach nicht mehr und nicht weniger als die Frage der Zukunft der nationalen Arbeit, die Frage des Brotes vieler Millionen Industriearbeiter, die Frage der Beschäftigung der heimischen Kapitalien im Handel, im Gewerbe, in der Schifffahrt.

Zit. nach: Dokumente der deutschen Politik und Geschichte, hrsg. von J. Hohlfeld, Bd. 2. Berlin o.J., S. 167-169.

6 Die russische Expansion *erläuterte Außenminister Gortschakow 1864:*

Die Situation Russlands in Zentralasien ist die aller zivilisierten Staaten, welche sich in Kontakt mit nomadisierenden, halb wilden Völkerschaften ohne feste Organisation befinden. Die Sicherheit der Grenzen und des Handels verlangt in solchem Falle, dass der zivilisierte Staat ein gewisses Übergewicht über seine Nachbarn ausübe. Zunächst sind ihre Einfälle und Plünderungen zurückzuweisen. Um demselben ein Ende zu machen ist man genötigt die Grenzbevölkerung zu einer mehr oder minder direkten Unterwerfung zu zwingen. Ist dieses Resultat erreicht, so nehmen die Grenzbewohner ruhigere und sesshaftere Gewohnheiten an, dafür werden sie aber nunmehr von ferner lebenden Stämmen beunruhigt. Der Staat ist verpflichtet jene zu schützen, diese zu züchtigen. Daraus entspringt die Notwendigkeit entfernter, kostspieliger, sich stets wiederholender Expeditionen gegen einen Feind, den seine Organisation eigentlich unangreifbar macht. Jeder Schritt vorwärts führt zu neuen Schritten, jede überwundene Schwierigkeit zu neuen Schwierigkeiten. Ein Rückschreiten aber gibt es nicht, weil die Asiaten das für Schwäche ansehen würden.

Nach: O. Hoetzsch, Russland in Asien. Geschichte einer Expansion. Stuttgart 1966, S. 27.

7 Die amerikanische Haltung *gegenüber „unzivilisierten" Staaten beschrieb Präsident Roosevelt im Jahr 1904:*

Es ist nicht wahr, dass die Vereinigten Staaten landhungrig sind … Alles, was dieses Land wünscht, sind Stabilität, Frieden und Gedeihen der ihm benachbarten Länder. Jedes Land, dessen Volk sich korrekt verhält, kann auf unsere herzliche Freundschaft rechnen. Wenn eine Nation zeigt, dass sie im Stande ist wirkungsvoll und mit Anstand in politischen und sozialen Angelegenheiten zu handeln, wenn sie Ordnung aufrechterhält und ihren Schuldverpflichtungen nachkommt braucht sie keine Einmischung vonseiten der Vereinigten Staaten zu fürchten. Chronische Rechtsverletzungen oder Unfähigkeit, die auf eine allgemeine Auflösung der Grundsätze der zivilisierten Gesellschaft hinauslaufen, mögen in Amerika, ebenso wie anderswo, letzten Endes die Intervention einer zivilisierten Nation notwendig machen.

Zit. nach: Papers Relating to the Foreign Relations of the United States, 1904, Washington 1905, S. IX ff.

8 ***Sepoys**, d. h. indische Soldaten, die sich eigentlich zum Dienst in der englischen Kolonialarmee verpflichtet hatten, werden 1857 öffentlich hingerichtet, da sie sich an einem Aufstand gegen die Kolonialmacht beteiligt hatten.*

9 ***Das Auftauchen der „Weißen"** nach einer Erzählung der Bapende, eines Stammes im Gebiet des heutigen Zaire:*

Unsere Väter lebten behaglich in der Lualaba-Ebene. Sie hatten Vieh und Ackerfrüchte, sie hatten Salzbecken und Bananenbäume. Plötzlich erblickten sie ein großes Schiff auf der See. Es hatte weiße Segel, die wie Messer blitzten. Weiße Männer kamen aus dem Wasser, sie sprachen in einer Weise, die niemand verstand. Unsere Ahnen fürchteten sich, sie sagten, das seien Vumbi: Geister, die zur Erde zurückkämen. Sie trieben sie mit Pfeilschauern in die See zurück. Aber die Vumbi spien mit Donnergetöse Feuer. Sehr viele Menschen wurden getötet. Unsere Ahnen flohen. Die Häuptlinge und Seher sagten, dass diese Vumbi früher die Besitzer des Landes waren. Unsere Väter verließen die Lualaba-Ebene, weil sie eine Rückkehr des Schiffs … fürchteten … Das große Schiff kam zurück und wieder erschienen weiße Männer. Sie fragten nach Hühnern und Eiern; sie gaben Kleider und Perlen. Wieder kamen die Weißen zurück. Sie brachten Mais und Maniok, Messer und Beile, Erdnüsse und Tabak. Von dieser Zeit bis heute haben die Weißen uns nichts als Krieg und Elend gebracht. Nach Luanda brachten sie Erdnüsse, Mais und Maniok und zeigten uns, wie sie angebaut werden.

Nach: F. Ansprenger, Kolonisierung und Entkolonisierung in Afrika. Stuttgart 1979, S. 7.

10 ***Ein Urteil über den Imperialismus** von dem Historiker Jacob Ajayi aus Nigeria, 1977:*

Der grundlegendste Aspekt der europäischen Einwirkung auf Afrika war der Verlust der Souveränität, den sie praktisch für jedes afrikanische Volk mit sich brachte. Gestützt auf ihre technologische Überlegenheit errichteten die Europäer ihre Herrschaft über den ganzen Kontinent. Sie zerstörten, unterdrückten oder schufen Staaten nach Belieben … Die Gebiete, in die Afrika aufgeteilt wurde, waren ein völliger Neubeginn in der Geschichte Afrikas. In gewisser Weise standen die neuen Territorien in der Nachfolge früherer afrikanischer Reiche und Staaten, doch mit einem entscheidenden Unterschied. Die Grenzen der früheren Reiche unterlagen häufigen und raschen Veränderungen. Im Hin und Her der Geschichte war nichts von Dauer. Aber die Aufteilung durch die Europäer zielte darauf ab, die unablässige Veränderung zu unterbinden, indem sie die Entwicklung in völlig ungewohnte Bahnen zu lenken versuchten …

Die politische Souveränität war die Grundlage für die kulturelle Dominanz der Europäer. Sie schuf die Voraussetzungen dafür, dass Christentum, westliche Erziehung, soziale und politische Ideen des Westens auf afrikanische Einrichtungen einen tiefen Eindruck machen konnten.

Nach: P. Alter, Der Imperialismus. Stuttgart 1985, S. 67 f.

a) Mit welchen Gründen wurde der Erwerb von Kolonien gerechtfertigt (M2; M3a, b; M4; M5; M6; M7)? Warum wurde damals und wird heute das Zeitalter des Imperialismus sehr kritisch beurteilt (M10)?

b) Beschreibe das Verhältnis zwischen den Europäern und der einheimischen Bevölkerung (M1; M4; M8; M9).

c) Nenne Folgen des Imperialismus, die du in deinem Alltag spüren kannst.

3. Das Deutsche Reich als Kolonialmacht

Ein Stück Land für 200 Gewehre

Im Mai 1883 grub ein Bremer Kaufmannsgehilfe am Strand von Südwestafrika – dem heutigen Namibia – zusammen mit vier Helfern einen Mast ein, an dem sie, wie es im Tagebuch eines Teilnehmers hieß, „unter brausendem Hurrah aller Anwesenden die deutsche Flagge" hissten und anschließend mit Champagner „unter großem Jubel und begeistert auf den Kaiser" anstießen. Der Grund für diese Begeisterung war die Freude über ein zuvor abgeschlossenes gutes „Geschäft": Im Tausch gegen zweihundert alte Gewehre und einhundert englische Pfund hatten die Feiernden für den Bremer Kaufmann Adolf Lüderitz eine Meeresbucht und das angrenzende Land gekauft. Worin lag aber die Bedeutung dieses Kaufvertrages für die deutsche Geschichte?

Bismarck und die Kolonien

Bisher hatte Bismarck den Erwerb von Kolonien abgelehnt. Aus seiner Sicht waren Kolonien schon deswegen nicht erstrebenswert, weil ihre Verwaltung hohe Kosten verursachte. Aber vor allem auch aus außenpolitischen Gründen war er gegen deutsche Kolonien, nämlich wegen der besonderen Lage des Deutschen Reiches in der Mitte Europas: Eine Teilnahme Deutschlands am Wettrennen um überseeische Besitzungen drohte die Spannungen mit Nachbarstaaten und anderen Mächten zu verschärfen. Um diese Mächte, namentlich Frankreich, von Deutschland abzulenken förderte er sogar deren Kolonialstreben. 1884/85 gab Bismarck seine ablehnende Haltung gegenüber dem Erwerb von Kolonien aus außen- und innenpolitischen sowie wirtschaftlichen Gründen vorübergehend auf. Nun erklärte er sich bereit den von deutschen Kaufleuten, Forschungsreisenden und Abenteurern wie Adolf Lüderitz, Gustav Nachtigall und Carl Peters erworbenen Gebieten in Afrika den Schutz des Reiches zu gewähren. Innerhalb von nur zwei Jahren legte Bismarck damit den Grundstein für ein deutsches Kolonialreich, zu dem bis 1914 Gebiete in Ost- und Westafrika, im Pazifik und an der chinesischen Küste gehörten. Zur Enttäuschung vieler Zeitgenossen blieb Bismarck jedoch ein vorsichtiger Kolonialpolitiker. Die Gründe dafür erläuterte er einem Afrikaforscher 1888: „Ihre Karte von Afrika ist ja sehr schön, aber meine Karte von Afrika liegt in Europa. Hier liegt Russland, und hier … liegt Frankreich und wir sind in der Mitte; das ist meine Karte von Afrika." Viele seiner Zeitgenossen und führende Politiker mit dem jungen Kaiser Wilhelm II. an der Spitze teilten diese Auffassung jedoch nicht. Sie wollten das Deutsche Reich in den Kreis der großen Kolonial- und Weltmächte führen.

1 *Postdampferlinien fördern den Handel mit Kolonialwaren.*

Die einheimische Bevölkerung

Die deutsche Kolonialherrschaft unterschied sich kaum von der anderer Mächte. Um die eigene Herrschaft zu sichern und die erworbenen Gebiete Gewinn bringend nutzen zu können griff die Kolonialverwaltung massiv in das Alltagsleben der Einheimischen ein und veränderte es innerhalb kurzer Zeit. Wegen der oft ungerechten und willkürlichen Behandlung der Bevölkerung durch deutsche Beamte, Soldaten und Siedler kam es in fast allen Kolonien zu Aufständen. Diese wurden durch deutsche Truppen oft mit großer Brutalität niedergeschlagen. In Südwestafrika lebten nach einem Aufstand in den Jahren 1904–1907 von den ursprünglich ca. 60 000 bis 80 000 Hereros nur noch 15 130; in Ostafrika verloren 75 000 Menschen ihr Leben, als die Kolonialherren eine Erhebung in den Jahren 1906/07 niederschlugen. Erst die öffentliche Kritik in Deutschland an der fast vollständigen Vernichtung des Stammes der Nama in Südwestafrika hatte eine Reform der Kolonialverwaltung zur Folge.

2 ***Ein Buch von 1891*** *für deutsche Schüler*

3 ***„Deutschland braucht Kolonien"****, behauptete die von Carl Peters gegründete „Gesellschaft für deutsche Kolonisation" im April 1884.*

Die deutsche Nation ist bei der Verteilung der Erde, wie sie vom Ausgang des 15. Jahrhunderts bis auf unsere Tage hin stattgefunden hat, leer ausgegangen … Das Deutsche Reich, groß und stark durch die mit Blut errungene Einheit, steht da als die führende Macht auf dem Kontinent von Europa: Seine Söhne in der Fremde müssen sich überall Nationen einfügen, welche der unsrigen entweder gleichgültig oder geradezu feindlich gegenüberstehen. Der große Strom deutscher Auswanderer taucht seit Jahrhunderten in fremde Rassen ein um in ihnen zu verschwinden. … In dieser, für den Nationalstolz so schmerzlichen Tatsache liegt ein ungeheurer wirtschaftlicher Nachteil für unser Volk! Alljährlich geht die Kraft von etwa 200 000 Deutschen unserem Vaterland verloren! Diese Kraftmasse strömt meistens unmittelbar in das Lager unserer wirtschaftlichen Konkurrenten ab und vermehrt die Stärke unserer Gegner. Der deutsche Import von Produkten tropischer Zonen geht von ausländischen Niederlassungen aus, wodurch alljährlich viele Millionen deutschen Kapitals an fremde Nationen verloren gehen! Der deutsche Export ist abhängig von der Willkür fremdländischer Zollpolitik. Ein unter allen Umständen sicherer Absatzmarkt fehlt unserer Industrie, weil eigene Kolonien unserem Volke fehlen. Um diesem nationalen Missstande abzuhelfen dazu bedarf es praktischen und tatkräftigen Handelns.

Nach: H. Krätschell, Carl Peters 1856–1918. Ein Beitrag zur Publizistik des imperialistischen Nationalismus in Deutschland, Berlin 1959, S. 16 ff.

4 ***Zur Kolonialpolitik*** *äußerte sich der Sozialdemokrat Wilhelm Liebknecht 1885 im Reichstag:*

Man hat gerade die Kolonialfrage mit besonderem Eifer von dem Boden nüchterner Erwägung auf den des Chauvinismus, des Patriotismus, des nationalen Enthusiasmus hinüberzuführen gesucht. Das kann nur verwirren. Fragen wir uns ruhig: Was wird mit der so genannten Kolonialpolitik denn eigentlich bezweckt? Wenn wir auf den Grund gehen, so wird als der Zweck hingestellt: die Überproduktion und die Überbevölkerung zu steuern. Aber was ist denn Überproduktion und was ist Überbevölkerung? Das sind ja doch sehr relative Begriffe. Ist Deutschland etwa überbevölkert? Gerade die dichtest bevölkerten Gegenden in Deutschland liefern für die Auswanderung das geringste Kontingent, die dünnest bevölkerten liefern das stärkste … Deutschland ist noch lange nicht übervölkert, bei vernünftiger sozialer Organisation, bei zweckmäßiger Organisation der Industriearbeit und bei wissenschaftlichem Betriebe des Ackerbaues könnte Deutschland eine weit größere Bevölkerung ernähren als dies heutzutage der Fall ist … Und gerade so ist es mit der Überproduktion. Da klagen unsere Fabrikanten, dass ihre Produkte keinen Absatz finden. Ja, meine Herren, warum haben sie keinen Absatz? Weil das Volk nicht kaufen kann, – abermals eine Folge unserer mangelhaften sozialen Verhältnisse, und wenn die Sozialreform wirklich … an der richtigen Stelle ansetzen will, dann muss sie dafür sorgen, dass … der Nationalreichtum … auch seine richtige Verteilung findet … Und wird etwa durch die Kolonialpolitik etwas nach dieser Richtung erreicht? Nein, meine Herren, sie exportieren einfach die soziale Frage. Sie zaubern vor die Augen des Volks eine Art Fata Morgana auf dem Sande und auf den Sümpfen Afrikas.

Stenografische Berichte über die Verhandlungen des Reichstages, VI. Legislaturperiode, 1. Session, Bd. 3, Berlin 1885, S. 1540 f.

5 Deutscher Imperialismus *(Foto)*
Der Volksstamm der Hereros in Deutsch-Südwestafrika erhob sich 1904 gegen die deutsche Kolonialherrschaft. Deutsche Truppen schlugen den Aufstand nieder, trieben die Hereros in die fast wasserlose Wüste und riegelten das Gebiet ab. Für die meisten von ihnen bedeutete das den qualvollen Tod durch Verdursten.

6 „Gebt den Weißen keine Rechte"

forderte Hendrik Witboi, Häuptling der Nama in Südwestafrika (Namibia), 1892 von anderen Häuptlingen:

Ich denke so: Dieses Afrika ist das Land der roten Kapitäne (Häuptlinge); wir sind von derselben Farbe und Lebensart, haben gemeinschaftliche Gesetze, die für uns und unsere Leute genügen. Wir sind nicht hart gegeneinander, sondern ordnen Dinge in Frieden und Brüderschaft ... Die weißen Menschen aber handeln ganz anders. Ihre Gesetze sind unpassend für uns rote Menschen und undurchführbar. Diese unbarmherzigen Gesetze bedrücken den Menschen von allen Seiten; sie kennen kein Gefühl oder Rücksicht darauf, ob ein Mensch reich ist oder arm. Ich bin sehr ungehalten über euch ..., die ihr deutschen Schutz angenommen habt und dadurch den weißen Menschen Rechte und Einfluss in unserem Land gebt. Die Sache mit den Deutschen sehe ich mit ganz anderen Augen an ... Die Deutschen lassen sich ... nieder ohne erst um Erlaubnis zu bitten, drängen den Menschen, denen die Gebiete gehören, ihre Gesetze auf, verbieten das freie Herumstreifen auf den Wegen, verbieten ihnen freie Verfügung über ihr eigenes Wasser und über die Weide; sie verbieten den Landeseingeborenen die Jagd auf ihr eigenes Wild; verbieten den Menschen mit Gewehr auf irgendeinem Platz zu erscheinen; geben den Menschen bestimmte Uhrzeiten und Tage als Termine an und halten die Menschen außerhalb der Wohnplätze an.

Zit. nach: Hendrik Witboi. Afrika den Afrikanern! hrsg. von W. Reinhard. Berlin 1982, S. 132 ff.

7 Wie die Kolonie Deutsch-Ostafrika entstand,

berichtete Carl Peters 1912:

Nahten wir uns einem Kral (Eingeborenendorf), wo ein Kontrakt (Vertrag) zu machen war, so pflegte ich mit dem Dolmetscher und denjenigen von meinen Leuten zusammen zu marschieren, welche irgendetwas von dem betreffenden Herrscher, seinem Charakter, seinen Schicksalen, seinem Besitzstand mitteilen konnten. Wir hielten uns dichter zusammen als an anderen Tagen und der Einzug in den Kral geschah mit einer Art Pomp ... Ich selbst hatte mir um den Sultanen ebenbürtiger zu erscheinen eine Reihe von Fahnen mitgenommen, die ich aufziehen ließ, wo dies am Platze schien. Außerdem waren Gerüchte von meiner Macht und meinem Einfluss in Umlauf gesetzt ... In Mbusine ... knüpften wir sofort ein recht kordiales (herzliches) Verhältnis an, indem wir den Sultan zwischen uns auf ein Lager ... nahmen, von beiden Seiten unsere Arme um ihn schlagend. Wir tranken dann einen Trunk guten Grogs und brachten Seine Hoheit von vornherein in die vergnüglichste Stimmung ... Alsdann wurden die Ehrengeschenke ausgetauscht ... Nach dem Essen machte uns der Sultan seinen Gegenbesuch, wobei wir ihn mit süßem Kaffee traktierten (bewirtschafteten). Alsdann begannen auch die diplomatischen Verhandlungen und aufgrund derselben wurde der Kontrakt abgeschlossen. Als dies geschehen war, wurden die Fahnen auf einer die Umgebung beherrschenden Höhe gehisst, der Vertrag in deutschem Text ... verlesen, ich hielt eine kurze Ansprache, wodurch ich die Besitzergreifung vornahm, die mit einem Hoch auf Seine Majestät den deutschen Kaiser endete, und drei Salven, von uns und den Dienern abgegeben, demonstrierten den Schwarzen ad oculos (vor Augen), was sie im Fall einer Kontraktbrüchigkeit zu erwarten hätten. Man wird sich nicht leicht vorstellen, welchen Eindruck der ganze Vorgang auf die Neger zu machen pflegte. In das Hoch auf den Kaiser stimmten sie kreischend und springend, die Sultane voran, mit ein, bei den Salven wichen sie scheu zurück.

Zit. nach: C. Peters, Wie Deutsch-Ostafrika entstand. Leipzig 1912, S. 27 f.

8 Alte Tradition und neue „Zivilisation"
Jahrhundertalte Lebensgewohnheiten der einheimischen Bevölkerung mussten oftmals zwangsweise eingeführten europäischen Zivilisationsmustern weichen. Selbst private Bereiche wie das familiäre Zusammenleben waren davon betroffen.
Foto oben: Der Häuptling von Balibe mit seinen zwanzig Frauen;
unteres Foto: ein afrikanischer Lehrer und seine Frau nach der Trauung nach europäischem Vorbild.

a) Mit welchen Argumenten wurde in Deutschland der Erwerb von Kolonien verlangt bzw. abgelehnt (M1, M3, M4)? Kritiker warfen der Regierung „Sozialimperialismus" vor. Erläutere den Vorwurf anhand von M4.
b) Beschreibe das Selbstverständnis Deutschlands als Kolonialmacht und vergleiche es mit dem anderer Kolonialmächte (M2, M5, M7).
c) Wie beurteilte die afrikanische Bevölkerung die Kolonialisierung? Diskutiert die unmittelbaren und die langfristigen Folgen (M5 bis M8).

4. Das Deutsche Reich – ein neues Weltreich?

1897/98	*Das Deutsche Reich beginnt Weltpolitik zu betreiben.*
1904	*Großbritannien und Frankreich bereinigen ihre kolonialen Differenzen und schließen sich zur „Entente Cordiale" zusammen.*
1907	*Großbritannien und Russland einigen sich über eine Aufteilung ihrer Interessengebiete in Asien.*
1912	*Der Versuch das deutsch-englische Wettrüsten zur See durch Verhandlungen zu beenden scheitert.*

Deutschland will Weltmacht werden

„Aus dem Deutschen Reich ist ein Weltreich geworden." Damit beschrieb Wilhelm II. am 18. Januar 1896 anlässlich der Feier des 25. Jahrestages der Reichsgründung in Versailles den Beginn einer neuen Epoche deutscher Außenpolitik. Wie die anderen europäischen Großmächte hatte das Deutsche Reich nach Meinung des Kaisers und führender Politiker Anspruch auf eine führende Rolle in der Welt sowie auf ein großes Kolonialreich – auf einen „Platz an der Sonne", wie es der Staatssekretär im Auswärtigen Amt, Bernhard von Bülow, 1897 in einer Rede im Reichstag ausdrückte.

Braucht das Deutsche Reich eine Flotte?

Äußeres Symbol für den Status einer Weltmacht und militärisches Instrument zur Verwirklichung weltpolitischer Ziele konnte nach damaligem Verständnis nur eine mächtige Kriegsflotte sein. Sie allein wäre in der Lage die wichtigen Seehandelswege und das Kolonialreich in Übersee zu schützen. Unter Leitung von Admiral Tirpitz begann das Deutsche Reich daher 1897 eine große Anzahl neuer Kriegsschiffe zu bauen. Um von Großbritannien, Russland und den USA als gleichberechtigt anerkannt zu werden mischte sich Deutschland gleichzeitig überall auf der Welt in Konflikte ein. Damit machte es sich, wie ein Diplomat selbstkritisch feststellte, „bei aller Welt verdächtig und verächtlich". In der Bevölkerung stieß die Weltpolitik auf breite Zustimmung. Nur die Sozialdemokraten und einige Linksliberale waren dagegen. Der Deutsche Flottenverein, der seit 1898 mit Vorträgen, Diaschauen und nachgestellten Seeschlachten für den Ausbau der Flotte Werbung machte, hatte bald mehr als eine Million Mitglieder. Neue Schiffe wurden feierlich vom Stapel gelassen und bei Kindern war der Matrosenanzug ein beliebtes Kleidungsstück (Bild links).

Das Ausland reagiert mit Misstrauen

Im Ausland wurden die deutsche Politik und der Bau der Flotte hingegen mit Misstrauen beobachtet. Vor allem Großbritannien fühlte sich von der deutschen Aufrüstung zur See bedroht. Da die englische Weltmachtstellung auf der Überlegenheit der eigenen Flotte gegenüber möglichen Konkurrenten beruhte, baute die englische Regierung seit 1904/05 ebenfalls mehr und zugleich größere Kriegsschiffe. Versuche dieses gefährliche Wettrüsten zur See zu beenden scheiterten zuletzt 1912, als der englische Kriegsminister vergeblich mit der deutschen Regierung darüber in Berlin verhandelte.

Die Konstellation der Mächte ändert sich

Zur gleichen Zeit, in der sich die deutsch-englischen Beziehungen verschlechterten, änderte sich auch das Verhältnis der Großmächte zueinander. Großbritannien und Frankreich legten 1904 ihre Konflikte in Afrika friedlich bei und schlossen sich zur „Entente Cordiale" zusammen. 1907 bereinigten England und

1 Kaiser Wilhelm II., *Gemälde von Max Koner, 1890. Ein französischer General sagte über dieses Bild: „Dies ist kein Porträt, sondern eine Kriegserklärung!" – Wie kommt der General zu solch einer Meinung?*
Bild unten: „Mach' so nicht weiter, sonst wirst du uns alle umkippen." Englische Karikatur von 1890: Europa betrachtete mit Sorge das Verhalten des „enfant terrible" (des schrecklichen Kindes).

Russland ihre Differenzen in Asien. Aus dem gemeinsamen Misstrauen gegenüber dem unberechenbar erscheinenden Deutschen Reich entwickelte sich allmählich ein Bündnis gegen Deutschland.

Deutschland fühlt sich „eingekreist"

Das Deutsche Reich fühlte sich durch den Zusammenschluss dieser Staaten zu einer „Triple-Entente" eingekreist und sah darin einen Versuch Deutschland seinen ihm in der Welt zustehenden Platz streitig zu machen. Umso mehr verfolgte die deutsche Regierung eine Politik der Stärke: 1912/13 vergrößerte sie das Heer und die Flotte. Unterstützt wurde sie dabei von nationalistischen Agitationsvereinen wie dem Alldeutschen Verband, der sich lautstark für die Wahrung der Interessen der deutschen Nation einsetzte. Die anderen Mächte beantworteten die deutsche Aufrüstung mit weiteren Rüstungen. Dadurch entstand ein allgemeines Wettrüsten, das die Spannungen zwischen der Triple-Entente und dem Dreibund (Deutschland, Österreich-Ungarn und Italien) verschärfte.

Wettrüsten: Damit ist das Rivalitätsverhältnis gemeint, bei dem sich zwei oder mehr Mächte oder Mächtegruppen in einen sich ständig steigernden Wettlauf von Rüstung und Gegenrüstung verwickelt sehen. Keine Seite ist bereit sich von der anderen Seite in eine Unterlegenheit drängen zu lassen, die für die eigene Sicherheit als gefährlich empfunden wird. Die Rüstungsbedürfnisse lassen Rüstungsindustrien entstehen, die in Politik und Wirtschaft oft ein eigenes Gewicht gewinnen. Wettrüsten ist deshalb ein internationales und ein innenpolitisches Problem.

2 ***Die wohlgerüstete Germania***

3 ***a) Die Notwendigkeit der Weltpolitik***
begründete am 11. Dezember 1899 der Staatssekretär des Auswärtigen Amtes, Bernhard von Bülow, in einer Rede im Reichstag:

Untätig beiseite stehen, wie wir das früher oft getan haben, … träumend beiseite stehen, während andere Leute sich den Kuchen teilen, das können wir nicht und wollen wir nicht. Wir können das nicht aus dem einfachen Grunde, weil wir jetzt Interessen haben in allen Weltteilen … Die rapide Zunahme unserer Bevölkerung, der beispiellose Aufschwung unserer Industrie, die Tüchtigkeit unserer Kaufleute, kurz, die gewaltige Vitalität des deutschen Volkes haben uns in die Weltwirtschaft verflochten und in die Weltpolitik hineingezogen. Wenn die Engländer von einem Greater Britain reden, wenn die Franzosen sprechen von einer Nouvelle France, wenn die Russen sich Asien erschließen, haben auch wir Anspruch auf ein größeres Deutschland nicht im Sinne der Eroberung, wohl aber im Sinne der friedlichen Ausdehnung unseres Handels und seiner Stützpunkte … Wir können nicht dulden und wollen nicht dulden, dass man zur Tagesordnung übergeht über das deutsche Volk … Wenn wir uns nicht eine Flotte schaffen … so gefährden wir die vitalsten Interessen des Landes.

Nach: J. Penzler (Hrsg.), Fürst Bülows Reden nebst urkundlichen Beiträgen zu seiner Politik, Bd 1, 1897–1903, Berlin 1907, S. 88 f.

b) Sozialdemokratische Stellungnahme zur geplanten Verstärkung der Flotte vom 8. Februar 1900:

Die Arbeiterklasse hat kein Interesse Rüstungen zu unterstützen, welche die Gefahren zu Reibungen zwischen den Kulturstaaten vermehren und den großen und dringenden Kulturaufgaben für Gegenwart und Zukunft die Mittel entziehen. Insbesondere ist es wieder die Arbeiterklasse, auf deren Schultern die Last der neuen, ins Riesenhafte sich steigernden Ausgaben hauptsächlich abgewälzt wird, wohingegen die herrschenden Klassen durch die ungeheuren Profite aus diesen Rüstungen ihren Reichtum ins Ungemessene steigern und neue einflussreiche Posten und Versorgungsstellen für ihre Angehörigen gewinnen. Die Versammlung fordert deshalb vom Reichstag die unbedingte Zurückweisung der Flottenvorlage.

Nach: D. Fricke (Hrsg.), Dokumente zur deutschen Geschichte 1887/98 bis 1904, Frankfurt a. M. 1977, S. 54 f.

4 ***Die Flottenpolitik aus britischer Sicht***
Am 27. November 1911 erklärte Außenminister Grey im britischen Unterhaus:

Nun lassen Sie mich dies sagen: Die deutsche Stärke ist an sich schon eine Gewähr dafür, dass kein anderes Land einen Streit mit Deutschland wünschen oder suchen wird. Das ist die eine Seite der Sache, auf die die Deutschen mit Recht stolz sein können, aber ich meine, die deutsche öffentliche Meinung sollte bedenken, dass die Sache ihre Kehrseite hat und zwar: Wenn eine Nation die größte Armee in der Welt besitzt und wenn sie eine sehr große Flotte hat und fortfährt eine noch größere Flotte zu bauen, dann muss sie alles, was in ihren Kräften steht, tun um den natürlichen Befürchtungen vorzubeugen, die sonst bei andern, die keine aggressiven Absichten gegen jene Macht haben, dahin entstehen würden, dass jene Macht mit ihrer Armee und Flotte aggressive Absichten gegen sie hege.

Die Britischen Amtlichen Dokumente über den Ursprung des Weltkrieges 1898–1914, Bd. 7/2, Berlin und Leipzig 1932, S. 1199.

5 Zwei Wege für Deutschland

a) Der deutsche Gesandte in London schrieb am 8. Januar 1912:

Es wäre ein schwerer Fehler für die deutsche Politik, statt einzuheimsen und festzulegen, was uns die jetzige Stimmung in England erreichbar vor die Hand stellt: Die Gründung eines mächtigen deutschen Kolonialreiches und die Anbahnung besserer Beziehungen zu England um einer an sich geringfügigen Vermehrung unserer maritimen Machtmittel willen vielleicht für immer zu verscherzen … Klar und scharf getrennt liegen die beiden Wege jetzt vor der deutschen Politik. Auf der einen Seite liegt die Möglichkeit ehrenvollen Friedens, kolonialer Ausbreitung und erfolgreicher Kulturarbeit mit wachsendem Reichtum, auf der anderen Seite Neubelebung alten Haders, Stärkung jeder uns feindlichen Politik und die Heraufbeschwörung ernster Gefahren.

Zit. nach: Die große Politik der europäischen Kabinette 1871–1914, hrsg. von J. Lepsius u. a., Bd. 31, Berlin 1926, S. 91.

Deutschland und England

7 „Wie sollen wir uns da die Hand geben?"
Karikatur im „Simplicissimus", 1912.

b) Das Reichsmarineamt schrieb rückblickend im Sommer 1914:

Um von Großbritannien als gleichberechtigt anerkannt zu werden, den Platz an der Sonne zugestanden zu erhalten war eine starke Flotte unumgänglich nötig und die Aufgabe der deutschen Politik musste sein den ungestörten Ausbau der Flotte zu sichern … Im Übrigen hat Deutschland keinen Anlass um die britische Freundschaft zu buhlen. Es ist aus eigner Kraft im Stande allem, was kommen mag, in Ruhe entgegenzusehen.

Nach: Nauticus 16 (1914), S. 7 f.

6 Die Rüstungsausgaben der Großmächte

zwischen 1905 und 1914 (in Millionen Mark):

	1905	1910	1913
Frankreich	991	1177	1327
Russland	1069	1435	2050
England	1263	1367	1491
Deutschland	1064	1377	2111
Österreich-Ungarn	460	660	720

Nach: Kriegsrüstung und Kriegswirtschaft, hrsg. vom Reichsarchiv, Anlagenband, S. 530.

8 Das Flottenwettrüsten

am Beispiel des Baus schwerer Kampfschiffe

	1889 bis 1900	1900 bis 1910	1910 bis 1913
England	38	36	20
Deutschland	12	25	13
Frankreich	15	11	11
Russland	15	6	4

Nach: Handbuch des Geschichtsunterrichts, Bd. 5, hrsg. von W. Kleinknecht und H. Krieger, Frankfurt 1965, S. 119 f.

a) Wie wird die deutsche Flotten- und Weltpolitik begründet und welches sind die Argumente der Gegner (M3a und b)?

b) Warum erschien Deutschland anderen Mächten als Bedrohung (M1 bis M4)?

c) Charakterisiere anhand des Porträts des Kaisers und der Banknote das Selbstverständnis des Deutschen Reiches (M1, M2).

d) Beschreibe das Wettrüsten in Europa und diskutiere Möglichkeiten, wie die Spannungen in Europa hätten vermindert werden können. Warum wurden diese nicht genutzt (M4 bis M8)?

e) Beschreibe den Wandel der Mächtekonstellationen in Europa seit 1871. Überlege die Folgen für das Deutsche Reich.

5. Der „Panther" vor Agadir – das Deutsche Reich „spielt mit dem Feuer"

Ein deutsches Kriegsschiff vor einem marokkanischen Hafen

Am 1. Juli 1911 lief das deutsche Kriegsschiff „Panther" den marokkanischen Hafen Agadir an. Was war geschehen, dass das Deutsche Reich glaubte seine Interessen durch die Entsendung eines Kriegsschiffes wahren zu müssen? In der offiziellen Begründung dieser Drohgebärde durch das deutsche Außenministerium hieß es: „Angesichts der Unruhen in Marokko haben deutsche Firmen sich mit der Bitte um Schutz an die kaiserliche Regierung gewandt." Aber zu dieser Zeit lebte kein einziger Deutscher in Agadir. Es zeigte sich bald, dass die deutsche Regierung ganz andere koloniale Ziele verfolgte. Um diese Ziele zu erreichen war Deutschland auch bereit den Frieden in Europa durch eine militärische Drohpolitik zu gefährden.

Warum Marokko?

Die 1911 um Marokko ausgebrochene Krise war bereits die zweite innerhalb weniger Jahre. Bei der Aufteilung Afrikas hatte dieses Land seine Unabhängigkeit zunächst wahren können. Schon 1905 hatte die französische Regierung versucht ein Protektorat über Marokko zu errichten. Das scheiterte aber am Einspruch Deutschlands, das hier ebenso wie Frankreich wirtschaftliche Interessen verfolgte und vor allem die Erzlagerstätten und fruchtbaren Landwirtschaftsgebiete in Südmarokko im Auge hatte. Außerdem wollte die deutsche Regierung testen, wie gefestigt denn eigentlich die englisch-französische Entente Cordiale war und setzte dafür auch das Mittel militärischer Drohungen ein. Die anderen Großmächte wollten aber einen großen Konflikt vermeiden. Auf Druck des Deutschen Reiches bestätigte eine internationale Konferenz die Unabhängigkeit des marokkanischen Sultans. Politisch war dies aber nur auf den ersten Blick ein „Sieg" für die deutsche Regierung. Die aggressive deutsche Politik gegenüber Frankreich hatte nämlich zur Folge, dass sich die Ententemächte nun noch enger zusammenschlossen. Das Deutsche Reich hingegen geriet als „Störenfried" immer weiter in die Isolation.

Der „Panthersprung"

Als im Frühjahr 1911 französische Truppen den marokkanischen Sultan im Kampf gegen aufständische Stämme unterstützten, war das für die deutsche Regierung erneut ein geeigneter Anlass die eigene Macht zu demonstrieren. Sie entsandte daher das Kanonenboot „Panther" vor die marokkanische Küste. In einer Zeit, in der sich die Großmächte mit zunehmendem Misstrauen gegenüberstanden, war es aber politisch sehr gefährlich, durch die Entsendung eines Kriegsschiffes seine Interessen zu wahren. Das bestätigte sich schon nach wenigen Tagen: Großbritannien erklärte sich öffentlich bereit Frankreich militärisch zu unterstützen, falls es zu einem deutschen Angriff kommen sollte. Da die deutsche Regierung einen großen europäischen Krieg nicht riskieren wollte, erkannte sie Marokko schließlich als französisches Einflussgebiet an. Als Ausgleich erhielt Deutschland dafür einen relativ wertlosen Teil des französischen Kolonialgebietes am Kongo.

Die Folgen des „Panthersprungs"

Die deutsche Außenpolitik wurde von den anderen europäischen Großmächten zunehmend als Bedrohung empfunden. Während der Marokkokrise von 1911 konnte zwar der Ausbruch eines Krieges verhindert werden, aber die Spannungen blieben. Auch im Innern geriet die deutsche Regierung unter den Druck der Öffentlichkeit, die endlich Erfolge in der Weltpolitik sehen wollte. Ein Krieg zwischen der Entente und den Dreibundstaaten schien immer näher zu rücken.

1 „Frankreich wird Marokko Kultur, Wohlstand und Frieden bringen können.“
Titelseite des „Le Petit Journal“, 19. November 1911. Der französische Sozialist J. Jaurès erklärte dagegen 1908: „In dem Maße, in dem unsere Intervention in Marokko ausgedehnter, härter, brutaler wird, frage ich mich ..., mit welchem Recht wir Krieg, Eisen und Feuer mitten in das Herz Marokkos tragen ...“ – Vergleiche beide Haltungen miteinander.

2 „... greifbare Vorteile für Deutschland“
Der Außenminister, Kiderlen-Wächter, erläuterte am 3. Mai 1911 die Marokkopolitik:

Wir müssen uns ... ein Objekt sichern, das die Franzosen zu Kompensationen geneigt macht. Wenn sich die Franzosen ... in Fes etablieren, haben auch wir das Recht bedrohte Landsleute zu schützen. Wir haben große deutsche Firmen in Mogador und Agadir. Deutsche Schiffe könnten sich zum Schutz dieser Firmen in jene Häfen begeben ... Im Besitz eines solchen Faustpfandes würden wir die weitere Entwicklung der Dinge in Marokko in Ruhe mitansehen und abwarten können, ob etwa Frankreich uns in seinem Kolonialbesitz geeignete Kompensationen anbieten wird ... Auch für die weitere Entwicklung der innerpolitischen Verhältnisse bei uns würde es von Bedeutung sein ... für Deutschland greifbare Vorteile herauszuschlagen.

Nach: Die Große Politik der Europäischen Kabinette 1871–1914, Bd: 29, hrsg. v. J. Lepsius u. a., Berlin 1925, S. 106 ff.

3 „Aus dem Dornröschenschlaf erwacht“
Eine deutsche Zeitung schrieb am 2. Juli 1911:

Hurrah! Eine Tat! ... Der deutsche Träumer erwacht aus zwanzigjährigem Dornröschenschlaf. ... In feiger Furcht sind die unwürdigen Nachkömmlinge der Helden von 1870 Schritt für Schritt vor den Herausforderungen des Auslandes zurückgewichen. Eine Fülle von Demütigungen haben die (Reichskanzler) Caprivi und Hohenlohe und Bülow auf unser Volk gehäuft, als ob wir nicht die volksstärkste Nation in Europa wären, als ob wir uns mit unseren berechtigten Machtansprüchen nicht auf ein Heer von 5 Millionen Bajonetten stützen könnten und auf eine Flotte, die nicht mehr zu verachten ist, als ob wir nicht ein Volk seien, dessen ungeheurer Tüchtigkeit und höchster Anstrengung es gelungen ist, die jahrhundertealten Weltvölker auf den Märkten aller Erdteile in steigendem Maße zu überbieten.

Zit. nach: K. Wernecke, Der Wille zur Weltgeltung, Düsseldorf 1970, S. 32.

4 Der englische Außenminister Sir Edward Grey: *„Hier, Michel, wenig, aber von Herzen!" Karikatur aus dem „Simplicissimus", 1911.*

5 Die deutsche Politik aus englischer Sicht

Der Abteilungsleiter im britischen Außenministerium fertigte am 3. Juli 1911 eine Aktennotiz an:

Die wirklich ernste Seite des ganzen Zwischenfalls ist diese:

Es ist kaum denkbar, dass Deutschland diesen Schritt getan hätte ohne den möglichen Fall in Erwägung zu ziehen, dass seine Politik zu einem Kriege führe, in dem ihm Frankreich und England gegenüberstehen würden. Wie sehr man auch in Berlin im Hinblick auf die allgemeine Haltung Frankreichs und Englands gegenüber Fragen von Krieg und Frieden einen solchen Fall als unwahrscheinlich in Anschlag gebracht haben mag, so würde es doch keine kluge Regierung, ehe sie sich auf eine aggressive Politik einließe, versäumen, für den äußersten Fall ... Vorsorge zu treffen.

Die Tatsache, dass Deutschland den Sprung gemacht hat, muss der Annahme Raum geben, dass es sich jetzt in der Lage glaubt der Gefahr einer bewaffneten französisch-britischen Gegnerschaft zu trotzen.

Wenn sich, wie ich es für wahrscheinlich halte, erweisen sollte, dass dem so ist, so stehen wir nun einer dringenden und unmittelbaren Gefahr gegenüber, für die gerüstet zu sein von vitaler Bedeutung ist. Denn die einzige Gefahr eines englisch-deutschen Konflikts besteht in der Möglichkeit, dass Deutschland die Zuversicht hegt erfolgreich Krieg gegen uns führen zu können.

Im Hinblick auf die Sorge, die Deutschland trägt um bezüglich weiteren Handelns völlig ungebunden zu bleiben, scheint mir, dass S(einer) M(ajestät) R(egierung) am klügsten täte, wenn sie ... Deutschland gegenüber davon absähe, ihre wirklichen Ansichten oder die Haltung, die sie etwa einzunehmen hätte, irgendwie klar zu erkennen zu geben.

Die Britischen Amtlichen Dokumente, Bd 7/1, a. a. O., S. 530 f.

6 Eine warnende Stimme

Am 9. November 1911 mahnte der SPD-Vorsitzende August Bebel im Reichstag:

Ich fürchte, man wird in Frankreich nicht vergessen, dass ihm mitten im Frieden ... ein Stück Kolonialland ... abgeknöpft worden ist; und die deutschen Chauvinisten werden nicht vergessen, dass ihnen die gehoffte Beute in Marokko entgangen ist. Sie machen England ... dafür verantwortlich. So wird man eben von allen Seiten rüsten und wieder rüsten, man wird rüsten bis zu dem Punkte, dass der eine oder andere Teil eines Tages sagt: Lieber ein Ende mit Schrecken als ein Schrecken ohne Ende ... Dann kommt die Katastrophe. Alsdann wird in Europa der große Generalmarsch geschlagen, auf den hin 16 bis 18 Millionen Männer, die Männerblüte der verschiedenen Nationen, ausgerüstet mit den besten Mordwerkzeugen, gegeneinander als Feinde ins Feld rücken ... Was wird die Folge sein? Hinter diesem Krieg steht der Massenbankerott, steht das Massenelend, steht die Massenarbeitslosigkeit, die große Hungersnot.

Zit. nach: Stenografische Berichte über die Verhandlungen des Reichstags, Bd. 268, Berlin 1991, S. 7730.

a) Nenne Gründe für die beiden Marokkokrisen (M1, M2).
b) Wie ist die englische Haltung in der Marokkokrise zu erklären (M5)?
c) Vergleiche die Meinung von Befürwortern und Gegnern der deutschen Politik 1911 (M3, M6).
d) Überlege die möglichen Folgen der deutschen Politik (M3, M4, M6).

6. Der Weg in den Krieg: die Balkankriege 1912/13

Der Balkan – Gefahrenzone für Österreich-Ungarn?

Während in Berlin 1878 ein Kongress die gespannte Lage auf dem Balkan berät, liest man in einer süddeutschen Zeitung eine lautstarke Warnung, die an die Adresse Österreich-Ungarns gerichtet ist: Die Donaumonarchie solle sich davor hüten, die türkischen Provinzen Bosnien und Herzegowina zu besetzen. Der Widerstand der Bevölkerung, ob christliche Serben oder Moslems, wie auch das erwachte Nationalbewusstsein der Balkanvölker würde sie teuer zu stehen kommen. Im Artikel heißt es weiter: „Die bosnische Frucht schien … nur solange sie am Baume hing, süß; sobald man einen Biss hineintut, wird man merken, wie sauer sie eigentlich ist. Auch Graf Andrassy (österreichischer Außenminister) wird noch zu erfahren haben, dass verbotene Frucht nicht immer süß schmeckt und dass derjenige ein Reich nicht immer stärkt, der seine Grenzen erweitert." Österreich biss schließlich zu und annektierte die seit 1878 von ihm verwalteten Gebiete. Sollte diese Zeitung mit ihrer Prophezeiung Recht behalten?

Nationale Bestrebungen

Durch die nationalen Bestrebungen der Balkanstaaten war die südosteuropäische Region zu einem dauerhaften Krisenherd geworden. Die Völker lebten z.T. verstreut über die Staatsgrenzen hinweg, strebten aber danach, ihr Volk in einem einzigen Staat zu vereinen. Das hatte eine Reihe von Konflikten untereinander über die bestehenden Staatsgrenzen zur Folge. Der Nationalismus der Balkanländer wirkte sich auch für Österreich-Ungarn destabilisierend aus. So wollte z.B. Serbien alle Serben in einem Großserbischen Reich vereinen. Dazu sollten auch die in der Donaumonarchie lebenden Serben gehören. Russland wiederum verstand sich als Beschützer aller Slawen, also auch der Serben, was häufig zu Spannungen zwischen den beiden Großmächten führte. Außerdem erhoben alle Balkanländer Ansprüche auf die restlichen Gebiete des Osmanischen Reiches, zu dem sie einmal gehört hatten. Der Balkan wurde zum „Pulverfass Europas".

Der Balkan – „das Pulverfass Europas"?

Auslöser für eine Reihe von Krisen und Kriegen auf dem Balkan war zunächst eine innenpolitische Krise der Türkei, die Österreich-Ungarn 1908 ausnutzte, indem es Bosnien und die Herzegowina endgültig annektierte. Da sich Russland übergangen fühlte, löste die Donaumonarchie mit dieser Annexion eine große europäische Krise aus. Auch andere Mächte fühlten sich ermutigt die Schwäche des Osmanischen Reiches auszunutzen. So begann Italien 1911 das zur Türkei gehörende Libyen zu erobern. Die militärische Niederlage der Türkei in diesem Krieg betrachteten die Regierungen der Balkanstaaten ihrerseits als eine günstige Gelegenheit die noch unter türkischer Oberhoheit lebenden Angehörigen ihrer Nationen zu befreien. Serbien, Montenegro, Bulgarien und Griechenland hatten sich in einem Bund vereint. Im Oktober 1912 griffen sie gemeinsam die Türkei an. Diese musste nach mehreren Niederlagen schließlich auf fast alle ihre europäischen Gebiete verzichten. Im Streit um die Beute, in den auch Rumänien eingriff, bekämpften sich dann 1913 alle Balkanstaaten untereinander. Nur mit großer Mühe gelang es den europäischen Großmächten, diese Kriege durch Verhandlungen zu beenden. Von einer Entspannung auf dem Balkan konnte aber dennoch keine Rede sein. Österreich betrachtete die großserbische Bewegung zunehmend als eine ernsthafte Bedrohung für seinen Vielvölkerstaat. Gegen Serbien militärisch vorzugehen konnte allerdings unabsehbare Konsequenzen haben, denn hinter diesem stand Russland. Die Prophezeiung aus dem Jahr 1878 drohte sich damit endgültig zu erfüllen.

1 **Der Balkan 1908–1913**

2 Österreichs Haltung gegenüber Serbien

formulierte der österreichische Generalstabschef am 20. Januar 1913:

Die Entwicklung eines selbstständigen großserbischen Staates ist eine eminente Gefahr für die Monarchie, sie liegt darin, dass … die Slawen der Monarchie … ihren Hort in diesem neuen, von Russland unterstützten Staatswesen suchen, dass vor allem die Serben der Monarchie die Angliederung an dasselbe anstreben werden; damit droht der Monarchie der Verlust der wichtigsten Gebiete für ihre Großmachtstellung und ihr wirtschaftliches Gedeihen … Eingekeilt zwischen Russland, dann einem mächtig gewordenen Serbien und Montenegro und einem auf die Dauer kaum verlässlichen Italien wird die Monarchie zur politischen Ohnmacht und damit zum sicheren Niedergang verurteilt sein … Die Monarchie muss durch eine militärische Kraftäußerung ihr Prestige, besser gesagt ihre politische Geltung, wiederherstellen … Es ist … auch für Deutschland nur von Vorteil, wenn die Kraftprobe zwischen Dreibund und Tripel-Entente möglichst bald zum Austrag kommt.

Franz Conrad v. Hötzendorff, Aus meiner Dienstzeit 1906–1918, Bd 3, Wien 1922, S. 12 f.

3 „Balkan Troubles"

Karikatur aus der englischen satirischen Zeitschrift „Punch" aus dem Jahre 1908. – Erkläre, was der Zeichner damit zum Ausdruck bringen wollte.

4 Serbien und die „zweite Türkei"

Die serbische Zeitung ‚Piemont' schrieb am 8. Oktober 1913, dem Jahrestag der Annexion Bosniens und der Herzegowina durch Österreich:

Den Schmerz, der an diesem Tage dem serbischen Volke zugefügt wurde, wird das serbische Volk noch durch Jahrzehnte fühlen … Das Volk legt das Gelübde ab Rache zu üben um durch einen heroischen Schritt zur Freiheit zu gelangen. Serbische Soldaten … legen heute das Gelübde ab, dass sie gegen die „zweite Türkei" ebenso vorgehen werden, wie sie … gegen die Balkan-Türkei vorgegangen sind … Der Tag der Rache naht. Eine Türkei verschwand. Der gute serbische Gott wird geben, dass auch die „zweite Türkei" verschwindet.

Nach: Materialien für den Geschichtsunterricht in den mittleren Klassen, Bd. 5, hg. von W. Kleinknecht und H. Krieger, Frankfurt a. M. 1965, S. 140.

a) Warum wurde der Balkan vor 1914 oft mit einem „Pulverfass" verglichen (M2, M3, M4)?

b) Vergleiche die damalige Situation auf dem Balkan mit der heutigen.

7. Der Erste Weltkrieg – eine Katastrophe für Europa

7.1 Die „Julikrise": Weichenstellung für den Krieg?

1912/13	Die europäischen Großmächte rüsten auf.
28. Juni 1914	Der österreichisch-ungarische Thronfolger wird in der bosnischen Stadt Sarajevo ermordet.
5./6. Juli 1914	Deutschland versichert Österreich-Ungarn seiner Bündnistreue.
23. Juli 1914	Wien setzt Serbien ein Ultimatum.
28. Juli 1914	Österreich erklärt Serbien den Krieg.
30. Juli 1914	Russland verkündet die Generalmobilmachung.
1./3. August 1914	Deutschland erklärt Russland und Frankreich den Krieg.
4. August 1914	Großbritannien erklärt Deutschland den Krieg.

Führt ein Attentat zum Weltkrieg?

Am 28. Juni 1914 ermordete in der bosnischen Hauptstadt Sarajevo ein serbischer Nationalist den österreichisch-ungarischen Thronfolger Franz Ferdinand. Bereits einen Tag nach dem Attentat äußerte ein führender deutscher Sozialdemokrat die Befürchtung, dass dieses „die Gefahr eines Weltbrandes heraufbeschwören wird". War diese Sorge begründet?

Krieg statt Diplomatie

Für die Regierung in Wien war das Attentat ein geeigneter Anlass die vom serbischen Nationalismus ausgehenden Gefahren für den österreichischen Vielvölkerstaat zu beseitigen und mit Serbien „gründlich" abzurechnen. Das Deutsche Reich war bereit diese Politik zu unterstützen. Die Regierung in Berlin gab sich der Hoffnung hin, dass Russland einem Krieg Österreichs gegen Serbien tatenlos zusehen würde. Das Prestige des Zarenreiches als Beschützer der Balkanvölker hätte allerdings dadurch sehr gelitten; die Stellung Deutschlands und Österreichs hingegen wäre gestärkt worden. Falls Russland Serbien doch militärisch unterstützen sollte, wäre wegen der Bündnisverpflichtungen der Großmächte ein europäischer Krieg unvermeidlich geworden. Über dieses Risiko waren sich die Politiker in Berlin von Anfang an im Klaren. Dennoch schied für Berlin und Wien eine Lösung durch Verhandlungen der an dem Konflikt beteiligten Staaten, wie sie die englische Regierung mehrfach vorschlug, aus. Aus ihrer Sicht wäre ein politischer Kompromiss eine Niederlage gewesen.

Ein Krieg „Aller gegen Alle"

Ende Juli stellte Wien Serbien ein Ultimatum: Unter anderem sollten an den Untersuchungen des Attentats von Sarajevo österreichische Beamte mitwirken. Serbien war bereit Wien entgegenzukommen, lehnte aber Eingriffe in seine Souveränitätsrechte ab. Daraufhin erklärte Wien Serbien den Krieg. Um sein Ansehen unter den slawischen Völkern und im Innern zu wahren mobilisierte Russland nun seine Armee zur Unterstützung Serbiens. Die deutsche Hoffnung auf einen politischen Erfolg ohne Krieg war damit gescheitert. Die Reichsregierung erklärte dem Zarenreich und dessen Verbündeten Frankreich den Krieg. Gleich zu Kriegsbeginn überfielen deutsche Truppen das neutrale Belgien. Die deutsche militärische Führung wollte Frankreich von Norden her schnell besiegen um sich dann gegen Russland zu wenden. Für Großbritannien war dieser Überfall der Anlass an der Seite Frankreichs und Russlands in den Krieg gegen Deutschland einzutreten. Damit begann, wie ein deutscher Diplomat berichtete, „ein Krieg aller gegen alle … wie ihn die Weltgeschichte noch nicht erlebt hat".

1

Mord am österreichisch-ungarischen Thronfolger *Franz Ferdinand und an dessen Frau in der bosnischen Stadt Sarajevo (zeitgenössische Zeichnung von Felix Schwormstädt). Der Mörder war ein serbischer Nationalist. Er begründete seine Tat mit der Unterdrückung der bosnischen Serben durch die Österreicher. Dafür habe er Rache nehmen wollen. Das Bild wurde nach der Skizze eines Augenzeugen gemalt.*

2 Der deutsche Generalstabschef fordert einen Präventivkrieg

Der Staatssekretär des Auswärtigen Amts, Jagow, notierte über ein Gespräch mit dem Chef des Generalstabs, General Moltke, Ende Mai/ Anfang Juni 1914:

Unterwegs entwickelte mir Moltke seine Auffassung unserer militärischen Lage. Die Aussichten in die Zukunft bedrückten ihn schwer. In 2–3 Jahren würde Russland seine Rüstungen beendet haben. Die militärische Übermacht unserer Feinde wäre dann so groß, dass er nicht wüsste, wie wir ihrer Herr werden könnten. Jetzt wären wir ihnen noch einigermaßen gewachsen. Es bleibe seiner Ansicht nach nichts übrig als einen Präventivkrieg zu führen um den Gegner zu schlagen, solange wir den Kampf noch einigermaßen bestehen könnten. Der Generalstabschef stellte mir demgemäß anheim unsere Politik auf die baldige Herbeiführung eines Krieges einzustellen.

W. Baumgart (Hrsg.), Die Julikrise und der Ausbruch des Ersten Weltkriegs 1914, Darmstadt 1983, S. 30 f.

3 Diplomatie

Am 27. Juli 1914 warnte der deutsche Botschafter in London, Max Fürst von Lichnowsky, nach einem Gespräch mit dem englischen Außenminister:

Die britische Regierung, ob liberal oder konservativ, sieht in der Erhaltung des europäischen Friedens auf Grundlage des Gleichgewichts der Gruppen ihr vornehmstes Interesse … Der Eindruck greift hier immer mehr Platz…, dass die ganze serbische Frage sich auf eine Kraftprobe zwischen Dreibund und Dreiverband (Tripel-Entente) zuspitzt. Sollte daher die Absicht Österreichs den gegenwärtigen Anlass zu benutzen um Serbien niederzuwerfen … immer offenkundiger in Erscheinung treten, so wird England, dessen bin ich gewiss, sich unbedingt auf Seite Frankreichs und Russlands stellen um zu zeigen, dass es nicht gewillt ist eine moralische oder gar militärische Niederlage seiner Gruppe zu dulden. Kommt es unter diesen Umständen zum Krieg, so werden wir England gegen uns haben.

I. Geiss (Hrsg.), Juli 1914, München 1980, S. 235.

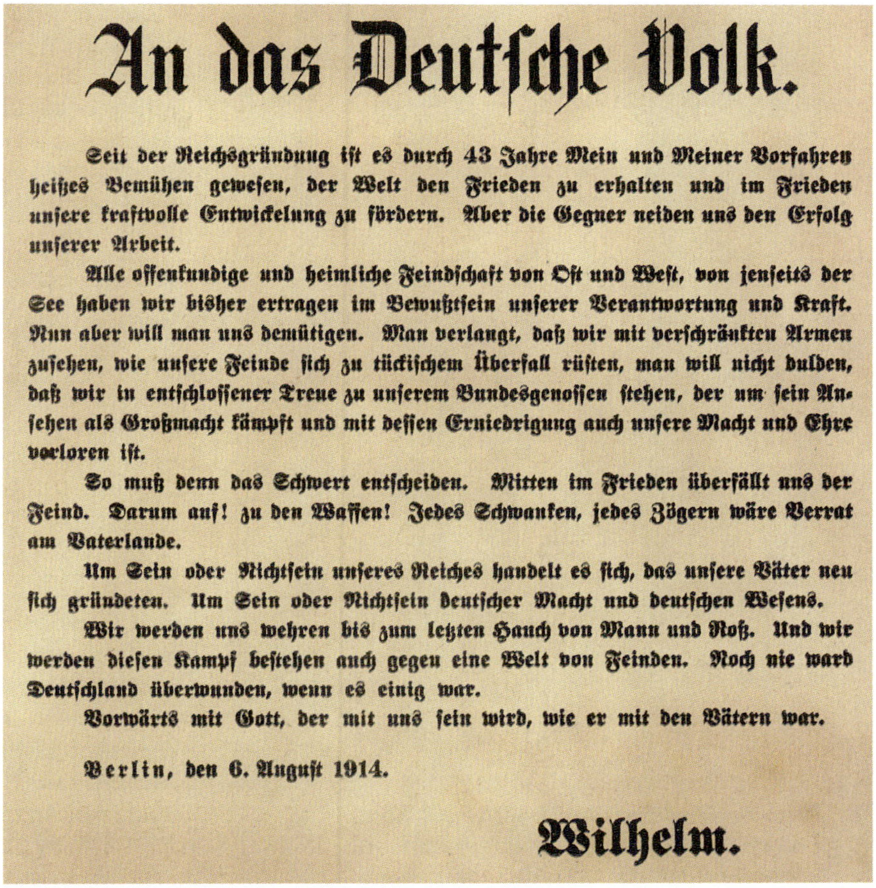

An das Deutsche Volk.

Seit der Reichsgründung ist es durch 43 Jahre Mein und Meiner Vorfahren heißes Bemühen gewesen, der Welt den Frieden zu erhalten und im Frieden unsere kraftvolle Entwickelung zu fördern. Aber die Gegner neiden uns den Erfolg unserer Arbeit.

Alle offenkundige und heimliche Feindschaft von Ost und West, von jenseits der See haben wir bisher ertragen im Bewußtsein unserer Verantwortung und Kraft. Nun aber will man uns demütigen. Man verlangt, daß wir mit verschränkten Armen zusehen, wie unsere Feinde sich zu tückischem Überfall rüsten, man will nicht dulden, daß wir in entschlossener Treue zu unserem Bundesgenossen stehen, der um sein Ansehen als Großmacht kämpft und mit dessen Erniedrigung auch unsere Macht und Ehre verloren ist.

So muß denn das Schwert entscheiden. Mitten im Frieden überfällt uns der Feind. Darum auf! zu den Waffen! Jedes Schwanken, jedes Zögern wäre Verrat am Vaterlande.

Um Sein oder Nichtsein unseres Reiches handelt es sich, das unsere Väter neu sich gründeten. Um Sein oder Nichtsein deutscher Macht und deutschen Wesens.

Wir werden uns wehren bis zum letzten Hauch von Mann und Roß. Und wir werden diesen Kampf bestehen auch gegen eine Welt von Feinden. Noch nie ward Deutschland überwunden, wenn es einig war.

Vorwärts mit Gott, der mit uns sein wird, wie er mit den Vätern war.

Berlin, den 6. August 1914.

Wilhelm.

4 Aufruf Kaiser Wilhelms II. *„An das Deutsche Volk" zu Beginn des Krieges*

5 Der Wiener Politiker *Josef Redlich schrieb am 24. Juli 1914 über das Ultimatum:*

Die Note … lässt eine Annahme Serbiens eigentlich überhaupt nicht zu: Sie ist ein 48-stündiges Ultimatum und dann beginnt der Krieg: Dass Russland mit Serbien geht, ist so gut wie sicher anzunehmen … Ließe Russland Serbien seinem Schicksal tatenlos anheim fallen, dann würden die Nationalisten den Zaren stürzen. Deutschland aber ist bereit und willens selbst zum Kriege zu greifen … Unsere Note ist sehr kräftig, sie wird … einen furchtbaren Sturm in Europa erregen … Wir wollen und dürfen kein kranker Mann sein … lieber rasch zu Grunde gehen!

Nach: W. Baumgart, Die Julikrise und der Ausbruch des Ersten Weltkrieges 1914. Darmstadt 1983, S. 117f.

6 Der russische Außenminister *Sasonow sagte am 8. August 1914 vor dem Parlament:*

Durch innere Unruhen zerrissen suchte Österreich einen Schlag zu führen, der gleichzeitig seine Kraft beweisen und uns demütigen sollte. Dafür musste Serbien herhalten …, mit dem uns die Bande der Geschichte sowie gemeinsame Abstammung und Glauben vereinigen. Sie kennen die Umstände, unter welchen das Ultimatum an Serbien gerichtet wurde. Hätte sich Serbien diesen Bedingungen unterzogen, so wäre es Österreichs Vasall geworden. Ein gleichgültiges Verhalten unsererseits hätte die Aufgabe unserer jahrhundertealten Rolle als Beschützer der Balkanstaaten bedeutet.

Berliner Monatshefte 8 (1930), S. 7670.

7 Ein Präventivkrieg?

Der ehemalige deutsche Reichskanzler Bethmann Hollweg sagte am 24. Februar 1918 zum Reichstagsabgeordneten Haußmann:

Ja, Gott, in gewissem Sinn war es ein Präventivkrieg. Aber wenn der Krieg über uns hing, wenn er in zwei Jahren noch viel gefährlicher und unentrinnbarer gekommen wäre und wenn die Militärs sagen, jetzt ist es noch möglich ohne zu unterliegen, in zwei Jahren nicht mehr! Ja, die Militärs! Er war nur zu vermeiden durch eine Verständigung mit England …

Nach: F. Fischer, Griff nach der Weltmacht. Die Kriegszielpolitik des kaiserlichen Deutschland 1914/18. Düsseldorf 1967, S. 85.

8 ***Krieg und Zivilisation.*** *Postkarte aus dem Ersten Weltkrieg (Künstler unbekannt). – Erläutere Symbolik und Aussage.*

9 ***Zwei Historiker über die Schuld am Ausbruch des Ersten Weltkrieges:***

a) *Fritz Fischer (1967):*

Bei der angespannten Weltlage des Jahres 1914, nicht zuletzt als Folge der deutschen Weltpolitik – die 1905, 1909 und 1911 bereits drei gefährliche Krisen ausgelöst hatte –, musste jeder lokale Krieg in Europa, an dem eine Großmacht unmittelbar beteiligt war, die Gefahr eines allgemeinen Krieges unvermeidbar nahe heranrücken. Da Deutschland den österreichisch-serbischen Krieg gewollt und gedeckt hat und, im Vertrauen auf die deutsche militärische Überlegenheit, es im Juli 1914 bewusst auf einen Konflikt mit Russland und Frankreich ankommen ließ, trägt die deutsche Reichsführung den entscheidenden Teil der historischen Verantwortung für den Ausbruch des allgemeinen Krieges.

Nach: F. Fischer, Griff nach der Weltmacht. Die Kriegszielpolitik des kaiserlichen Deutschland 1914/18. a. a. O., S. 82.

b) *Karl Dietrich Erdmann (1985):*

Gewiss, keine der europäischen Regierungen hat den allgemeinen Krieg gewollt. Aber fragen wir einmal umgekehrt: Haben sie den Frieden gewollt? Jede hätte den Krieg verhindern können, wenn sie bereit gewesen wäre den Preis für den Frieden zu zahlen: Österreich, wenn es darauf verzichtet hätte, den seine Existenz als Vielvölkerstaat bedrohenden großserbischen Nationalismus zu zerbrechen; Deutschland, wenn es Österreich hierbei nicht angetrieben, sondern zurückgehalten hätte – unter Einrechnung der Möglichkeit hierdurch vielleicht seinen einzigen Bundesgenossen zu verlieren; Russland, wenn es darauf verzichtet hätte, den serbisch-österreichischen Konflikt durch seine Mobilmachung zu einem europäischen Konflikt zu erweitern – was seine panslawistisch motivierten imperialistischen Balkanziele beeinträchtigt hätte; Frankreich, wenn es dem russischen Bundesgenossen nicht die Gewissheit gegeben hätte unter allen Umständen mit französischer Hilfe rechnen zu können – was die Existenz des Bündnisses gefährdet hätte; England, wenn es nicht seinen Entente-Partnern die Gewissheit gegeben hätte, dass es im Kriegsfall auf deren Seite stehen werde.

K. D. Erdmann, Hat Deutschland auch den Ersten Weltkrieg entfesselt? in: Europa 1914 – Krieg oder Frieden. hrsg. v. Kultusminister des Landes Schleswig-Holstein, Kiel 1985, S. 45 ff.

a) Erkläre den Einfluss des deutschen Militärs auf die Politik (M2, M7).

b) Welche Politik verfolgten die österreichische, die englische und die russische Regierung in der Julikrise? Vergleiche diese mit der deutschen Haltung (VT, M2, M3, M5 bis M7).

c) Vergleiche die deutsche Politik im Juli 1914 mit der Haltung während der Balkankriege 1912/13 (M2 bis M4, M7, Kap. „Der Weg in den Krieg...").

d) Wie beantworten Historiker die Frage nach der Verantwortlichkeit für den Ausbruch des Ersten Weltkriegs (M9a und b)?

e) Vergleiche die Stellungnahmen der Historiker mit dem Aufruf des Kaisers vom 6. August 1914 und den Äußerungen des Reichskanzlers aus dem Jahre 1918 (M4, M7).

7.2 Europa wird zum Schlachtfeld

Kriegsbegeisterung und Kriegsziele

Der Beginn des Krieges wurde von großen Teilen der Bevölkerung in den beteiligten Staaten zunächst mit Begeisterung und Jubel begrüßt. Nach den vielen Jahren sich steigernder Spannungen betrachteten sie den Krieg als ein „reinigendes Gewitter". Viele Menschen glaubten auch die Ehre und die Macht des eigenen Staates gegen den Angriff anderer Mächte verteidigen zu müssen. Deswegen waren zum Beispiel die von der Regierung bisher verfolgten Sozialdemokraten bereit das „Vaterland nicht im Stich" zu lassen. Ein englischer Soldat dachte ähnlich, als er 1914 schrieb: „Wie schrecklich das alles ist; keiner kann sich eine Vorstellung vom Krieg machen, bevor er nicht selbst dabei gewesen ist … Mag der Kaiser auf immer und ewig verflucht sein, mag er nie wieder in Frieden schlafen, mag er selbst nach dem Tode keine Ruhe mehr finden … Wir müssen ihn fertig machen, denn wenn wir es nicht tun, dann werden wir niemals sicher sein." Die Staatsmänner der am Krieg beteiligten Länder hofften zur gleichen Zeit durch einen Sieg weit reichende Kriegsziele verwirklichen zu können.

Stellungskrieg im Westen

Die ersten Kämpfe im Westen und Osten schienen die weit verbreitete Auffassung zu bestätigen, dass dieser Krieg nur von kurzer Dauer sein würde. Innerhalb weniger Wochen drangen die deutschen Truppen durch Belgien bis kurz vor Paris vor. Erst hier konnten die englischen und französischen Armeen den deutschen Vormarsch aufhalten. In den folgenden vier Jahren erstarrte der Krieg zwischen der belgischen Nordseeküste und der Schweizer Grenze in einem System von Gräben und Stacheldraht. Die Zahl der Opfer in diesen sinnlosen Stellungskämpfen war gewaltig. So verloren allein in den nur wenige Monate dauernden Kämpfen um die Festung Verdun 360 000 französische und 335 000 deutsche Soldaten ihr Leben.

Krieg und moderne Technik

Auch der ständig steigende Einsatz von Maschinengewehren, Flugzeugen, Panzern und Giftgas in den blutigen Kämpfen veränderte die militärische Lage nur wenig. Die neuen Waffen machten jedoch deutlich, dass die moderne Technik und die Industrialisierung den Charakter des Krieges veränderten. Der Krieg wurde immer mehr zu einer Materialschlacht, in der ungeheure Mengen an Waffen und Munition verbraucht wurden. Die Zerstörungskraft der Waffen und damit die Zahl der Opfer stieg in bis dahin unvorstellbarer Weise.

Der Krieg im Osten

Im Gegensatz zu der stecken gebliebenen Offensive im Westen war der Verlauf des Krieges im Osten für das Deutsche Reich erfolgreicher. Nach anfänglichen Niederlagen gelang es den deutschen Truppen, die russische Armee zurückzudrängen. Der Zusammenbruch des Zarenreiches in der Revolution von 1917 ermöglichte es Deutschland 1918, Russland in Brest-Litowsk einen Friedensvertrag zu diktieren, durch den dieses viele seiner Gebiete im Westen verlor.

U-Boot-Krieg und Kriegseintritt der USA

Die zunehmend ausweglosere Lage an allen Fronten veranlasste die Oberste Heeresleitung im Februar 1917 den Krieg zur See zu verschärfen. U-Boote sollten nun ohne Warnung Handels- und Passagierschiffe versenken. Dadurch glaubte man England innerhalb von sechs Monaten zum Frieden zwingen zu können. Für die USA war diese Verschärfung der Kriegführung, die auch auf neutrale Handelsschiffe keine Rücksicht nahm, Anlass im April 1917 an der Seite der Alliierten in den Krieg einzutreten. Damit erhielten die Alliierten nicht nur militärische, sondern auch große finanzielle und wirtschaftliche Unterstützung. Folglich änderte sich das Kräfteverhältnis zu Gunsten der Entente.

1 ***Wie sich die Bilder gleichen.*** *Deutsche (oben) und französische Soldaten (unten) fahren an die Front. Ähnliche Szenen spielten sich in allen am Krieg beteiligten Ländern ab. – Welche Stimmung wird auf den Fotos deutlich? Was wollten die Soldaten mit den Aufschriften auf den Waggons ausdrücken?*

2 Kriegsziele

***a)** Im geheimen „Septemberprogramm" vom 9.9.1914 wurden die deutschen Ziele genannt:*

Das allgemeine Ziel des Krieges: Sicherung des Deutschen Reiches nach West und Ost auf erdenkliche Zeit. Zu diesem Zweck muss Frankreich so geschwächt werden, dass es als Großmacht nicht neu erstehen kann, Russland von der deutschen Grenze nach Möglichkeit abgedrängt und seine Herrschaft über die nichtrussischen Vasallenvölker gebrochen werden. Die Ziele des Krieges im Einzelnen:

1. Frankreich. Von den militärischen Stellen zu beurteilen, ob die Abtretung von Belfort, des Westabhangs der Vogesen, die Schleifung der Festungen und die Abtretung des Küstenstrichs von Dünkirchen bis Boulogne zu fordern ist …

2. Belgien. Angliederung von Lüttich und Verviers an Preußen … Jedenfalls muss ganz Belgien, wenn es auch als Staat äußerlich bestehen bleibt, zu einem Vasallenstaat herabsinken, in etwa militärisch wichtigen Hafenplätzen ein Besatzungsrecht zugestehen, seine Küste militärisch zur Verfügung stellen, wirtschaftlich zu einer deutschen Provinz werden.

Zit. nach: W. Basler, Deutschlands Annexionspolitik in Polen und im Baltikum 1914–1918, Berlin 1962, S. 383 f.

***b)** Der französische Botschafter in St. Petersburg beschrieb am 12. September 1914 die russischen Ziele:*

1. Das Hauptziel der drei Verbündeten würde sein die Macht Deutschlands und seinen Anspruch auf militärische und politische Herrschaft zu brechen.

2. Die territorialen Veränderungen müssen durch den Grundsatz der Nationalitäten bestimmt werden.

3. Russland würde sich den Unterlauf des Njemen und den östlichen Teil Galiziens aneignen. Es würde dem Königreich Polen das östliche Posen, Schlesien … und den westlichen Teil Galiziens angliedern.

4. Frankreich würde Elsass-Lothringen wiedernehmen, wobei es ihm freisteht, einen Teil Rheinpreußens und der Pfalz hinzuzufügen. Belgien würde … einen bedeutenden Gebietszuwachs erhalten.

12. England, Frankreich und Japan würden sich die deutschen Kolonien teilen.

13. Deutschland und Österreich würden eine Kriegskontribution zahlen.

Nach: A. Brückmann. Die europäische Expansion. Stuttgart 1993, S 151.

3 „Die fünf Kontinente sind …"

Die französische Propagandapostkarte aus dem Jahr 1914 illustrierte die deutschen Kriegsziele. Beschreibe, welches Bild von Deutschland in Frankreich verbreitet werden sollte.

4 Auszüge aus Briefen von später gefallenen Soldaten an ihre Familien

***a)** Fritz Philipps, Student, geb. am 21. November 1889, gefallen am 2.5.1915*

1. Oktober 1914 … Abschiedsbrief; nur zu öffnen, wenn ich fallen sollte.

Ich ziehe gern und aus innerstem Herzen freiwillig in den Krieg, von dem ich für Deutschland einen günstigen, siegreichen Ausgang nicht bezweifle. Ich wünsche, dass nicht eher die Waffen niedergelegt werden, als bis wir einen völligen Weltsieg errungen haben. Dass ich den Krieg als Krieg hasse, brauche ich kaum zu sagen, aber gerade deshalb will ich kämpfen und teilnehmen an der großen Sache und gern sterben, wenn ich mit dazu beitragen kann, den Weltkrieg in Weltfrieden zu wandeln … Meine Leiche … bitte nicht überführen, lasst mich dort begraben sein, wo ich gekämpft habe und gefallen bin. Legt keine Trauerkleider an, legt niemand Zwang auf, sondern freut euch, dass auch ihr auf dem Altar des Vaterlandes habt opfern dürfen.

Nach: Ph. Witkop (Hrsg.), Kriegsbriefe gefallener Studenten. München 1933, S. 60.

4 *b) Fritz Francke, Student, Berlin, geboren am 31. Dezember 1892, gefallen am 29. Mai 1915*

Louve, 5. November 1914

Gestern noch wussten wir nicht, ob überhaupt jemand von uns durchkäme. Ihr könnt euch ja gar nicht ausmalen, wie so ein Schlachtfeld aussieht, man kann's nicht beschreiben und schon heut', wo es erst einen Tag hinter uns liegt, schon heut' will ich's selbst kaum glauben, dass so viel viehische Barbarei und unsägliches Elend möglich ist. Schritt für Schritt muss erstritten werden, alle hundert Meter ein neuer Schützengraben und überall Tote, reihenweise! Alle Bäume zerschossen, die ganze Erde metertief zerwühlt von schwersten Geschossen und dann wieder Tierleichen und zerschossene Häuser und Kirchen, nichts, nichts auch nur annähernd noch brauchbar! Und jede Truppe, die zur Unterstützung vorgeht, muss kilometerweit durch dieses Chaos hindurch, durch Leichengestank und durch das riesige Massengrab.

So sind wir auch Dienstag um 3 Uhr im Mondschein dahingezogen in stummer Kolonne gegen die Front und dann in den Schützengraben als Reserve, 200 bis 300 Meter vor den Engländern, dicht hinter unserer Infanterie. Da liegt man nun den ganzen Tag anderthalb bis zwei Meter unter der Erde, im engen Graben geduckt, auf dünner Strohschicht und ununterbrochen den Tag und große Teile der Nacht ein betäubender Lärm; die ganze Erde zittert und bebt! Alle nur erdenklichen Töne, Pfeifen, Fauchen, Klingen, Krachen, Rollen … dicht über einem schlagen die Dinger ein und zerbersten und surrend fahren die Sprengstücke umher und das einzige was man sich fragt, ist: Warum trifft es dich eigentlich nicht? Handbreit oft schlagen die Dinger neben uns ein und man schaut zu. Bald wird man so abgestumpft, dass man höchstens noch eine Verbeugung macht, wenn so ein ganz großes Schiffsgeschütz gar zu dicht herleuchtet und sein graugrüner Dampf gar zu arg stinkt. Aber sonst liegt man bald da und denkt an alles andere. Und dann zieht man wieder die Felddienstordnung hervor oder einen alten Brief von daheim und auf einmal ist man eingeschlafen in all dem Lärm.

Nach: Ph. Witkop (Hrsg.), Kriegsbriefe gefallener Studenten, München 1933, S. 90 f.

5 ***Auf einer deutschen Propagandapostkarte*** *aus dem Jahre 1917 wurden der Bevölkerung die Folgen einer militärischen Niederlage vor Augen geführt. – Was wurde damit bezweckt?*

6 ***Die neue Kriegstechnik*** *führte zur Verwüstung weiter Gebiete in Belgien und Frankreich, wie ein Bild von der Umgebung der nordostfranzösischen Stadt Arras aus dem Jahr 1917 zeigt.*

7 ***Der Erste Weltkrieg 1914–1918***

a) Versuche die Begeisterung der Soldaten zu Beginn des Krieges (M1a, M1b) zu erklären. Vergleiche diese Haltung und die bald darauf erfahrene Wirklichkeit (M4a, M4b).

b) Vergleiche die deutschen und die alliierten Kriegsziele (M2a und b). Beschreibe die möglichen Folgen dieser Ziele.

c) Warum wird der Erste Weltkrieg oft auch als erster industrialisierter Krieg bezeichnet (M1, M4b, M6)?

7.3 Der Krieg verändert die Gesellschaft

Allmähliche Ernüchterung

Die schweren Kämpfe und die großen Verluste im Herbst 1914 ließen die anfängliche Hoffnung vieler Menschen auf ein schnelles Kriegsende bald schwinden. Zur gleichen Zeit begann sich der Krieg auch direkt auf die Bevölkerung in der Heimat auszuwirken. Frauen mussten in immer größerem Maße in den Fabriken und Geschäften die Arbeit der Männer übernehmen, die an die Front geschickt wurden. Dazu kam die Sorge um den Unterhalt der Familie und um das Leben der Ehemänner in den Schützengräben. Not und Entbehrungen kennzeichneten zunehmend das alltägliche Leben der Bevölkerung in den Krieg führenden Ländern. Insbesondere in Deutschland, das durch die englische Blockade der Nordsee vom Weltmarkt abgeschnitten war, wurden viele Gegenstände des täglichen Lebens wie Seife, Kleidung und Schuhe zur Mangelware. Vor allem aber der durch den Mangel an Lebensmitteln verursachte Hunger begann die Menschen in der Heimat allmählich zu zermürben.

Kriegsmüdigkeit und Reformforderungen

Das Ausbleiben des Sieges, der Tod vieler naher Angehöriger, den bald jede Familie zu beklagen hatte, und der Hunger waren seit 1917 die Ursache für eine zunehmende Kriegsmüdigkeit und für offene Proteste gegen den Krieg. Auch im Reichstag gab es im Sommer 1917 eine Mehrheit für einen Frieden der Verständigung. Auf Grund der großen Opfer im Krieg wurden zur gleichen Zeit auch die Stimmen nach einer Reform des politischen Systems immer lauter. Das Deutsche Reich sollte endlich eine moderne parlamentarische Monarchie werden, in der alle Bevölkerungsschichten und Parteien gleichberechtigt am politischen Leben teilhaben konnten. Die Bemühungen um ein Ende des Krieges scheiterten am Widerstand der militärischen Führungsspitze und der Anhänger weit reichender Annexionen, die weiterhin einen Sieg anstrebten. Der Ruf nach Reformen verhallte ebenfalls weit gehend ungehört. Die führenden Schichten waren nicht bereit ihre Machtpositionen aufzugeben.

Die Niederlage zeichnet sich ab

Seit dem Sommer 1918 änderte sich die militärische Lage. Die deutschen Truppen mussten vor den Alliierten immer weiter zurückweichen. Die Verbündeten Österreich-Ungarn, Bulgarien und die Türkei standen ebenfalls am Rande des Zusammenbruchs. Die Oberste Heeresleitung forderte daher Ende September den baldigen Abschluss eines Waffenstillstands. Dieser sollte zu einem für das Deutsche Reich maßvollen Frieden führen.

1 ***Massenkundgebung*** *während des Januarstreiks 1918. Nach vereinzelten Streiks im Jahre 1917 legten im Januar 1918 allein in Berlin mehr als 200 000 Arbeiter aus Protest gegen den Krieg die Arbeit nieder.*

2 Die Opfer und die Leidtragenden des Krieges
Generalfeldmarschall Hindenburg sagte einmal: „Mit Sentimentalitäten kann man keinen Krieg führen. Je unerbittlicher die Kriegführung ist, umso menschlicher ist sie in Wirklichkeit." – Setze dich mit dieser Meinung auseinander.

Innere Reformen kommen zu spät

Jetzt wurden auch die inneren Reformen vorangetrieben. Prinz Max von Baden übernahm das Amt des Reichskanzlers. Unter Beteiligung der im Reichstag vertretenen Parteien wurde Deutschland nun in eine parlamentarische Monarchie umgewandelt. Diese Reformen kamen aber zu spät. Die unerwartete Nachricht von der bevorstehenden militärischen Niederlage hatte das Vertrauen der Bevölkerung in das alte System endgültig erschüttert.

Matrosenmeuterei und Revolution

Wie berechtigt das Misstrauen der Bevölkerung in die neue Regierung war, zeigte sich Ende Oktober. Obwohl die Regierung bereits mit den Alliierten über einen Waffenstillstand verhandelte, befahl die Marineführung der Flotte nur wegen der Ehre der Offiziere zu einer sinnlosen Schlacht in die Nordsee auszulaufen. Gegen diese „Todesfahrt" meuterten die Matrosen der Hochseeflotte in Kiel und Wilhelmshaven. Damit gaben sie zugleich das Signal zum endgültigen Sturz der Monarchie. Am 9. November, als die revolutionäre Welle Berlin erreichte, verzichtete Wilhelm II. auf seinen Thron. Zwei Tage später unterzeichneten Vertreter der neuen Regierung im Wald von Compiègne bei Paris das Waffenstillstandsabkommen. Der Erste Weltkrieg war damit zu Ende.

Eine Katastrophe für Europa

Für Europa war dieser Krieg eine Katastrophe. Millionen Menschen hatten ihr Leben verloren. Weite Landschaften Europas waren völlig verwüstet worden. In Frankreich und Belgien waren allein 350 000 Häuser völlig zerstört. Gleichzeitig hatte sich die Landkarte Europas verändert: Die Donaumonarchie war ebenso wie das Osmanische Reich in mehrere Einzelstaaten zerfallen; in Osteuropa waren nach dem Zusammenbruch des Zarenreiches ebenfalls mehrere neue Staaten entstanden. Mittel- und Osteuropa wurden seit 1917 von einer Welle innerer Revolutionen erfasst, die die bestehenden Gesellschaftsordnungen radikal infrage stellten. Der Eintritt der USA in den Krieg war schließlich ein Zeichen dafür, dass Europa seine alte Rolle in der Geschichte der Welt verloren hatte.

3 Aus dem Tagebuch einer Bonnerin
Anna Kohns (1883–1977, Ehefrau eines Steinbildhauers), zeichnete von 1914 bis 1920 ihre Eindrücke und Beobachtungen in einem kleinen Schulheft auf, das nach ihrem Tod auf einer Müllkippe gefunden wurde.

1. Oktober 1914
Jetzt ist schon 2 Monate Krieg, wenn es so weitergeht wie bisher, ist in 1 guten Monat alles vorüber. Viele Siege können wir verzeichnen. Gott war mit uns.

Weihnachten 1914
Welch trauriges Fest! Kein Ende zu sehen, noch immer alles beim Alten. Immer weiter. Alle, Deutsche u(nd) Franzosen, sind gut verschanzt. An ein Weiterkommen ist nicht zu denken. Die Franzosen haben gestern vor den hohen Tagen die Offensive ergriffen, Gott sei Dank erfolglos. Aber wie viele tausende Opfer hat diese gekostet, von beiden Seiten …

14. Sept(ember) 1915
Jetzt werden die dauernd Untauglichen gemustert, das wird wohl das Ende sein, denn wen wollen sie dann holen. Ich glaube, wenn alle fort sind, ist der unselige Krieg von selbst zu Ende. Man könnte verzweifeln darüber …

21. März 1916
Die Soldaten sind missmutig – aber auch alle – und sind nahe dran, den Gehorsam zu verweigern. Und erst die Stimmung im Volk! Die ist nicht zu beschreiben. Es ist bald kein Haus, wo nicht ein Angehöriger gefallen ist, und dann die ungeheure Teuerung der Lebensmittel, wir sind von aller Welt abgeschnitten und müssen uns selbst ernähren. Wenn man bei Fett und Butterverkauf die Menschenmenge sieht, die sich drängt, dann die Polizisten, die die Ordnung halten, dann weiß man, wie es mit uns steht. Ich glaube sicher, dass unser Heer den Sieg nicht herbeiführen kann, die können so viel siegen, wie sie wollen, der verd(ammte) Engländer will keinen Frieden …

23. April, Ostern 1916
Was nützen alle die Siege, wenn nichts mehr zu essen da ist? Täglich ein Pfund Kartoffeln, 1 Brot von $3\,^1/_2$ Pfd. die Woche, kein Fleisch, keine Milch, nur noch Gemüse und davon sollen die Menschen jetzt leben. Wir lassen uns nicht aushungern! Der reinste Hohn ist dieser Ausspruch.

1. Oktober 1916
Ist das ein Jammer, Elend und Not! Wir haben nicht genug zum Leben u(nd) zu viel zum Sterben. Eier gibts alle 14 Tage, 1 Ei für die Person. Fleisch alle 8 Tage 100–150 gr. Fett gar keins mehr. Butter 30 gr. die Woche. Dazu schon mal 6 o(der) 8 Pfd. Kartoffeln und 1 Brot für die Woche, davon soll man leben … Ich weiß wirklich nicht, wie wir im Winter leben sollen und wovon. Das ist mir ein Rätsel. Aber die Noblesse, die Reichen, die haben alles in Fülle und können auch drankommen. Es ist eine Schande, wenn man die Ungerechtigkeit sieht.

10. Februar 1917
Jetzt fängt Amerika durch den verschärften U-Boot-Krieg auch noch an. Wie mag das eigentlich enden? Wir essen jetzt Steckrüben oder Knollen u(nd) alle essen diese und sind zufrieden, dass etwas da ist, womit der Hunger gestillt werden kann … In Friedenszeiten hat man die Dinger dem Vieh verfüttert, heute sind die Städter froh, dass sie welche zum Essen haben.

11. November 1918
Am 11. 11. um 11 Uhr ist der Waffenstillstand unterzeichnet. Gott sei Dank. Besser ein Ende mit Schrecken wie Schrecken ohne Ende.

Journal für Geschichte, 1980/5, Braunschweig, S. 28/34.

4 Frauen in einer Geschossdreherei. *Da die Männer an der Front waren, mussten Frauen deren Plätze in Betrieben, öffentlichen Einrichtungen und selbst im Straßenbau übernehmen.*

5 ***Ein Polizeispitzel*** *notierte nach einem Gespräch von zwei Soldaten im Lazarett Folgendes:*

Siehst du, Kamerad, wir sind kaputt, keiner denkt mehr an Sieg, was die Zeitungen schreiben, ist Lug und Trug … Wenn wir jetzt Schluss machen, können wir noch viel retten, Geld und Menschen. Sollen wir uns denn die Knochen kaputtschießen lassen, nur weil die Oberen noch Lust haben zu dieser wahnsinnigen Schlachterei? … Wir kriegen unsere Kameraden so weit, dass sie alle mitmachen wie in Russland, wir haben ja nichts mehr zu verlieren.

Zit. nach: Jörg Berlin (Hrsg.), Die deutsche Revolution 1918/19. Quellen und Dokumente, Köln 1979, S. 110.

7 ***Erschöpfte Soldaten*** *an der Westfront 1918*

6 ***Ist der Krieg noch zu gewinnen?***

Oberst v. Thaer schrieb nach einem Gespräch mit General Ludendorff vom 1. Oktober 1918 in sein Tagebuch:

Furchtbar und entsetzlich! Es ist so! In der Tat! Als wir versammelt waren, trat Ludendorff in unsere Mitte, sein Gesicht von tiefstem Kummer erfüllt, bleich, aber mit hoch erhobenem Haupt. Eine wahrhaft schöne germanische Heldengestalt! Ich musste an Siegfried denken mit der tödlichen Wunde im Rücken von Hagens Speer.

Er sagte ungefähr Folgendes: Er sei verpflichtet uns zu sagen, dass unsere militärische Lage furchtbar ernst sei. Täglich könne unsere Westfront durchbrochen werden. Er habe darüber in den letzten Tagen S(eine)r M(ajestät) zu berichten gehabt. Zum 1. Mal sei der O(bersten) H(eeres) L(eitung) von S(eine)r M(ajestät) bzw. vom Reichskanzler die Frage vorgelegt worden, was sie und das Heer noch zu leisten im Stande seien. Er habe im Einvernehmen mit dem Generalfeldmarschall geantwortet: „Die O.H.L. und das deutsche Heer seien am Ende; der Krieg sei nicht nur nicht mehr zu gewinnen, vielmehr stehe die endgültige Niederlage wohl unvermeidlich bevor. Bulgarien sei abgefallen. Österreich und die Türkei am Ende ihrer Kräfte, würden wohl bald folgen. Unsere eigene Armee sei leider schon schwer verseucht durch das Gift spartakistisch-sozialistischer Ideen. Auf die Truppen sei kein Verlass mehr … Er habe sich nie gescheut von der Truppe Äußerstes zu verlangen. Aber nachdem er jetzt klar erkenne, dass die Fortsetzung des Krieges nutzlos sei, stehe er nun auf dem Standpunkte, dass schnellstens Schluss gemacht werden müsse um nicht noch unnötigerweise gerade noch die tapfersten Leute zu opfern, die noch treu und kampffähig seien … Es sei ein schrecklicher Augenblick für den Feldmarschall und für ihn gewesen, dieses S(eine)r M(ajestät) und dem Kanzler melden zu müssen. Der Letztere, Graf Hertling, habe in würdiger Weise S(eine)r M(ajestät) erklärt, er müsse daraufhin sofort sein Amt niederlegen."… Exc(ellenz) Ludendorff fügte hinzu: „Zur Zeit haben wir also keinen Kanzler. Wer es wird, steht noch aus. Ich habe aber S.M. gebeten jetzt auch diejenigen Kreise an die Regierung zu bringen, denen wir es in der Hauptsache zu danken haben, dass wir so weit gekommen sind. Wir werden also diese Herren jetzt in die Ministerien einziehen sehen. Die sollen nun den Frieden schließen, der jetzt geschlossen werden muss. Sie sollen die Suppe jetzt essen, die sie uns eingebrockt haben!"

Albrecht v. Thaer, Generalstabsdienst an der Front und in der O.H.L., hrsg. von S. A. Kaehler, Göttingen 1958, S. 234 f.

a) Erkläre den Wandel in der Stimmung der Bevölkerung (M3).

b) Der Erste Weltkrieg wird oft als die „Urkatastrophe" des 20. Jahrhunderts bezeichnet. Setze dich mit dieser Meinung auseinander.

c) Nach dem Krieg wurde oft behauptet, der Krieg sei nur durch die Revolution im Innern verloren worden. Diskutiere diese These.

7.4 Kriegerdenkmäler – Mahnung für die Zukunft oder Verherrlichung der Vergangenheit?

1

*„**Nie wieder Krieg**" stand 1981 eines Morgens in großen weißen Buchstaben auf dem Kriegerdenkmal zu Ehren der Gefallenen des Ersten Weltkrieges in Hildesheim. Während viele Einwohner darauf empört reagierten, fragte eine Zeitung provokativ: „Schmiererei oder sinnvolle Ergänzung?" In Hildesheim beantwortete man diese Frage mit der Entfernung der Schrift und provozierte damit erneut heimliche Kommentare, wie das nebenstehende Bild zeigt. Die „Aufregung" in Hildesheim war kein Einzelfall. Auch in anderen Städten kam es zu ähnlichen Auseinandersetzungen über Kriegerdenkmäler. Das war nicht immer so.*

Die Toten des Ersten Weltkrieges – Mahnung oder Vorbilder?

Am Ende des Ersten Weltkrieges hatte das Deutsche Reich 1,8 Millionen, Russland 1,7 Millionen, Österreich-Ungarn 1,2 Millionen und Großbritannien 1 Million tote Soldaten zu beklagen. Fast zwanzig Millionen Soldaten waren verwundet und oft für den Rest ihres Lebens verkrüppelt. Die Zahl der getöteten Zivilisten wird auf fünf Millionen geschätzt. Diese Zahlen, die die Verluste in allen bisherigen Kriegen bei weitem übertrafen, waren in allen Ländern Anlass an diese Opfer zu erinnern. Wie nach anderen Kriegen in der Vergangenheit dienten dazu auch Denkmäler. Doch anders als zuvor gab es keine einheitliche Meinung mehr darüber, was Denkmäler aussagen sollten.

Frankfurt – ein „Opferdenkmal"

Die Enthüllung des Frankfurter Opferdenkmals im Oktober 1920 war ein „Skandal". Die Stadtverwaltung wurde mit Eingaben überschüttet, die Zeitungen waren voller Leserbriefe, „denn mancher Mitbürger konnte sich nicht damit abfinden, dass ‚das nackte Mensch' den Schmerz der Mutter Deutschland um die im Ersten Weltkrieg Gefallenen versinnbildlichen sollte". Nur durch Zufall wurde dieses Denkmal nach 1933 von den Nationalsozialisten nicht zerstört.

Windsbach – ein „Heldendenkmal"

Ganz anders als in Frankfurt verlief die Denkmalsenthüllung im kleinen Ort Windsbach in Mittelfranken nur zwei Jahre später. Der ganze Ort nahm an der Einweihung teil. „In einer Zeit", so hieß es in der vom Studiendirektor des örtlichen Gymnasiums verfassten Urkunde zur Grundsteinlegung, „da die Liebe in so vielen Herzen erkaltet ist, da frevlerische Habgier und gewissenlose Genusssucht sich breit machen, sei dieses Denkmal uns und unseren Nachkommen eine Erinnerung an die alte deutsche Kraft und Ehre, eine Mahnung zu neuer Treue und Frömmigkeit. Möge das junge Geschlecht den Vätern nacheifern in jeder deutschen Tugend, dann wird ein Volk heranwachsen, stark genug zu brechen die Ketten der Knechtschaft, herbeizuführen eine neue Zeit gottgesegneten

2 ***Opferdenkmal in Frankfurt a. M.*** *von B. Elkan (links); rechts:* ***Windsbacher Denkmal*** *von W. Franke*

Friedens! In Treue fest! Gott mit uns!" In der Folgezeit, vor allem nach 1933, wurde dieses Denkmal zum Ausgangspunkt großer Aufmärsche, an denen, wie bei seiner Einweihung, die Einwohner „schwarz mit Zylinder, mit Vereins- sowie Orden und Ehrenzeichen … zu Ehren der gefallenen Helden" teilnahmen.

Denkmäler als historische Quelle

Denkmäler unterscheiden sich von anderen Kunstobjekten durch ihren publikumswirksamen Aufstellungsort wie dem Marktplatz, dem Stadtpark oder an der Kirche, durch Gedenkveranstaltungen an ihrem Aufstellungsort, an denen in der Regel wichtige Repräsentanten des öffentlichen Lebens teilnehmen, durch ihre große Verbreitung sowie ihre oft ausdrucksvolle Symbolik.

Als historische Quelle sind Denkmäler sehr aufschlussreich. Ihre Gestaltung, ihre Inschriften, die Feierlichkeiten anlässlich ihrer Errichtung sowie anlässlich besonderer Gedenktage sind ein Spiegel für das Verhältnis der Menschen zu ihrer Geschichte. Zugleich geben Denkmäler Aufschluss über die erzieherischen Absichten derjenigen, die sie errichtet haben.

Folgende Fragen und Arbeitsschritte helfen dir ein Denkmal zu interpretieren:

1. *Aus welchem Anlass wurde das Denkmal errichtet? Wer gab den Auftrag dazu und wer hat es geschaffen?*
2. *Was ist dargestellt? Wie lautet die Inschrift? Wie wurde das Thema des Denkmals künstlerisch umgesetzt?*
3. *Wo wurde das Denkmal aufgestellt? Gibt es bestimmte, regelmäßige Gedenkveranstaltungen an diesem Denkmal?*

Weitere Informationen geben dir Artikel über Gedenkveranstaltungen in der Presse, Festprotokolle, Predigten, Fotos und Berichte von Teilnehmern.

Verzeichnis der Namen, Sachen und Begriffe

Verwendete Abkürzungen:
Abb. = Abbildung; anglik. = anglikanisch; arab. = arabisch; athen. = athenisch; byzant. = byzantinisch; christl. = christlich; dän. = dänisch; dt. = deutsch; engl. = englisch; europ. = europäisch; Fsm. = Fürstentum; franz. = französisch; german. = germanisch; gest. = gestorben; griech. = griechisch; histor. = historisch; Hm = Herzogtum; islam. = islamisch; ital. = italienisch; Jh. = Jahrhundert; kath. = katholisch; Kf. = Kurfürst; Kg. = König; Kgn. = Königin; Ks. = Kaiser; Kt. = Karte; kyrill. = kyrillisch; Lgft. = Landgrafschaft Min.präs. =Ministerpräsident; österr. = österreichisch; Präs. = Präsident; rechtl. = rechtlich; röm. = römisch; russ. = russisch; schott.= schottisch; slaw. = slawisch; span. = spanisch

Hinweise:
▷ Verweis auf ein Stichwort
~ ersetzt das Stichwort bei Wiederholung
Hier wird der Umgang mit bestimmten Materialien besonders geübt.
Halbfett gesetzt sind historische Grundbegriffe, die im Buch in einem Kasten-Text erläutert werden. Die halbfette Seitenzahl gibt den Fundort an.
Bei Herrschern und kirchlichen Amtsträgern werden Regierungs (Amts-)daten, bei anderen Personen Lebensdaten angegeben.

Aachen 13 f.
Abrüstung 32, 36 ▷Rüstung ▷Wettrüsten
Absolutismus (Herrschaftsform des 17. bis Anfang 18. Jh.) 39, 53 f., **55**, 67
Abt/Äbte 107
Adams, John (1797-1801), 2. Präs. der USA 97
Adams, Abigail Amith (1744-1818), Ehefrau von Präs. ▷John Adams 91
Adel/Adlige 19, 23 ff., 28, 53, 192, 197; dt. ~ 165, 246 f.; engl. ~ 80, 153; europ. ~ 48, 78; franz. ~ 40-43, 45, 47, 55, 57, 60 f., 67, 106-109, 111 f., 116 f., 126, 133, 196; preuß. ~ 71 ff., 143 ff. ▷Ritter
Ägypten/Ägypter 18, 69, 256
Alexander I. (1801-1825), russ. Zar 188 f., 197
Alexei II., Patriarch von Moskau und Russland 17
Amerika 86 f., 92, 95, 99, 102, 109; Mittel~ 86, 98; Nord~ 76,86, 92, 99, 148, 152; Süd~ 86 ▷Vereinigte Staaten von Amerika
Anglikaner 86, 88 ▷Kirche, anglikanische
Anna von Österreich (1643-1651), franz. Königin 40, 41 (Abb.)
Antike 14
Antisemitismus 248 ▷Judentum
Adenauer, Konrad (1949-1963), Bundeskanzler 8
Afrika 10 f., 19, 32, 81, 99, 256 ff., 261 f., 264, 266, 270
Akademie der Wissenschaften, in Paris 27, 51; in Berlin 179
Akkon (Hafenstadt in Israel) 19
Aktien 161; ~gesellschaften 161
Alembert, Jean~Baptiste le Rond, genannt d'Alembert (1717-1783),franz. Philosoph und Mathematiker 68
Allgemeiner Deutscher Arbeiterverein 174 ▷Lassalle
Alte Welt 95 ▷Neue Welt
Amsterdam 24
Anatolien (Kleinasien) 10, 13
Ancien Régime 106, 108, 115, 117
Antike 21, 128
Arbeit/~er 59, 65, 86, 117-120, 148 f., 152 f., 161, 164-168,170 f., 173-177, 180, 185, 198, 201 f., 204, 206, 212 f., 215,241 ff., 245, 248, 251, 253, 284; ~bewegung 31, 173 ff., 177, 243; Kinder~ 166, 168, 175
Arbeitslose/Arbeitslosigkeit 109, 163, 165, 202, 215
Aristoteles (384~322 v. Chr.), griech. Philosoph 50 f.
Arme/Armut 71, 114, 166, 171, 201
Armee 24, 53, 72 f., 75, 79 f., 82, 84, 132, 134, 216, 238, 247,287; preuß. ~ 143, 145; Revolutions~ 128, 133, 136 f.; russ. ~ 279
Arndt, Ernst Moritz (1769-1860), dt. Dichter und Publizist 192
Asien 9 f., 19, 32, 81, 87, 256, 258, 266 f.; Ost~ 100
Athen 10 f., 30
Atomkraft 37 ▷Kernkraft
Aufklärung 26, 67, **68**, 74, 128, 130, 142, 191 f., 195
Aufstand der Fronde (1648-1653) 40 f.
Augspurg, Anita (1857-1942), Frauenrechtlerin 32, 34
Ausbeutung/Ausbeuter 171, 258
Auswanderer/Auswanderung 86, 89 f., 164 (Abb.), 258

Baden 28, 141, 191, 205, 215, 217, 228
Balance of power (Gleichgewicht der Mächte) 53, 136, 189, 228, 230, 234
Balkan 13, 16, 19, 233 ff., 273, 274 (Kt.); ~kriege 273
Banken 180, 183, 256
Barock 48 f. ▷Kunststil
Basileios II. (976-1025), byzant. Ks. 16
Bastille, Sturm auf die ~ 105 (Abb.), 112, 115, 125 f.
Bauern 24, 63 ff., 67, 72 f., 86 f., 94; ~ befreiung 145; dt. ~ 157, 164, 198, 203; engl. ~ 152; franz. ~ 40, 57, 61 f., 107 ff., 112 f., 119; preuß. ~ 145; ~unruhen 205 f.
Bayern 141, 191, 196, 228
Beamte 55, 60, 71 f., 91, 108, 116, 121, 143, 201, 206, 216, 247 f., 262, 275
Bebel, August (1840-1913), Sozialist 174, 240, 244, 272
Belgien/Belgier 35, 133, 275, 279, 281, 283, 285
Berlin 71 f., 136, 139, 141, 157, 161 f., 165, 169 (Kt.), 170, 184, 192, 201, 202 (Abb.), 204, 213, 216, 230, 234, 256, 266, 270, 273, 275, 285
Bernini, Gian Lorenzo (1598-1680), ital. Baumeister und Maler 48
Beruf/~e 28, 37, 55, 69, 127, 145, 156 f., 178, 194, 251; ehrbare ~ 62; ~sverbot 116, 192
Bethmann Hollweg, Theobald von (1909-1917), Reichskanzler 277
Bettler 61 f., 71, 86, 109
Bevölkerung 61-64, 68, 71, 78 f., 81, 87 f., 94, 98, 100, 106, 109, 124, 126, 133, 136, 152 f., 156 f., 164, 169, 179, 181, 184, 196, 231, 247, 256, 279, 284 f.; Über~ 263
Bibel 14, 22, 50, 79, 82; ~übersetzung 22
Bild/~er (Herrscherbilder zum Sprechen bringen) 45; Heiligen~ 48
Biedermeier 199
Bildung 22, 26, 37, 48, 51, 68, 121, 129, 157, 175, 214, 248, 252, 258; ~sbürgertum 258; ~sreform 145; ~sreisen 24, 48
Bill of Rights (engl. Gesetz von 1689) 84 f.
Bischof 16, 20, 79, 107
Bismarck, Otto v. (1861/71-1890), preuß. Min.präs./Reichskanzler 225 (Abb.), 226 ff., 229 (Abb.), 230 f., 233 (Abb.), 234 f., 236 (Abb.), 237 (Abb.), 238, 240, 242, 243 (Abb.), 244, 245 (Abb.), 262
Bosnien~Herzegowina 36, 273, 275 f.
Boston 90, 97; ~ -Tea-Party 92
Bourbonen (franz. Herrscherhaus) 41
Brandenburg 55, 71, 74
Brügge 23
Brüssel 36
Buch/Bücher 14, 50, 108
Bundesrepublik 35, 37, 95
Bulgarien/Bulgaren 10, 273, 284
Bülow, Bernhard von (1900-1909), Reichskanzler 266, 268
Bundestag 36, 82
Bündnissystem 233 ff. ▷Bismarck
Bürger/~tum 25 f., 28 ff., 37, 67, 73, 112, 117, 131; amerik. ~ 94; dt. ~ 143 f., 165, 169, 171, 191, 196 ff., 201, 204, 225 f., 246, 251; engl. ~ 78, 82, 84, 154; franz. ~ 40, 53, 57, 61, 108 f., 113 f., 118 ff., 122, 124, 127, 132, 143; preuß. ~ 145; ~recht 99 f., 108; ~vereine 192

Burschenschaft/~en (studentische Bewegung seit 1815) 191 f., 195
Byzanz (früherer Name der Stadt ▷Konstantinopel; Bezeichnung für das oströmische Reich) 16, **17**

Calvin, Johann (eigentlich Jean Cauvin) (1509-1564), Theologe 154
Calvinismus/Calvinisten 41, 64, 79, 82, 86, 88
Clemenceau, Georges (1906-09, 1917-20), franz. Min.präs. 259
Clemens August (1723-1761), Kölner Kurfürst und Erzbischof 38
Chauvinismus (übersteigerter ▷Nationalismus) 232, 238, 263, 272
China 256 ff.
Christen/~tum 13-16, 18, 25, 65, 75, 103
Code Napoléon (bürgerliches ▷Gesetzbuch Napoleons) 133, 142, 144, 191
Colbert, Jean Baptiste (1619-1683), franz. Staatsmann und Finanzminister 51, 54, 57 (Abb.), 58
Crèvecœur, Jean de (1735-1813), amerik. Schriftsteller franz. Herkunft 93
Cromwell, Oliver (1599-1658), engl. Lord-Protektor 80 f., 83 (Abb.)

Daimler, Gottlieb (1834-1900), Ingenieur 179
Dampfmaschine 27, 149, 150 (Abb.), 151 (Abb.), 154, 156, 158
Dänemark 226 f., 233
Demagogenverfolgung 196, 198
Demokratie 11, 30, 32 f., 36, 76, 95, 117, 124, 145, 172
Den Haag 32 ▷Friedensbewegung
Denkmäler (Denkmäler als historische Quelle) 288 f.
Descartes (1596-1650), franz. Mathematiker und Philosoph 52
Deutsch-Dänischer Krieg (1848/50) 228
Deutsch-Französischer Krieg (1870/71) 31, 228
Deutsche Demokratische Republik (DDR) 112, 160
Deutscher Bund 156, 188 f., 191, 196 f., 201, 203, 206 f., 210 (Kt.), 215, 217, 225
Deutscher Orden 18
Deutsches (Kaiser-)Reich 29, 32, 228 ff., 233ff., 246 ff., 262 f., 266 f., 272, 275, ▷Deutschland
Deutschland 11, 29, 33, 35, 67, 92, 112, 143 ff., 156, 161, 162 (Kt.), 164 f., 173, 176, 179 ff., 183, 190, 195, 197, 200, 207, 209 ff., 213, 222, 225, 228, 236 ff., 242 ff., 275, 281, 284 f., 288 ▷Deutsches (Kaiser-)Reich ▷Heiliges Römisches Reich deutscher Nation
Deutschnationale Volkspartei (DNVP) 232
Diderot, Denis (1713-1784), franz. Philosoph 26 f., 68
Diktatur 30, 33, 133 ▷Nationalsozialismus
Dix, Otto (1891-1969), dt. Maler 254
Dreiklassenwahlrecht 215 f., **217**, 219 ▷Wahlrecht ▷Klasse
Dreißigjähriger Krieg (1618-1648) 53, 65, 71, 185
Dresden 157

EURO (europ. Währungseinheit) 37
Edikt von Nantes (1598) 41, 55, 71; ~ von Potsdam 71
Eduard I. (1272-1307), engl. Kg. 83
Eduard III. (1327-1377), engl. Kg. 83
Ehe 16, 65, 126, 251 f.; ~scheidung 126
Einhard (770~840), Verfasser der „Vita Caroli“ (Das Leben ▷Karls des Großen) 15
Einheit, nationale 186, 191, 198, 203 f., 206, 225 f., 228, 230, 236, 273
Eisen 150, 153 f., 156, 161 f., 183; ~bahn 146, 154, 160 f., 184, 222
Elbe 18, 141, 143
Elisabeth (1558-1603), engl. Königin 86
Elisabeth Petrowna (1741-1762), russ. Zarin 74 ▷Zar
Elsass 28-31, 53, 56, 113, 221, 228, 230
Emanzipation 126, **128**, 173
Emmeran, hl. (gest. 715), Missionsbischof von Regensburg 46 (Abb.)
Engels, Friedrich (1820-1895), dt. Philosoph und Politiker 168 ▷Marxismus
Engelsburg (Mausoleum ▷Hadrians in Rom) 10, 12 (Abb.)
England/Engländer 11, 14, 18-22, 24, 26, 30, 32, 35, 48, 55, 63, 67, 74, 76, 78-86, 88-92, 112, 143, 148-152, 153 (Abb.), 154-157, 161, 168, 172 f., 189, 202, 204, 222, 230, 238, 256, 258, 269, 279, 281
Entdeckungen/Entdeckungsreisen 86
Entente Cordiale (europäisches Staatenbündnis) 266, 270, 279
Enzyklopädie 26 f., 68
Erasmus von Rotterdam (1466-1536), holländischer Humanist 21 ff.
Erfindungen 27, 33, 148, 150 f., 154, 157, 179, 184
Estland 36
Europa 6, 8 (Kt.), **9**, 10-18, 21, 23-29, 31-37, 39 f., 48, 53, 68, 71 f., 78, 81, 86, 94 f., 100, 115, 117, 133, 136 ff., 148, 152 f., 188 (Kt.), 191, 196, 222, 228, 233 f., 236, 258, 262, 270, 279, 285; Ost~ 17, 29 f., 33, 36, 285
Europa der Demokratien 30
Europa der Kriege und der Diktaturen 33
Europa der Nationen 29
Europarat 28, 35
Europäische Atomgemeinschaft (EURATOM) 35
Europäische Gemeinschaft (EG) 8, 35
Europäische Integration 37 ff.
Europäische Union (EU) 28 f., 35, 36 (Abb.), 37
Europäische Wirtschaftsgemeinschaft (EWG) 35
Europäischer Gerichtshof 35
Exekutive (ausübende Gewalt) 94, 95 (Abb.), 192

Fabrik/~en 149 f., 153 f., 156 f., 161, 164 ff., 167 (Abb.), 168, 171, 173, 175, 182 f., 284
Fallersleben, Hoffmann von (1798-1874), dt. Lyriker 199 f.
Familie 251, 284
Faschismus; ital. ~ 33
Felsendom 18 (Abb.)
Föderalismus 95
Fontane, Theodor (1818-1898), dt. Schriftsteller 177
Fotos (Fotos als historische Quelle) 247, 249, 251
France, Anatole (1844-1924), franz. Schriftsteller 131
Franken 13, 15; ~reich 13, 15
Frankfurter Paulskirche 206 f., 211, 217 ▷Revolution
Frankreich 8, 18 ff., 24, 26, 28 ff., 32, 35, 37, 40, 55 f., 60, 67 f., 71, 74, 84, 86, 91 f., 106, 108 f., 115, 119, 124-127, 130, 133, 136, 140-144, 150, 160, 189, 196, 198, 201 f., 215, 222, 228, 233-238, 256 f., 259 f., 262, 266, 269-272, 275, 281, 283, 285
Franz II./I., Ks. (1792-1806), Ks. von Österreich (1804-1835) 141, 189
Franz Ferdinand (1863-1914), Erzherzog, österr. Thronfolger 275, 276 (Abb.)
Franz Joseph (1848-1916), Ks. von Österreich 223
Französische Revolution 28 ff., 33, 112, 115, 117, 119, 121 f., 124, 126, 128, 131 ff., 136, 142 f., 171, 189, 192, 230
Frauen 32 f., 61, 69, 78, 80, 108, 110, 112, 117, 127-130, 148, 164 f., 176, 198, 212, 218, 252; ~arbeit 168, 172, 175, 249, 252, 284, 286 (Abb.); ~bewegung 214, 252; ~klubs 127, 128 (Abb.), 129 (Abb.), 130; Emanzipation der ~ 128, 133; Gleichberechtigung der ~ 126, 128, 198, 212; ~ in den Kolonien 88, 91; ~wahlrecht 32, 80, 94, 97, 145, 174 f.
Freiheit 28, 41, 90 ff., 96 f., 105, 108, 119, 123-126, 129, 132 ff., 142, 145, 186, 191 f., 196, 198, 204, 207, 211, 224, 237; ~sbaum 130 (Abb.), 131 (Abb.); ~sstatue 92
Freiheit, Gleichheit, Brüderlichkeit (Ideale der ▷Französischen Revolution) 120, 122, 128, 171, 190
Friede 22, 26, 30, 32, 40, 53, 74, 93, 139, 234; ~nsbewegung 32; ~nsnobelpreis 32; ~nsvertrag 33; ~ von Brest-Litowsk (1918) 279; ~ von Luneville (1801) 141; ~ von Prag (1866) 226; ~ von Schönbrunn (1809) 136; ~ von Tilsit (1807) 141; ~ von Versailles (1783) 92
Friedrich I. Barbarossa (1152/55-1190), dt. Kg./Ks. 13, 18 f.
Friedrich I. (III.) (1688/1701-1713), Kurfürst von Brandenburg (Friedrich III.), Kg. von Preußen 71 f.
Friedrich II. der Große (1740-1786), Kg. von Preußen 26 f., 38, 70, 73 ff.
Friedrich Wilhelm (der Große Kurfürst), (1640-1688), Kf. von Brandenburg 70 ff.
Friedrich Wilhelm I. (1713-1740), Kg. von Preußen 72 f., 75
Friedrich Wilhelm III. (1797-1840), preuß. Kg. 144, 189
Friedrich Wilhelm IV. (1840-1857/61), preuß. Kg. 201, 204 ff., 215 f., 218
Fürsten/~tum 25, 46, 55; dt. ~ 141, 189, 203, 206 f., 222; europ. ~ 24, 26, 48, 63, 78, 86; russ. ~ 16 ▷Zar

Gagern, Heinrich, Reichsfreiherr von (1799-1880), Politiker, Präs. der ▷Nationalversammlung 207, 216
Galilei, Galileo (1564-1642), ital. Mathematiker und Astronom 50
Garibaldi, Guiseppe (1807-1882), ital. Freiheitskämpfer 223

Gaulle, Charles de (1890-1970), franz. General und Staatsmann 8
Geld 57 f., 78 f., 85, 91, 122, 128, 145, 153, 157, 161, 179; Papier~ 112, 120; ~wert 40
Generalstände (Vertretung der drei ▷Stände) 40, 106, 109 ff., 123 ▷Revolution
Georg III. (1760-1820), engl. Kg. 77
Germanen 11 f.
Gesellschaften, wissenschaftliche 68
Gesetz/~gebung 36, 40 f., 67, 78 f., 81 f., 84 f., 115, 133, 154; ~buch 133
Gewerbe 55, 57, 74, 88, 154, 156, 184; ~freiheit 156; ~schulen 157
Gewerkschaften 164, 173, 175 f., 178
Girondisten 119 ff., 123, 129
Glauben 21, 24, 28, 41, 63, 133; ~sfreiheit 95, 192
Gleichheit 28, 90, 191
Glorious Revolution (Sturz des engl. Königs ▷Jakobs II. 1688) 90, 112
Gneisenau, August Wilhelm Anton Graf Neidhardt von (1760 bis 1831), preuß. Generalfeldmarschall 144 f.
Goethe, Johann Wolfgang von (1749-1832), dt. Dichter 130
Göttinger Sieben 196, 198 ▷Demagogenverfolgung
Gold 86, 98
Gorbatschow, Michail, Generalsekr. d. ZK d. KPdSU (1985-1991), letzter Staatspräs. d. UdSSR (1988-1991) 25, 36
Gouges, Olympe de (1748-1793), Frauenrechtlerin 118, 129 (Abb.), 130 Revolution
Gregor I., der Große (590~604), Papst 12
Griechen/~land 20, 27, 191, 194, 273
Großbritannien 80, 136, 257, 266, 270, 275, 288 ▷England
Großdeutsche Lösung 207, 225 ▷Kleindeutsche Lösung
Grundbesitz/~er 24, 57, 73, 78, 88, 95, 152, 203
Grundherr/~schaft 108, 113, 145, 152
Grundrechte 208, 215, 217 ▷Menschenrechte
Guericke, Otto von (1602-1686), dt. Physiker und Gelehrter 52 (Abb.)
Gutsherr/~schaft 73, 143

Hadrian, Publius Aelius (117-138), röm. Ks. 10 (Abb.), 11 f., 15; ~swall (röm. Grenzmauer in England) 11 (Abb.)
Hambacher Fest (demokratisch-republikanische Massenkundgebung 1832) 196 ff., 200
Handel 55, 58, 61, 71, 74, 81 f., 88, 91, 107 f., 153 f., 180 f.; Außen~ 154; Welt~ 94
Handwerker 61 f., 86, 88, 98, 107 ff., 117-120, 148, 156, 159, 165, 173, 196, 201, 203 f., 206, 212 f., 215
Hardenberg, Karl August Freiherr von (1804-06/07, 1810-1822), preuß. Minister, Reformer 144 (Abb.), 145
Hauptmann, Gerhart (1862-1946), dt. Bühnendichter und Erzähler 248
Heer 53 f., 72 ff., 119, 143, 176; Parlaments~ 79 f.; Söldner~ 53; stehendes ~ 53, 55, 71
Hegemonie (Vorherrschaft) 136
Heilige Allianz 189, 194
Heiliges Römisches Reich deutscher Nation 15, 48, 56, 71, 141 (Kt.), 142, 189 ▷Deutschland
Heine, Heinrich (1797-1856), dt. Schriftsteller 198
Heinrich II. der Heilige (1002-1024), Ks. 46
Heinrich III. (1551-1589), franz. Kg. 41
Heinrich IV. (1589-1610), franz. Kg. 41
Heinrich VI. (1190/1191-1197), dt. Kg./Ks. 20
Heinrich VI. (1422-1461), engl. Kg. 21
Heinrich VIII. (1509-1547), engl. Kg. 78
Herodot von Halikarnass (um 484-?? ca. 425 v. Chr.), griech. Geschichtsschreiber 10
Herrscherbilder zum Sprechen bringen
Herzog/~tum 70 f., 227
Hessen 191, 228
Heymann, Gustava (1868-1943), Frauenrechtlerin 34
Hindenburg, Paul von (1925-1934), Generalfeldmarschall, Reichspräs. 285
Historienmalerei (Historienmalerei ~ was hat sie mit Geschichte zu tun?) 229, 236
Hohenzollern (Herrscherhaus) 70, 228
Hof/~zeremoniell 43 ff., 47 f., 53 f., 57, 63, 72, 108 ff., 143, 190, 246
Holbein, Hans d. J. (1497-1543), dt. Maler und Zeichner 23
Holland 35, 81, 84, 86, 89, 92, 256
Hugenberg, Alfred (1865-1951), Großverleger und Politiker 232
Hugenotten (franz. Protestanten) 26, 41, 55, 63, 71
Humanismus 21 f.
Humboldt, Wilhelm von (1767-1835), preuß. Gelehrter u. Staatsmann 144 f.
Hunger/~snot 64 f., 67, 86, 109, 112, 152, 163, 165, 180, 284

Ideologie 29, 134, 189
Imperialismus 254, **257**, 261, 264
Indianer 86 f., 90, 98-100, 101 (Abb.), 102 f.
Indien 256, 258
Industrie 81, 99 f., 150 ff., 156 f., 164, 169, 180, 246, 268; Elektro~ 179; ~land 149, 179, 181, 184; Lebensmittel~ 157
Industrialisierung 31, 146, 153, 155 f., 159, 161, 165, 167, 171, 179, 181 f., 201, 279
Industrielle Revolution 19, 27, 32 f., 148, 150, 181, 184
Integration 20, 29, 37 ▷Europäische Integration
Investiturstreit 15
Irak 10
Irland 14, 79 f.
Islam 19 f.
Istanbul 16, 234 ▷Konstantinopel ▷Byzanz
Italien 13 f., 16, 21, 33, 48, 98, 133 f., 222, 223 (Kt.), 225, 234, 256, 273

Jakob II. (1685-1688), engl. Kg. 84 f.
Jakobiner 119-123, 126, 133; ~club 127 (Abb.), 132
Japan 35, 257, 281
Jefferson, Thomas (1801-1809), 3. Präs. der USA 93
Jena 136, 144, 191, 195
Jerusalem 11, 16, 18 ▷Felsendom
Johann (1782-1859), Erzherzog von Österreich 207, 221 (Abb.)
Juden/~tum 11, 71, 75, 238, 248, 250; ~emanzipation 128, 145; ~verfolgung 18; ~vernichtung 33 ▷Antisemitismus
Judikative (richterliche Gewalt) 94, 95 (Abb.), 192
Jugoslawien 33, 36

Kaiser/~tum 15, 72; ~krönung 13 ff., 20, 105; byzant. ~ 16 f.; dt. ~ 28, 141 f., 207; fränk. ~ 13; ~ der Franzosen 132 f., 135; oström. ~ 16; ~proklamation 221, 228 f.; röm. ~ 13-16, 148
Kanada 77, 86
Kapital 35, 91, 153, 156, 161, 172, 175, 180 ▷Industrie ▷Marxismus
Kapitalismus/Kapitalisten 165, 171, **175** ▷Marxismus
Karikaturen (Karikaturen ~ historische Quellen zur eigenen Urteilsbildung) 193, 195, 204, 241, 245 f., 250, 255, 257, 272
Karl I. (1625-1649), engl. Kg. 77-81, 85
Karl I. der Große (768/800-814), fränk. Kg./Ks. 13, 14 (Abb.), 15
Karl II. (1660-1685), engl. Kg. 84, 85 (Abb.)
Karl IV. (1346/55-1378), dt. Kg./Ks. 15
Karl V. (1519-1556), dt. Kg./Ks. 21
Karl VI. (1711-1740), Ks. 74
Karl X. (1824-1830), franz. Kg. 196
Karlsbader Beschlüsse (1819) 191 f., 194 ▷Demagogenverfolgung
Katharina II. die Große (1762-1796), russ. Zarin 26 ▷Zar
Katholiken 41, 75, 84, 86, 88, 126, 242 ▷Kulturkampf
Katholizismus 55, 79
Kaufleute 57, 86, 88, 94, 98, 153 f., 165, 206, 258, 262
Kelten (indoeurop. Völkergruppe) 11
Kernkraft 146 ▷Atomkraft
Ketzer 18 ▷Kreuzzug
Kiew 16
Kirche 14 f., 21 ff., 28, 41, 51, 54, 67 f., 84, 126, 175, 192; ~nbauten 48; anglik. ~ 78 f., 84; christl. ~ 26; griech.~orthodoxe ~ 16; kath. ~ 16, 50, 242, 244; protest. ~ 133, 237; russ.-orthodoxe ~ 17; Wallfahrts~ 49 (Abb.), 65 ▷Glauben ▷Religion
Klasse, soziale 165, 173; Arbeiter~ 176 f.; ~nkampf 171
Kleindeutsche Lösung 207, 225, 226 (Kt.), 238
Kleist, Heinrich von (1777-1811), dt. Dramatiker und Erzähler 142
Klerus 40, 57, 61, 106 f., 109, 116, 242
Kloster 14, 21, 48, 107 f., 112, 116, 142
Kohl, Helmut (1982-), Bundeskanzler 37
Kohle 146, 150, 153 f., 156; ~gruben 149
König/~tum 28, 67 f., 70 ff., 82; franz. ~ 40 f., 46, 53, 63, 108, 126
Kommunismus 30, 171 ▷Marx ▷Engels

Kolonial/ismus 86, 189 ~ bevölkerung 258, ~ herrschaft 262, ~mächte 258, ~ politik 260, 263
Kolonien 19, 32 f., 74, 81, 86 ff., 90-94, 96, 98, 153, 155, 256-265, 281
Konföderierte Staaten von Amerika 100
Konservatismus 192
Konstantin der Große (306~337), röm. Ks. 17
Konstantinopel (von 330-1930 Name der Stadt ▷Istanbul; bis 330 ▷Byzanz) 13, 15 ff., 23
Konstitutionelle Monarchie 115, **117**, 206, 231 ▷Monarchie
Kontinentalsperre 136 f.
Kopernikus, Nikolaus (1473-1543), Astronom 50
Korsika 133
Kreml (befestigter Kern ▷Moskaus) 17
Kreta 9
Kreuzzüge 18 ff.
Krieg 18, 24, 26, 29 f., 32 ff., 36, 40, 53, 57, 64 f., 72, 79, 120, 280; Befreiungs~ 137; Bürger~ 41, 78, 80, 98, 119; Guerilla~ 136; Präventiv~ 276 f.; Religions~ 24, 41; See~ 81
Kroatien/Kroaten 36, 222 f.
Krupp, Alfred (1812-1887), Industrieller 147, 174
Kultur/~kreis 14, 29, 222 f., 258 f.; antike ~ 14, 21; arab. ~ 19; byzant. ~ 16 f.; christl. ~ 13 f.; europ. ~ 25 f.; griech. ~ 11, 16; islam. ~ 19; röm. ~ 14; russ. ~ 16
Kulturkampf 242, 244
Kulturnation 222 f.
Kunst/~stil 24; ~ epoche 199 ▷Biedermeier, europ. ~ 9, 19
Kurfürsten 46, 70 ▷Fürsten
Kyrill (826/27~869), byzant. Missionar, Bruder des ▷Methodios 16, 17 (Abb.)

Lafayette, Marquis de (1757-1834), franz. General und Politiker 92, 108
Landwirtschaft 88, 107, 152, 165, 183
Langobarden (german. Stamm) 13
Lassalle, Ferdinand (1825-1864), Sozialist 174, 240
Legislative (gesetzgebende Gewalt) 94, 95 (Abb.), 192
Lehen; ~sherr 40, 70
Leibeigenschaft 67, 113, 156
Leo III. (795-816), Papst 13, 14 (Abb.), 15
Lessing, Gotthold Ephraim (1729-1781), dt. Dichter 26
Lettland 36
Liberale 192
Liberalismus 192, 227; Wirtschafts~ 154
Liebig, Justus Freiherr von (1803-1873), dt. Chemiker 157
Liebknecht, Wilhelm (1826-1900), Sozialist 174, 240, 263
Lincoln, Abraham (1861-1865), 16. Präs. der USA 100
Liselotte von der Pfalz (1671-1722), Herzogin von Orléans 43
List, Friedrich (1789-1846), dt. Volkswirtschaftler und Politiker 160, 163
Litauen 36
Locke, John (1632-1704), engl. Arzt und Philosoph 67, 95
Lohn/Löhne 120, 128, 156, 165 f., 168, 171, 173 ff., 181 f., 201, 212
London 77, 80 f., 190
Louis Philippe (1830-1848), Kg. der Franzosen, „Bürgerkönig" 196, 202
Ludwig XIII. (1610-1643), franz. Kg. 40 ff., 47
Ludwig XIV. (1661-1715), franz. Kg. („Sonnenkönig") 24, 27 f., 30, 40, 41 (Abb.), 42 f., 44 (Abb.), 45 (Abb.), 46 (Abb.), 47, 51, 53 (Abb.), 54-63, 71 f., 134, 136
Ludwig XVI. (1774-1792), franz. Kg. 106, 109, 111 f., 115-118
Luther, Martin (1483-1546), Reformator 22
Lutheraner 75
Luxemburg 35

Madison, James (1809-1817), 4. Präs. der USA 96
Makedonien 36
Manufaktur 57 f., 59 (Abb.), 71 f., 108, 182
Maria II. Stuart (1689-1694), engl. Kgn., Frau ▷Wilhelms von Oranien 84, 85 (Abb.)
Maria Theresia (1740/45-1780), österr. Kaiserin/Königin von Ungarn und Böhmen 74
Markt 35, 71, 175, 180; Binnen~ 37; Schwarz~ 120; Welt~ 35, 284; ~wirtschaft 35, 175
Marokko 270 f.; ~krise 270
Marx, Karl (1818-1883), Philosoph und sozialist. Theoretiker 171, 174 f., 198, 240, 242
Marxismus 171
Maschine/~n 59, 148-151, 157 f., 161, 164, 168, 171, 173, 175 ▷Dampfmaschine
Massenproduktion 201
Max von Baden, Prinz (1918), Reichskanzler 285
Mayflower (Schiff engl. ▷Siedler) 86, 88
Mazarin, Jules (1602-1661), franz. Kardinal und Staatsmann 40, 42
Mediatisierung 142
Medina 18
Meer 58; Kaspisches ~ 9; Mittel~ 234; Schwarzes ~ 9, 234
Mekka (Wallfahrtsstadt in Saudi-Arabien) 18
Menschenrecht/~e 30, 35, 95 f., 112 f., 125, 130, 143, 190 f.; ~skonvention, europ. 35
Merkantilismus 54, **57**, 74, 108
Methodios (820~885), byzant. Missionar, Erzbischof von Mähren und Pannonien, Bruder des ▷Kyrill 16
Metternich, Clemens Wenzel Fürst von (1821-1848), österr. Staatskanzler 139, 189 f., 192, 201, 203
Minderheiten 29, 33, 36, 184, 211, 222, 238, 242, 248
Minister 40, 47, 53, 72, 123; Erster ~ 40 ff.
Mirabeau, Honoré Gabriel de Riqueti Graf von (1749-1791), franz. Politiker 111 (Abb.), 114
Missionar/~e 16, 102, 258
Mittelalter 12, 14, 19, 21, 53, 78, 82, 222
Molière, Jean-Baptiste Poquelin, genannt ~ (1622-1673), franz. Dramatiker und Schauspieler 45
Moltke, Helmuth von (1800-1891), preuß. Generalfeldmarschall 225 (Abb.), 229 (Abb.), 236 (Abb.), 240
Monarchie 28, 30, 67, 78, 80 f., 84, 116 f., 126, 133, 192; absolute ~ 116, 217; parlamentarische ~ 84, 284 f. ▷Königtum ▷Konstitutionelle ~
Mönch/~tum 14, 16, 21, 61
Montanunion 35
Montesquieu, Charles de Secondat, Baron de la Brède et de ~ (1689-1755), franz. Staatstheoretiker 67, 95
Moskau 16 f., 24, 137 f.
Moslem/Muslim 20, 273
München 157

Napoleon I. (Bonaparte) (1804-1814/15), Feldherr, Ks. der Franzosen 29, 105 (Abb.), 132 ff., 135 (Abb.), 136 ff., 139 Abb.), 140 (Abb.), 141 f., 144, 156, 188, 191 f., 196, 215
Napoleon III. (Louis Bonaparte) (1852-1870), Ks. der Franzosen 222, 224, 227 f.
Nation 25, 28-31, 93 f., 98, 115 f., 128, 143, 156, **223**, 232, 236, 238, 258 f., 267; ~alhymne 200, 237 ▷Kulturnation ▷Staatsnation
Nationalismus 29-32, 37, 236 ff., 273, 275
Nationalität 36, 222, 232
Nationalsozialismus 29 f., 33, 232
Nationalstaat 29, 191 f., 206 f., 210, 220, 222, **223**, 225, 228, 236, 238
Nationalversammlung 111-114, 116 (Abb.), 117 f., 196, 202; dt. ~ 206, 207 (Abb.), 210-213, 216 f.; preuß. ~ 204
Neolithische (jungsteinzeitliche) Revolution 184
Nestor (1056-1114), russ. Mönch 17
Neue Welt 86, 95, 108 ▷Alte Welt
Neues Testament ▷Bibel
New York 77, 86, 92
Niederlande 21, 53 (= Spanische Niederlande), 55, 81
Nithard (700-844), Geschichtsschreiber 13
Nobel, Alfred (1833-1896), schwed. Chemiker und Industrieller, Gründer der Nobelstiftung 32
Nonnen 14, 61
Norddeutscher Bund 228, 231
Nürnberg 160 f.

Oberhaus (in England: House of Lords) 30, 78 f., 93, 154 ▷Parlament
Obrigkeitsstaat 242 f.
Oder 18
Okzident (Abendland) **19**, 34
Orden 116, 142; Bettel~ 14 ▷Deutscher Orden
Orient (Morgenland) **19**, 34, 234 f.; Vorderer ~ 10
Osmanisches Reich 28, 273, 285 ▷Türkei

Österreich 65, 74, 116, 119, 137, 141, 160, 189, 191, 194, 201, 204, 206 f., 215, 217, 222-227, 233, 235, 257, 269, 273 f., 275 f., 284, 288
Ostsee 24
Otto I. der Große (936/962-973), dt. Kg./Ks. 15
Otto-Peters, Louise (1819-1895), Frauenrechtlerin 214 (Abb.)

Palästina 10 f., 19
Palladio, Andrea (1508-1580), ital. Baumeister 22
Pantheon 12 (Abb.)
Papst (Oberhaupt der christl. kath. ▷Kirche)/~tum 12-18, 22 f., 5, 116, 133
Paris 21, 24, 40, 42, 54, 59, 62, 69, 105 f., 111 ff., 115 f., 119-122, 127, 132 ff., 139, 170, 196, 198, 202, 279, 285
Parlament 28, 30, 69, **82**, 117, 119, 189; Europäisches ~ 28, 35 ff.; franz. ~ 40, 115, 120, 127 f.; engl. ~78-83, 91
Parteien 31, 33, 36, 75, 173, 206, 230, 242, 284 f.
Patrizier (reiche ▷Kaufleute, Angehörige der Oberschicht in den mittelalterlichen Städten Europas) 21
Pazifismus (Weltanschauung bedingungsloser Friedensbereitschaft) 34
Pepys, Samuel (1633-1703), engl. Schriftsteller 84
Perikles (um 500-429 v. Chr.), athen. Staatsmann 11
Pest 64 f.
Peter I. Aleksjevic der Große (1682-1725), russ. ▷Zar 24 (Abb.), 25
Peter III. Fjedorovic (1762), russ. ▷Zar 74
Petition of Right (engl. Gesetz von 1628) 78, 82 f.
Petrarca, Francesco (1304-1374), ital. Humanist und Dichter 23
Pfalz 57
Philipp II. August (1180-1223), franz. König 19 f.
Philippikos Bardanes (711-713), byzant. Ks. 16
Pilgrim Fathers (calvinistische Glaubensgemeinschaft unter den engl. ▷Siedlern) 86, 88
Polen 35, 70, 98, 141, 188 f., 197, 210, 222, 224, 227, 232, 238, 281
Politik 130; Außen~ 94, 154, 223, 266; Finanz~ 223; Militär~ 223
Polizei 54, 71, 73, 94, 133, 143, 203, 216, 242
Portugal/Portugiesen 86, 136, 256
Posen 210 f., 281
Preis/~e 108, 109, 120, 123, 156, 163, 180 f., 202, Höchst~ 121
Presse 126, 133, 192, 206, 230, 242; ~freiheit 95, 126, 191 ff., 196 f., 203, 212
Prestige 258
Preußen 26 f., 29, 70 (Kt.), 71-75, 92, 116, 119, 136 f., 141-145, 157, 160, 175 f., 188 f., 191, 201, 205, 207, 210, 215 ff., 225-228, 231 f. ▷Brandenburg
Privilegien 57, 61, 109, 112 f. ▷Adel
Proletariat 165, 171 f. ▷Marxismus
Propaganda 282
Protestanten 48, 80, 82, 84 ▷Reformation
Ptolemaios (87-150 n. Chr.), griech. Astronom 51
Puritaner 79, **82**, 86

Quebec (1608 von Franzosen gegründete Stadt in ▷Kanada) 86
Quelle, historische 181 f.

Rationalismus/Rationalität 26, 51, 68 ▷Aufklärung
Raumfahrt 146
Reformation 22, 41, 48, 191
Reform/~en 25, 36, **112**, 143 ff., 156, 174, 204, 207, 284 f.
Reichsdeputationshauptschluss (1803) 141, 189
Reichsfeinde, sogenannte 238, 242
Reichsgründung 228, 236 f., 256
Reichstag 31, 141, 242, 245, 268, 284 f.
Reichsverweser 207
Religion 8 (Kt.), 59, 64, 75, 78, 126, 142 f., 154, 223; christl. ~ 9, 14, 21, 116; kath. ~ 78; ~sfreiheit 41, 59, 191; Staats~ 55 ▷Christen ▷Islam ▷Juden
Renaissance 21 f.
Republik 80, 115, 123 f., 126 f., 206
Restauration 189, 191 f., 203
Revolte 112
Revolution 92, 104, 111, **112**, 116, 121, 145, 188, 192, 202, 225, 285; Februar~ 202; Juli~ 196, 198; kommunist. ~ 33, 171 f.; März~ 203; ~ von 1848: 201, 215, 217, 222, 242; ~ von 1917: 279
Rezession (Rückgang) 180
Rhein 28, 141, 160, 228; ~bund 136, 141, 143 f.
Richard I. Löwenherz (1189-1199), engl. König 19 f.
Richelieu, Armand Jean du Plessis (1585-1642), franz. Staatsmann und Kardinal 40, 41 (Abb.)
Ritter 18 f.; ~akademie 48
Robespierre, Maximilien de (1758-1794), franz. Politiker 118 f., 121 (Abb.), 123 (Abb.), 124 f., 129, 132, 135
Roger II. (1130-1154), Kg. von Sizilien 20
Rom 10-13, 15 f., 23 f., 48, 50, 116
Römisches Reich 10 f.; west~ 14 f.; ost~ 16 f. ▷Byzanz
Roosevelt, Franklin Delano (1933-1945), 32. Präs. der USA 260
Rousseau, Jean-Jacques (1712-1778), franz. Philosoph und Pädagoge 26, 67 ff., 95
Ruhrgebiet 164, 225
Rumänien/Rumänen 10, 273
Rüstung 100, 132, 266-269 ▷Abrüstung ▷Wettrüsten
Russland/Russen 17, 24 f., 32 f., 74, 98, 136 f., 189, 197, 222, 224, 227, 233 ff., 257, 260, 262, 266 f., 269, 273, 275, 279, 288

Sachsen 13, 74, 188 f., 215, 217 f.
Säkularisation 142
Saladin I. (1171/1174-1193), Sultan von Ägypten und Syrien 18
Sankt Petersburg (bis 1914 Name der Stadt Leningrad) 24
Sansculotten 119 ff., 123, 127
Sanssouci (Schloss in Potsdam) 38
Sarajevo 275 f.
Scharnhorst, Gerhard Johann David von (1755-1813), General und Reformer 144 (Abb.), 145
Schlesien/Schlesier 73 f., 168, 173, 281; Ober~ 225
Schottland/Schotten 11, 78 ff.
Schrift; kyrill. ~ 16 f.
Schule/~n 14, 98, 116, 143, 176, 237, 240, 248, 250; Hoch~ 157; Schulpflicht 145
Schwarze 95, 99 f., 103, 255
Schweden 24, 70 f., 74
Schweiz/Schweizer 28, 35, 69, 198, 223, 279
Seeschlacht bei Trafalgar (1805) 136
Senat/Senatoren 94
Sendungsbewusstsein 258
Serbien/Serben 36, 222, 273 ff.
Sezession (Trennung) 100
Siebenbürgen (histor. Landschaft in ▷Rumänien) 223
Siebenjähriger Krieg (1756-1763) 74
Siebenpfeiffer, Philipp Jakob (1789-1845), politischer Journalist 196, 197 (Abb.), 198, 200
Siedler 86-90, 92, 98, 100, 262
Siemens, Werner von (1816-1892), Unternehmer 174, 179
Sinti ▷Zigeuner
Sklaven/Sklaverei 81, 87 f., 98 ff., 102 f., 120, 128, 148, 153
Slawen (europ. Sprachfamilie) 16 ff., 273
Slowakei/Slowaken 222
Slowenien/Slowenen 36, 222 f.
Smith, Adam (1723-1790), schott. Wirtschaftsfachmann 59, 95, 154 f.
Sonnenkönig ▷Ludwig XIV.
Sowjetunion 25, 35 f.
Sozialdarwinismus (sozialwiss. Evolutionstheorien) 258
Sozialdemokratische Partei Deutschlands (SPD) 173 f., 176 f., 185, 242, 245, 266, 279
Soziale Frage 146, 171 f., 174 f., 213
Sozialismus 175
Sozialistengesetze (1878) 242, 244 f.
Sozialpolitik 175, 242
Spanien/Spanier 14, 18 f., 30, 81, 86, 92, 136, 138, 194, 256
Spanischer Erbfolgekrieg 57
Sprache 9, 23 f., 29 f., 36, 87, 222 f.; franz. ~ 24, 27, 48, 74; latein. ~ 14, 20 f., 67; slaw. ~ 16
Staat/Staaten 29 f., 57 f., 67, 84, 126; amerik. ~ 94; europ. ~ 33, 35, 37; preuß. ~ 72, 74, 144
Staatsnation 223
Stadt/Städte 21, 41, 53, 82, 109, 120, 153, 156, 164, 184; Garnisons~ 73; Groß~ 169; Reichs~ 141, 143, 189
Stahl 146, 161
Stand/Stände (rechtl. und sozial abgeschlossene Gruppe eines

Gesellschaftssystems) 82; franz. ~ 40, 55, 57, 61, 105 f., 109 f.; ~gesellschaft 105, 106 (Abb.), 115, 145, 192; ~versammlungen 30; Dritter ~ 106 ff., 111
Statistiken (Statistiken als historische Quelle) 181 f.
Stein, Karl Reichsfreiherr vom und zum (1804-1808), preuß. Minister, Reformer 144 f., 190
Steuer/~n 36, 41, 54, 57, 71 f., 74, 91, 95, 108 f., 133; ~erhöhung 40, 53 f.; ~freiheit 109; ~listen 63; ~pacht 55; Kopf~ 57, 60
Straßburg 28, 30 f., 35, 53
Straßen 184
Streik 118, 147, 173, 284; ~recht 173
Studenten 143, 191 f., 196 ff., 201 f., 215
Stuttgart 157, 217
Suttner, Bertha von (1843-1914), Schriftstellerin 32 (Abb.), 34
Syrien 10, 16, 18

Technik/Technologie 170
Terror 119 ff., 125
Thackeray, William Makepeace (1811-1863), engl. Dichter 45
Theophanes Homologetes (um 760–820), byzant. Kirchendichter und Geschichtsschreiber 15
Thüringen 136
Trajan, Marcus (98-117), röm. Ks. 10
Tschechen 204, 222 f.
Tübingen 156
Tucholsky, Kurt (1890-1935), Schriftsteller 31
Türkei 16 f., 194, 234, 273 f., 284

Ukraine/~r 36, 222
Ulrich von Augsburg (923~973), Bischof 46 (Abb.)
Umwelt 184; ~verschmutzung 37
Unabhängigkeit 91 f., 94, 96, 224, 234, 256, 270; ~serklärung 30,92 f.; ~krieg 92 ff.
Ungarn 10, 13, 20, 204, 207, 215, 222 ff.
Universität/~en 21, 48, 51, 107, 191 f., 194
Unterhaus (in England: House of Commons) 30, 78 f., 82 (Abb.),85, 154 ▷ Parlament
Unternehmer 149, 151, 153 f., 159, 161, 164 f., 168, 173 ff., 177,180, 228, 246
Urban II. (1088-1099), Papst 18
USA ▷ Vereinigte Staaten von Amerika

Vatikan 12
Vereine 237
Vereinigte Staaten von Amerika 30, 35, 94 f., 98, 99 (Kt.), 100,223, 257, 260, 266, 279, 285
Verfassung 144, 198; dt. ~ 191, 195, 197, 201, 203 f., 206 f., 208 (Abb.), 216 f., 226; dt. ~ (1871) 174, 231 (Abb.); franz. ~ 111 f., 115 (Abb.), 116, **117**, 119, 121, 123, 125, 132 f., 196, 215; ~ der Vereinigten Staaten von Amerika 94, 95 (Abb.), 96
Verfassungsschema (Ein Verfassungsschema interpretieren) 117
Verfassungsstaat 217
Versailles 24, 42, 44, 111 ff.; ~er Schloss 38 (Abb.), 42 (Abb.),43 (Abb.), 47 f., 53 f., 57, 106, 109, 221 (Abb.), 228
Versicherungen 175, 243 f.
Veto 235; suspensives ~ 115 ▷ Verfassungen
Victor Emanuel II. (1861-1878), ital. Kg. 222, 224
Vielvölkerstaat/~en 29, 204, 206 f., 215, 223, 233 f., 273, 275
Virginia 86, 88, 96
Völkerschlacht bei Leipzig (1813) 136 f., 139, 191
Volkssouveränität 95, 120 f. ▷ Demokratie
Voltaire, François (1694-1778), franz. Philosoph und Schriftsteller 26 f., 67, 74
Vormärz 199

Wagner, Richard (1813-1883), Komponist 198, 217
Wahlrecht 80, 82, 94 f., 97, 100, 109, 115, 121, 174, 191, 196,202, 205 f., 216 f., 231; aktives ~ 117; Zensus~ 132, 145, 169, 196
Währung 133, 246; ~ europ. 37 ▷ EURO ▷ Geld
Wartburg/~fest (Zusammenkunft von Studenten auf der ~ 1817) 191
Washington, George (1789-1797), 1. Präs. der USA 92, 94, 96 f.
Watt, James (1736-1819), Erfinder 27, 149 ff., 156
Wehrdienst/~pflicht 119, 145; ~verweigerung 140
Weißrussland 36
Weltkrieg; Erster ~ 29, 32 f., 221, 238, 244, 246, 254, 257, 275-282, 283 (Kt.), 284-288; Zweiter ~ 29, 33 ff.
Weltmacht 92, 100, 237, 240, 262, 266
Werkzeug 156, 161
Wettrüsten 267 ▷ Abrüstung ▷ Rüstung
Widerstand/~skämpfer 35, 143, 258
Wiedervereinigung 112
Wien 53, 203, 226, 234, 275; ~er Kongress 188 f., 192, 196
Wilhelm I. (1861/71-1888), Kg. von Preußen/Ks. 221 (Abb.), 225(Abb.), 226, 228, 229 (Abb.), 236 (Abb.), 237, 240, 242 ff.
Wilhelm II. (1890-1918), Kg. von Preußen/Ks. 32, 237 f., 240, 243(Abb.), 247 (Abb.), 248, 262, 266, 267 (Abb.), 277, 285
Wilhelm von Oranien (1689-1702), engl. Kg. 84, 85 (Abb.)
Wirtschaft 267; ~skrise 180; ~spolitik 24, 54, 57, 95; amerik. ~ 94, 100; dt. ~ 143, 228, 247, 253; engl. ~ 154 f.; franz. ~ 58 (Kt.), 120; preuß. ~ 160; ~skrieg 136; ~sreformen 145 ▷ Kontinentalsperre ▷ Marktwirtschaft ▷ Merkantilismus
Wissenschaft/~en 51, 67 ff., 130, 133 ▷ Akademie der ~
Wladimir I. Swjatoslawitsch (Wladimir der Heilige) (978-1015), russ. Großfürst 16
Wohlfahrtsausschuss 119, 121, 124
Württemberg 141, 191, 228

Zar 16
Zeitung/~en 26, 97, 123, 125 f., 143, 160, 177, 185, 197, 214, 273, 288 ▷ Presse
Zensur 54, 79, 193, 196, 198, 204, 248
Zentrumspartei 242
Zigeuner 71
Zoll/Zölle 35, 57, 78, 90 ff., 156 f., 192; ~grenzen 160 f.; ~verein 160 f., 163; Binnen~ 35; Tee~ 91
Zukunft Europas 6, 35 f.
Zunft/Zünfte 118, 152, 154, 156; ~zwang 144

Bildnachweis

AEG Firmenarchiv, Frankfurt a. M. (180)
AKG: Archiv für Kunst und Geschichte, Berlin (24, 50 ob., 57, 68.2, 77, 90 li.+re., 98 unt., 101.3 re., 101.4 re., 103, 105 unt., 107 li., 111, 120 unt., 121, 127.2, 128, 129.6, 139.8, 144, 158, 195, 198, 221 ob., 229, 236, 238, 247.2, 249, 253 re., 255 ob., 259, 267 li. + re., 268, 274)
Courtesy Amon Carter Museum, Fort Worth, Texas, 1970.187, After Frances Flora Bond Palmer, Across the Continent. „Westward the Course of Empire Takes Its Way.", litograph (hand colored), 1868 (76/77)
Gerhard Armanski, „... und wenn wir sterben müssen", VSA-Verlag, Hamburg 1988, S. 89 (289 re.)
Badische Landesbibliothek, Karlsruhe (39 ob.)
BASF/Europhot, U. H. Mayer, Düsseldorf (149 re.)
Basler Mission (Foto: Johannes Leimenstoll) (265 unt.)
Bavaria Bildagentur, Gauting (11 (David Ball), 184 ob.+unt.)
Bayerische Staatsbibliothek, München (46.6)
The Bettmann Archive Inc., New York (91)
Bibliothèque Nationale, Paris (16, 19 re., 41.1, 104, 122, 131)
Wilhelm Blos, Die Deutsche Revolution. Geschichte der Deutschen Bewegung von 1848 und 1849. Illustriert von Otto E. Lau. Verlag von J. H.W. Dietz Nachf., Stuttgart 1892, S. 203 (201)
BPK: Bildarchiv Preußischer Kulturbesitz, Berlin (32 ob., 39 unt., 53 unt., 72, 74, 85 re., 138, 148 li.+re., 164, 165, 167 ob., 170, 175, 176, 177, 186/187, 193, 202, 203, 207, 216.1, 216.2, 220, 225, 226, 233, 243 li., 245.7, 246 li., 248 re., 257, 265 ob., 269, 276)
British Museum, London (25.2, 81, 125)
Brown Universitiy Library, Anne S. K. Brown Military Collection (92)
Bulloz, Paris (51.2, 59, 118, 123)
Bulloz, Musée Carnavalet, Paris (109, 132, 139.5 re.)
Bundesarchiv, Berlin (220/221)
CCC Cartoon-Caricature-Contor, München, Horst Busse (7 ob.), Klaus Pielert (7 Mi.)
Jean-Loup Charmet, Paris (60, 260, 280 ob.)
R. Dazy (280 unt.)
Deutsche Post AG, Bonn (9)
Deutsches Historisches Museum, Berlin (126, 147, 214)
Deutsches Museum, München (52)
Dietz Verlag Berlin, Bildarchiv (187 ob.+unt., 204, 209, 217, 219)
Domkapitel Aachen (Fotos: Ann Münchow) (13 li.+re.)
dpa, Frankfurt (6/7, 12.3, 17.3, 18, 37)
Eres Edition Musikverlag, Lilienthal (239)
Mary Evans, Picture Library, London (45, 79)
Focus (Roland Michaud), Hamburg (19 li.)
Roger Franz, München (101.5 li.)
Germanisches Nationalmuseum, Nürnberg (194)
Archiv Gerstenberg, Wietze (127.3, 130, 174, 192, 252 unt.)
Die geschichtlichen Urkunden aus Deutschlands Eisernem Jahr 1914/1915, hrsg. im Auftrag des Wohlfahrtsausschusses für das Deutsche Heer von Paul Ruben, Charlottenburg (Stiftung Reichspräsident-Friedrich-Ebert-Gedenkstätte, Archiv, Heidelberg) (277)
Giraudon, Paris (14, 41 li., 44, 46.5, 104/105, 114, 116, 135 li.+re., 139.5 li., 190)
Olaf Gulbransson / Joron Harms-Gulbransson, Tegernsee (272)
Hessisches Landesmuseum Darmstadt (173)
Historical Picture Service Inc., Chicago (101.3 li.)
Hulton Picture Library, London (283)
Illustrated London News Picture Library, London (261)
Joslyn Art Museum, Omaha (98 ob.)
Prof. Ernst Jünger, München (9)
L. Kähler, Hamburg (252 ob.)
Kharbine/Tapabor, Paris (27 li., 271)
Wilhelm Kienberger, Lechbruck (49 ob.)
Klammet, Ohlstadt/Garmisch(49 unt.)
Gabriele Klimek, Hildesheim (288)
Werksarchiv Koenig & Bauer, Würzburg (157 li.+re.)
Kreismuseum Burg Mylau/Vogtland (161)
Historisches Archiv Krupp, Essen (146, 146/147)
Kunsthistorisches Museum, Wien (20)
Philippe Ladet (124)
Robert Lebeck (243 re.)
Mansell Collection, London (6 unt., 120 ob., 153, 172)
Sammlung R. Meinel (281)
Musée d'Unterlinden (30)
Museum der Stadt Lienz auf Schloss Bruck, Osttirol (Foto: Dina Mariner) (66)
Museum für Hamburgische Geschichte (Foto: Fischer-Daber), Hamburg (278)
Museum für Verkehr und Technik, Berlin (167 unt.)
New York State Historical Association, Cooperstown (96)
Courtesy of the Newberry Library, Chicago (88)
Opel AG, Rüsselsheim (179 re.)
H.-J. Pandel, Die Revolution 1918/19, S. 8 (287)
Peabody Museum of Salem (102)
Rudolf Pfeil, Schwäbisch Hall (252 Mi.)
Reiß-Museum, Mannheim (212)
Religionsbuch für das 9./10. Schuljahr, Patmos Verlag, Düsseldorf 1991, S. 20 (49 li.)
Rheinisches Bildarchiv, Köln (38, 199)
RMN: Agence Photographique de la Réunion des Musées Nationaux, Paris (42, 43, 105 ob.)
Royal Collection Enterprises Ltd., Berkshire (78, 85 li.)
Sächsische Landesbibliothek, Deutsche Fotothek, Dresden (62)
Scala, Florenz (10, 22 re.)
Schlossbauverein Burg an der Wupper, Solingen (213)
Bernd Schmidt, Fellbach (254/255)
Ursula Seitz-Gray, Frankfurt a. M. (197.2, 289 li.)
Ronald Sheridan's Photo-Library, London (76)
Siemens-Museum, München (178, 179 li.)
Johan B. A. Van Soeren, Erlangen (84, 171 ob.+unt.)
Staatliches Museum zu Berlin, Sammlung der Zeichnungen (134)
Stiftung Parteien und Massenorganisationen der ehemaligen DDR im Bundesarchiv, Berlin (284)
Wilhelm Stöckle, Filderstadt (221 unt., 237, 244, 248 li., 255 unt., 282)
Storia 2, Nicola Zanichelli S.p.A., Bologna, S. 234 (Foto: J. Freeman) (83)
Storia 3, Casa Editrice G. Principato S.p.A., Milano, S. 416 (33 li.)
Klaus Sturm, Stadtbergen (56)
Süddeutscher Verlag, Bilderdienst, München (247.3)
Superstock Jacksonville (FL/USA) (101.5 re.)
Maria Thrum, Hamburg (262)
Transglobe, Hamburg (149 li.)
Travel Press Italia, Turin (12.2)
Ullstein Bilderdienst, Berlin (266, 285, 286)
Verkehrsmuseum Nürnberg (160)
VG Bild-Kunst, Bonn 1995, AKG, Otto Dix: Der Krieg (254)
VG Bild-Kunst, Bonn 1996, BPK, Thomas Theodor Heine: Karikatur (250)
VG Bild-Kunst, Bonn 1995, Lutz Brandt: Landschaft mit Baum (185.3)
Roger Viollet, Paris (113, 129.5)
Dr. Berthold Volz, Unsere Kolonien, Brockhaus, Leipzig 1891, Titelbild (Stiftung Reichspräsident-Friedrich-Ebert-Gedenkstätte, Archiv, Heidelberg) (263)
White Star, Hamburg (185.4)
Wissenschaftliche Buchgesellschaft, Darmstadt (241 li.+re.)
Yale Center for British Art, Paul Mellow Collection/Sipa, Paris (25.1)
Zefa, Düsseldorf (Damm) (28 li.), (Streichan) (28 re.)
Theodor Zink Museum, Kaiserslautern (197.1)

Nicht in allen Fällen war es uns möglich, den Rechteinhaber der Abbildungen ausfindig zu machen. Berechtigte Ansprüche werden selbstverständlich im Rahmen der üblichen Vereinbarungen abgegolten.